Gérard Noiriel

Sur la "crise" de l'histoire

SOCIO-HISTOIRES

Collection dirigée
par Gérard Noiriel et Michel Offerlé

Sur la "crise" de l'histoire

Gérard Noiriel

BELIN

© Éditions BELIN, 1996   ISSN 1270-914X   ISBN 2-7011-**1799**-2

Avertissement[1]

Bien qu'il aborde des problèmes qui concernent toutes les sciences humaines (ou sociales), cet ouvrage s'adresse en priorité aux historiens. La deuxième partie (centrée sur l'histoire des pratiques professionnelles) traite de sujets qui sont familiers à la plupart d'entre eux. En revanche, dans la première partie (surtout les chapitres 2 à 5), il m'a fallu aborder des discussions « épistémologiques »[2] qui paraîtront peut-être rébarbatives à certains collègues. Si je me suis résigné à entrer dans le débat sur les problèmes de « l'objectivité » ou de la « vérité » historiques, des rapports entre « réalité » et « fiction », « science » et « récit », etc., c'est uniquement parce que ces questions sont, aujourd'hui, au cœur des polémiques qui divisent les historiens. J'ai voulu mettre à la disposition de tous l'essentiel des arguments et des références qui me paraissent indispensables à qui veut comprendre quels sont les grands enjeux qui sous-tendent ces discussions.

Ce livre doit beaucoup aux échanges et aux réflexions développés, depuis de nombreuses années, autour du DEA de sciences sociales (conjoint à l'ENS et à l'EHESS) et de la revue *Genèses*. Je remercie vivement tous ceux qui, en ces lieux, m'ont aidé à élaborer la perspective présentée ici. Je voudrais dire plus particulièrement ma gratitude à Jean-Claude Chamboredon qui m'a appris l'essentiel de ce que j'avais besoin de savoir pour pouvoir comprendre le monde étrange de la « science ».

---

1. La disparition tragique de Bernard Lepetit, survenue après la relecture des épreuves de ce livre, rend quelque peu dérisoires, puisqu'il ne pourra pas y répondre, les pages consacrées à la discussion de ses analyses sur le « tournant critique » en histoire. Je souhaite que ces pages soient lues comme un hommage à une œuvre qui a joué, tant sur le plan théorique que sur le plan pratique, un rôle déterminant dans le renouveau de la réflexion collective sur l'avenir de notre discipline.

2. Tout au long de ce livre, j'ai mis entre guillemets les termes empruntés au vocabulaire de la philosophie.

PREMIÈRE PARTIE

Savoir faire
et pouvoir dire

CHAPITRE 1

Le temps des doutes

« Un tel sentiment de désarroi n'existe dans aucune autre spécialité. Il n'est pas d'autre discipline où l'on rencontre autant de
chefs de file *(leading figures)* exprimant leur consternation et
leur découragement à propos de la situation actuelle de leur
domaine de recherche. Et la fréquence de ces constats semble
croître d'année en année. »

Peter Novick, *That Noble Dream. The « Objectivity Question »
and the American Historical Profession*, 1988.

« C'est aussi le statut de l'histoire elle-même, en tant que discipline scientifique, qui est aujourd'hui en jeu. »

Jean Boutier et Dominique Julia,
Passés recomposés, 1995.

Depuis une dizaine d'années, la « crise de l'histoire » est devenue un thème privilégié des discussions entre les historiens qui
réfléchissent à l'état actuel et à l'avenir de leur discipline. Avant
d'entrer dans l'examen détaillé des arguments qui sont avancés pour
illustrer ce constat de « crise », il faut pourtant souligner d'emblée
qu'il ne fait pas l'unanimité. Tirant les enseignements du séminaire
international sur l'histoire organisé par l'UNESCO en 1986, François Bédarida constate que dans la plupart des pays du monde, en
dépit du problème que pose la raréfaction des recrutements dans les
universités, celle-ci se porte plutôt bien. Depuis les années 1960, la
professionnalisation de la discipline a fait un bond en avant considérable, ce qui s'est traduit par la multiplication des postes et des institutions de recherche. Du coup une multitude de nouveaux champs
d'études ont pu être défrichés. Dans les pays où l'histoire est encore
une science jeune, des progrès décisifs ont été accomplis dans l'élaboration des instruments de travail (notamment dans le domaine des

archives). Bénéficiant « d'une désaffection évidente envers certaines sciences sociales qui avaient tenu le haut du pavé au temps de la croissance entre 1950 et 1970 », l'histoire, et surtout l'histoire contemporaine, suscite désormais un véritable engouement dans le public, reflété par le dynamisme de l'édition historique, la demande croissante émanant des musées, de l'enseignement, de l'audiovisuel[1]. D'autres historiens ont accueilli avec scepticisme le constat de « crise de l'histoire », en le relativisant[2] ou en soulignant qu'il n'était appuyé sur aucune preuve tangible[3]. Il est incontestable que toute réflexion sur le sujet est d'emblée minée par le fait qu'il n'existe pas de critère objectif pour mesurer une telle « crise », étant donné que ceux qui participent à la discussion sont généralement juge et partie. Un simple examen des analyses en présence suffit à comprendre que les points de vue sont fortement surdéterminés par la position que les uns et les autres occupent dans la discipline et plus généralement dans le champ intellectuel. Quand un philosophe ou un sociologue évoquent l'état de santé de l'histoire, on ne peut examiner leurs arguments sans tenir compte de la concurrence qui opposent entre elles les disciplines « littéraires » pour la suprématie dans la hiérarchie des savoirs. De même, un historien peut proclamer la « crise » de sa discipline dans le but de discréditer ses concurrents ou ses prédécesseurs (dont les travaux sont jugés « dépassés », « classiques », « traditionnels ») et mieux faire valoir ses propres recherches (présentées comme des « solutions » à la « crise »). Dans le monde actuel, quel que soit le domaine considéré, déplorer ou prédire « la crise » est devenu un passage obligé dans toute discussion polémique, un argument central dans les stratégies revendicatives. A vrai dire, il n'y a rien là de très nouveau. Sous des formes

---

1. F. Bédarida, « Le métier d'historien aujourd'hui », in R. Rémond (dir.), *Être historien aujourd'hui*, Erès, 1988, p. 283-290. L'un des intérêts de cet ouvrage est qu'il offre un panorama mondial de la recherche historique, alors que le plus souvent les réflexions sur le sujet se limitent à un seul pays ou au monde « occidental ».

2. C'est le cas par exemple, de J. W. Scott, « History in Crisis ? The Others'Side of the Story », *American Historical Review*, 1989, 1, pp. 680-692, qui note que les arguments sur la « crise » sont surtout développés par ceux dont les positions hégémoniques sont ébranlées par l'apparition de nouveaux courants de recherche.

3. Cf. par exemple, R. Chartier, « Le monde comme représentation », *Annales E.S.C.*, 6, nov.-déc. 1989, pp. 1505-1520.

variées, le thème de la « crise de l'histoire » apparaît comme une constante depuis près de deux siècles. En 1820, déjà, Augustin Thierry[4] affirmait qu'on ne pouvait plus désormais écrire l'histoire comme on l'avait fait jusque là. En 1868, Renan pose publiquement le problème du déclin de l'historiographie française[5] et, au tournant du siècle, Péguy dénonce les impasses de l'histoire « positiviste »[6]. Tout au long du XXᵉ siècle, les mêmes inquiétudes, les mêmes mises en cause ont été inlassablement réitérées. Nul n'a oublié la fameuse phrase de Paul Valéry affirmant, à la fin des années vingt : « L'histoire est le produit le plus dangereux que la chimie de l'intellect ait élaboré »[7]. Dans les années 1950, Henri-Irénée Marrou constate avec amertume : « le recul de la confiance en histoire apparaît comme une des manifestations de la crise de la vérité »[8]. Peu de temps après, c'est la vague structuraliste qui allait enfoncer le clou.

Ce livre n'a pas pour but de proposer un diagnostic de plus sur l'état de santé de la discipline, mais plutôt de comprendre les raisons qui poussent un nombre croissant d'historiens à parler de « crise », alors même que le prestige de l'histoire n'a jamais été aussi haut, non seulement dans le grand public, mais aussi dans le monde intellectuel (depuis quelques années, le retour à l'histoire est une caractéristique commune à la plupart des sciences sociales). C'est ce paradoxe qui constitue, à mes yeux, l'aspect le plus nouveau de la situation actuelle. Jusqu'ici, en effet, les discours sur la « crise de l'histoire » provenaient surtout des disciplines concurrentes. Quand les historiens les reprenaient à leur compte, c'est qu'ils reflétaient un sentiment largement répandu dans l'opinion publique (comme au lendemain des deux guerres mondiales où la question de la « faillite

---

4. Cf. sa première lettre sur l'histoire de France, parue dans le *Courrier français*, repris dans A. Thierry, *Dix ans d'études historiques*, Furne et Cie, 1851 (6ᵉ éd.), p. 11 sq.

5. Cf. E. Renan, *Questions contemporaines*, in *Œuvres Complètes*, Calmann-Lévy, t. 1, 1947 (1ʳᵉ éd. 1868).

6. C. Péguy, « De la situation faite à l'histoire et à la sociologie dans les temps modernes », in *Œuvres Complètes en prose*, Gallimard, 3 vol., 1988, t. 2, pp. 480-519 (1ʳᵉ éd. 1906) et « Langlois tel qu'on le parle », in *Œuvres Complètes, op. cit.,* 1992, t. 3, pp. 828-847, (1ʳᵉ éd. 1913).

7. P. Valéry, « De l'histoire », in *Regards sur le monde actuel et autres essais,* Gallimard, 1988, p. 35 (1ʳᵉ éd. 1945).

8. H. I. Marrou, *De la connaissance historique*, Seuil, 1975, p. 12 (1ʳᵉ éd. 1954).

de l'histoire » est amplement débattue). Pour comprendre les raisons de cette inversion des perspectives, j'examinerai, dans ce chapitre, les principaux arguments (d'ordre sociologique, institutionnel et intellectuel) qui sont avancés aujourd'hui pour démontrer l'existence d'une « crise de l'histoire »[9].

UNE « COMMUNAUTÉ ÉCLATÉE »[10]

L'une des préoccupations qui revient le plus fréquemment dans les écrits actuels sur le sujet concerne « l'émiettement » de l'histoire. En France, cette évolution de la discipline a d'abord été vue comme une preuve de dynamisme[11], avant d'être déplorée et considérée comme une illustration de la désintégration de la communauté professionnelle des historiens[12]. Dans le volumineux ouvrage qu'il a consacré aux transformations de l'historiographie américaine depuis un siècle, Peter Novick montre que ce sentiment d'éclatement est aussi largement répandu Outre-Atlantique. Selon lui, à partir des années 1980, un nombre de plus en plus grand d'historiens sont parvenus à la conclusion que « l'histoire ne constitue plus une discipline cohérente ; non seulement parce que le tout est inférieur à la somme des parties, mais parce qu'il n'y a même plus de tout, seulement des parties »[13]. On peut regrouper les

---

9. L'analyse concerne surtout la France (secondairement les États-Unis) et privilégie l'histoire contemporaine, période sur laquelle porte mes recherches empiriques et qui m'est donc plus familière que les autres.

10. Le terme de « communauté » est pris ici dans un sens large et « neutre ». Il désigne l'ensemble des individus qui poursuivent des recherches historiques dans le cadre de leur activité professionnelle. On verra, dans les chapitres suivants, la définition plus précise qu'il est possible de donner à ce mot.

11. La prestigieuse collection lancée par Pierre Nora au début des années 1970, « La Bibliothèque des histoires », est toute entière placée sous le signe de cette diversification. Une dizaine d'années plus tard, la critique de cet émiettement est au centre du livre de F. Dosse, *L'histoire en miettes*, La Découverte, 1987.

12. En France, l'un des premiers cris d'alarme a été lancé il y a près de dix ans par D. Roche, « Les historiens aujourd'hui. Remarques pour un débat », *Vingtième siècle*, 12, 1986, pp. 3-20. Les préoccupations actuelles des historiens sur leur discipline ont été rassemblées dans le bilan collectif publié récemment par D. Julia et J. Boutier (dir.), *Passés recomposés,* Éd. Alternative, 1995. Je n'ai pas pu prendre en compte l'ouvrage, paru après la rédaction du présent livre, de F. Bédarida (dir.), *L'histoire et le métier d'historien en France 1945-1995*, Éd. de la Maison des Sciences de l'Homme, 1995.

13. P. Novick, *That Noble Dream, The « Objectivity Question » and the American Historical Profession,* Cambridge University Press, 1990, p. 577 (1ʳᵉ éd. 1988).

arguments avancés à l'appui de ce constat en deux grands ensembles que j'examinerai successivement : ceux qui privilégient les transformations « internes » à la profession (consécutives aux bouleversements du marché du travail universitaire) et ceux qui insistent plutôt sur les facteurs « externes » (ouverture de l'histoire sur le monde extérieur).

Les fluctuations du marché du travail universitaire et leurs conséquences sur la profession d'historien.

Depuis les années 1950, les variations de la conjoncture économique ont joué un rôle essentiel dans les fluctuations du marché du travail universitaire. Après une phase d'expansion sans précédent des effectifs, qui s'étend des années 1950 aux années 1970, survient une période de récession, longue elle aussi d'une vingtaine d'années, elle-même relayée au tournant des années 1990 par une tendance à la reprise du recrutement. Chacun de ces cycles a provoqué une « crise » de la discipline dont les effets semblent se cumuler aujourd'hui.

– Une « crise de succession ».

Dans les décennies qui suivent la Seconde Guerre, le boom de l'économie mondiale et la démocratisation de la société entraînent une expansion sans précédent de l'enseignement supérieur. En France, le nombre des enseignants dans les facultés de lettres – qui n'avait pratiquement pas évolué depuis le début du siècle – décuple en vingt ans (511 en 1949, 1 150 en 1960 et 5 782 en 1969). Pour les disciplines « jeunes » comme la sociologie, l'anthropologie, la science politique (apparues à la fin du XIXᵉ siècle, mais restées embryonnaires sur le plan institutionnel), il s'agit d'une « seconde naissance »[14]. En histoire, les effectifs – qui atteignaient à peine la centaine à la veille de la Seconde Guerre mondiale – dépassent 500 en 1968 et 1 200 quinze ans plus tard (400 professeurs, 600 maîtres de conférences, une centaine d'assistants dans les universités, une centaine d'historiens rattachés aux grands établissements), non compris les effectifs du CNRS (environ deux cents chercheurs). Chiffres auxquels il faut ajouter les 40 000 professeurs d'histoire de l'enseignement secondaire qui ont la particularité, en France, d'être

---

14. Cf. P. Favre, *Naissances de la science politique en France 1870-1914*, Fayard, 1989.

souvent très proches du monde universitaire (de par leur formation et les liens qu'ils continuent d'entretenir avec la recherche)[15]. Dans tous les pays développés, l'évolution est identique. En Allemagne (fédérale), l'effectif total du personnel scientifique travaillant dans les départements d'histoire des établissements d'enseignement supérieur quadruple entre 1960 et 1975 (de 320 à 1 343 chercheurs). Aux États-Unis, entre 1950 et 1975, le nombre des étudiants passe de 5 à 12 millions. Celui des thèses *(Ph D)* soutenues en histoire chaque année, qui atteignait 200 au milieu des années 1950, a été multiplié par six en vingt ans, pour atteindre le chiffre record de 1200 en 1973. Le nombre des adhérents de *l'American Historical Association* passe de 2 700 en 1909 à 3 800 en 1945 et 18 500 en 1970[16].

Pour comprendre pourquoi la multiplication brutale du nombre des postes a pu déstabiliser les communautés universitaires, notamment en histoire, il faut anticiper sur des analyses développées plus longuement dans la suite de ce livre et rappeler rapidement sur quels principes reposait l'équilibre de la profession avant la Seconde Guerre mondiale. Dans le cas français, on constate que dès la fin du XIXᵉ siècle, alors que les autres disciplines se réduisent encore à quelques individualités, les historiens sont déjà suffisamment nombreux pour constituer une petite communauté professionnelle. Mais compte tenu du rôle essentiel joué par le pouvoir politique dans l'institutionnalisation de la profession, celle-ci n'a pu acquérir qu'une autonomie partielle. Si la IIIᵉ République favorise puissamment les ambitions professionnelles des historiens universitaires, dans le même temps, elle fait de l'histoire une science pratiquée principalement par des fonctionnaires, placés sous la coupe du pouvoir central. En France, aujourd'hui encore, c'est le gouvernement qui définit les grandes orientations de la politique universitaire à laquelle ils sont soumis ; le ministère de l'Éducation nationale qui

---

15. Ces données sont extraites de l'article de D. Roche, *op. cit.* Aujourd'hui, 10 000 étudiants s'inscrivent tous les ans en première année d'histoire dans les universités françaises.

16. Pour l'Allemagne, cf. W. J. Mommsen, « La situation de l'historien et l'enseignement de l'histoire dans la République fédérale d'Allemagne », *in* R. Rémond (dir.), *Être historien, op. cit.*, p. 32. Pour les États-Unis, cf. P. Conkin, « Bleak Outlook for American History Jobs », *Perspective*, vol. 31, n°4, avril 1993, p. 10 et T. Tackett, « La communauté scientifique américaine : un risque de désintégration ? », *in* D. Julia et J. Boutier (dir.), *op. cit.*, p. 306.

contrôle le marché du travail (via la publication des postes au *Bulletin Officiel*)[17], fixe le montant et la répartition des salaires. Bien qu'ils soient parvenus à se doter de leurs propres instruments de communication interne (grâce à la création de la *Revue Historique* notamment), les historiens universitaires sont aussi restés dépendants de l'édition commerciale, et donc des lois du marché, pour la publication de leurs ouvrages savants ; le système des presses universitaires n'ayant jamais été très développé en France. Dès la fin du siècle dernier, les historiens s'adaptent à cette situation en s'efforçant d'occuper des positions importantes à la fois dans la grande édition (en tant que directeurs de collection ou conseillers littéraires) et dans les organismes étatiques contrôlant la discipline[18]. Cette stratégie a permis à l'histoire de conserver sa place éminente au sein du système universitaire français. Mais, dans le même temps, la profession est d'emblée écartelée entre des préoccupations et des intérêts très divers. Dès sa naissance la « communauté professionnelle » des historiens français apparaît donc menacée d'« éclatement ». Néanmoins, les réformes universitaires de la IIIe République, notamment celles qui concernent la thèse de doctorat, fournissent également les instruments permettant de contrecarrer ces tendances centrifuges. Le nouveau pouvoir délègue en effet aux historiens la responsabilité de définir les critères de scientificité propres à leur discipline et de veiller à leur transmission d'une génération à l'autre – ce qui leur assure la maîtrise de la reproduction du corps. Élément fondamental autour duquel s'organise à la fois les carrières individuelles et la vie de la collectivité, la « thèse d'État » devient rapidement le principal instrument d'autonomie professionnelle dont dispose la communauté des historiens. Elle est conçue comme une recherche de longue haleine (qui s'étend souvent sur une dizaine d'années), soumise au jugement des pairs qui évaluent – lors du rituel incontournable de la soutenance – non seulement les compétences du

---

17. Pour le recrutement des universitaires, le pouvoir des commissions locales de spécialistes (mises en place par chaque établissement) est tempéré par le droit de regard, dont les modalités et l'ampleur varient selon les époques, exercé par les commissions nationales.

18. On ne peut qu'évoquer ici, la figure emblématique de l'un des principaux « pères fondateurs » de l'histoire universitaire française : Ernest Lavisse, à la fois « éminence grise » du ministère de l'Instruction publique et personnage très influent aux éditions Hachette.

candidat, mais aussi son respect des normes sur lesquelles repose l'identité collective du groupe. L'importance accordée à la thèse d'État est liée aussi au fait qu'elle matérialise une relation de maître à élève, fondée sur des liens de dépendance quasi-domestiques, mais qui peuvent être aussi sécurisants. Le point de vue du maître sur le travail de l'élève constitue pour ce dernier un repère fondamental, grâce auquel il intériorise progressivement le langage de la discipline. Par ailleurs, l'élève sait (normalement) qu'il peut compter sur son « patron » pour avancer dans sa carrière. Jusque dans les années 1950, cet équilibre fragile est favorisé par la relative homogénéité de la profession. La plupart des historiens proviennent du même milieu social. Ils ont été formés dans le même moule universitaire et ont acquis les mêmes diplômes. De plus, comme le nombre des assistants n'est pas beaucoup plus élevé que celui des professeurs, tout nouvel entrant peut espérer accéder aux échelons supérieurs quand son tour sera venu. Le recrutement à la base prend la forme d'une cooptation anticipée par laquelle les anciens choisissent non pas des subordonnés, mais des pairs potentiels. Dans ces conditions, même ceux qui sont situés au bas de l'échelle, ne sont guère enclins à remettre en cause les règles communautaires[19]. Il ne s'agit pas, naturellement, d'idéaliser ce type de fonctionnement. Dans l'entre-deux-guerres, la génération de Lucien Febvre et Marc Bloch a dû patienter très longtemps avant que les « maîtres » de la génération précédente ne leur cèdent la place. Daniel Roche rappelle que, dans les années cinquante encore, tout le système « reposait à la fois sur des stratégies personnelles et collectives de domination et sur l'instauration de la concurrence réelle ». Néanmoins, ajoute-t-il, il « laissait place à suffisamment d'exemples concrets où le bon élève promu était aussi l'objet d'une réelle promotion sociale, pour qu'une mobilité toute relative – les analyses statistiques le prouvent – fût intériorisée comme un modèle efficace »[20].

Après la Seconde Guerre mondiale, l'explosion des effectifs met fin à cette logique, entraînant ce que Pierre Bourdieu a appelé une « crise de succession » qui atteint son paroxysme avec la révolte étudiante de mai 68[21]. Étant donné que le nombre des emplois situés au bas de l'échelle (rang B) a augmenté beaucoup plus vite que celui

---

19. Cf. à ce sujet, l'analyse de P. Bourdieu, *Homo Academicus,* Minuit, 1984.
20. D. Roche, *op. cit.*, p. 6.
21. P. Bourdieu, *op. cit.*

des professeurs (rang A), les inégalités s'accroissent rapidement au sein de la discipline. Les historiens qui ont réussi à terminer leur thèse au cours de cette période accèdent facilement aux postes les plus élevés. Mais la majorité des nouveaux entrants se heurte très vite à la logique de « l'entonnoir » et seule une petite partie d'entre eux peut espérer accéder au rang professoral. Du coup, le principe égalitaire sur lequel reposait l'idéal collectif antérieur est anéanti car il n'est plus crédible. Dans le même temps, la croissance exceptionnelle des effectifs se traduit par une diversification institutionnelle inconnue jusque là. Si la centralisation parisienne n'est pas remise en cause, de nouveaux pôles d'enseignement et de recherche se constituent dans les universités des grandes villes de province. A Paris, la suprématie de la Sorbonne est contestée avec le développement de la VIe section de l'École Pratique des Hautes Études (créée en 1947, elle obtient son autonomie en 1975) et la création des premiers grands laboratoires de recherche historique au début des années 1980 : l'Institut d'Histoire Moderne et Contemporaine (IHMC) et l'Institut d'Histoire du Temps Présent (IHTP). L'accroissement des effectifs accentue, de façon quasi mécanique, la bureaucratisation de la gestion des affaires universitaires. Dans une communauté qui ne compte qu'une centaine de membres et où tout le monde se connaît, la délégation de pouvoir est d'autant mieux acceptée qu'elle repose sur des rapports de confiance et sur la familiarité que chacun des membres entretient avec les problèmes qui sont en cause et les manières de les traiter. Lorsque les effectifs sont dix fois plus importants, ce type de relations interpersonnelles n'est plus possible. Les rapports professionnels deviennent de plus en plus « contractuels », médiatisés par l'écriture. Au sein de la communauté historienne, l'allongement des chaînes d'interdépendance a pour effet d'éloigner des centres du pouvoir ceux qui appartiennent aux échelons de base. Un nombre croissant d'historiens voient ainsi leur participation à la vie collective se réduire à un acte de vote pour désigner des « représentants » qu'ils ne connaissent pas, chargés de gérer des organismes dont le fonctionnement leur parait obscur. La bureaucratisation des professions universitaires est à la source de nouvelles inégalités entre un petit nombre de privilégiés qui continuent à fonctionner sur le mode ancien de l'interconnaissance et de la familiarité avec les rouages du pouvoir (souvent au détriment de leur propre recherche, étant donné le temps considérable qu'il faut désormais consacrer à ces activités bureaucratiques et à l'entretien des réseaux) et la majorité des membres de la profession, de plus en plus éloignée des centres du pouvoir, mais néanmoins placée sous la dépendance de l'élite qui contrôle les avancements de carrière, les mutations, la distribution des crédits, etc. L'augmentation des effectifs a pour autre effet mécanique de provoquer une explosion du nombre des publications. Les thèses sont désormais trop nombreuses pour pouvoir être toutes imprimées comme c'était la règle avant les années 1960. Du coup le cercle de leurs lecteurs potentiels se réduit comme peau de chagrin. Étant donné la profusion des recherches, aucun historien ne peut plus se tenir au courant de toutes celles qui concernent son domaine de compétence ; d'autant plus que les comptes rendus publiés dans les revues spécialisées paraissent avec des délais de plus en plus considérables, pouvant atteindre plusieurs années. Si l'on estime que tout chercheur est en droit d'attendre que son travail soit lu et discuté en connaissance de cause, on comprend l'ampleur des frustrations engendrées par cette évolution. Tous ces facteurs auxquels il faudrait ajouter la diversification des origines sociales des enseignants-chercheurs recrutés pendant les décennies d'expansion, expliquent la multiplication des conflits dont les universités vont être le lieu à partir de la fin des années 1960 ; marqués notamment par la violence des divisions entre maîtres-assistants et professeurs en mai 68, la fréquence des dénonciations du pouvoir des « mandarins » et des injustices imputées aux commissions de recrutement[22].

– Une crise du recrutement

Le cycle qui commence au début des années 1970 est marqué par l'arrêt brutal du recrutement dans les universités. En France, alors que vers 1970, pour une demi-douzaine de postes d'historiens, on avait trente candidats au CNRS, en 1985, ils sont 130 à se disputer 4 postes. En Grande-Bretagne, les mesures de compression du personnel universitaire entraînent un recul de 10 % du

---

22. Le fait que la discipline ait surtout été jusqu'ici une communauté masculine commence aussi à être mis en cause à partir des années 1960. Les chiffres officiels montrent qu'au début des années 1990, en France, dans les disciplines littéraires, les femmes ne représentent encore que 23,7 % des professeurs, mais 40,5 % des assistants. Cf. Comité National d'Évaluation des établissements publics à caractère scientifique, culturel et professionnel (désormais CNE), *Les enseignants du supérieur,* juin 1993 (dact.).

nombre des thèses entre 1978 et 1984. Aux États-Unis, la chute atteint 50 % entre le début des années 1970 et le début des années 1980 (de 1 200 à 600 *Ph D* soutenus annuellement en histoire). « Une crise de surpeuplement académique se déclare où des centaines d'historiens, hommes et femmes, se trouvent sans emploi »[23]. Le retournement de conjoncture accentue le blocage des carrières et ferme les portes de l'enseignement supérieur à la plus grande partie des jeunes chercheurs qui pouvaient prétendre y accéder. Le contraste violent entre la représentation de l'avenir que ces jeunes ont intériorisée au cours de la période faste, quand ils étaient encore étudiants, et les perspectives qui leur sont offertes, suscite parmi les « sacrifiés » un mécontentement qui rencontre un écho jusque dans les instances supérieures de la discipline. Dès lors, la réflexion sur la crise de l'histoire se concentre sur la question des débouchés professionnels.

Daniel Roche constate ainsi que « les revendications justifiées des exclus, demeurés sur la touche en dépit de leurs titres et de leurs capacités à entrer dans le club se développent, non sans créer malaise et amertume de part et d'autre de la barrière ». Il souligne que l'arrêt des recrutements accentue le vieillissement de la communauté ; ce qui apparaît aux yeux de beaucoup comme une grave menace pour son avenir[24]. René Rémond, dans un article publié également au milieu des années 1980, souligne que « l'arrêt à peu près total du recrutement depuis une dizaine d'années fait déjà sentir ses effets : l'ensemble du corps enseignant vieillit, avec le cortège d'inconvénients qui résulte inévitablement de cette déformation de la pyramide des âges ; ralentissement de la production, tarissement de l'imagination, fermeture à la nouveauté. [...]. La spirale est cassée.

---

23. Cf. pour la France, D. Roche, *op. cit.*, pour la Grande-Bretagne, E. J. Hobsbawm, *Situation actuelle de l'histoire en Grande-Bretagne,* in R. Rémond (dir.), *Être historien, op. cit.*, p. 68. Pour les États-Unis, cf. P. Conkin, *op. cit.* et T. Tacket, *op. cit.*, p. 308.

24. En 1983, sur 351 professeurs d'histoire moderne et contemporaine, seulement 24 étaient nés après 1940 ; 327 avaient plus de 43 ans. Sur 615 maîtres de conférences, 62 seulement, soit à peine 10 %, étaient nés après 1940, moins de 1 % après 1950, d'après D. Roche, *op. cit.* En 1991-92, les effets de ce vieillissement sont encore plus sensibles. Pour l'ensemble des facultés de Lettres, 44 % des maîtres de conférence ont au moins 50 ans ; un quart a plus de 55 ans ; cf. CNE, *Les enseignants du supérieur, op. cit.*

La production risque de se raréfier »[25]. Ceux qui sont maintenus à l'extérieur de la communauté des historiens professionnels – bien qu'ils aient satisfait aux exigences de la thèse et qu'ils poursuivent des recherches de fond que les historiens de métier ont parfois abandonnées pour des activités annexes – vont s'efforcer de « contourner la forteresse » universitaire en offrant leurs compétences de chercheurs à d'autres institutions. En France, les jeunes historiens confinés dans l'enseignement secondaire jouent un rôle essentiel dans la création d'un grand nombre d'associations d'histoire qui en quelques années vont renouveler en profondeur le monde des sociétés savantes. L'histoire des techniques, des entreprises, du patrimoine, des cultures populaires et de l'immigration sont autant de domaines qui vont être considérablement enrichis grâce à cet apport associatif. Dans les pays comme les États-Unis où les universités, qu'elles soient privées ou publiques, apparaissent comme autant de « petites républiques » très indépendantes par rapport à l'État central, les liaisons entre chercheurs ont été, d'emblée, assurées par des associations professionnelles. Grâce à elles, la cohésion de la discipline a sans doute pu se maintenir plus longtemps qu'en France. Néanmoins, celle-ci ne résiste pas non plus à la crise des années 1970. Entre 1969 et 1984, l'*American Historical Association* a perdu 40 % de ses membres, au profit d'associations professionnelles dissidentes ou beaucoup plus spécialisées. Le processus de contournement des institutions académiques donne naissance à la « *public history* ». Les historiens diplômés ne trouvant pas de postes à l'université cherchent des emplois dans le secteur « privé », en proposant leurs services aux entreprises, aux syndicats, aux collectivités locales... En Grande-Bretagne et en Allemagne, le mouvement des « *history workshops* » illustre une évolution du même genre, bien que la démarche soit beaucoup plus militante puisque les historiens qui en font partie veulent mettre leur compétence au service des classes populaires, afin que celles-ci puissent faire elles-mêmes leur histoire collective. Les historiens appartenant à ces structures « alternatives » sont évidemment extrêmement critiques vis-à-vis des institutions universitaires qui n'ont pas voulu d'eux. La radicalisation politique de la gauche intellectuelle aidant, ils mêlent leur voix à celle des historiens qui dénoncent « l'histoire officielle » de l'intérieur.

---

25. R. Rémond, « Situation de l'histoire en France », in R. Rémond (dir.), *Être historien...*, *op. cit.*, p. 238.

D'où la naissance de conflits institutionnels que se traduisent, comme nous le verrons plus loin, par la multiplication des polémiques concernant les prétentions à l'objectivité du savoir historique, les complicités qu'il entretient avec les pouvoir en place, etc.

– Une crise de la fonction universitaire
Cette phase de récession est, semble-t-il, arrivée à son terme à la fin des années 1980. Aux États-Unis, le nombre des *Ph. D.* a connu depuis cette date une légère progression pour se stabiliser autour de 700 par an. En France, le nombre des enseignants-chercheurs dans les facultés de lettres et sciences humaines a progressé de 50 % entre 1988-1989 et 1991-1992[26]. Mais ces chiffres ne doivent pas faire illusion. Si la conjoncture est actuellement plus favorable que dans la décennie précédente, elle ne peut néanmoins être comparée à celle des années 1960. Nous ne sommes pas aujourd'hui dans une période de développement des communautés universitaires, mais dans une phase de *reproduction* du corps universitaire.

En dépit de l'augmentation régulière de la population étudiante (plus 18,2 % entre 1988-1989 et 1991-1992 dans le cas français), le nombre global des postes a tendance à stagner, voire à régresser[27]. Seule la nécessité de remplacer la génération recrutée massivement dans les années 1960 et qui, progressivement, parvient à l'âge de la retraite explique l'amélioration de la conjoncture. Les difficultés économiques et sociales et les problèmes inédits que pose la reproduction du corps universitaire sont à l'origine des nouvelles préoccupations qui affleurent aujourd'hui. Comme le souligne Christophe Charle, « le sentiment de crise qui prévaut dans la communauté universitaire provient, c'est une évidence, du changement de fonction de l'enseignement supérieur dans les sociétés contemporaines »[28]. Les contraintes économiques incitent les universités à gérer les nouveaux flux d'étudiants au moindre coût, ce qui se traduit par des mesures visant à marginaliser les activités scientifiques dans les universités, au profit des tâches pédagogiques. En France, si des mesures importantes ont été prises à la fin des années 1980 pour reconstruire un

---

26. Cf. CNE, *Les enseignants...*, *op. cit.*
27. Les nombreuses créations de postes décidées par le gouvernement socialiste au début des années 1990 correspondaient à des mesures conjoncturelles qui ont été abandonnées depuis.
28. C. Charle, *La République des universitaires*, Éditions du Seuil, 1994, p. 466.

« vivier » de jeunes chercheurs (multiplication des allocations de recherche, des postes de moniteurs et d'attachés de recherche)[29], une bonne partie des emplois créés depuis quelques années ne sont pas des postes universitaires classiques (maîtres de conférences et professeurs), mais des détachements de l'enseignement secondaire qui impliquent une charge de cours beaucoup plus lourde que celle qui est imposée aux autres corps[30]. Étant donné ces contraintes, les nouveaux venus craignent de ne pas être en mesure de terminer leur thèse et de se voir, par conséquent, confinés dans des tâches pédagogiques pendant toute leur vie. Le laminage des activités scientifiques à l'université apparaît d'autant plus grave qu'il n'épargne, désormais, aucune catégorie de personnel. Un rapport officiel récent constate que pour faire face à l'accroissement du nombre des étudiants, « certaines universités doivent solliciter de la part de leurs enseignants-chercheurs une contribution tellement importante en heures complémentaires que ceux-ci n'ont plus de temps à consacrer à la recherche ». Ils en ont d'autant moins que « la bureaucratie universitaire est devenue ces dernières années extrêmement pesante » et que « les charges d'examen (sont) devenues tellement écrasantes dans certaines universités qu'elles occupent presqu'autant de semaines de travail que les semaines d'enseignement ». C'est pourquoi, concluent les auteurs du rapport, le terme qui revient le plus souvent dans les correspondances envoyées aux enquêteurs est celui d'« accablement »[31]. Cette évolution contribue à accentuer le sentiment d'« éclatement » de la communauté historienne car elle tend à opposer les universitaires – dont le temps de travail est de plus en plus accaparé par des tâches administratives et pédagogiques – et les historiens du CNRS ou des grands établissements scientifiques qui peuvent consacrer à la recherche l'essentiel de leur activité[32]. Ce clivage apparaît

---

29. Ces mesures expliquent sans doute la récente progression du nombre des thèses en sciences humaines (2 470 thèses en 1992, soit une croissance de 58 % par rapport à 1989). Chiffre tiré du rapport officiel rédigé par M. Quenet, *Rapport sur la condition des personnels enseignants de l'enseignement supérieur*, 1994 (dact.).

30. Ce type de postes représente aujourd'hui 37 % du total des emplois dans les facultés de lettres et sciences humaines ; cf. le rapport de M. Quenet, *op. cit.*, p. 65.

31. Rapport Quenet, *op. cit.,* p. 42 sq.

32. Les transformations techniques du métier d'historien sont susceptibles d'aggraver ce clivage car la nécessité de s'appuyer de plus en plus sur des ressources communes (comme les bases de données) risque de provoquer une opposition entre les chercheurs intégrés dans des équipes et les chercheurs isolés.

clairement dans les divergences qui opposent les représentants des deux milieux. Le plaidoyer pour la fonction d'enseignant-chercheur publié récemment par Antoine Prost traduit un sentiment largement partagé par les historiens des universités : « Il reste cependant qu'avant de récuser trop rapidement l'histoire des professeurs, il conviendrait de dresser le bilan sincère de ce que la position de l'histoire et des historiens doit dans ce pays au fait que l'histoire est discipline obligatoire d'enseignement dans le premier et le second cycle. Je craindrais pour ma part qu'à oublier ou à récuser la fonction sociale qui justifie la place, la reconnaissance et la légitimité dont ils bénéficient, les historiens ne marginalisent leur discipline »[33]. Cette citation permet de comprendre que la crise de la fonction universitaire ne se résume pas à une mise en cause administrative des activités de recherche. Il s'agit, plus fondamentalement, d'une interrogation générale sur la définition même du « métier d'historien » dans le monde d'aujourd'hui et des critères permettant d'évaluer les façons de l'exercer. C'est ce souci qui explique que le grand livre que Marc Bloch a consacré à cette question, quelque peu délaissé dans les années 1970, j'y reviendrai, retrouve aujourd'hui une nouvelle jeunesse[34]. Avec la suppression de la thèse d'État, au début des années 1980, les principes sur lesquels reposaient les relations de pouvoir au sein de la profession ont été fortement ébranlés. L'instrument essentiel dont disposait la communauté pour contrebalancer les forces centrifuges qui mettent en péril son autonomie a disparu au moment même où, comme on le verra dans la deuxième partie de ce chapitre, la discipline s'ouvrait

---

33. A. Prost, « Seignobos revisité », *Vingtième siècle*, 43, juil.-sept. 1994, p. 117.
34. M. Bloch, *Apologie pour l'histoire ou Métier d'historien*, A. Colin, 1993 (1re éd. 1949). Dans la préface rédigée pour cette édition de l'ouvrage, Jacques Le Goff écrit : « un livre comme celui-ci conserve en 1993, une grande part de sa nouveauté, de sa nécessité » et il ajoute : « Il faut repartir de ce livre ». Quelques années auparavant, Jean-Louis Flandrin affirmait déjà : « la question de Marc Bloch : à quoi sert l'histoire est toujours d'actualité, mais mes collègues de la nouvelle histoire évitent de se la poser ou s'ils se la posent secrètement, ils n'osent pas le faire publiquement, ni même la poser à leurs collègues » ; J. L. Flandrin, « De l'histoire-problème à l'approche historique des problèmes », *in* G. Gadoffre (dir.), *Certitudes et incertitudes de l'histoire*, PUF, 1987, p. 177. Là encore l'article de Daniel Roche, « Les historiens aujourd'hui », *op. cit.*, qui invite les historiens à une réflexion collective sur les mutations de leur profession, apparaît comme le point de départ de ces interrogations.

de plus en plus sur le monde extérieur. Le modèle du *Ph D* américain a été imposé, sans véritable réflexion collective, alors même
que celui-ci est adapté à un système où les universités disposent
d'une autonomie institutionnelle infiniment plus grande qu'en
France. Les historiens se sont ainsi privés d'un moyen de résister
aux interventions étatiques dans les affaires scientifiques sans pouvoir en imposer d'autres. Dans le même temps, la volonté de
« rationaliser » les dépenses publiques et la décentralisation partielle de la gestion des universités poussent les représentants de
l'Administration à essayer de mesurer de façon de plus en plus
rigoureuse la « productivité » des établissements et des personnels.
Le Comité National d'Évaluation, créé il y a quelques années, a
pour but affiché de contrôler davantage le travail des universitaires
et de classer les établissements en fonction de la qualité, de la productivité et de la notoriété nationale et internationale de leurs activités de recherche. L'un des objectifs explicites de ce nouvel
organisme est de remettre en cause les principes en vigueur depuis
1945, et notamment la règle qui veut que « le salaire (soit) fonction
du rang d'un enseignant-chercheur et non directement de son
mérite présent »[35]. Estimant que « la liberté des universitaires n'est
pas incompatible avec une expression plus complète et mieux res-
pectée, de part et d'autres, des obligations inhérentes au statut », le
Comité envisage des mesures permettant d'obtenir une « croissante
lisibilité des tâches confiées aux enseignants-chercheurs. Autre
façon de dire que l'individualisme sera moins facile à préserver, ou
tout au moins, qu'il n'est ou ne sera plus confondu avec la nécessaire liberté du chercheur et de l'enseignant […]. Si cette évolution
se confirme, elle rendra plus rare la situation qui selon certains pré-
dominerait aujourd'hui, à savoir une situation où les enseignants
seraient libres de mener leurs activités à leur guise, disposeraient
du temps nécessaire pour construire, indépendamment les uns des
autres, leur vie professionnelle dans les domaines les plus divers ».
C'est ce souci qui explique les nouveaux critères d'évaluation
récemment mis en œuvre par le ministère de l'Enseignement supérieur. Le dynamisme scientifique des universités a ainsi été mesuré
en calculant le nombre des thèses soutenues par rapport au nombre
des enseignants-chercheurs de l'université concernée. Mais surtout,

35. *Le Monde*, 9. 7. 1992.

les instances dirigeantes de la recherche scientifique s'appuient de plus en plus sur des normes internationales, en particulier les relevés bibliométriques et les index de citations et de publications. Le *Social Sciences Citations Index (SSCI)* et le *Arts and Humanities Citations Index (AHCI)* qui analysent les études publiées dans une multitude de revues scientifiques internationales, risquent ainsi de jouer un rôle de plus en plus important dans les politiques d'évaluation. Toutes ces innovations suscitent l'inquiétude et le mécontentement des universitaires. D'un côté, ils ne sont pas satisfaits des formes actuelles d'évaluation, exigeant qu'en matière de recrutement et de promotion, les critères de jugement soient plus clairement définis, plus transparents, et qu'ils tiennent compte de la diversité des éléments qui entrent dans l'exercice des « métiers » universitaires aujourd'hui. Mais d'un autre côté, ils rejettent les critères bureaucratiques que des administrateurs ignorant les problèmes réels auxquels ils doivent faire face veulent leur imposer. La majorité d'entre eux considèrent que le recours à des normes comptables (relevés bibliographiques, citations, etc.) ne permet pas d'évaluer équitablement la production scientifique[36] et pénalise les universitaires en ne tenant pas compte des charges pédagogiques et administratives, alors même qu'elles sont de plus en plus pesantes[37].

Une enquête plus approfondie serait nécessaire pour voir si cette crise de la fonction universitaire est spécifique à la France ou si elle a une ampleur plus générale. Si elle semble jouer un rôle important dans le sentiment de désarroi exprimé par beaucoup d'historiens, c'est parce qu'en France, la profession est prise aujourd'hui dans un mouvement de renouvellement de générations comme elle n'en avait pas connu depuis une trentaine d'années. Les représentants de « la génération heureuse » (François Furet), principaux bénéficiaires de l'expansion d'après-guerre, qui ont occupé le devant de la scène pendant plusieurs décennies, au point d'incarner – les chefs de file

---

36. Beaucoup de chercheurs se demandent pourquoi l'université française devrait adopter une forme d'évaluation dont les effets pervers ont été dénoncés par les plus éminents scientifiques des pays où elle est pratiquée depuis longtemps. Ils critiquent aussi la surreprésentation des revues anglo-saxonnes dans les index car elle pénalise ceux qui publient surtout dans les revues françaises.

37. Toutes les informations et les citations de ce paragraphe sont extraites du rapport Quenet, *op. cit.*

tout au moins – la discipline toute entière, atteignent progressivement l'âge de la retraite. En dépit de tout ce qui les opposait, les membres de cette classe d'âge partageaient – outre une socialisation professionnelle qui leur a permis de franchir avec une facilité relative les divers échelons de la carrière et de s'installer précocement au sommet – les mêmes références fondamentales. Comme l'a souligné Pierre Nora, cette génération s'est fortement définie en fonction des enjeux que constituaient leur rapport au Parti communiste et à la vieille Sorbonne ; l'importance attachée soit aux facteurs économiques, soit aux facteurs politiques, aux méthodes « qualitatives » ou « quantitatives »[38]. L'effacement de cette « génération longue » accentue d'autant plus aujourd'hui le sentiment d'atomisation de la discipline, que la nouvelle génération appelée à lui succéder se présente en rangs dispersés, sans véritables projets collectifs. Le blocage des carrières et la longue période d'attente dans l'enseignement secondaire qu'ont vécus la plupart de ses membres expliquent son hétérogénéité, notamment sur le plan de l'âge. Comme le montre l'enquête récente du Comité National d'Évaluation, les postes de rang A libérés par les départs à la retraite, mettent en concurrence des universitaires dont les âges s'échelonnent entre 40 et 60 ans. Deux générations « biologiques » sont ainsi appelées à se fondre en une seule génération professionnelle. Dans le même temps, comme on l'a vu plus haut, dans les échelons de base de la pyramide, se côtoient des maîtres de conférence qui ont souvent atteint, voire dépassé, la cinquantaine, et de jeunes historiens, à peine sortis de l'université, qui bénéficient de la récente reprise du recrutement.

Une identité collective fragilisée par l'ouverture de la discipline sur le monde extérieur.

La deuxième série d'arguments avancés pour étayer le constat d'« éclatement » de la profession d'historien concerne les nouvelles relations que la discipline a nouées avec le monde extérieur depuis une trentaine d'années. En premier lieu, il faut rappeler que jusque dans les années 1950, les communautés professionnelles universitaires étaient structurées sur une base essentiellement nationale.

---

38. P. Nora (dir.), *Essais d'ego-histoire,* Paris, Gallimard, 1987.

Depuis la guerre, l'internationalisation de la recherche scientifique, consécutive à la mondialisation des échanges qu'a entraînée la croissance économique, a connu une accélération brutale. Grâce aux progrès du transport aérien, au développement de l'informatique, à l'apparition du fax et du courrier électronique, la planète des intellectuels est devenue un immense « village » (tout au moins pour ceux qui vivent dans les pays riches). Ce processus a incontestablement renforcé l'intégration de la communauté des historiens sur le plan mondial. Mais, par contrecoup, il a provoqué de nouveaux clivages sur le plan national. Dans le cas français, il faut souligner que l'internationalisation de la recherche a été subie plus qu'encouragée. Par rapport aux perspectives européennes que Marc Bloch avait dessinées, dès la fin des années vingt, dans son projet d'histoire comparative, les décennies d'après-guerre se sont plutôt soldées par un repli sur l'hexagone[39]. C'est le formidable développement de l'histoire aux États-Unis qui est venu perturber l'intimité de l'historiographie nationale. Le nombre des historiens américains spécialistes de la France a progressé dans des proportions telles qu'il est supérieur aujourd'hui, dans bien des domaines, au nombre des historiens français qui étudient leur propre pays. Ce processus ne pouvait que stimuler les échanges entre les uns et les autres. Même si ce sont deux historiographies de la France qui s'élaborent sous nos yeux, chacune fortement marquée par le contexte politique dans lequel elle s'enracine, ce « regard américain » a favorisé la diversification des lectures de l'histoire nationale (concernant la conception de la « citoyenneté » et du « multiculturalisme » notamment). Mais cette ouverture internationale de la recherche historique a aussi engendré de nouveaux principes de hiérarchisation interne. D'un côté, on trouve le petit nombre de ceux qui font le choix de s'intégrer au marché mondial dominé par les États-Unis. Ce qui suppose un gros effort de familiarisation avec la langue anglaise, une importante dépense d'énergie pour accéder aux réseaux permettant de publier dans les grandes revues ou chez les éditeurs anglo-saxons, des déplacements incessants pour participer aux colloques et aux séminaires internationaux, qui

---

39. Cf. L. Valensi, « Retour d'Orient. De quelques usages du comparatisme », *in* H. Atsma et A. Burguière (dir.), *Marc Bloch aujourd'hui. Histoire comparée et sciences sociales*, Éd. EHESS, 1990, pp. 307-316.

se sont multipliés au fur et à mesure que le prix des billets d'avion diminuait. Un tel investissement permet à un historien de faire connaître ses travaux auprès de tous les spécialistes de son domaine, quel que soit l'endroit du monde où ils vivent. Mais, en contrepartie, il ne peut que s'éloigner des préoccupations et des enjeux propres au marché national, dominé par les historiens davantage tournés vers le grand public. Certes, beaucoup s'efforcent aujourd'hui de concilier les deux perspectives, mais force est de constater l'aggravation des conflits entre ceux qui ironisent sur le « provincialisme » de l'historiographie française et ceux qui dénoncent l'hégémonie américaine et la *jet society*.

Le développement de « l'interdisciplinarité » est un autre aspect de l'ouverture de l'histoire sur l'extérieur. Prônée dès les années trente par les *Annales*, celle-ci n'a pu véritablement se concrétiser qu'avec le développement des sciences humaines et/ou sociales après la Seconde Guerre mondiale. Le modèle interdisciplinaire institutionnalisé pour la première fois en France avec la création de la VIe section de l'École Pratique des Hautes Études a été reproduit à de nombreux exemplaires dans les décennies suivantes. Dans la plupart des universités, les centres de recherche historiques ont développé des collaborations avec les disciplines voisines. Même des institutions au départ très éloignées des problématiques élaborées à l'École Pratique des Hautes Études (comme la Fondation Nationale des Sciences Politiques), ont fini par adopter ce profil « interdisciplinaire »[40]. L'interdisciplinarité a été encouragée également au niveau de la formation des étudiants, par la création des diplômes et des concours en sciences sociales (DEA, CAPES, agrégation) dans lesquels l'histoire n'est plus qu'une composante parmi d'autres, même si elle conserve souvent une place de choix. Là aussi, en contribuant fortement à la diversification de la formation des historiens, des réseaux de sociabilité dans lesquels ils s'insèrent, des intérêts de carrière qu'ils poursuivent, « l'interdisciplinarité » a donné naissance à de nouveaux motifs de querelle interne, opposant, nous y reviendrons, ceux qui défendent cette ouverture et ceux qui la rendent responsable de la « crise » de l'histoire.

Au cours de la même période, les historiens français se sont tournés vers le grand public, en tirant profit de la démocratisation

---

40. Cf. R. Rémond (dir.), *Pour une histoire politique*, Éditions du Seuil, 1988.

de l'enseignement (qui a permis un élargissement considérable du marché de l'édition scolaire) et de l'engouement général pour l'histoire. Nous sommes loin aujourd'hui des années 1950, lorsque Henri-Irénée Marrou reprochait aux historiens leur indifférence pour le travail de vulgarisation[41]. Cette réussite n'a été possible que grâce à la mise en place de nouveaux dispositifs de diffusion des travaux historiques spécialisés (cf. notamment les nouvelles collections d'histoire créées à partir des années 1970) et grâce à l'ouverture de la communauté historienne sur les professionnels de la diffusion du savoir que sont les journalistes de la presse écrite et de l'audiovisuel (un certain nombre d'historiens sont devenus eux-mêmes des journalistes à « temps partiel » pour faciliter ce travail de vulgarisation). D'une façon plus générale, la demande sociale s'accroissant, les historiens ont été de plus en plus sollicités à titre d'experts par les milieux culturels (musées, expositions, etc.), mais aussi par les milieux politiques, voire judiciaires (cf. la commission d'historiens présidée par René Rémond, lors du procès Touvier). Cette évolution a conduit, elle aussi, à une importante diversification des « profils » d'historiens et à rendre plus floues les frontières entre des métiers (journaliste et chercheur) autrefois bien séparés. L'ouverture sur le grand public a contribué à la transformation des rapports internes à la communauté. D'un côté, le développement de la vulgarisation peut être considéré comme un facteur d'intégration. La publication d'un manuel scolaire, d'une histoire de France en plusieurs volumes, la direction d'une collection d'ouvrages, constituent, indéniablement, des entreprises collectives qui lient ceux qui y participent ; créent entre eux des liens, une communauté d'intérêts matériels (droits d'auteurs) et symboliques (notoriété). Mais, d'un autre côté, tous les membres de la communauté historienne n'ayant pas accès de façon égale aux privilèges de la vulgarisation[42], ceux-ci constituent aussi un facteur supplémentaire de tensions internes. Certes, beaucoup d'historiens s'efforcent de concilier la recherche de fond et la vulgarisation.

---

41. H. I. Marrou, « Comment comprendre le métier d'historien », in C. Samaran (dir.), *L'histoire et ses méthodes*, Gallimard, 1961, p. 1538.

42. Étant donné que la vulgarisation du savoir est essentiellement un travail de synthèse qui consiste à présenter les recherches spécialisées sous une forme simplifiée et raccourcie, par définition, le nombre de ceux qui accèdent au privilège de la vulgarisation est inférieur au nombre total des historiens.

Néanmoins, comme on le verra dans le chapitre 9, seule une petite minorité a pu accéder aux collections les plus prestigieuses, aux entreprises les plus lucratives. La façon dont les travaux de recherche sont présentés dans la presse accentue les tensions internes. A l'époque où seuls les journalistes professionnels avaient en charge la diffusion des ouvrages spécialisés dans le grand public, l'historien dont le livre était critiqué ou dont la presse ne parlait pas, ne pouvait s'en prendre qu'aux journalistes. Aujourd'hui que les éloges, les blâmes et les oublis émanent, en bonne partie, des historiens eux-mêmes, ce sont les relations internes à la corporation qui en pâtissent. L'historien-journaliste est en effet juge et partie car ce sont ses compétences professionnelles que les journaux sollicitent quand ils font appel à lui. Les auteurs qui dépendent de lui pour asseoir leur réputation dans le grand public sont amenés, s'ils sont mécontents de ses services, à lui demander de quel droit il parle ainsi au nom de l'histoire sans avoir reçu aucun mandat de la communauté pour cela ; quels sont les critères sur lesquels reposent des jugements ou des silences qui sont lourds de conséquences pour le succès ou l'échec de l'ouvrage en question. On peut faire l'hypothèse que c'est l'accumulation de ce genre de frustrations qui explique à la fois la floraison récente des ouvrages dénonçant la « médiatisation » de l'histoire et l'intensité des polémiques opposant les fractions rivales du milieu historico-éditorial[43]. Il est également indéniable que l'ouverture de l'histoire sur la scène médiatique a eu pour contrepartie un affaiblissement des liens de solidarité qui unissaient traditionnellement les universitaires avec leurs collègues de l'enseignement secondaire. Alors que Lucien Febvre était à la fois professeur au Collège de France et Président de la Société d'histoire locale (qui rassemblait des milliers d'histo-

---

43. Là encore le progrès technique risque d'accentuer rapidement ces clivages. A propos de l'édition des thèses sur microfiches, René Girault constate : « sur le plan de la rapidité de diffusion des résultats scientifiques, c'est un énorme progrès. En revanche, devrait se produire une séparation presque totale entre les travaux scientifiques accessibles par le système des microfiches et la publication de livres. Il s'agit d'une situation entièrement nouvelle », R. Girault, *in* R. Rémond (dir.), *Être historien..., op. cit.*, p. 251. L'édition historique risque de se scinder en deux. D'un côté, le marché du livre adapté aux désirs d'un public national non spécialisé. De l'autre, le marché de la « littérature grise », des articles spécialisés et des microfiches ou du courrier électronique, adapté aux besoins de la communication internationale.

riens « amateurs » pratiquant la recherche pour leur plaisir), les sollicitations internationales et médiatiques ont conduit ses successeurs à ignorer un milieu qui, au même moment, était profondément renouvelé grâce à l'apport des historiens de l'enseignement secondaire[44]. Tant que l'édition des livres d'histoire était prospère, ces tensions demeuraient peu perceptibles. L'offre étant supérieure à la demande, les historiens désireux de toucher le grand public ont pu atteindre, dans l'ensemble, leur objectif. Mais le début des années 1990 a été marqué par un retournement de la conjoncture. Une étude du Syndicat National de l'Édition souligne non seulement l'affaiblissement du nombre moyen des ventes, mais aussi le vieillissement sensible du lectorat et un recul du nombre des « forts lecteurs ». Plus précisément, l'enquête montre que si les chiffres globaux se maintiennent, on assiste à un effondrement de la diffusion des travaux pointus, issus d'un travail de recherche original, au profit des livres de vulgarisation et des manuels scolaires. D'où l'émergence d'« une économie duale » et le découragement des chercheurs qui ne trouvent plus d'éditeurs pour leurs thèses[45]. La course à la vulgarisation contribue à son tour à aggraver la situation, étant donné qu'elle nuit à la qualité d'ensemble de la production mise sur le marché. Comme on pouvait s'y attendre, le tarissement de la recherche de fond, consécutive au vieillissement du corps, a fini par se répercuter sur la production destinée à un public plus large, en dépit des trésors d'imagination et de l'intensité de la mobilisation déployés pour tenter de faire du neuf avec du vieux. Pierre Lepape constate que « pour le livre d'histoire, après les "quinze glorieuses" inaugurées en 1975, l'heure est venue d'une réflexion ». Il explique la désaffection du public en partie par l'affaiblissement de la qualité des produits mis sur le marché. Trop d'éditeurs ont publié ces dernières années, « des

---

44. Cette rupture des liens entre les historiens universitaires et les 40 000 professeurs d'histoire que compte l'enseignement secondaire français aujourd'hui n'est sans doute pas sans rapport avec la crise que traverse l'édition historique. Ayant reçu la même formation initiale que leurs collègues universitaires, titulaires, pour une bonne partie d'entre eux, d'un diplôme de recherche et poursuivant eux-mêmes, bien souvent, des travaux historiques, les enseignants du secondaire constituent un atout exceptionnel grâce auquel les discussions scientifiques sont susceptibles de dépasser le cercle étroit des spécialistes patentés.

45. *Le Monde*, 22. 11. 1993.

centaines de gros ouvrages [...] qui auraient mérité les trente ou quarante feuillets d'un article de revue »[46].

L'ouverture de l'histoire sur le monde extérieur est une caractéristique qui n'est nullement propre à la France. Aux États-Unis, par exemple, la recherche interdisciplinaire a été fortement encouragée par des institutions prestigieuses comme l'*Institute for Advanced Study* de Princeton ou la *New School for Social Research* dirigée par Charles Tilly à New York. Dans les universités, de nouveaux programmes de recherches, comme les « études féminines » ou les « *cultural studies* », se sont constitués en brisant le carcan des anciennes frontières disciplinaires. Ici aussi, les historiens conservateurs ont vu dans cette évolution une cause essentielle de l'« éclatement » de la discipline. Néanmoins, dans le cas américain, le décloisonnement s'est fait davantage par un rapprochement avec les milieux politisés que par une ouverture sur le grand public. Les historiens progressistes ont été de plus en plus enclins à mettre leurs compétences professionnelles au service de causes militantes (luttes des minorités et des communautés). Mais les efforts de la profession pour conquérir un public dépassant le cercle des spécialistes ont échoué[47]. C'est pourquoi, aux États-Unis, ce n'est pas surtout le conflit entre normes journalistiques et normes savantes qui accentue les divisions internes à la discipline ; mais les interférences entre jugements scientifiques et jugements politiques.

L'atomisation de la discipline et l'impossibilité de toucher un public dépassant le cercle des spécialistes expliquent qu'en dépit de l'universalité de la langue anglaise, le marché des ouvrages savants ait tendance à se rétrécir. De plus en plus, les éditeurs doivent demander des aides à leur université pour équilibrer leur budget. Mais les difficultés financières auxquelles celles-ci sont confrontées entraînent une diminution des subventions, contraignant les presses universitaires à restreindre le nombre des ouvrages publiés, au détriment des historiens les moins connus et des sujets les plus pointus.

---

46. P. Lepape, « La fin des quinze glorieuses », *Le Monde*, 18. 3. 1993.

47. L'Association des Historiens Américains a lancé un magazine historique « populaire » qui s'est soldé par un échec et la place de l'histoire dans l'enseignement primaire et secondaire ne cesse de décliner. Sur cette situation que beaucoup déplorent aux États-Unis, cf. P. Novick, *op. cit.*, p. 576. A propos de la Grande-Bretagne, cf. D. Cannadine, « British history : past, present – and future ? », *Past and Present*, 116, 1988, pp. 169-191.

Étant donné l'importance fondamentale que revêt la publication de la thèse pour la carrière d'un historien américain, cette politique malthusienne constitue un facteur supplémentaire de tension à l'intérieur de la profession[48].

« UNE CRISE DU SAVOIR HISTORIQUE »

L'innovation en panne ?

Pour beaucoup d'historiens plus que les mutations professionnelles évoquées plus haut, ce sont les incertitudes concernant le savoir historique lui-même qui constituent le signe le plus évident de la « crise de l'histoire ». Je reviendrai longuement dans les chapitres suivants sur ces discussions « épistémologiques ». On peut noter d'emblée que ce n'est pas la productivité de la recherche elle-même qui est mise en cause. Il suffit de parcourir le sommaire des revues spécialisées ou le catalogue des éditeurs pour constater que l'histoire conserve aujourd'hui un important dynamisme, surtout si l'on se place au niveau international. Les constats alarmistes portent essentiellement sur la faiblesse de l'innovation dans la discipline. Dans un éditorial consacré au « tournant critique », le comité de rédaction des *Annales* affirmait, à la fin des années 1980 : « aujourd'hui, le temps semble venu des incertitudes ». Et la revue évoquait une « nouvelle donne, encore confuse et qu'il s'agit de définir pour exercer demain le métier d'historien ». Pour les auteurs de ce texte, c'est l'affaiblissement des alliances interdisciplinaires que l'histoire avait nouées depuis soixante ans qui constitue la raison fondamentale de la crise. « Le reclassement des disciplines remet en cause des primautés établies (et) les voies traditionnelles par lesquelles circulaient l'innovation [...]. Quand la convergence des sciences sociales constituait à la fois une conviction partagée et

---

48. Étant donné l'augmentation des coûts de fabrication, la diminution considérable des aides publiques à l'édition et la chute des ventes, les éditions universitaires américaines tendent à ne publier que des livres dont elles espèrent vendre entre 5 000 et 40 000 exemplaires, alors qu'auparavant la fourchette variait entre 900 et 1500. Les experts prévoient que d'ici deux ans, il n'y aura plus aucune monographie mise sur le marché, alors même que les jeunes historiens sont tenus de produire des thèses à caractère monographique ; cf. J. Shulevitz, « Keepers of the Tenure Track », *The New York Times Book Review*, October 29, 1995, pp. 46-47.

un horizon des pratiques, les travaux de terrain, plus circonscrits, faisaient voir sur pièces ce que pouvaient être les voies concrètes de l'échange entre les disciplines et capitalisaient les profits communs »[49]. Pour s'adapter à ces mutations la revue amorce alors un virage – passé inaperçu en dépit de son importance – qui se traduit, quelques années plus tard, par l'ouverture du comité de rédaction à des non-historiens et par l'abandon du sous-titre qui avait contribué à fixer l'identité des *Annales* tout au long de la période glorieuse de l'après-guerre[50]. Il est vrai qu'aucun historien ne pourrait plus aujourd'hui soutenir comme Adeline Daumard et François Furet, à la fin des années cinquante : « Scientifiquement parlant, il n'est d'histoire sociale que quantitative. Sur ce point l'accord est quasi unanime »[51]. Et nul ne reprendrait à son compte la prophétie d'Emmanuel Le Roy Ladurie qui affirmait, quelques années plus tard, toujours à propos de l'histoire quantitative : « l'historien de demain sera programmeur ou il ne sera plus[52] ». De même, aucun d'entre eux ne s'aventurerait à confirmer les propos que Pierre Chaunu tenait il y a encore une dizaine d'années, quand il vantait les mérites de « l'histoire à la française, profondément marquée par la mutation épistémologique que l'on appelle un peu indifféremment l'*École des Annales* ou la *Nouvelle Histoire* », fondée sur l'articulation des niveaux, le recours à l'informatique et aux méthodes statistiques[53]. Il faut préciser néanmoins que si les innovations des années 1950-1970 ne suscitent plus aujourd'hui le même enthousiasme, c'est parce qu'elles sont devenues le « bien commun » de tous les historiens, qu'elles font partie de la « science normale » de

---

49. « Histoire et sciences sociales. Un tournant critique ? », *Annales E.S.C.*, 6, nov.-déc. 1988, pp. 291-293.

50. Le comité de rédaction a justifié ainsi cet abandon : « La division tripartite – Économies-Sociétés-Civilisations n'était plus adéquate ; elle correspondait mal à la souplesse de l'agencement des niveaux d'analyse et de la pluralité des approches qu'aujourd'hui nous souhaitons et que le nouveau sous-titre Histoire-Sciences Sociales suggère mieux » ; cf. l'éditorial, « Histoire, sciences sociales », *Annales Histoire-Sciences sociales*, 1, janv.-fév. 1994, pp. 3-4.

51. A. Daumard et F. Furet, « Méthodes d'histoire sociale. Les archives notariales et la mécanographie », *Annales E.S.C.*, 34, 1959, p. 676.

52. E. Le Roy Ladurie, « L'historien et l'ordinateur », *Le Nouvel Observateur*, 8. 5. 1968, repris dans *Le Territoire de l'historien*, Gallimard, 1977 (1re éd. 1973), p. 14.

53. P. Chaunu, *Histoire, science sociale. La durée, l'espace et les hommes à l'époque moderne*, SEDES, 1983, avant-propos.

l'histoire, au même titre que la critique documentaire mise au point à la fin du XIXe siècle par l'école dite « positiviste ». Dans ces conditions, elles ne peuvent plus servir dans les stratégies de distinction inhérentes aux jeux de concurrence qui caractérisent le monde auquel appartiennent les historiens.

Si les analyses convergent pour affirmer que les thèmes dominants dans les années soixante sont aujourd'hui « dépassés », aucun des candidats à la succession ne parvient à émerger véritablement, ce qui contribue à la « crise d'identité » que traverse la discipline. Les polémiques sur ce sujet illustrent un clivage fondamental qui prolonge l'opposition classique, au sein de la discipline, entre la « droite » et la « gauche ». A un pôle, les historiens qui mettent en avant les « traditions » et demandent que l'histoire se replie sur son identité propre. A l'autre pôle, les historiens partisans de « l'innovation » qui souhaitent, à l'inverse, que la discipline s'ouvre davantage encore sur l'extérieur[54]. Dans le cas français, ce sont les ouvrages sur l'histoire publiés récemment par Guy Thuillier et Jean Tulard qui offrent l'exposé le plus complet du point de vue « traditionaliste ». Reprenant à leur compte l'idée d'une crise du savoir historique, les deux auteurs l'expliquent par la politisation de la discipline et les alliances qu'elle a nouées avec les sciences sociales. Selon eux, « les années 1960-1980 ont vu se multiplier les querelles entre les historiens, qui avaient un engagement politique (généralement de gauche), et les historiens traditionnels qui tenaient à leurs traditions d'objectivité, de modération, de neutralité, qui refusaient de croire qu'ils détenaient la vérité ou qu'ils devaient transformer à tout prix la société, et la crise de 1968, la politisation de l'université, ont encore accru les *distances* »[55]. Ils mettent en cause « l'histoire idéologique qui veut à toute force expliquer, *endoctriner, manipuler,* "enseigner la vérité" », notamment « en histoire économique et en histoire sociale, trop marquées par des doctrines marxisantes ou une sociologie approximative »[56]. La meilleure preuve que ce courant de la recherche historique est en crise c'est, disent-ils, qu'il n'intéresse plus la nouvelle génération. « Les jeunes historiens (il suffit

---

54. Entre ces deux extrêmes se rencontrent bien évidemment une multitude de positions intermédiaires.

55. G. Thuillier et J. Tulard, *Les Écoles Historiques*, PUF, 1990, p. 60. Tous les termes soulignés le sont dans le texte.

56. G. Thuillier et J. Tulard, *Le marché de l'histoire*, PUF, 1994, p. 110.

d'interroger les jeunes normaliens) secouent allégrement les vieilles doctrines, ils ne croient plus à grand-chose, les "fondateurs de discours" – Foucault, Braudel, Labrousse – sont parfois jetés (comme on disait jadis) aux poubelles de l'histoire »[57]. Fort de ce diagnostic, les auteurs prévoient un déclin de « l'histoire idéologique », des méthodes informatiques, et des « modes » universitaires. Et puisque le « neuf » est devenu « vieux », c'est le « vieux » qui prend ici un coup de « jeune ». Taine et Gaxotte sont ainsi présentés comme les grands modèles du futur passé de l'histoire. L'histoire locale et l'histoire religieuse apparaissent comme les domaines de recherche les plus « prometteurs », vers lesquels les auteurs conseillent les jeunes historiens de s'orienter. Dans la foulée, Marc Bloch est mobilisé pour légitimer une définition du « métier d'historien » conçue comme une adaptation aux lois du marché. Étant donné que nous vivons « dans un monde concurrentiel, […] il n'y a aucune raison de ne pas mettre tous les atouts dans son jeu ». C'est pourquoi l'historien « doit faire fructifier son capital, gérer attentivement son image », « apprendre à répondre à des interviewes »[58].

Le pôle opposé rassemble les historiens qui interprètent dans un sens radicalement différent la « crise » du savoir historique, même si eux aussi s'en prennent principalement au modèle qu'incarnaient les *Annales* dans les années 1950-1970. Le premier argument qu'ils opposent aux « traditionalistes », pour justifier une ouverture de plus en plus grande de la discipline sur l'extérieur, est qu'on ne peut véritablement discuter du problème de la « vérité » ou de « l'objectivité » en histoire sans un minimum de formation philosophique, c'est-à-dire sans accepter une ouverture « interdisciplinaire ». Que penserait-on d'un chercheur qui étudierait l'histoire de Napoléon ou du Nivernais sans aucune culture historique ? La philosophie des sciences a montré depuis longtemps que l'étude de la « réalité » (qu'elle soit physique ou humaine) engageait toujours un point de vue. Dans ces conditions, il n'est guère sérieux d'aborder la question du savoir en opposant naïvement les « bons » (modérés, nuancés, objectifs) et les « méchants » (qui « manipulent » la vérité pour satisfaire leurs ambitions ou leurs fantasmes politiques). Pour les « modernistes », « l'objectivité » que revendiquent les « traditionalistes » n'est qu'un

---

57. G. Thuillier et J. Tulard, *Les Écoles, op. cit.,* pp. 4-5.
58. G. Thuillier et J. Tulard, *Le marché, op. cit.,* p. 100 sq.

masque qui cache mal des positions politiques conservatrices, souvent de notoriété publique. Privilégier, comme thème de recherche, l'étude des « grands hommes », comme Napoléon ; présenter à la nouvelle génération, Taine et Gaxotte comme des exemples à suivre ; lui conseiller de se plier aux lois du marché ; voilà autant de parti pris qui démentent les proclamations d'impartialité. Mais le courant « moderniste » pousse aujourd'hui beaucoup plus loin la critique de la définition traditionnelle de l'objectivité. Pour Lucien Febvre, Marc Bloch et leurs successeurs directs, celle-ci demeurait un idéal que l'historien pouvait espérer atteindre à condition de lutter sans relâche (y compris dans son propre travail) contre les présupposés et les influences partisanes. Pour les courants historiographiques nés dans la conjoncture « révolutionnaire » de l'après 68, cet idéal n'est qu'une mystification. Dans un premier temps, ce sont surtout les travaux d'inspiration marxiste qui ont mis en cause l'idée d'un savoir objectif sur le passé, en affirmant que l'histoire pratiquée par les universitaires était un « savoir bourgeois » auquel ils opposaient une possible « histoire prolétarienne ». Dans les années suivantes, la crise du mouvement ouvrier, mais aussi les efforts déployés par la fraction dominante de la profession pour marginaliser les « contestataires », aboutissent à la quasi disparition de ce courant au sein de l'historiographie française, même s'il semble ressurgir aujourd'hui sous une forme différente, avec les polémiques concernant le régime de Vichy dénonçant les « historiens officiels » accusés de vouloir refermer le dossier de la collaboration[59]. Aux États-Unis, à l'inverse, la décentralisation du pouvoir universitaire a permis à ces courants contestataires de s'épanouir. Là aussi, les polémiques sur la « crise de l'histoire » s'ordonnent en fonction du clivage droite/gauche évoqué plus haut à propos de la France ; mais elles ont atteint une ampleur inconnue en Europe. Aux « traditionalistes » qui dénoncent la politisation des campus et la dérive théoriciste de l'histoire[60], les

---

59. Cf. par exemple le livre de S. Combes, *Archives interdites. Les peurs françaises face à l'Histoire contemporaine*, Albin Michel, 1994 et son article « Vichy, les archives et les historiens "raisonnables"», *Le Monde*, 31. 1. 1995.

60. Dans le *New York Times* du 5. 4. 1992, la National Association of Scholars met en garde contre les réformes de l'enseignement visant à introduire les notions de « race », « gender » et « classe », au nom de l'objectivité de l'histoire. Cité par J. Appleby, L. Hunt et M. Jacob, *Telling the Truth about History*, New York, Norton and Cie, 1994, p. 273.

« modernistes » répondent en accentuant leurs liens avec les mouvements intellectuels et politiques les plus radicaux. Mais ce pôle est loin cependant de présenter un front uni. Étant donné qu'il rassemble les historiens qui rejettent toute possibilité d'une histoire « objective », chacun d'eux est logiquement conduit à interpréter la « crise de l'histoire », à partir des principes sur lesquels repose sa propre conception de la vérité historique. Comme nous le verrons dans le chapitre 4, les partisans du *linguistic turn* critiquent non seulement les historiens « traditionalistes », mais ils s'opposent également entre eux, au nom de références théoriques (Foucault, Derrida, H. White, Geertz, etc.) qu'ils mobilisent comme autant de « paradigmes » inconciliables. L'atomisation des « modernes » (et des « post-modernes ») est accentuée par le fait que leurs arguments « épistémologiques » sont mis le plus souvent au service des revendications politiques nées avec le combat des militants Noirs pour les droits civiques dans les années 1960 et qui se sont étendues à toutes les « communautés culturelles » constituées depuis cette époque. Il ne s'agit plus seulement ici de dénoncer la place marginale faite par l'histoire officielle aux minorités, mais d'affirmer que la conceptualisation, l'écriture et les méthodes de l'histoire sont elles-mêmes relatives à une culture donnée. Dans ces conditions, chaque groupe détient sa propre vérité historique qu'il oppose aux autres. Les uns prônent une histoire fondée sur les principes de la *black perspective* ; d'autres sur ceux du *gender*, etc.

La multiplication des polémiques et la fin des controverses

Le fait que les historiens ne soient plus capables aujourd'hui de s'accorder sur ce qu'est la « science de l'histoire » est un argument souvent avancé pour justifier le constat d'« éclatement » de la discipline. La multiplication des polémiques, souvent d'une grande violence, qui opposent les historiens entre eux, constitue l'une des illustrations les plus spectaculaires de l'ampleur des incompréhensions qui minent la communauté. Il est incontestable que l'ouverture de l'histoire sur le monde extérieur depuis trente ans, en multipliant les occasions de malentendus entre chercheurs, a largement contribué au développement de ces polémiques. Prenons l'exemple de l'internationalisation de la recherche. Étant donné que la plupart des historiens dépendent toujours d'institutions nationales, la mondialisation des échanges universitaires n'a pas débouché sur l'adoption d'un langage scientifique universel. Elle s'effectue grâce à tout un travail de traduction entre les multiples langues officielles qui coexistent sur la planète et l'anglais, qui fait office d'équivalent général. Mais ce va et vient aboutit à des quiproquos qui sont lourds de conséquences pour la recherche elle-même. Sans insister sur les difficiles problèmes que présente la traduction d'un vocabulaire national dans un autre[61], il faut souligner que les courants de pensée qui voyagent aujourd'hui aux quatre coins de la planète font l'objet d'une appropriation qui porte la marque des préoccupations dominantes sur la scène universitaire du pays concerné. On sait que la lecture de la philosophie française dite « post-structuraliste » ou « post-moderne » (Foucault et Derrida notamment) que font aujourd'hui certains historiens américains adeptes du *« linguistic turn »* laisse perplexe nombre de leurs collègues français, car ces travaux sont mis au service de causes intellectuelles et politiques qui n'ont pas vraiment d'équivalent en France. Inversement, dans l'hexagone, les discussions sur le « multiculturalisme » américain sont prisonnières des enjeux propres au débat franco-français[62]. L'utilisation à des fins polémiques des références étrangères contribue à la fabrication de nouveaux stéréotypes qui réactivent parfois des réflexes nationalistes que l'on croyait révolus. Beaucoup d'historiens américains « traditionalistes » voient ainsi leurs collègues français comme des petits prétentieux qui s'abritent derrière des théories fumeuses pour masquer le vide de leur pensée[63]. A l'inverse, les historiens français « traditionalistes » s'en prennent à l'influence croissante de la pensée américaine sur l'historiographie

---

61. Par exemple, en traduisant, comme c'est l'usage, le terme anglais « citizenship » par « citoyenneté », alors que le mot renvoie, en français, à deux notions («citoyenneté » et « nationalité ») qui ont été soigneusement distinguées dès le XIXe siècle, on aboutit à des contresens qui contribuent aux incompréhensions si souvent constatées entre historiens français et américains quand ils discutent de leur « modèle » politique respectif. Pour une analyse plus approfondie de ce problème, cf. G. Noiriel, « Socio-histoire d'un concept. Les usages du mot "nationalité" au XIXe siècle », *Genèses*, 20, septembre 1995, pp. 4-23.

62. Sur ces quiproquos et pour une analyse d'ensemble sur le monde intellectuel américain aujourd'hui, cf. E. Fassin, « La chaire et le canon. Les intellectuels, la politique et l'Université aux États-Unis », *Annales E.S.C.*, mars-avril 1993, pp. 265-301.

63. Cf. les exemples de « nativisme » anti-français que donne P. Novick dans son livre, *That Noble Dream, op. cit.*, p. 606.

nationale[64]. L'interdisciplinarité a eu des conséquences identiques introduisant, au sein de la discipline, un clivage essentiel entre ceux qui persistent à parler la langue commune et ceux qui ont adopté un langage plus théorique emprunté à la philosophie ou aux sciences sociales. Les réactions d'hostilité qu'ont suscitées au cours des années 1970 les ouvrages « épistémologiques » de Paul Veyne et de Michel de Certeau[65], mettant en cause leur « jargon », apparaissent avec le recul comme les premiers symptômes d'un dialogue de sourds qui n'a fait que s'amplifier par la suite. Même au sein des courants favorables à l'interdisciplinarité, on constate que les malentendus sont fréquents, du fait qu'en général, comme on le verra dans les chapitres suivants, les praticiens d'une discipline empruntent à leurs voisins des arguments qu'ils déforment pour les adapter aux nécessités et aux enjeux du domaine auquel ils appartiennent[66].

L'ouverture de l'histoire sur la sphère politico-médiatique a engendré des malentendus qui ont pris ces derniers temps une ampleur considérable, surtout en histoire contemporaine. Ce ne sont pas ici les différences de langage qui sont en cause. Les historiens préoccupés de garder le contact avec le grand public évitent soigneusement, en général, tout emprunt au « jargon » des sciences sociales. Le problème central auquel ils se heurtent tient à la définition des rapports entre « histoire » et « mémoire » et à la délimitation des sphères de compétences entre l'historien-journaliste et le journaliste-historien. Si elle n'a pas mis fin aux recherches développées par les « amateurs » n'appartenant pas au monde universitaire, la professionnalisation de la discipline a eu pour effet de séparer nettement les genres et la sphère d'activité propre à chacun des deux milieux. Comme le soulignait il y a quelques années François Bédarida, « au fond chaque secteur possède son statut et ses sanctions propres. A l'histoire universitaire et savante reviennent

---

64. G. Thuillier et J. Tulard écrivent : « les historiens américains ont souvent une conception étrange, doctrinaire, dominatrice de l'histoire », *Le marché de l'histoire, op. cit.*, p. 109.

65. P. Veyne, *Comment on écrit l'histoire. Essai d'épistémologie*, éditions du Seuil, 1971. M. de Certeau, *L'écriture de l'histoire*, Gallimard, 1975.

66. L'échec du « dialogue » entre Foucault et les historiens français est un bon exemple de ce type d'incompréhensions. Sur ce problème, cf. G. Noiriel, « Foucault and History : the lessons of a disillusion », *Journal of Modern History*, 66, sept. 1994, pp. 547-568.

la compétence, la scientificité, le recours à la communauté professionnelle internationale. A l'histoire indépendante et médiatisée le succès et le nombre »[67]. Mais les interférences de plus en plus nombreuses entre les deux milieux ont remis en cause cette répartition. Recherchant elle aussi le succès et le nombre, « la nouvelle histoire » a réhabilité des questions (concernant la vie quotidienne notamment) qui étaient l'apanage de la « petite histoire ». Du coup, celle-ci a retrouvé « une certaine légitimité aux yeux de l'histoire universitaire considérée comme noble[68] ». En tournant leurs investigations vers le « temps présent » et en créant un institut du même nom, les historiens ont renoncé à la distance temporelle que leurs prédécesseurs « positivistes » avait conçue comme un rempart contre l'intrusion des passions et des intérêts dans la recherche scientifique, comme un moyen de préserver à la fois l'objectivité et l'autonomie de la discipline. Étant donné qu'un grand nombre des questions d'histoire contemporaine sont aussi des problèmes « d'actualité » – du fait notamment que certains des acteurs de ce passé proche sont encore en vie, exerçant parfois des responsabilités éminentes – elles intéressent à la fois les journalistes et les historiens. Dans le même temps, les historiens sont de plus en plus souvent sollicités comme experts, soit à l'occasion des procès judiciaires (comme l'affaire Touvier) et des polémiques publiques lancées par des historiens occasionnels spécialisés dans la mise en cause des grandes figures de la République[69], soit pour répondre aux provocations « négationnistes » de l'extrême droite (niant la réalité des chambres à gaz). La multiplication de ce genre

---

67. F. Bédarida, in R. Rémond (dir.), *Être historien, op. cit.,* p. 285.

68. P. Nora, « Alain Decaux raconte... Alain Decaux », entretien avec A. Decaux, *Le Débat,* 30, mai 1984, p. 46. Le renforcement des liens entre journalistes et historiens a été parachevé grâce aux nouvelles alliances qui se sont forgées dans les institutions les plus prestigieuses. L'Académie française, que les intellectuels avaient eu tendance à bouder depuis la Seconde Guerre mondiale, a ainsi accueilli deux des plus grands historiens français : Georges Duby et Fernand Braudel. Dans le même temps, elle recevait le plus éminent représentant de la vulgarisation historique, le journaliste Alain Decaux ; cf. R. Rieffel, *La tribu des clercs. Les intellectuels sous la V* République, Calmann-Lévy, 1993.

69. Cf. notamment les accusations à l'encontre de Pierre Cot développées par le sociologue journaliste T. Wolton, *Le grand recrutement,* Grasset, 1993, réfutées par une commission d'historiens spécialistes de la période, créée pour la circonstance.

de sollicitations assure à l'historien du temps présent une notoriété que ses travaux à eux seuls ne lui auraient parfois pas donnée, mais en contrepartie elle aggrave la confusion entre recherche historique et investigation journalistique[70]. L'ampleur et la nature du débat qu'a suscité le livre du journaliste Pierre Péan sur « la jeunesse de Mitterrand », à la fin de l'année 1994[71], en constituent la meilleure illustration. Au prix d'une fascinante inversion des règles qui gouvernaient jusqu'ici les relations entre les deux milieux, ce sont les historiens qui désormais rendent compte dans la presse des ouvrages historiques publiés par les journalistes. Ces interférences croissantes constituent une source de tension qui apparaît comme un signe supplémentaire de la « crise de l'histoire ». L'histoire contemporaine tend à devenir un champ de bataille qui oppose des historiens appartenant à des cercles très différents. Dans l'ouvrage qu'il a publié récemment, avec un journaliste, Henry Rousso justifie la suprématie des historiens « professionnels » en invoquant le fait qu'ils sont « soumis, de par leur métier, à une éthique, à une responsabilité dans la diffusion des connaissances, à des règles de contrôle et d'évaluation scientifique, des règles et des principes qu'ignorent superbement certains, qu'ils s'abritent derrière le label du "journalisme d'investigation historique" ou de toute autre appellation non contrôlée du même ordre »[72]. Cette apologie de la compétence est fermement critiquée par ceux qui défendent les intérêts de la « petite histoire ». « Je ne vois pas pourquoi on serait moins historien sous prétexte que l'on a un style plus vivant et plus accessible » écrit le représentant des éditions Perrin (qui détient 60 % du marché que représente cette littérature historique). « Decaux, Castelot et les autres écrivains de l'histoire vivante sont victimes d'un complot de la part des chercheurs et d'universitaires jaloux qui leur

---

70. Comme le souligne Daniel Roche, on peut craindre qu'après la disparition de la thèse d'État, ces pressions médiatiques « imposent à la communauté des historiens des conditions différentes qui pervertissent la recherche à plus ou moins long terme », en multipliant notamment les livres « faits à la demande, pas trop gros, pas trop minces, faciles à lire avec le minimum de notes, de bibliographie, pas de chiffres et des tableaux – le public et les critiques n'aiment pas – quand il le faut, beaucoup d'images, tout le monde en raffole » ; D. Roche, *op. cit.,* p. 19.

71. P. Péan, *Une jeunesse française. François Mitterrand 1934-1947*, Fayard, 1994.

72. Cf. H. Rousso et E. Conan, *Vichy un passé qui ne passe pas,* Fayard, 1994, p. 283.

en veulent de savoir à la fois instruire et distraire »[73]. Sur le bord opposé, des historiens appartenant à des institutions périphériques dénoncent les confusions entre histoire du temps présent et journalisme. Dans son ouvrage, Sonia Combes attaque « celui qui ne sait résister aux sirènes de son temps, préfère déserter les terrains minés et adopter la position médiane du "publiciste", ce journaliste-essayiste, à laquelle l'encourage sa sollicitation par les médias ». Elle met en cause « l'adaptation de son discours à ce qu'il croit que la société est prête à entendre [...], cette pensée qui concilie les points de vue qu'il professe et qui signifie le renoncement à sa mission de chercheur, l'appauvrissement de sa pensée pour autant qu'elle ne soit pas entièrement contaminée par le *Zeitgeist*, l'air du temps étant le premier danger de cet idéologue particulier qu'est l'historien-publiciste. D'où son irritation devant ces outsiders qui empiéteraient sur son terrain et face auxquels il n'est pas dépourvu de pouvoir (à travers la presse dont il est devenu le conseiller) pour les discréditer »[74]. La question du « négationnisme » a dégénéré, par pétitions interposées, en polémiques qui illustrent l'ampleur des divisions internes au monde des historiens de la période contemporaine. S'ils ont été quasiment unanimes pour condamner et sanctionner l'idéologie fascisante diffusée par quelques universitaires, les accusations portées, récemment, par certains d'entre eux contre leurs collègues, sont rejetées par la majorité des historiens qui estiment qu'en l'absence de véritable preuve, ils n'ont pas à se transformer en procureurs[75].

Alors même que ce genre de polémiques tend à se multiplier, les véritables controverses scientifiques ont pratiquement disparu de la scène historiographique française[76]. Comme le note Christophe Charle, comparé avec l'ampleur et le sérieux du débat allemand sur

---

73. Cité par *Le Monde*, 18. 3. 1993.

74. S. Combes, *op. cit.*, pp. 314-316. L'auteur est chercheuse à la Bibliothèque de Documentation Internationale Contemporaine (BDIC) et productrice d'émissions radiophoniques à France Culture.

75. Étant donné le caractère « semi-public » de ces polémiques, je préfère ne pas désigner les personnes qui y sont directement impliquées ; ce qui ne ferait qu'aggraver la situation.

76. Une controverse scientifique oppose des individus qui parlent le même langage et partagent le même système de normes, alors qu'une polémique oppose des individus dont les critères de jugement relèvent d'univers qui sont étrangers l'un à l'autre.

le nazisme, on ne peut qu'être frappé par le « dérisoire des querelles hexagonales sur Vichy » et « l'absence quasi totale de l'histoire sociale dans la discussion »[77]. Nous sommes loin, aujourd'hui, de la période faste qui a suivi la Seconde Guerre mondiale. L'historiographie française était alors traversée de débats dont la vigueur était à elle seule le signe le plus évident de la bonne santé de la discipline. On se souvient de la controverse entre Roland Mousnier et Ernest Labrousse pour déterminer si la France du XVIIIe siècle était une société d'ordres ou une société de classe. L'affrontement mettait aux prises des historiens qui représentaient les deux pôles opposés de la discipline (que ce soit par leurs affinités politiques, leur approche méthodologique ou « épistémologique »). Mais ils parlaient le même langage et partageaient les normes communes à toute la discipline (concernant leur conception de la vérité et de l'objectivité historiques notamment). Sous l'aiguillon de cette controverse, une multitude de travaux ont vu le jour qui ont profondément enrichi nos connaissances sur la période. Aujourd'hui, le débat historique en France est retombé à son niveau de l'entre-deux-guerres, quand la communauté vieillissante maintenait une véritable « chape de prudence universitaire qui étouffait le débat d'idées et rendait pratiquement impossible parce qu'inconvenante une véritable discussion de la production scientifique » ; prudence académique que le ton polémique des premières *Annales* avait justement pour but de briser[78]. En dépit des appels à la discussion collective lancés ici et là, la réflexion sur la « crise de l'histoire » n'a pas dépassé le stade des réactions individuelles clairsemées, alors qu'elle a suscité dans des pays comme l'Allemagne et les États-Unis un ample débat collectif[79]. Pour découvrir un point de vue critique sur les productions de « l'école historique française » (qu'il s'agisse des « Lieux de mémoire », de « l'histoire des mentalités », ou des publications parues dans le cadre de la commémoration du Bicentenaire de la

---

77. C. Charle, « Essai de bilan », in C. Charle (dir.), *Histoire sociale, histoire globale ?*, Éd. de la Maison des Sciences de l'Homme, 1993, p. 208.

78. A. Burguière, « *Les Annales* 1929-1979 », *Annales E.S.C.*, nov.-déc. 1979, p. 1350.

79. Cf. l'importante discussion qu'a provoquée, aux États-Unis, le livre de Peter Novick, *That Noble Dream, op. cit.* et en Allemagne les controverses entre les partisans de l'« histoire du quotidien » et les partisans de « l'histoire-science sociale ».

Révolution française), il faut lire désormais les ouvrages et les articles publiés par des historiens étrangers[80].

Le recul du travail collectif

En évoquant l'« éclectisme d'une production abondante mais anarchique » et la « multiplication désordonnée des objets de recherche », le comité de rédaction des *Annales* pointait un autre facteur de la « crise de l'histoire » : le recul des pratiques collectives de recherche. Celles-ci ont été un facteur essentiel du rayonnement de « l'école historique française » dans les décennies qui ont suivi la Seconde Guerre mondiale. Grâce à cette mobilisation collective les innovations dans la discipline ont acquis une visibilité que la juxtaposition des petites œuvres indépendantes n'aurait jamais permise. Ce déclin s'explique certainement par le fait que les circonstances exceptionnellement favorables qui prévalaient dans les décennies d'après-guerre ont disparu (cf. chapitre 8). La crise du recrutement universitaire a eu pour effet de réduire l'effectif des thésards et donc des « disciples » potentiels ; contribuant à l'atomisation de la recherche historique en une multitude de petits « fiefs ». Il faut ajouter à cela le fait qu'après Mai 68, les contraintes qui régissaient auparavant la vie universitaire se sont progressivement relâchées, sous la pression des nouvelles valeurs, individualistes et libérales. Les professeurs sont devenus moins exigeants avec leurs étudiants, refusant d'autant plus de les « embrigader » dans des projets collectifs, qu'eux-mêmes ne se montraient plus très enthousiastes pour lancer des initiatives, très coûteuses en temps et en efforts, mais rarement récompensées. Les universitaires se sont ainsi octroyés une liberté de mouvement qui n'a d'équivalent dans aucune autre profession, mais qui a indéniablement accentué leur malaise. En effet, comme le constate Daniel Roche, « dans les sciences humaines, la liberté totale ou presque entraîne deux conséquences : la dispersion dans de

---

80. Cf. l'ouvrage, récemment traduit en français, de G. Lloyd, *Pour en finir avec les mentalités,* La Découverte, 1993 (1re éd. 1990) ; le bilan critique dressé par l'historien américain S. Kaplan sur le Bicentenaire, *Adieu 89,* Fayard, 1993. En ce qui concerne les *Lieux de Mémoire,* on ne trouvera pas un seul compte rendu critique dans une revue historique française. Pour prendre connaissance de l'analyse très fouillée qu'en a proposée Steven Englund, il faut consulter le *Journal of Modern History,* 64, juin 1992, pp. 299-320 ou la jeune revue de sciences politiques, *Politix,* 26, 1994, pp. 141-168.

multiples activités, pour les médias et pour des publications éphémères, dans des interventions diverses ; le ralentissement des recherches fondamentales ». Certes, la création de laboratoires entièrement consacrés à la recherche historique (comme l'IHTP ou l'IHMC) a permis d'impulser des entreprises collectives de grande ampleur, notamment dans le domaine de la confection des outils indispensables à la poursuite de la recherche scientifique. Mais aucune institution ne pourra suppléer à l'absence d'enthousiasme et de mobilisation des historiens. Dans un univers où triomphe l'individualisme caractéristique du champ littéraire, qui valorise des auteurs et non des chercheurs, pourquoi les uns accepteraient-ils les tâches, souvent ingrates et écrasantes, d'animation d'une équipe, d'un centre de recherche ou même d'un projet collectif, au détriment de leurs propres travaux, alors que les autres mobilisent toute leur énergie dans des stratégies de promotion personnelle, cumulant fréquemment les profits associés à la position d'auteur, de savant, de journaliste et d'expert ?

CHAPITRE 2

La formation
d'une discipline scientifique

« On a attribué à l'historien la mission de juger le passé,
d'enseigner le monde contemporain pour servir aux années
futures : notre tentative ne s'inscrit pas dans des missions aussi
hautes ; elle cherche seulement à montrer comment les choses
ont vraiment été. »

Léopold von Ranke, *Zur Geschichte
der germanischen und romanischen Völker*, 1824.

Au-delà de leur extrême diversité, les arguments présentés dans
les pages précédentes ont pour point commun d'insister surtout sur
les mutations de la période récente. Sans nier la spécificité des problèmes actuels, je voudrais montrer dans ce chapitre qu'ils sont
aussi l'expression d'une contradiction qui traverse toute l'histoire de
la discipline. Celle-ci n'a pu, en effet, conquérir son autonomie dans
le champ intellectuel qu'en se situant sur le terrain de la recherche
empirique et en rejetant les généralités sur l'histoire qui étaient la
spécialité des philosophes. Mais pour *justifier* cette démarche, les
historiens ont été d'emblée dans l'obligation de développer eux
aussi des discours généraux sur l'histoire, en quittant le terrain du
travail empirique pour un « métalangage » emprunté, directement ou
indirectement, à la philosophie. Lorsque Charles Seignobos se
demande au début du siècle, comment faire, quand on est historien,
pour tenir un discours sur la pratique, tout en restant à « l'intérieur »

de cette pratique[1], il exprime une inquiétude qui n'a cessé de hanter la discipline. C'est en examinant les réponses apportées successivement à cette question que l'on rappellera ici les grandes étapes qui ont permis à l'histoire de se constituer en « paradigme » scientifique.

DE L'HISTOIRE-ART À L'HISTOIRE-SCIENCE

Depuis une vingtaine d'années, le terme « paradigme » a fait une entrée remarquée dans les écrits des historiens. La plupart d'entre eux l'emploient dans le sens que lui a donné la linguistique structurale, pour désigner un ensemble de discours organisés autour d'un principe fédérateur. Mais, paradoxalement, les mêmes historiens justifient souvent cette définition en faisant référence à l'ouvrage célèbre de Thomas Kuhn, *La structure des révolutions scientifiques*[2]. Or ce dernier indique très clairement qu'un « paradigme » scientifique suppose la constitution préalable d'une communauté de chercheurs formée d'un ensemble de spécialistes ayant reçu une même formation, au cours de laquelle ils ont assimilé la même littérature technique dont ils ont retiré le même enseignement. Dans ce cadre, un « paradigme » peut être considéré, au sens large, comme l'ensemble des croyances, des valeurs et des techniques qui sont communes aux membres du groupe considéré. C'est ce que Kuhn appelle la « matrice disciplinaire ». Dans un sens plus restreint, le terme peut désigner un élément isolé de cette matrice : les solutions concrètes qui sont employées comme modèle ou comme exemple et qui remplacent bien souvent les règles explicites pour trouver des solutions aux énigmes que pose la recherche dans la discipline consi-

---

1. C. Seignobos, « Les conditions pratiques de la recherche des causes dans le travail historique », *Bulletin de la Société française de philosophie*, séance du 30 mai 1907. Cette conférence constitue une réponse aux critiques antérieures de F. Simiand, « Méthode historique et science sociale », *Revue de synthèse historique*, 1, 1903 pp. 1-22 et 2, 1903, pp. 122-157 (texte republié dans *Annales E.S.C.*, 1, 1960, pp. 83-119). Cf. aussi F. Simiand, « La causalité en histoire », *Bulletin de la Société française de philosophie*, séance du 31 mai 1906.

2. T. S. Kuhn, *La structure des révolutions scientifiques*, Flammarion, 1983 (1re éd. 1962). Sur l'importance de la perspective « kuhnienne » pour la réflexion sur l'histoire, cf. D. A. Hollinger, « T. S. Kuhn's Theorie of Science and Its Implications for History », *American Historical Review*, 78, 1973, pp. 370-393. L'auteur souligne à juste titre « l'orientation profondément sociologique de Kuhn » (p. 381).

dérée. Étudier l'histoire du « paradigme » que constitue l'histoire scientifique, c'est, dans cette perspective, montrer comment se sont constituées *à la fois* la « matrice disciplinaire » et la communauté professionnelle qui a présidé à sa création et à sa perpétuation[3].

« *La tâche de l'historien* »

L'histoire, dans son sens primitif d'enquête sur le passé, a été pratiquée, comme on le sait, depuis l'Antiquité. Néanmoins, Reinhardt Koselleck a montré que « le concept actuel d'histoire avec ses multiples extensions, qui s'excluent en partie logiquement les uns les autres, s'est élaboré seulement vers la fin du XVIIIe siècle »[4]. La philosophie des Lumières et la Révolution française ont bouleversé les rapports que les hommes entretenaient, traditionnellement, avec le temps. Alors que l'histoire était appréhendée comme une pluralité d'exemples, elle apparaît de plus en plus comme un singulier collectif, la somme de toutes les expériences humaines. Un même concept sert désormais à nommer à la fois l'histoire en tant que réalité et en tant que réflexion sur cette réalité. Du fait qu'elle procure un savoir sur le passé éclairant le futur, l'histoire apparaît de plus en plus comme un guide pour l'action grâce auquel les hommes peuvent espérer maîtriser leur destin. Ces bouleversements des manières de penser donnent naissance, sous l'impulsion de Voltaire notamment, à une forme inédite de réflexion sur le passé : la philosophie de l'histoire. Mais la perspective universaliste et rationaliste développée par les Lumières – évaluant toutes les époques et toutes les civilisations à l'aune des valeurs propres à l'Europe du XVIIIe siècle — est rejetée en Allemagne, dès la fin du siècle, par une nouvelle génération d'intellectuels

---

3. Dans une étude qui a joué un rôle important pour la diffusion de ce mot parmi les historiens, Carlo Ginzburg, écrit explicitement : « j'utilise ce terme dans l'acception qu'a proposée Thomas S. Kuhn ». Mais en réalité, c'est la définition linguistique qu'il reprend à son compte. Il reconnaît d'ailleurs qu'il a fait « abstraction des précisions et des distinctions introduites par la suite par ce même auteur ». Or, les éclaircissements fournis par Kuhn dans la postface de la deuxième édition du livre sont essentiels car ils soulignent toute l'importance qu'il accorde aux facteurs *sociologiques* dans sa définition du « paradigme » scientifique ; cf. C. Ginzburg, « Traces. Racines d'un paradigme indiciaire », *in* C. Ginzburg, *Mythes, emblèmes, traces. Morphologie et histoire*, Flammarion, 1989, p. 268 (1re éd. 1986).

4. R. Koselleck, *Le futur passé. Contribution à la sémantique des temps historiques,* Éd. EHESS, 1990, p. 234 (1re éd. 1979).

farouchement opposés à l'occupation de leur pays par les armées françaises. Pour Herder, chaque peuple constitue une entité en soi, qui élabore sa propre culture et sa propre « identité collective » (*Volksgeist*) et nul n'est autorisé à le juger « de l'extérieur », en fonction d'un autre système de normes[5]. Dans le même temps, la volonté napoléonienne d'imposer, dans les territoires conquis, les principes issus de la Révolution française (notamment le Code civil) au mépris des traditions et des usages locaux incite les chefs de file de ce qu'on appellera plus tard « l'École historique allemande » à sauvegarder et à défendre les anciennes coutumes juridiques (Savigny), la littérature populaire (J. Grimm). Cet engouement pour l'étude du passé stimule également la critique documentaire. Constamment perfectionnées depuis la Renaissance, les techniques d'analyse textuelle profitent des progrès spectaculaires accomplis au XVIIIe siècle par la grammaire comparée, la philologie, l'herméneutique et l'archéologie. Ces innovations jusque là dispersées sont intégrées dans une méthode unique par Niebuhr qui pose, dès les premières années du XIXe siècle, les principes de base de la « méthode historique » : établir les faits grâce à la critique scientifique des sources, les grouper, ne tirer de conclusions que celles qui s'imposent de leur examen.

La création de l'université de Berlin, en 1810, par Wilhelm von Humboldt témoigne de l'importance accordée désormais à l'histoire comme objet d'étude et de réflexion. Néanmoins, dans un premier temps, c'est à la philosophie de l'histoire, dominée par l'imposante figure de Hegel, qu'est confiée la tâche de rechercher la vérité sur le passé. Comme Kant, Hegel considère que pour comprendre l'histoire dans son vrai sens philosophique, il est inutile de suivre le cours des événements singuliers, car l'important est de saisir la « visée ultime », l'« Idée » suprême qui se manifeste à chaque instant dans « l'autodéploiement de l'universel ». Selon lui, « l'individu n'est vrai que dans la mesure où il participe de toutes ses forces à la vie substantielle et intériorise l'Idée »[6]. Cette philosophie

---

5. J. G. Herder, *Idées sur la philosophie de l'histoire de l'humanité*, Presse Pocket, 1991 (1re éd., 1785).

6. G.W.F. Hegel, *La raison dans l'histoire*, UGE, (1re éd. 1955), 1965, pp. 113-114. Kant estimait que pour saisir la « visée ultime » de l'histoire, il fallait au préalable avoir jeté les principes généraux de la moralité, de la liberté et de la raison. Cf. I. Kant, *Idée d'une histoire universelle du point de vue cosmopolitique*, Aubier, 1947 (1re éd. 1784). Hegel rejette le moralisme kantien et met le problème de la liberté au centre de sa philosophie de l'histoire.

« émanatiste » (Max Weber) postule l'existence d'entités métaphysiques derrière la réalité, que le philosophe doit s'efforcer de mettre à jour, pour dégager « l'objectivité » de toute connaissance et, partant, de l'histoire. Hegel affirme que « l'historien moyen croit lui aussi qu'il est purement réceptif, qu'il se livre au donné ; mais il n'est pas passif avec sa pensée, il fait intervenir ses catégories et voit le donné à travers elles »[7]. D'où, selon lui, la suprématie de la philosophie qui procure à l'histoire, comme le note Catherine Colliot-Thélène, « ce que l'histoire ne pourrait tirer d'elle-même », à savoir « le critère permettant de distinguer ce qui importe, c'est-à-dire ce qui fait sens dans la masse infinie des événements »[8]. En affirmant ainsi la subordination de l'histoire vis-à-vis de la philosophie, Hegel rappelle un état de fait. Jusqu'à la fin du XVIIIe siècle, l'histoire ne dispose d'aucune autonomie dans les universités. Elle est utilisée dans les facultés de philosophie, de droit et de théologie, comme un « réservoir d'exemples ». Pour mettre fin à cette dépendance et conquérir une place dans l'institution universitaire que les progrès récents de la discipline justifient amplement, les historiens sont donc d'emblée confrontés à la nécessité de défendre leur pratique, en démontrant que le type de connaissance qu'ils proposent sur le passé ne peut être pris en charge par la philosophie. Dans les premières décennies du siècle, le débat sur cette question est au cœur des polémiques qui animent la vie intellectuelle allemande[9]. C'est dans ce contexte que Ranke, collègue de Hegel à l'université de Berlin, publie en 1824 la phrase fameuse qu'on lui a si souvent reprochée[10] : «On a attribué à l'historien la mission de juger le passé, d'enseigner le monde contemporain pour servir aux années futures :

---

7. Cité par H. I. Marrou, *De la connaissance, op. cit.*, p. 16. Fort de ces principes, comme le souligne Marrou, si Hegel fait souvent référence à l'histoire empirique des historiens comme Niebuhr, « c'est toujours pour le refuser, la critiquer, la couvrir de sarcasmes faciles », *Ibid.*, p. 15.

8. C. Colliot Thélène, *Le désenchantement de l'État de Hegel à Max Weber,* Minuit, 1992, p. 43.

9. Cf. F. Gilbert, *Politics or Culture ? Reflections on Ranke and Burckhardt,* Princeton U.P., 1990. Sur Ranke, cf. aussi G. G. Iggers et J. M. Powel (eds), *Leopold von Ranke and the Shaping of the Historical Discipline,* Syracuse U. P. , 1990.

10. Cf. L. von Ranke, *Zur Geschichte der germanischen und romanischen Völker*, in *Sämtliche Werke*, Leipzig, 1874, t. 33, p. VI (1re éd. 1824). J'ai repris la traduction proposée par Jochen et Marie-Claire Hoock dans R. Koselleck, *Le futur passé, op. cit.*, p. 47.

notre tentative ne s'inscrit pas dans des missions aussi hautes ; elle cherche seulement à montrer comment les choses ont vraiment été » *(wie es eigentlich gewesen)*. Je réserve pour les chapitres suivants l'analyse des contresens auxquels a donné lieu cette affirmation depuis plus d'un siècle. Retenons pour le moment qu'elle est extraite de la préface du premier ouvrage publié par Ranke (il n'a alors que 29 ans) pour présenter ses travaux empiriques sur l'histoire des peuples romain et germanique. Ranke veut démontrer que c'est la recherche empirique, l'étude des faits, qui permettent de faire progresser la connaissance et non les spéculations métaphysiques sur le « sens de l'histoire ». Il ne s'agit donc nullement d'une réflexion « théorique » sur le statut de l'histoire, même s'il affirme explicitement que la discipline a pour mission de prendre la place de la philosophie[11]. Pour comprendre la conception de l'histoire mise en œuvre par Ranke, on ne peut donc pas se contenter de quelques phrases isolées et tirées de leur contexte. Il faut s'intéresser aux textes qui l'expriment de façon rigoureuse. De ce point de vue, le document fondamental est la conférence sur la « tâche de l'historien » que prononce, en 1821, Wilhelm von Humboldt lui-même. Bien qu'il soit le plus souvent ignoré aujourd'hui par les historiens, ce texte est capital car il constitue la première définition « épistémologique » de l'histoire en tant qu'activité pratique, « codifiant » du même coup quelques unes des grandes règles qui gouvernent aujourd'hui encore, le « métier d'historien ». Dès la première phrase de sa conférence, Humboldt affirme ce que Ranke ne fera que répéter quelques années plus tard, à savoir que « la tâche de l'historien est d'exposer ce qui s'est produit »[12]. S'il rejette explicitement les spéculations de la philosophie hégélienne, il n'en admet pas moins, lui aussi, que « toute l'histoire n'est que la réalisation d'une Idée »

---

11. Ranke écrit en effet : « l'histoire ne s'oppose pas à la philosophie, mais elle l'accomplit », cité par C. Colliot-Thélène, *op. cit.,* p. 95.

12. W. von Humboldt, *La tâche de l'historien*, Presses Universitaires de Lille, 1985, p. 67 (1re éd. 1821). Toutes les citations sont extraites de cette édition. Bien avant qu'elles fassent l'objet d'une publication, Humboldt a eu souvent l'occasion de présenter ses réflexions oralement aux principaux historiens allemands de son époque, avec lesquels il entretenait d'étroites relations. Dilthey affirme que cet essai « a exercé une action extraordinaire » dans la genèse de la réflexion allemande sur les « sciences de l'esprit ». Cf. W. Dilthey, *L'édification du monde historique dans les sciences de l'esprit*, Cerf, 1988, (1re éd. 1910), p. 67.

et que les Idées « ne sont pas importées dans l'histoire, mais constituent son essence même ». Mais Humboldt considère que le meilleur moyen d'accéder à l'universel, c'est de l'étudier dans ses réalisations particulières. Chaque époque, chaque « individualité », par son caractère unique et sa singularité même, constitue une « actualisation » de l'universel. Marqué par Vico et Herder, Humboldt envisage l'histoire comme une « force créatrice », un « principe spirituel » qui se manifeste par l'éclosion, tout au long de l'histoire, d'« individualités nationales » uniques en leur genre, comme la Grèce antique, Rome, etc. C'est pourquoi, ajoute-t-il, « le métier d'historien consiste, dans sa détermination ultime, qui est aussi la plus simple, à exposer comment une Idée tend à obtenir existence dans la réalité ». Montrer « comment les choses se sont réellement passées » c'est donc retrouver, derrière les configurations particulières du passé, autant de manifestations de « l'Idée ». La difficulté du travail de l'historien tient au fait que chacune des « individualités » qu'il étudie est à la fois l'expression du « tout » et une combinaison d'éléments qui constituent ce tout. Ce n'est qu'en éclairant le « lien » (*Zusammenhang*) qui les rassemble en une configuration singulière que l'on peut espérer fournir une « image » satisfaisante de l'ensemble. « Il faut donc pour s'approcher de la vérité historique emprunter simultanément deux voies : l'investigation rigoureuse, impartiale et critique de ce qui s'est produit et la synthèse du champ exploré, l'intuition de tout ce qui ne se laisse pas atteindre par ces autres moyens ». Selon Humboldt, c'est cette activité de « synthèse » qui concentre toutes les difficultés du « métier ». L'historien ne peut espérer atteindre la vérité qu'« en complétant et reliant les pièces et les débris offerts par l'observation immédiate ». Seule son « intuition », son « imagination créatrice » pourra lui permettre de restituer « le lien vital » qui soude les divers éléments en un tout organique, mais qui reste invisible à l'observation immédiate. Humboldt insiste sur l'activité créatrice dont doit faire preuve le véritable historien. Il lui faut d'abord « séparer le nécessaire et le contingent, révéler la conséquence intérieure, pour donner à son exposition [...] l'exigence première et essentielle de vérité et de fidélité qui est la sienne ». Mais pour accéder à la vérité, l'historien doit, de surcroît, être un poète car seul le langage poétique permet de « rendre la vie » à des mondes qui ont disparu. Différent de l'artiste parce qu'il subordonne son activité créatrice à l'investigation de la réalité, l'historien lui ressemble au sens où il offre, grâce à son génie, des « tableaux » du passé dont l'originalité tient essentiellement dans la manière de combiner les éléments sur la toile. L'importance attachée à ce pouvoir d'évocation est due au fait que les « traces » du passé sur lesquelles travaille l'historien sont de l'esprit devenu matière, des vestiges qui ont perdu « leur caractère spirituel ». Il lui faut donc rechercher la vie derrière les traces qu'elle nous a laissées. D'où l'importance que Humboldt attache à la démarche compréhensive. « L'historien s'acquitte d'autant plus parfaitement de sa tâche professionnelle qu'il parvient par le génie et par l'étude à une compréhension plus profonde de l'humanité et de son action ». Pour Humboldt, cette tâche est en apparence insoluble : « quand un fossé infranchissable sépare deux êtres, aucune compréhension ne saurait jeter un pont entre eux » car « pour se comprendre mutuellement, il faut déjà s'être en un autre sens compris ». Néanmoins, « en histoire, ce fondement préalable de la compréhension est parfaitement évident, car tout ce qui agit dans l'histoire mondiale se meut également à l'intérieur de l'homme ». C'est parce que l'historien est lui même un être humain, qu'il est en mesure d'acquérir cette « pré-compréhension », grâce à laquelle il peut espérer mieux connaître le passé de l'humanité.

Si j'ai cité longuement ce texte, c'est parce qu'on y trouve, sous une forme extrêmement condensée, les éléments fondamentaux de la définition « herméneutique » de l'histoire que les générations ultérieures d'historiens et de philosophes ne feront qu'enrichir. Dès la Monarchie de Juillet, elle est adoptée par les historiens français. L'importance attachée à la critique des sources, le rejet du rationalisme abstrait des Lumières, le rôle essentiel attribué à l'écriture de l'histoire sont des points communs à Barante, Augustin Thierry et Michelet (qu'on appelait alors « Monsieur Symbole »). Mais c'est Renan qui a rendu l'hommage le plus appuyé à « l'École historique allemande ». *L'Avenir de la science*[13] est un vibrant éloge de l'érudition germanique, de la grammaire comparée, la mythologie et la philologie. Convaincu lui aussi que le but de l'histoire est de donner « l'intuition vraie de l'humanité », il acquiesce à l'idée que la tâche primordiale de l'historien est d'appréhender le tout comme la combinaison particulière de ses éléments. Néanmoins, et nous verrons

13. E. Renan, « L'Avenir de la science », in E. Renan, *Histoire et parole*, R. Laffont, 1984, pp. 247-297 (1ʳᵉ éd. 1890). L'ouvrage a été rédigé en 1848-1849 mais publié trente ans plus tard.

l'importance de ce point pour la suite, les réflexions de Renan doivent plus à Hegel qu'à Humboldt. Renan envisage l'histoire dans une perspective téléologique, comme une dialectique du devenir organisée autour de trois grandes étapes. Dans les premiers temps de l'humanité tous les éléments sont liés entre eux dans un syncrétisme confus. La séparation progressive des éléments caractérise l'âge de l'« analyse » qui prépare l'ère de la « synthèse », le « grand tableau définitif [...] venant ressaisir ces parties isolées, lesquelles ayant vécu à part ont désormais la conscience d'elles-mêmes, les fonde de nouveau en une unité supérieure ». Syncrétisme, analyse, synthèse correspondent aux trois âges de la connaissance, mais aucun savant ne peut espérer, à lui seul, les parcourir tous. La science de l'histoire étant encore dans l'enfance, l'historien du XIXe siècle reste cantonné au stade de l'analyse. « Celui qui a fait l'analyse ne fait pas la synthèse. A chacun son œuvre, telle est la loi de l'histoire ».

La formation des communautés professionnelles nationales

Dès le début du XIXe siècle, deux éléments essentiels pour le « paradigme » de l'histoire-science sont fermement établis. D'abord, la philosophie des Lumières a élaboré un nouveau concept d'histoire désignant à la fois la « réalité » du passé et sa « représentation ». D'où une ambiguïté sémantique qui explique l'importance des présupposés « empiristes » partagés par la plupart des historiens depuis deux siècles. Ensuite, les représentants de « l'École historique allemande » sont parvenus à imposer – contre la philosophie de l'histoire – la légitimité de la recherche historique empirique, en élaborant une première codification des « tâches » pratiques accomplies par l'historien. Néanmoins, malgré la création de quelques chaires d'histoire dans les universités, il n'existe pas, à l'époque, de véritable « communauté professionnelle ». Les historiens sont encore, avant tout, des « auteurs », engagés dans la production d'une œuvre personnelle. Pour comprendre les raisons qui expliquent l'apparition de ces « cités savantes », à la fin du siècle, il faut dire un mot de ce nouveau bouleversement de la pensée que constitue le « positivisme ».

– Philosophie positive et « positivisme ».
Le mot « positivisme » appartient au vocabulaire que les historiens ont emprunté aux philosophes, pour en faire, le plus souvent, un usage péjoratif. On ne peut évaluer le rôle exact qu'a joué ce

courant de pensée dans la constitution du « paradigme » de l'histoire, que si l'on prend conscience des aspects novateurs de la « philosophie positive » élaborée par Auguste Comte. Le point essentiel, pour ce qui nous occupe ici, tient au nouveau rapport qu'il établit entre philosophie et histoire, en rupture avec l'« historicisme » antérieur. Même si Comte reste prisonnier d'une conception « téléologique » du progrès, sa « loi des trois états », replacée dans son contexte, est d'une importance décisive, parce qu'elle rejette les spéculations théologiques et métaphysiques qui dominaient la réflexion sur l'histoire dans la période antérieure[14]. Comte s'efforce d'intégrer dans sa réflexion la contradiction majeure que fait surgir, sous ses yeux, la révolution industrielle, confortant le prestige de la science tout en aggravant le paupérisme et le malaise social. Sa conception de la connaissance scientifique obéit à une nouvelle définition de « l'objectivité ». La science produit des connaissances qui sont considérées comme « vraies » dans la mesure où elles sont vérifiées expérimentalement, grâce à des procédures d'enquête mettant en œuvre des hypothèses théoriques. Étant donné qu'il s'agit d'une activité spécialisée, la démarche scientifique est nécessairement collective car elle repose sur la division du travail et la coopération des chercheurs au sein de la « cité savante ». Cette valorisation de la démarche empirique ne signifie pas, pourtant, que la philosophie abdique ses prérogatives. Au contraire. Comte ne condamne la philosophie de l'histoire que pour établir la domination de la philosophie des sciences. Étant donné que toutes les sciences, selon lui, sont soumises à une méthode unique et doivent produire des lois, il appartient au philosophe de dégager les critères universels qui fondent la connaissance scientifique. L'hommage rendu à la recherche empirique ne permet plus, évidemment, de traiter ceux qui s'y livrent à « temps plein » avec l'arrogance dont faisait preuve Hegel. Comte conçoit les rapports entre philosophes et chercheurs sur une base égalitaire. Pour atténuer les conséquences négatives de la division du travail, il demande que « les autres savants, avant de se livrer à leurs spécialités respectives, soient rendus aptes, désormais, par une éducation

---

14. N. Elias estime que sa portée est « comparable à celle de la révolution copernicienne », *Qu'est-ce que la sociologie ?* Pandora, 1980, p. 47 (1ʳᵉ éd. 1970).

portant sur l'ensemble des connaissances positives, à profiter immédiatement des lumières répandues par ces savants voués à l'étude des généralités, et réciproquement à rectifier leurs résultats, état de choses dont les savants actuels se rapprochent visiblement de jour en jour »[15]. Ces belles paroles ne l'empêchent pas, cependant, d'élaborer une hiérarchie du savoir qui rétablit la souveraineté de la philosophie au détriment de la connaissance historique placée tout en bas de l'échelle, en raison de son caractère trop « concret » et de son incapacité à produire des lois[16].

Un autre aspect fondamental de la philosophie positive, pour ce qui nous occupe ici, réside dans l'importance que Comte attache à l'élaboration d'une science de la société, la « sociologie », conçue sur le modèle des sciences de la nature et à laquelle il fixe le but suprême d'aider les hommes à résoudre les maux du monde moderne[17]. Alors que jusque là l'histoire était l'unique discipline vouée à l'étude empirique des activités humaines, Comte lui oppose une concurrente d'autant plus redoutable qu'elle seule peut se parer des prestiges de la science. L'histoire vouée à l'étude des « singularités » ne peut être, dans cette perspective, qu'un « lieu d'observation » ou un « champ de manœuvres », au service de la science sociale.

Du vivant même de Comte, le « positivisme » essaime dans toute l'Europe en une multitude de variantes. On se contentera ici d'énumérer celles qui joueront un rôle direct dans la première grande « crise de l'histoire » qui éclate au tournant du siècle. C'est d'abord en Grande-Bretagne que les projets de constitution d'une science de la société rencontrent le plus d'écho. Marx élabore son « matérialisme historique » dans le but de dégager les « lois de l'histoire » et

---

15. Cité par N. Elias, *op. cit.*, p. 53.

16. Comte distingue les sciences abstraites ou générales capables de produire des lois (comme la physiologie) et les sciences particulières qui ne font qu'appliquer ces lois (c'est le cas de la zoologie par rapport à la physiologie).

17. Si Comte place la sociologie tout en haut de sa hiérarchie des sciences, c'est parce que le « positivisme » constitue aussi un projet politique. En dégageant les lois de l'activité sociale, non seulement le sociologue fournit des solutions à la « question sociale », mais au-delà il offre la possibilité d'une direction scientifique de la société. Sur cette double dimension de l'œuvre de Comte, cf. A. Petit, *Heurs et malheurs du positivisme comtien. Philosophie des sciences et politique scientifique chez Auguste Comte et ses premiers disciples (1820-1900)*, Thèse d'État, Université de Paris I, 1993 (dact.).

guider le mouvement ouvrier dans ses luttes révolutionnaires. Spencer s'appuie sur le darwinisme pour élaborer sa sociologie évolutionniste. John Stuart Mill, qui fut l'un des premiers disciples de Comte, s'intéresse plus particulièrement aux aspects logiques de la découverte scientifique, développant des analyses qui constituent le point de départ de la réflexion moderne sur le problème de la causalité. En Allemagne, la discussion porte surtout sur la classification comtienne des sciences, débouchant sur l'opposition entre « sciences de la nature » et « sciences de l'esprit », théorisée par Dilthey. Sous le Second Empire, le « naturalisme » – que les savants comme Pasteur, Claude Bernard, Marcelin Berthelot[18] contribuent eux-mêmes à diffuser par leurs discours et leurs écrits sur la science – apparaît comme la principale contribution française au « positivisme ». La peinture, la littérature, mais aussi l'histoire sont gagnées par cet engouement. C'est l'époque où Fustel de Coulanges soutient que « l'histoire est une pure science, une science comme la physique ou comme la géologie. Elle vise uniquement à trouver des faits, à découvrir des vérités »[19]. Prenant quelque peu ses distances avec l'idéalisme hégélien de sa jeunesse, Renan plaide, dans la préface à sa fameuse *Vie de Jésus*, pour une histoire expérimentale, comparable à la chimie et la physiologie[20]. Mais c'est Taine (très lié à Claude Bernard et à Marcelin Berthelot) qui va le plus loin dans cette voie. En 1866, dans la préface à la deuxième édition de ses *Essais de critique et d'histoire*, il fait l'apologie de la « méthode moderne » qui « commence à s'introduire dans les sciences morales », en s'appuyant explicitement sur la théorie de l'induction développée par John Stuart Mill[21]. Il demande aux historiens d'examiner désormais les phénomènes historiques « comme des faits et des produits dont il faut marquer les caractères et chercher les causes ; rien de

---

18. C. Bernard, *Introduction à la médecine expérimentale*, Flammarion, 1984, (1re éd. 1863). M. Berthelot, *La chimie organique fondée sur la synthèse*, Mallet-Bachelier, 1860.

19. Cité par F. Hartog, *Le XIXe siècle et l'histoire. Le cas Fustel de Coulanges*, PUF, 1988, p. 341.

20. E. Renan, *Vie de Jésus*, in *Œuvres Complètes, op. cit.*, t. 4, 1949 (1re éd. 1863).

21. H. Taine, *Essais de critique et d'histoire*, Hachette, 1923, p. III (1re éd. 1858). Sur cette conjoncture historiographique, cf. C. O. Carbonnel, *Histoire et historiens, une mutation idéologique des historiens français, 1863-1885*, Toulouse, Privat, 1976.

plus »[22], d'étudier la diversité et l'hétérogénéité apparentes des œuvres culturelles afin d'en dégager les lois. Pour avancer vers ce but, il propose une méthode de travail fondée sur quatre opérations : l'analyse (rechercher et isoler les faits), le classement, la définition (qui expose les traits caractéristiques des faits isolés) et la mise en valeur des relations entre les définitions ; les trois dernières opérations formant la « synthèse ». Fort de ces principes, il aboutit à sa fameuse trilogie race/milieu/moment censée expliquer toutes les configurations culturelles de l'histoire.

– La professionnalisation.

En contribuant à l'engouement général pour la science, le « positivisme » a fixé de nouveaux enjeux à la recherche historique. Établir les « faits » ne signifie plus désormais retrouver les manifestations de l'Idée, mais rechercher la vérité « pour elle-même », en appliquant les principes de la science[23]. Les historiens se convertissent d'autant plus vite à ces nouvelles règles qu'ils tirent profit du soutien de plus en plus massif que les États des pays développés accordent à la recherche scientifique. Un grand nombre de nouvelles chaires sont créées dans les universités permettant aux premières « communautés professionnelles » d'historiens de se constituer. Le prestige de la science n'est pas la seule raison qui explique le soutien que les pouvoirs publics apportent à l'histoire. La guerre franco-allemande de 1870 a précipité le processus de « nationalisation » des sociétés européennes. C'est pourquoi les États exigent à présent de leurs historiens qu'ils participent activement à l'élaboration et à la diffusion de la mémoire collective, fondement de l'identité nationale. On analysera de façon plus détaillée dans le chapitre 6, la mise en place de cette « professionnalisation » de l'histoire à propos du cas français. Limitons nous ici à l'examen de ses aspects les plus importants et les plus universels. L'historien « de métier » est un salarié (en général il est fonctionnaire, mais il peut aussi

---

22. H. Taine, *Philosophie de l'art*, cité par E. Cassirer, *Logique des sciences de la culture*, Cerf, 1991, p. 167 (1re éd. 1942). Cassirer analyse, d'un point de vue logique, les raisons qui expliquent l'échec de Taine, en montrant qu'il n'a pu utiliser, pour ses recherches littéraires, les concepts empruntés aux sciences naturelles, qu'en leur faisant subir un changement de sens radical.

23. Dans le cas français, la force du « positivisme » après 1870 est due au fait que la IIIe République en fait l'idéologie quasi officielle du régime, par opposition au catholicisme.

dépendre d'une institution privée) qui exerce des activités de recherche et d'enseignement, ces dernières ayant pour but de transmettre aux plus jeunes, les connaissances accumulées par les générations antérieures. Les étudiants ne peuvent espérer entrer dans la profession que s'ils ont acquis une formation spécialisée. Celle-ci débouche sur la réalisation d'une thèse qui doit mettre en œuvre les normes de scientificité propres à la discipline. Tous les membres de la communauté communiquent entre eux grâce à l'existence d'une (ou plusieurs) revue spécialisée et se regroupent dans une (ou plusieurs) association professionnelle, chargée de défendre leurs intérêts vis-à-vis des pouvoirs extérieurs. La multiplication des postes s'accompagne d'une hiérarchisation des fonctions permettant de donner un sens à la notion de « carrière universitaire ».

Ce processus d'institutionnalisation représente une étape fondamentale dans l'émergence de l'histoire-science. Comme le souligne Kuhn, « la création de journaux spécialisés, la fondation des sociétés de spécialistes et la revendication d'une place spéciale dans l'ensemble des études sont généralement liées au moment où un groupe trouve pour la première fois un paradigme unique »[24]. Moment décisif non seulement pour le métier d'historien, mais aussi pour la définition du savoir historique. L'examen des principaux écrits publiés à la fin du XIXᵉ siècle par les « pères fondateurs » de l'histoire universitaire française, va nous permettre de montrer comment les éléments essentiels qui définissaient, selon Humboldt, la « tâche de l'historien » sont alors restructurés en fonction des exigences du « positivisme » et de la professionnalisa-

---

24. T.S. Kuhn, *op. cit.*, p. 41. La définition purement « discursive » du concept de « paradigme » sur laquelle s'appuie Carlo Ginzburg, *Traces, op. cit.*, p. 268, ne lui permet pas de voir que la professionnalisation est le véritable événement qui bouleverse la recherche historique à la fin du siècle et non pas ce qu'il appelle le « paradigme de l'indice » qui est une invention de l'École historique allemande. Quand Ranke définit l'histoire comme le « déchiffrement de hiéroglyphes sacrés », il se situe déjà dans la logique de l'interprétation indiciaire. La rupture « positiviste » a pour principal effet de la « laïciser » en poussant les historiens à interpréter les indices comme des signes de l'activité des hommes et non plus comme la marque de la Providence. Mais le plus important, comme on le verra plus loin, c'est peut-être qu'à la fin du siècle, le déchiffrement des traces n'obéit plus à un raisonnement de type « métonymique » (où chaque élément est vu comme l'expression du tout), mais à un raisonnement « analytique » qui place l'interprétation sous la dépendance d'une organisation collective du travail historique.

tion, pour former le « paradigme » de la science historique telle qu'elle a été pratiquée jusqu'aujourd'hui. La nouvelle perspective apparaît déjà clairement dans le texte de présentation que Gabriel Monod[25] publie en ouverture du premier numéro de la *Revue Historique*, l'organe quasi-officiel de la nouvelle communauté professionnelle. Ce texte frappe d'abord par le fait qu'il ne donne aucune définition explicite du domaine de la connaissance dont il propose l'étude. Pour Monod, l'histoire est une forme du savoir qui relève de l'évidence, car il s'enracine dans la nuit des temps. C'est pourquoi, pour positionner son projet et en souligner la nouveauté, il se contente de rappeler longuement les différentes étapes qui ont marqué les progrès de la connaissance historique. Le silence qui entoure la définition de « l'objet » de l'histoire est une façon pour Monod de clore l'ère des polémiques avec les philosophes. Il ne s'agit plus de réfuter les arguments de la philosophie, tout en essayant de prendre sa place, comme l'avait fait Ranke. Ce sont les « visées ultimes » de la philosophie elle-même qui sont rejetées. Puisque l'histoire est désormais une science empirique, comme la physique ou la physiologie, elle n'a plus besoin de la philosophie[26]. La deuxième caractéristique fondamentale du « manifeste » rédigé par Gabriel Monod, tient au fait que toute la « science de l'histoire » qu'il propose est contenue dans sa « méthode », ce qui justifie le qualificatif de « méthodiste » que l'on a souvent donné à cette génération d'historiens. Là encore, si les innovations de l'École historique constituent le point de départ, elles sont réinterprétées en fonction des nouvelles normes scientifiques. Dans sa présentation, Monod insiste fortement sur le fait que l'historien exerce une activité spécialisée, qui nécessite un contact *direct* avec les sources. Dès les premières lignes de l'avant-propos qui ouvre le premier

25. G. Monod, « Introduction : du progrès des études historiques en France depuis le XVIᵉ siècle », *Revue Historique*, n°1, janvier-juin 1876, pp. 5-38 (toutes mes références sont tirées de cette édition). Une note précise : cet exposé « est en même temps l'introduction et le programme de notre revue ».

26. L'influence de Claude Bernard est ici manifeste. Retournant contre Auguste Comte les arguments que celui-ci avait opposés aux spéculations philosophiques antérieures, C. Bernard écrit : « le rôle du physiologiste, comme celui de tout savant, est de chercher la vérité pour elle-même sans vouloir la faire servir de contrôle à tel ou tel système de philosophie. Dans ce cas, le meilleur système philosophique consiste à n'en pas avoir », C. Bernard, *Principes de médecine expérimentale*, PUF, 1987, p. XXXIII (1ʳᵉ éd. 1947).

numéro de la *Revue Historique*, les deux directeurs, Fagniez et Monod, soulignent qu'elle n'admettra que « des travaux originaux et de première main », mettant en œuvre des procédés d'exposition « strictement scientifiques, où chaque affirmation soit accompagnée de preuves, de renvois aux sources et aux citations, tout en excluant sévèrement les généralités vagues et les développements oratoires ». Fidèle, là encore, aux thèses défendues par Claude Bernard, Monod considère que toute recherche spécialisée suppose l'adoption d'une démarche « inductive », qui va du « particulier » au « général »[27]. « On a compris », écrit-il dans son *Introduction*, « le danger des généralisations prématurées, des vastes systèmes *a priori* qui ont la prétention de tout embrasser et de tout expliquer [...]. On a senti que l'histoire doit être l'objet d'une investigation lente et méthodique où l'on avance graduellement du particulier au général, du détail à l'ensemble ; où l'on éclaircisse successivement tous les points obscurs afin d'avoir enfin des tableaux complets et de pouvoir établir sur des groupes de faits bien constatés des idées générales susceptibles de preuve et de vérification ». C'est dans le cadre de cette nouvelle conception de la recherche scientifique, vue comme mouvement allant du « particulier » au « général », qu'est repensé le problème des rapports entre l'« analyse » et la « synthèse ». Pour les historiens du début du siècle, la question de savoir comment le chercheur peut généraliser des observations particulières ne se posait pas vraiment puisque chaque époque, chaque culture, était considérée comme une expression du « Tout ». Si la synthèse apparaissait comme une tâche infinie, c'est parce que l'historien ne pouvait espérer dévoiler toutes les configurations singulières de l'Idée. *L'Avenir de la Science* constitue, en France tout au moins, le début d'une véritable réflexion des historiens sur le passage du « particulier » au « général ». Mais, comme on l'a vu, Renan l'appréhende dans le langage de la dialectique hégélienne, en faisant de l'analyse et de la synthèse deux âges *successifs* de l'histoire de l'humanité. A la fin du siècle, comme en témoigne l'ouvrage célèbre que Charles-Victor Langlois et Charles Seignobos

---

27. Claude Bernard écrit : « les plus grandes vérités scientifiques ont leurs racines dans les détails de l'investigation expérimentale qui constituent en quelque sorte le sol dans lequel ces vérités se développent ». Et il regrette que ces détails soient « si souvent ignorés et méprisés par les faux savants qui s'intitulent généralisateurs », *Principes, op. cit.*, p. XII.

publient sur la « méthode historique »[28], cette perspective est rejetée au profit d'une approche fortement marquée par les principes du « positivisme ». A première vue, leur perspective se situe dans le droit fil de la conception humboldtienne. « On doit isoler les faits pour les *constater*, les rapprocher pour les *comprendre* » écrivent les deux auteurs. Ils reconnaissent d'ailleurs explicitement leur dette à l'égard de Savigny et Niebuhr, qui ont été les premiers à mettre en valeur les « connexions » *(« Zusammenhang »)* qui relient, dans la réalité, les différentes espèces d'activité. Langlois et Seignobos reprennent à leur compte l'idée que chaque « époque » et chacun des « mondes » étudiés par l'historien constituent une totalité dont les éléments n'ont de sens que par rapport au « tout ». Néanmoins, « analyse » et « synthèse » s'intègrent chez eux dans une logique de pensée totalement imprégnée par les principes « naturalistes ». Le signe le plus évident de cette réinterprétation, tient dans le privilège accordé désormais à l'analyse. Humboldt insistait sur la synthèse parce qu'elle seule pouvait mettre en valeur le « *lien vital* » reliant tous les éléments du monde étudié pour lui donner sa forme particulière. Mais cette notion de « lien vital » a été discréditée par la critique naturaliste. Dans ses écrits scientifiques, Berthelot note que l'ancienne chimie s'est engagée dans une impasse justement parce qu'elle est partie du principe que chaque corps contient une « force vitale ». Victime de ce préjugé, elle considérait qu'on ne pouvait pas reproduire ou répéter la nature. La chimie organique, ajoute Berthelot, a démontré au contraire que la science peut parfaitement fabriquer des corps nouveaux par un travail d'« analyse », qui consiste à *isoler* certains éléments présents dans les corps naturels, puis à les *purifier*, avant de les *combiner* pour obtenir une nouvelle « synthèse ». La définition que Langlois et Seignobos donnent de la méthode historique épouse cette nouvelle perspective. L'essentiel,

---

28. C. V. Langlois et C. Seignobos, *Introduction aux études historiques*, Kimé, 1992, avec une préface de Madeleine Rébérioux, (1re éd. 1898). (Mes références, sauf exception signalée, sont tirées de la première édition). Si ce manuel a joué un rôle essentiel dans la définition du « paradigme » historique, c'est non seulement à cause de l'ampleur de sa diffusion, mais aussi à cause de l'importance qu'il accorde aux « connaissances tacites » que doit posséder le véritable historien. Pour les auteurs, seuls ceux qui ont été familiarisés avec les documents « possèdent des notions intransmissibles qui leur permettent en général de critiquer supérieurement les documents nouveaux » (p. 40).

désormais, ce n'est plus d'évoquer une « forme », concrétisant une Idée, ni la dialectique du cheminement de la pensée à travers le temps. Ce qui compte avant tout, c'est de procéder à des *opérations* sur des matériaux. D'où le statut privilégié qu'acquiert alors l'analyse. Les procédés de critique « externe » et « interne » visent à « isoler » et à « purifier » le fait, à partir de la masse des matériaux qui ont été rassemblés pour son étude. Ce n'est qu'après avoir accompli ce travail long et minutieux que l'historien peut ensuite réaliser la « synthèse », c'est-à-dire comparer, lier, grouper les faits dans des cadres généraux et des « tableaux » plus proches de la table de Mendeleïev que des « œuvres d'art » dont rêvaient les historiens de la première moitié du siècle. Par voie de conséquence, l'historien ne peut plus être un poète. Dans son *Introduction*, Monod affirme déjà clairement que « le style ne consiste pas à arrondir des phrases sonores mais à revêtir la pensée de la forme qui convient » (p. 320). De même qu'en chimie les symboles expriment l'identité d'un corps, de même en histoire, les mots doivent se tenir au plus près de la réalité qu'ils représentent. Certes, Langlois et Seignobos affirment que « le mépris de la rhétorique, des faux brillants et des fleurs en papiers n'exclut pas le goût d'un style pur et ferme, savoureux et plein ». Mais ils justifient cette concession à la littérature en précisant que, si l'historien « n'a pas le droit de mal écrire », c'est en raison de « l'extrême complexité des phénomènes dont il essaie de rendre compte » (p. 273).

– La solidarité professionnelle comme solution pratique au problème de « l'objectivité » du savoir historique.

La définition « naturaliste » du rapport analyse/synthèse en histoire avait été esquissée par Taine, en termes beaucoup plus philosophiques, dès la fin du Second Empire. Si elle prend un sens nouveau à la fin du siècle, c'est parce que l'institutionnalisation de la discipline a permis l'éclosion d'une idéologie professionnelle qui exalte les intérêts collectifs de la nouvelle communauté de métier. Changement radical par rapport au début du siècle, l'historien n'est plus désormais considéré comme un « auteur », mais comme un « ouvrier de la science » (Charles-Victor Langlois). Il n'élabore plus une « œuvre » personnelle, conçue comme un tout, mais défriche une parcelle du savoir qui ne prend son sens que dans la collaboration de tous les chercheurs. Si dans son *Introduction*, Gabriel Monod n'aborde pas la question de « l'objet » de l'histoire, ni celle de ses « fondements scientifiques », en revanche, il souligne d'emblée que le but essentiel de la *Revue Historique* est de souder les liens entre les membres de la nouvelle communauté. La revue veut publier des travaux originaux, « mais encore et surtout servir de lien entre tous ceux qui consacrent leurs efforts à la vaste et multiple investigation dont l'histoire est l'objet, leur faire sentir leur solidarité ». Elle ambitionne de « former par l'exemple d'une bonne méthode les jeunes gens qui veulent entrer dans la carrière historique, encourager et maintenir ceux qui y marchent déjà, servir à tous de centre de ralliement et d'information ». La suite du texte témoigne de l'importance que Monod attache à la dimension collective de la recherche historique : « Tous ceux qui s'y livrent sont solidaires les uns des autres ; ils travaillent à la même œuvre, exécutent des parties diverses du même plan, tendent au même but ». C'est dans le cadre de cette nouvelle organisation du travail qu'est appréhendé désormais le rapport du « particulier » au « général ». Dans son « manifeste » – publié à un moment où la « professionnalisation » de l'histoire est à peine commencée – Monod envisage encore les rapports entre « analyse » et « synthèse », comme un partage des tâches dans le temps, entre des générations successives. Sous l'influence de Renan, il pense lui aussi que le moment de la « synthèse » n'a pas encore sonné. « Malgré tous les progrès accomplis nous sommes encore dans une période de préparation, d'élaboration des matériaux qui serviront plus tard à construire des édifices historiques plus vastes ». Vingt ans plus tard, Langlois et Seignobos font du rapport analyse/synthèse le produit d'une division du travail « horizontale », qui organise les relations entre les différents niveaux de la communauté professionnelle. L'analyse est l'apanage des historiens les plus jeunes qui appliquent les règles de la méthode en travaillant directement sur les sources grâce aux instruments élaborés par les spécialistes des techniques d'érudition (archivistes, bibliothécaires, etc.). Ils produisent ainsi des recherches à caractère monographique (la thèse), sous la direction de leur professeur. Ces derniers se consacrent surtout à la synthèse en passant tout leur temps à étudier ces monographies « afin de les combiner d'une façon scientifique en des constructions générales » (p. 277). Grâce à la coopération des maîtres de chaque spécialité, peuvent être élaborées ainsi des œuvres d'ensemble, dont le modèle idéal est la célèbre *Histoire de France* en plusieurs volumes dirigée par Ernest

Lavisse[29]. Les mêmes principes apparaissent clairement dans le bilan de la recherche historique française que Pierre Caron et Philippe Sagnac rédigent en vue du Congrès International des Sciences Historiques qui devait se tenir à Rome en 1902[30]. Après avoir souligné que « les synthèses très générales ne sont faites qu'en collaboration », ils demandent que « les travailleurs au lieu de produire isolément se connaissent davantage, sachent à tout moment ce qui se fait à côté d'eux et loin d'eux, qu'ils soient vraiment solidaires les uns des autres, non seulement dans chaque pays mais dans le monde entier ». Ils déplorent que « l'entente, la solidarité, la discipline scientifique » soient si faibles en histoire. « Il est nécessaire que la collaboration, tout au moins en vue de la publication de documents, d'acceptation devienne habitude, que les rapports entre les historiens qui explorent le même domaine ou des domaines voisins soient beaucoup plus fréquents, que les communications entre les travailleurs, jusqu'ici trop souvent fortuites soient désormais régulières et suivies »[31].

Ces réflexions témoignent de l'importance que prend alors aux yeux des historiens le principe de « solidarité »[32]. Certes, cette exaltation de la collectivité est un moyen de conforter le processus de professionnalisation dans lequel la discipline est alors engagée. Mais on peut y voir aussi une réponse au défi « épistémologique » lancé par la philosophie. Implicitement, les historiens « méthodistes » considèrent désormais que l'histoire est une discipline scientifique non pas parce qu'elle obéit aux principes théoriques qui sont censés gouverner toutes les sciences, mais parce qu'elle est organisée, sur le plan pratique, comme les sciences de la nature. Elle repose sur une division du travail qui autorise la production d'un savoir spécialisée (la « méthode ») grâce auquel sont élaborés des faits susceptibles de vérification. La coopération de l'ensemble des

---

29. E. Lavisse (dir.), *Histoire de France*, Hachette, 1900-1911 (9 vol.)

30. P. Caron et P. Sagnac, *L'état actuel des études d'histoire moderne en France*, Publication de la *Revue d'histoire moderne et contemporaine*, 1902.

31. C'est pour mettre en pratique cet idéal collectif qu'est créée en 1901, la Société d'Histoire Moderne.

32. Cette tendance n'est pas spécifique à la France. Peter Novick montre que la formation de la communauté professionnelle des historiens américains, à la fin du XIXe siècle, entraîne, là aussi, une valorisation de la solidarité et du travail collectif, P. Novick, *op. cit.*, p. 52 sq.

chercheurs permettant de compenser la fragmentation du savoir qui
découle de la spécialisation. Dès lors, une connaissance historique
ne peut plus être considérée comme « vraie » parce qu'elle a été produite selon des règles calquées sur les sciences de la nature, comme
l'affirmait Taine, mais parce qu'elle est acceptée comme telle par
l'ensemble des historiens compétents. Défendre le caractère scientifique de l'histoire c'est donc, nécessairement, défendre une pratique
collective de la recherche. D'où l'importance essentielle que les historiens « méthodistes » accorde à la question de la « bonne entente »
entre « travailleurs du même domaine ». Dans le texte de Monod, le
principe de « compréhension » a un sens beaucoup plus large que
chez Humboldt un demi-siècle plus tôt. Certes, il reprend à son
compte l'idée que « l'historien ne peut […] comprendre le passé
sans une certaine sympathie, sans oublier ses propres sentiments, ses
propres idées pour s'approprier un instant ceux des hommes d'autrefois, sans se mettre à leur place, sans juger les faits dans le milieu où
ils se sont produits ». Il insiste même sur le rôle que joue la « compréhension » dans la conquête de l'« objectivité » conçue comme
« impartialité »[33]. Mais pour Gabriel Monod, la « compréhension »
est aussi une norme de communication qui doit s'imposer dans les
discussions entre savants. C'est pourquoi, même quand il critique
les historiens des générations précédentes ou ses adversaires, les historiens du parti catholique, il cherche toujours à « se mettre à leur
place », pour comprendre leur propre point de vue, ce qui le conduit
à souligner sa dette à leur égard et le rôle positif qu'ils ont joué dans
le développement de la discipline. Le principe de solidarité s'illustre
aussi par les préoccupations de justice et d'égalité qui affleurent
dans les écrits des historiens « méthodistes », concernant notamment
les critères de jugement du travail scientifique (cf. chapitre 7). Si la
vérité suppose un accord entre historiens compétents, alors il est
nécessaire que les principes sur lesquels repose leur activité scientifique soient « objectifs » (c'est-à-dire indiscutables). C'est l'une des
raisons essentielles de l'importance accordée à la « méthode historique ». Langlois et Seignobos rappellent avec une certaine délecta-
tion que la critique des sources développée en France par la *Revue*

---

33. Le rôle de l'historien « consiste avant tout à comprendre et à expliquer,
non à louer ou à condamner ». C'est pourquoi on « ne fait pas le procès à la
monarchie au nom de la féodalité, ni à 89 au nom de la monarchie », G. Monod,
op. cit., p. 138.

Critique d'histoire et de littérature (créée en 1866) a permis de résoudre, de façon le plus souvent certaine, les problèmes concernant la nature d'un document, sa date d'élaboration, son degré d'authenticité et qu'elle a mis fin au laxisme qui régnait auparavant dans l'usage des archives, en administrant « aux érudits sans conscience ou sans méthode des corrections publiques » (p. 113). Ces procédés techniques ont permis d'aboutir à des connaissances admises par tous les historiens, alors que les grandes interprétations élaborées, à la même période, par Augustin Thierry, Michelet ou Taine ne feront jamais l'objet d'un consensus au sein de la communauté.

Comme on le voit, c'est également en fonction de ces nouvelles normes collectives que les historiens « méthodistes » jugent la génération précédente des « historiens, philosophes, généralisateurs, artistes », pour reprendre les termes mêmes de Gabriel Monod. Dans son « manifeste » de 1876, le reproche majeur qu'il adresse à ces derniers, c'est précisément de ne pas avoir été intégrés au sein d'une communauté professionnelle. Le handicap de l'historiographie française par rapport à l'Allemagne, dans la première moitié du XIXe siècle, est expliqué par l'absence « de toute discipline scientifique générale, de toute autorité directrice, de ces règles de méthode, de ces habitudes de travail collectif que donne la haute éducation universitaire ». Citant nommément Michelet, Augustin Thierry et Guizot, Monod déplore le fait qu'ils aient été « presque tous autodidactes ; ils n'ont point eu de maîtres et ils ne forment pas d'élèves. Ils imposent à l'histoire l'empreinte de leur tempérament, de leur personnalité. Ils sont d'ordinaire, même les plus érudits, des littérateurs avant d'être des savants […]. Ce qui leur importe dans leurs écrits, c'est moins les faits eux-mêmes que la forme qu'ils leur ont donnée » (p. 317). La longue polémique qui oppose, au cours de cette période, Monod à Fustel de Coulanges reflète des incompréhensions qu'on ne peut expliquer, à mon sens, que par la rupture provoquée par l'institutionnalisation de la discipline. Auparavant, l'historien avait un statut très proche de celui de l'écrivain. Désormais, il se pense surtout comme un chercheur appartenant à une « cité savante ». Du coup, les mots eux-mêmes changent de sens, comme le constate amèrement Fustel de Coulanges à propos du terme « analyse ». Alors que pour lui, l'analyse est une étape dans l'élaboration d'une œuvre individuelle, pour les « méthodistes », elle désigne une parcelle d'un savoir collectif. Même incompréhension à propos de la « synthèse ». Pour Fustel, celle-ci ne peut pas être, par définition, une entreprise collective. « Supposez cent spécialistes se partageant par lots le passé de la France ; croyez vous qu'à la fin ils auront fait l'histoire de la France ? J'en doute beaucoup ; il leur manquera au moins le lien des faits, or ce lien est aussi une vérité historique»[34]. Phrase qui démontre combien l'auteur de *La Cité Antique* reste fidèle à la conception humboldtienne de l'histoire. Pour lui, seul le génie de l'historien, son talent d'exposition, peut donner la vie au tableau qu'il a construit. Mais à la fin du siècle, la « synthèse » est devenue le moment privilégié où l'ensemble de la communauté se rassemble pour offrir au public le produit de son labeur collectif. Elle est à la fois la récompense de celui qui a passé de longues années au service de l'analyse et l'expression de la solidarité de la communauté. D'où les critiques virulentes adressées par Langlois et Seignobos aux « vulgarisateurs » qui ne respectent pas ces règles sacrées et qui publient des synthèses sans être passés par l'analyse (p. 115).

Le rapport à la politique traduit les mêmes préoccupations. Si la production de la vérité historique repose sur le consensus des historiens compétents, alors la discipline doit se tenir à l'écart des passions politiques, facteurs de divisions internes. C'est pourquoi, Monod et Fagniez, dans l'avant-propos qui présente la *Revue Historique*, précisent d'emblée : « Nous prétendons rester indépendants de toute opinion politique et religieuse ». Et ils ajoutent que la nouvelle revue s'adresse « à tous ceux qui, quelles que soient leurs tendances particulières, aiment l'histoire pour elle même et n'en font pas une arme de combat pour la défense de leurs idées religieuses ou politiques ». Rejetant les « controverses contemporaines », ils veulent regrouper les historiens qui appliquent « la même sévérité de méthode et de critique et la même impartialité d'esprit ». « Le point de vue strictement scientifique auquel nous nous plaçons », ajoutent les deux directeurs, « suffit à donner à notre recueil l'unité de ton et de caractère » (p. 322)[35]. Cette volonté d'autonomie professionnelle n'empêche pas, néanmoins, les historiens « méthodistes » de défendre

---

34. Cité par F. Hartog, *op. cit.,* p. 346.
35. Le désir de conforter l'autonomie de la « cité savante » est illustré aussi par la mise en place d'un comité de parrainage où cohabitent des universitaires, archivistes, bibliothécaires représentant les diverses tendances de la vie intellectuelle française.

la « fonction sociale » de leur discipline. Le principe de solidarité constitue, pour eux, non seulement une norme fondamentale permettant d'assurer la cohésion de leur communauté professionnelle, mais aussi la contribution décisive que l'histoire peut fournir à l'unité de la communauté nationale. Comme le souligne Gabriel Monod, le rôle de l'historien est de mettre en valeur « le lien logique qui relie toutes les périodes du développement de notre pays et même toutes les révolutions : c'est par là que tous se sentiront les rejetons du même sol, les enfants de la même race, ne reniant aucune part de l'héritage paternel » (p. 323). Le souci d'impartialité apparaît ainsi fortement imprégné par un autre aspect essentiel de l'idéologie professionnelle propre à cette génération d'historiens « méthodistes ». En tant que fonctionnaires de l'État français, ils mettent un point d'honneur à remplir leurs « obligations de service ». C'est pourquoi, conformément à la mission que leur a fixée le pouvoir républicain, ils servent à la fois les intérêts de la science et de la nation. « C'est ainsi que l'histoire sans se proposer d'*autre but et d'autre fin que le profit que l'on tire de la vérité* travaille d'une manière secrète et sûre à la grandeur de la Patrie en même temps qu'au progrès du genre humain » (p. 323. Souligné dans le texte).

LA PREMIÈRE « CRISE DE L'HISTOIRE » ET SES SOLUTIONS PHILOSOPHIQUES

A la fin du siècle, sous les coups conjugués du « positivisme », du « marxisme », du « darwinisme », du « nietzschéisme », l'«idéalisme historiciste » qui avait dominé la scène philosophique dans la première moitié du XIXe siècle, est discrédité. Il n'est plus possible désormais d'envisager la question de « l'objectivité » en histoire comme le dévoilement d'une Idée préexistante ou le déchiffrement de « hiéroglyphes sacrés », pour reprendre une formule qu'affectionnait Ranke. La Science ayant pris la place de Dieu, c'est en fonction de celle-ci que se réorganise tout le débat sur la nature de la connaissance historique. En quelques décennies s'élaborent les grandes conceptions philosophiques qui vont délimiter l'espace à l'intérieur duquel se dérouleront, jusqu'aujourd'hui, la plupart des discussions « épistémologiques » sur l'histoire. Il n'était ni possible, ni nécessaire ici, de les analyser en détail. Je ne les évoquerai que dans la mesure où elles ont joué un rôle direct dans les transformations ultérieures de la discipline. Pour distinguer ces courants de pensée, je partirai du clivage déjà mentionné à propos du débat entre Hegel et Humboldt, en évoquant d'abord les philosophies qui conçoivent l'« épistémologie » comme un effort visant à fournir de nouveaux fondements théoriques à l'histoire. Dans un deuxième temps, j'examinerai les réflexions qui se présentent comme des contributions à l'étude de la logique des sciences et qui se donnent pour seul but de clarifier ce que font les historiens quand ils cherchent[36].

Les deux critiques « positivistes » : le « naturalisme » et l'« herméneutique »

Les courants issus du « positivisme » se rangent, évidemment, dans la première catégorie. Deux d'entre eux ont une importance toute particulière dans le débat sur l'histoire : le « monisme naturaliste » (ou « légaliste ») et l'« herméneutique ». Les représentants les plus éminents de la première de ces deux doctrines sont, sans conteste, les philosophes-sociologues durkheimiens. Pour donner un aperçu de tout ce qui les sépare des historiens, il suffit de comparer la « préface » rédigée par Emile Durkheim pour annoncer la création de l'*Année Sociologique*[37], avec l'« introduction » publiée par Gabriel Monod dans le premier numéro de la *Revue Historique*. Alors que ce dernier, on l'a vu, se situe d'emblée dans un univers de connaissance déjà largement établi avant lui, Durkheim appelle à la création d'une discipline qui n'existe pas encore, en puisant dans les domaines du savoir sur la société déjà constitués. Le but de l'*Année Sociologique* est d'informer ses lecteurs de « toutes les recherches qui se font dans les sciences spéciales » (le droit et l'histoire notamment) dans la mesure où elles concernent la sociologie. Pour savoir quels travaux sont susceptibles d'intéresser une science qui n'existe pas, il faut évidemment proposer d'emblée des critères permettant de définir cette science. Auguste Comte ayant été le premier philosophe à appeler de ses vœux la constitution de la sociologie, il n'est pas étonnant que Durkheim reprenne à son compte les principes de la philosophie positive. Étant donné que le but de toute science est de produire des lois explicatives, la sociologie ne pourra

---

36. J'ai suivi ici la distinction proposée par R. Weingartner, « The Quarrel about Historical Explanation », in R. H. Nash (ed), *Ideas of History,* New York, Dutton, 1969, vol. 2, pp. 140-157.

37. E. Durkheim, « Préface », *L'Année Sociologique*, n°1, 1898, p. I-VII.

être considérée comme « scientifique » que si elle est capable de dégager des relations universelles en s'élevant au-dessus des particularités propres à chaque contexte étudié. Pour Durkheim, le moyen privilégié dont dispose la science sociale pour avancer dans cette direction est le comparatisme. La méthode des variations concomitantes permet, en effet, de dégager des régularités statistiques en procédant à des expérimentations indirectes, identiques, sur le plan logique, aux expériences que les spécialistes des sciences naturelles réalisent dans leur laboratoire. « La concomitance constante est donc, par elle-même une loi, quel que soit l'état des phénomènes restés en dehors de la comparaison [...]. Dès qu'on a prouvé que, dans un certain nombre de cas, deux phénomènes varient l'un comme l'autre, on peut être certain qu'on se trouve en présence d'une loi»[38]. Dans la préface au premier numéro de l'*Année sociologique*, Durkheim affirme clairement que le but de la revue est de « voir la sociologie sortir de la phase philosophique et prendre enfin son rang parmi les sciences ». Il reprend ainsi à son compte les arguments des historiens sur la nécessité du travail empirique. Mais, dans le même temps, il emprunte aux philosophes la définition de la science qu'il oppose aux historiens. Le but de sa revue est, en effet, d'aider l'histoire à devenir plus scientifique. « C'est servir la cause de l'histoire que d'amener l'historien à dépasser son point de vue ordinaire [...], à se préoccuper des questions générales que soulèvent les faits particuliers qu'il observe ». D'où l'ambition de « susciter des historiens qui sachent voir les faits historiques en sociologues, ou, ce qui revient au même, des sociologues qui possèdent toute la technique de l'histoire ». Fustel de Coulanges déclarait : « la véritable sociologie, c'est l'histoire ». Durkheim ajoute : « rien n'est plus incontestable, pourvu que l'histoire soit faite sociologiquement », car, ajoute-t-il, « en un sens, tout ce qui est historique est sociologique ». La comparaison des deux manifestes qui fixent les grandes orientations de l'histoire et de la sociologie françaises pour toute la première moitié du XXe siècle, met en évidence deux postures intellectuelles radicalement différentes. Les historiens considèrent la science telle qu'elle est, se proposant simplement de l'améliorer en poursuivant, dans un effort de

---

38. E. Durkheim, *Les règles de la méthode sociologique*, PUF, 1981, p. 130 et 132 (1re éd. 1894).

solidarité collective qui engage toute leur communauté professionnelle, le travail réalisé depuis la nuit des temps par leurs devanciers. Les sociologues parlent de la science telle qu'ils voudraient qu'elle soit, en partant d'une conception de l'objectivité qui suppose à la fois une rupture avec les formes de savoir déjà constituées et un rejet sans appel des projets concurrents visant à « fonder » les sciences sociales sur des principes théoriques différents[39]. La polémique qui oppose, au début du siècle, François Simiand, disciple de Durkheim, et l'historien Charles Seignobos, sur laquelle je ne reviens pas ici, constitue l'expression la plus explicite et la plus radicale de l'antagonisme entre les deux points de vue[40]. Dans le même temps, cet affrontement fige des positions qui ne se rapprocheront guère par la suite, comme en témoigne la persistance des querelles entre sociologues et historiens français, tout au long du XXe siècle.

En Allemagne, le rôle essentiel joué par l'histoire dans la vie intellectuelle au XIXe siècle explique que la crise qui la touche à la fin du siècle atteint une ampleur inconnue en France. Le « positivisme naturaliste » fait une entrée fracassante dans la discipline, surtout à la suite des travaux de Karl Lamprecht[41]. En rejetant les principes de « l'École historique » au nom des « lois de l'histoire » qu'il puise dans la psychologie, Lamprecht ouvre la « *Methodenstreit* » qui va agiter le monde universitaire allemand pendant vingt ans. Néanmoins, cette offensive n'a guère d'impact sur la recherche historique empirique. Elle conduit même la majorité des historiens allemands à se crisper sur leurs modèles traditionnels[42]. Sur la scène philosophique, le « naturalisme » est combattu par Dilthey au nom

---

39. Dans sa préface, Durkheim condamne au nom de la philosophie positive, tous les autres courants sociologiques, considérant qu'il y a « trop de sociologues qui dogmatisent journellement ». S'il affirme, comme Gabriel Monod, que la science « ne peut progresser que grâce à un travail collectif », la communauté scientifique qu'il appelle de ses vœux n'est pas conçue sur le mode du rassemblement de tous les « ouvriers du même métier ». Elle ne peut être constituée que par des chercheurs qui acceptent de se rallier à son propre projet intellectuel.

40. Cf. G. Noiriel, «L'éthique de la discussion chez François Simiand. A propos de deux conférences sur l'histoire (1903-1906) », *Journée d'étude sur François Simiand*, Université de Paris VII, 14-15 mai 1992 (à paraître).

41. Cf. notamment K. Lamprecht, *Moderne Geschichtswissenschaft*, Freiburg, H. Heyfelder, 1905.

42. Cf. E. François, « Les historiens allemands », *in* A. Burguière (dir.), *Dictionnaire de l'histoire,* PUF, 1986.

d'une « herméneutique », elle aussi issue du « positivisme », bien qu'elle oppose radicalement les « sciences de la nature » et les « sciences de l'esprit »[43]. Au lieu de nier le caractère scientifique de l'histoire, Wilhelm Dilthey (qui fut l'élève de Ranke) s'appuie au contraire sur la définition qu'en a donnée Humboldt pour dégager les principes fondamentaux des sciences qui se consacrent à l'étude de l'humanité[44]. Reprenant à son compte l'opposition entre « expliquer » et « comprendre » développée pour la première fois par Droysen (historien, discipline de Hegel), Dilthey approfondit et systématise la démarche « compréhensive ». La spécificité des sciences de l'esprit, comparées aux sciences de la nature, tient au fait qu'elles doivent saisir la signification des activités humaines. L'historien ne peut avancer dans cette voie qu'à la condition d'être conscient que toute histoire s'écrit toujours au présent, à partir d'un point de vue particulier, en fonction duquel le monde étudié acquiert sa cohérence. Le chercheur ne peut donc pas, sous prétexte d'« objectivité », s'exclure du tableau qu'il veut peindre, il doit assumer le caractère en partie subjectif de sa perspective. Sa tâche consiste essentiellement dans un travail d'interprétation par lequel il s'efforce de comprendre les « expériences vécues » des hommes du passé. Celles-ci ont été « objectivées » dans toutes les traces qu'ils ont laissées de leur passage (les textes écrits, les institutions, les monuments.) et grâce auxquelles l'historien peut entrer en contact avec le passé. L'importance attachée à la compréhension explique que l'œuvre de Dilthey puisse être considérée comme « une psychologie de l'expérience intérieure » et qu'il ait lui-même envisagé le monde historique « à la façon d'un texte à déchiffrer »[45]. Si sa réflexion porte, néanmoins, la marque du « positivisme », c'est d'abord par le fait qu'il refuse les présupposés de « l'idéalisme his-

---

43. Comme le souligne Vincent Descombes, la notion que les partisans de « l'herméneutique » se font « de la science naturelle est exactement celle des positivistes. Mieux, c'est au positivisme que la philosophie herméneutique demande de lui dire ce qu'est une science naturelle », V. Descombes, *La denrée mentale*, Minuit, 1995, p. 58.

44. Cf. W. Dilthey, *L'édification du monde historique dans les sciences de l'esprit*, *op. cit.* et S. Mesure, *Dilthey et la fondation des sciences historiques*, PUF, 1990.

45. « Comme les lettres d'un mot, la vie et l'histoire possèdent une signification » écrit Dilthey, cité par H. G. Gadamer, *Le problème de la conscience historique*, Louvain, Beatrice Nouwelaertz, 1957, p. 36.

toriciste ». Pour Dilthey, l'historien n'a pas pour tâche suprême d'étudier l'« Idée » qui dominerait une époque ou une culture, mais des mondes réels, constitués par des individus qui sont liés entre eux par des rapports de sens. Par ailleurs, même s'il oppose les sciences de l'esprit aux sciences de la nature, Dilthey, reste convaincu, comme Comte, qu'il appartient au philosophe d'indiquer aux chercheurs le chemin qu'ils doivent suivre pour mener à bien leur travail empirique. Dès la fin du XIXᵉ siècle, l'histoire est au centre des polémiques qui opposent entre eux les partisans du « monisme naturaliste » et les partisans de l'« herméneutique ». Tout au long du siècle suivant, la querelle entre les premiers (appelés « objectivistes » par leurs adversaires) et les seconds (les « subjectivistes ») ne cessera de s'amplifier. L'histoire est un enjeu des affrontements qui opposent, par exemple, les adeptes du « positivisme logique », comme Hempel, et les adeptes de la « phénoménologie herméneutique » élaborée par Heidegger et prolongée, après la Seconde Guerre mondiale, par Gadamer. En France, j'y reviendrai, la querelle met aux prises, principalement, les philosophes-sociologues fidèles à Durkheim et les partisans de la « philosophie critique de l'histoire » depuis Raymond Aron jusqu'à Henri-Irénée Marrou et Paul Ricoeur.

Le « néokantisme » et la logique des sciences historiques

La fin du XIXᵉ siècle voit aussi fleurir des perspectives qui s'efforcent, comme Humboldt quelques décennies plus tôt, d'expliciter ce que font les historiens quand ils cherchent, plutôt que de leur indiquer le chemin qu'ils doivent suivre. C'est le cas de Wilhelm Windelband qui reproche à Dilthey de vouloir imposer aux historiens un nouveau modèle de référence, qui n'est plus calquée sur les sciences de la nature, mais sur une « psychologie authentique » jugée indispensable au progrès de l'histoire. Illustrant le succès grandissant des interprétations « néokantiennes » de la connaissance, Windelband considère que l'on ne peut trouver les fondements d'une science dans la réalité elle-même. C'est pourquoi, la seule aide que la philosophie puisse fournir à la recherche empirique consiste à clarifier les opérations logiques de la science. Il est conduit ainsi à élaborer la fameuse distinction entre les sciences « nomothétiques » qui établissent des relations universelles (comme la physique), et les sciences « idéographiques », centrées sur l'étude des configurations singulières (comme l'histoire). Dans le prolongement de cette perspective, Heinrich Rickert

s'appuie sur cette opposition non plus pour établir une classification des sciences, mais pour éclairer des directions possibles du
travail scientifique. Selon lui, toutes les sciences combinent le
« singulier » et le « général ». Ce sont les fins dernières poursuivies
par le savant qui justifient le privilège accordé à l'une ou à l'autre
méthode[46]. Même si l'histoire constitue la discipline qui est la plus
tournée vers l'étude des singularités, elle peut mettre en œuvre, à
certains moments, les démarches généralisantes qui caractérisent
les sciences naturelles. Les analyses approfondies que Georg Simmel publie au tournant du siècle sur « l'épistémologie » de l'histoire peuvent être considérées comme le couronnement de cette
approche « néo-kantienne ». Il est impossible d'en présenter ici une
vue d'ensemble. Je n'en retiendrai que quelques éléments, dont
l'importance apparaîtra quand nous aborderons l'analyse des nouveaux « paradigmes » de la recherche historique. Comme Dilthey,
Simmel part du constat que l'historien étudie des ensembles formés
par des individus qui sont liés entre eux dans des interactions dont
il faut dégager le sens. C'est pourquoi les processus psychologiques
constituent l'objet propre de l'histoire, comparée aux sciences naturelles[47]. Admettant lui aussi que l'histoire s'écrit toujours au présent, il considère que toute recherche engage un point de vue
particulier et une subjectivité. La vérité historique est donc relative
à la perspective choisie au départ. De plus, comme l'historien ne
peut jamais s'abstraire complètement du monde social auquel il
appartient, le raisonnement historique a toujours un caractère
« impur », mêlant, de façon indissociable, des constats scientifiques
et des « préjugés ». Pour pouvoir mettre en question l'un d'entre
eux, l'historien doit nécessairement accepter les autres comme des
« données », des « évidences », car il est impossible de questionner
simultanément l'ensemble des matériaux sur lesquels un chercheur
doit s'appuyer pour avancer dans son travail. Ce « relativisme » est,
pour Simmel, la condition permettant d'atteindre une véritable
« objectivité ». Celle-ci n'est pas pour lui un état de fait, mais un

---

46. Ces études n'ont pas été traduites en français ; cf. W. Windelband, *Geschichte und Naturwissenschaft*, Strasbourg, Heintz, 1900 (1ʳᵉ éd. 1894) ; H. Rickert, *Science and History : a Critique of Positivist Epistemology*, Princeton, Van
Nostrand, 1962 (éd. allemande 1899).

47. G. Simmel, *Les problèmes de la philosophie de l'histoire*, PUF, 1984,
avec une présentation de Raymond Boudon (1ʳᵉ éd. 1892).

processus qui consiste à clarifier et à expliciter l'ensemble des opérations qui entrent dans les pratiques de recherche. Cette clarification immunise l'historien comme la forme la plus pernicieuse de « relativisme », celle qui s'ignore et qui de ce fait conduit le chercheur à juger tous les travaux des autres à partir d'un unique point de vue, le sien, érigé en vérité universelle. Ces mises en garde n'empêchent pas Simmel d'admettre que l'historien puisse élaborer des explications causales du même type que les sciences naturelles. C'est le cas notamment quand il parvient à retrouver les enchaînements et les « motifs » des actions individuelles. Néanmoins, ce type d'explication ne peut être considéré comme la seule forme de scientificité légitime en histoire. Quand elle n'est pas possible (lorsque l'historien, par exemple, ne se donne pas pour but d'étudier des actions interindividuelles au niveau local), le chercheur met en œuvre une autre forme d'intelligibilité, fondée sur des interprétations. Celles-ci ne permettent pas de dégager des relations universelles, mais elles débouchent sur l'élaboration de « formes » singulières, des « tableaux » qui rapprochent l'historien de l'artiste.

Les philosophies soucieuses d'expliciter les multiples modalités de l'activité scientifique s'enrichiront elles aussi tout au long du XXe siècle. La monumentale « philosophie des formes symboliques » élaborée par Ernst Cassirer constitue, de ce point de vue, une contribution majeure[48]. Pour Cassirer, « nous ne comprenons une science dans sa structure logique que lorsque nous avons clairement saisi de quelle façon elle achève de *subsumer le particulier sous le général* »[49]. Cette tâche vaut pour toutes les sciences, mais chacune propose des solutions différentes et « c'est justement cette diversité qui est la marque spécifique des différents types de connaissances ». La science historique construit des concepts et des jugements, met en œuvre des hypothèses et des procédures de vérification, selon des règles qui ne sont pas, d'un point de vue logique, différentes des sciences naturelles. Néanmoins, ajoute Cassirer, contrairement à ce que croyaient les nombreux historiens qui placèrent, dans la deuxième moitié du XIXe, « des espoirs extravagants dans l'introduction des méthodes statistiques » en prophétisant une nouvelle

---

48. E. Cassirer, *Philosophie des formes symboliques*, t. III, *La philosophie de la connaissance*, Minuit, 1972 (1re éd. 1929).
49. E. Cassirer, *Logique..., op. cit.*, p. 157. Souligné dans le texte.

époque de la pensée historique[50], ce n'est pas en singeant les sciences naturelles que l'histoire a le plus innové. Les tentatives de Taine et de Lamprecht visant à construire une histoire « naturaliste » ont été des échecs. La contribution *spécifique* que la discipline a apporté au progrès de la connaissance tient dans la construction de généralités que Husserl appelle des « abstractions idéifiantes ». Les documents sur lesquels travaille l'historien sont les symboles d'un monde disparu. Pour les interpréter, il doit d'abord commencer à savoir les lire en se familiarisant avec le contexte qui les a produits. Cet effort d'interprétation aboutit à rassembler les faits analysés dans une nouvelle forme que d'autres historiens, à la lumière de nouveaux documents ou de nouvelles méthodes, pourront enrichir, modifier ou contester. Si ce type de généralisation scientifique permet de décrire la réalité, il ne l'explique pas, au sens scientifique du terme, « car le particulier qui s'ordonne en eux ne peut en être déduit ». L'« homme de la Renaissance » dépeint par Burckhardt dans un ouvrage célèbre est un type social élaboré à partir d'une multitude de matériaux empiriques et dont nul ne pourrait contester la « vérité » bien qu'on ne le rencontre jamais incarné dans un individu concret[51].

C'est dans ce contexte philosophique qu'émerge la sociologie allemande au début du siècle, sous l'impulsion décisive de Max

---

50. Cf. notamment H. T. Buckle, *History of Civilization in England*, London, J. W. Parker, 1857.

51. E. Cassirer, *Logique, op. cit.*, p. 160. On trouvera des prolongements à ces analyses dans les travaux des épistémologues contemporains. Gilles-Gaston Granger considère que les sciences, au sens le plus général de connaissances méthodiques d'objets, se distribuent selon l'attraction qu'y exercent et le rôle qu'y jouent deux pôles fondamentaux, radicalement opposés. « L'un est représenté par la pure mathématique sans contenus empiriques ; l'autre, justement, par une Histoire fictivement pure, dont le projet théorique serait de restituer *ad integrum,* les objets concrets qui ont existé réellement. C'est le pôle poïétique de la pensée scientifique, dont l'attraction se marque, à différents degrés, et diversement selon les types d'objets, dans toutes les sciences de l'empirie ». Néanmoins, même si l'histoire est la discipline la plus proche du pôle poïétique, les Histoires réellement élaborées « construisent des modèles explicatifs semi-abstraits » ; cf. G.-G. Granger, *La vérification*, éd. Odile Jacob, 1992, pp. 181-186. Je reviendrai plus loin sur le livre de Jean-Claude Passeron, *Le raisonnement sociologique. L'espace non-popperien du raisonnement naturel,* Nathan, 1991, qui s'inscrit lui aussi dans la perspective d'une « clarification » des opérations réelles de la recherche.

Weber. Comme en France, celle-ci s'autonomise dans un dialogue critique avec l'histoire. Néanmoins, il suffit de comparer le débat entre Weber et l'historien Eduard Meyer, avec celui qui met aux prises, au même moment, Simiand et Seignobos en France, pour prendre la mesure de tout ce qui sépare les deux univers intellectuels. Weber, ayant poussé jusqu'à son terme le processus de rupture avec la philosophie, prône un empirisme radical, qui est au fond proche, même s'il s'exprime dans des termes très différents, de l'opinion partagée par la grande majorité des historiens. Pour lui, l'épistémologie des philosophes n'est pas plus utile à la recherche empirique que la connaissance de l'anatomie n'est indispensable à la marche. Seule l'étude des procédés logiques du travail scientifique peut aider le praticien à prendre davantage conscience de ce qu'il fait quand il cherche. En dehors de cela, la culture philosophique ne peut servir à l'historien qu'à défendre son domaine d'activité contre ceux qui veulent le discréditer, ce qui est monnaie courante dans un univers dominé par les luttes de concurrence[52]. Si Max Weber refuse la querelle sur les fondements de la science, c'est parce que, comme les philosophes néo-kantiens, il rejette le point de vue « réaliste » sur la connaissance. Puisque la science ne repose sur aucun fondements extérieurs à la pratique empirique, seuls les historiens sont compétents pour trancher les problèmes historiques. Dans ces conditions, une polémique comme celle qui oppose les historiens et les sociologues en France n'a pas de raison d'être. Ceci d'autant moins que, pour Weber, les frontières disciplinaires ne correspondent pas à des découpages qui existeraient dans la réalité elle-même mais résultent des conventions passées entre les chercheurs. « Ce ne sont pas les relations matérielles des choses qui constituent la base des délimitations des domaines du travail scientifique, mais

---

52. Contrairement à Raymond Aron et à ses disciples actuels, il ne me paraît pas possible de considérer Max Weber comme un représentant de la « philosophie critique de l'histoire ». Avec Julien Freund, il faut voir plutôt en lui le protagoniste « d'une théorie pour ainsi dire non philosophique de la science et de la connaissance » inséparable d'une théorie de l'action ; ce qui rapproche fortement Max Weber des thèses développées aujourd'hui par les « pragmatistes ». Cf. M. Weber, *Essais sur la théorie de la science,* Presses Pocket, 1992 (Il s'agit d'un recueil d'articles parus au début du siècle) et la préface de J. Freund, notamment pp. 114-115. Cf. aussi sur ce point C. Colliot-Thélène, *Le désenchantement de l'État, op. cit.*

les relations conceptuelles des problèmes ». « Ce n'est que là où l'on s'occupe d'un problème nouveau avec une méthode nouvelle et où l'on découvre de cette façon des vérités qui ouvrent de nouveaux horizons importants que naît aussi une « science » nouvelle»[53]. C'est pourquoi Weber refuse la définition « réaliste » de la « société » adoptée par les durkheimiens pour justifier leurs prétentions hégémoniques. Il estime que la notion de « social » ne nous fournit quand « on la prend dans sa signification générale […] aucune espèce de *point de vue* spécifique qui permettrait d'*élucider* la signification d'éléments déterminés de la civilisation » (souligné dans le texte). L'historicité du monde et l'infinité des significations que les hommes sont capables de donner à leurs actes expliquent que les sciences de la culture ne peuvent espérer produire des lois universelles. La généralité de la validité de leurs observations est toujours limitée par le contexte. C'est pourquoi, dans ces disciplines, plus l'extension d'un concept générique (classificatoire) est large, plus il nous éloigne de la réalité, car pour embrasser ce qu'il a de commun au plus grand nombre de phénomènes, il doit abstraire le plus possible, ce qui appauvrit son contenu. D'où l'importance décisive que Weber accorde aux concepts génétiques (idéaltype). Ces constructions « artificielles » qui n'existent pas, le plus souvent, dans la réalité (étant donné qu'elles sont obtenues en accentuant les traits caractéristiques du phénomène observé) permettent de spécifier ce qui fait la nature particulière du fait considéré. L'élaboration de concepts génétiques est indispensable aux disciplines qui étudient les individus et les significations de leurs actes, du fait même que l'on ne peut vraiment comprendre les situations sociales qu'en les spécifiant le plus possible. Ces réflexions sur la logique des sciences amènent Weber à prôner un comparatisme qui complète la méthodologie statistique développée par les durkheimiens. La confrontation de différentes configurations singulières permet de constater la présence ou l'absence de traits communs et de mettre ainsi en valeur la fréquence d'une relation donnée. Par cette méthode comparative, la sociologie est capable de proposer des modalités de généralisation qui la distinguent de l'histoire, ce qui suffit à justifier son existence et son importance pour le progrès de la connaissance.

---

53. M. Weber, « L'objectivité de la connaissance dans les sciences et la politique sociales », in M. Weber, *Essais, op. cit,* pp. 142-143 (1re éd. 1904).

L'APOLOGIE POUR L'HISTOIRE
OU LA MATURITÉ D'UN « PARADIGME »

Le célèbre ouvrage rédigé par Marc Bloch pendant la Résistance, peu de temps avant son exécution par les nazis, marque l'achèvement du « paradigme » constitutif de la science normale de l'histoire et non pas, comme on l'a si souvent écrit, le point de départ d'une « nouvelle histoire »[54]. Dans cet ouvrage, Marc Bloch s'inscrit explicitement dans le prolongement de la définition de la discipline élaborée par la génération précédente. Il faut prendre au sérieux son avertissement de la première page où il prévient d'emblée le lecteur qu'en dépit de certains désaccords, il se situe dans le sillage de Langlois et Seignobos (p. 69). Le sous-titre du livre indique clairement qu'il envisage, lui aussi, l'histoire comme une pratique professionnelle fondée sur la division du travail et la spécialisation. Le cœur de l'ouvrage (chapitres consacrés à l'observation, la critique et l'analyse historique) est centré sur la présentation de la « méthode historique », car c'est elle qui rassemble, pour Marc Bloch, les savoir-faire caractéristiques du « métier d'historien ». L'histoire est une science parce qu'elle est devenue un savoir qui nécessite un apprentissage, suppose des compétences spécialisées et la coopération de tous ceux qui la pratiquent[55]. Ce qui fait la véritable originalité de ce livre tient au fait que Marc Bloch s'appuie sur les nouveaux développements de « l'épistémologie de l'histoire » et de la philosophie des sciences (liés aux bouleversements qu'a connus la physique avec la théorie de la relativité) pour rejeter les diverses variantes du « positivisme » qui dominaient la scène intellectuelle française au tournant du siècle[56]. Estimant qu'il est impossible

---

54. M. Bloch, *L'Apologie, op. cit.* L'ouvrage présente les grandes lignes de la conception de l'histoire développée dans l'entre-deux-guerres autant par Marc Bloch que par Lucien Febvre.

55. « L'apprentissage (de ces connaissances spéciales) est long ; leur pleine possession veut une pratique plus longue encore et quasiment constante » (p. 111).

56. Soulignant que Marc Bloch était « parfaitement au courant » des débats théoriques allemands sur l'histoire, Otto Oexle estime que si celui-ci occupe « une position particulière dans toutes les discussions épistémologiques de notre discipline », c'est parce qu'il est le seul historien qui ait tiré toutes les conséquences de l'abandon du « positivisme » ; Cf. O. G. Oexle, « Marc Bloch et la critique de la raison historique », in H. Atsma et A. Burguière (dir.), *op. cit.*, pp. 420-433. C'est sans doute parce qu'il exprime ses arguments dans le langage « naturel » des historiens, que leur importance « théorique » n'a pas été vraiment prise en compte jusqu'ici.

désormais de postuler un modèle général de la science, il rejette non seulement le « monisme naturaliste » des durkheimiens, mais aussi l'attitude frileuse des historiens « méthodistes » qui avaient fini, avec Seignobos, par intérioriser la classification comtienne des formes de la connaissance, en affirmant que l'histoire n'était pas une science, mais un simple « procédé de connaissance ». Marc Bloch considère au contraire que les sciences de l'homme n'ont « pas besoin de renoncer à leur originalité, ni d'en avoir honte » (p. 78) car chaque science n'est qu'«un fragment de l'universel mouvement vers la connaissance » et possède une « esthétique du langage qui lui est propre ». Chaque discipline est une « perspective que d'autres perspectives devront compléter » et « le danger commence quand chaque projecteur prétend à lui seul tout voir ; quand chaque canton du savoir se prend pour une patrie » (p. 163). En affirmant que le temps des querelles sur la légitimité des sciences est passé, Marc Bloch rend du même coup possible, l'ouverture de l'histoire sur le monde extérieur. La génération précédente, complètement engagée dans le processus de professionnalisation et d'autonomisation décrit plus haut, inclinait d'autant plus à s'enfermer dans sa « tour d'ivoire » qu'elle était encore incertaine de son statut scientifique. Considérant que cette période fondatrice est terminée, Marc Bloch appelle les historiens à assumer pleinement à la fois l'identité de leur discipline et ses limites. « Les recherches historiques ne souffrent pas d'autarcie » (p. 97). C'est au nom de ce principe, dont toute son œuvre empirique constitue une remarquable illustration, qu'il prône une « interdisciplinarité » conçue comme une coopération entre spécialistes de disciplines différentes et non pas comme un effort visant à promouvoir l'unification des sciences de l'homme. Cette nouvelle perspective apparaît clairement dans la façon dont il envisage les rapports entre l'histoire et la philosophie. D'un côté, on l'a vu, il rejette, d'une façon encore plus radicale que les « méthodistes », toutes les analyses qui prétendent dire aux historiens ce que devrait être une « véritable » science de l'histoire. Mais d'un autre côté, il admet que la division du travail intellectuel et la spécialisation disciplinaire interdisent à un historien de tenir un discours rigoureux sur l'histoire car l'« étude des méthodes pour elles-mêmes constitue à sa façon une spécialité dont les techniciens se nomment philosophes ». Et il ajoute : « A cette lacune de ma formation première, l'essai que voici perdra sans doute beaucoup en précision de langage comme en largeur d'horizon » (p. 78). Cette lucidité ne conduit pas pour autant Marc Bloch à renoncer à son projet, mais elle le pousse à puiser dans les travaux des philosophes des arguments lui permettant d'enrichir sa conception de l'histoire. Le meilleur exemple que l'on puisse donner de cette attitude concerne la question de « l'empirisme » reproché aux historiens aussi bien par Simmel en Allemagne que par les durkheimiens en France. Par crainte de voir la philosophie rétablir son emprise sur la discipline, la génération « méthodiste » refusait énergiquement, comme on l'a vu, de soumettre la recherche des faits à une problématique clairement élaborée, ce qui revenait à placer l'histoire sous la dépendance des « évidences » du sens commun. Marc Bloch condamne cette attitude en reprenant à son compte les arguments que Simiand avait opposés à Seignobos. « Toute recherche historique suppose, dès ses premiers pas, que l'enquête ait déjà une direction » (p. 109). Les disciplines voisines, comme la philosophie ou la sociologie, peuvent aider l'historien à élaborer ses questionnements. Donnant l'exemple, Marc Bloch intègre dans son ouvrage les réflexions herméneutiques inspirées de Dilthey. S'il accorde une place essentielle au problème de la « compréhension », c'est à la fois parce qu'il estime que « les faits historiques sont par essence des faits psychologiques » et que toute histoire s'écrit au présent. Il va même jusqu'à affirmer que c'est la dialectique des rapports passé/présent qui explique ce qui fait la spécificité et les difficultés du « métier » d'historien. De la même manière, il intègre dans ses réflexions sur la méthode historique, les apports de la sociologie durkheimienne concernant le comparatisme et l'analyse statistique.

L'insistance mise sur l'élaboration d'une problématique guidant la recherche empirique constitue, comme cela a été souvent souligné, l'apport décisif des fondateurs des *Annales* au progrès de la recherche historique. Néanmoins, l'importance de cette contribution ne peut être complètement saisie si l'on oublie, comme c'est généralement le cas, une autre dimension essentielle de leur conception de l'histoire. Si Marc Bloch prône une « histoire-problème » là où les philosophes et les sociologues se préoccupent de la « construction de l'objet », ce n'est pas par hasard. A aucun moment il ne demande aux historiens d'adopter les principes et le langage théoriques élaborés par ces disciplines. L'histoire-problème qu'il défend est fondée sur un énorme travail de « traduction » de ces apports extérieurs, de façon à les rendre compréhensibles et utilisables, sinon par l'ensemble des historiens, du moins par une partie significative d'entre eux.

L'importance que Marc Bloch attache à ce point est une conséquence logique de son rejet du « positivisme ». S'il n'existe aucun
critère universel permettant d'évaluer l'activité scientifique, il
revient à chaque discipline d'élaborer ses propres normes de vérité.
Comme les « méthodistes » du début du siècle, Marc Bloch pense lui
aussi qu'une connaissance peut être considérée comme « vraie »
quand elle est acceptée comme telle par l'ensemble des spécialistes du
domaine concerné. Quand il affirme que « la définition préalable, par
accord commun, de quelques grands problèmes dominants » est une
nécessité qui « commande tout l'avenir de notre science » (p. 112), il
va même beaucoup plus loin que ses prédécesseurs. Ce qui fait
l'importance d'un problème historique, ce n'est pas, principalement,
la perspective théorique qui le sous-tend, mais le fait que les historiens concernés soient d'accord pour privilégier l'étude de ce problème. La perspective développée dans l'*Apologie* repose donc sur
deux principes indissociables : pour élaborer leurs questionnements
et leurs vérités, les historiens doivent être à l'écoute du monde extérieur, mais dans le même temps, ils doivent se montrer capable de
« traduire » dans leur propre langage ses interrogations et ses innovations. Il faut avoir présents à l'esprit ces principes si l'on veut
comprendre les raisons de l'intérêt que Marc Bloch porte à la question du langage dans ce livre[57]. Selon lui, ce qui différencie la littérature et les sciences, c'est le fait que ces dernières sont capables
d'élaborer un langage commun à tous les chercheurs qui les pratiquent. Si l'histoire est encore une « science dans l'enfance », c'est
parce qu'elle n'est pas parvenue à se débarrasser du « curieux travers des sciences de l'homme qui, d'avoir été si longtemps traitées
comme un simple genre littéraire, semblent avoir gardé quelque
chose de l'impénitent individualisme de l'artiste ! »[58]. Pour devenir
une discipline pleinement scientifique, l'histoire doit parvenir à
construire, comme la chimie, son propre système de signes. « Un
jour viendra sans doute où une série d'ententes permettront de préciser la nomenclature puis, d'étapes en étapes, de l'affiner. Alors

---

57. Jacques Le Goff souligne, dans sa préface, la place essentielle qu'occupe
la réflexion sur la « communication » dans l'*Apologie, op. cit.*, p. 26.
58. Il précise : « Si rigoureux qu'on les suppose, des langages d'historiens,
alignés côte à côte, ne feront jamais le langage de l'histoire » (p. 178). L'importance attachée par Marc Bloch à la question du vocabulaire des sciences de
l'homme est à relier aux travaux engagés dans cette direction au Centre de Synthèse dans l'entre-deux-guerres et auxquels il fut associé.

même l'initiative du chercheur conservera "ses" droits ; en approfondissant l'analyse, il remanie nécessairement le langage. L'essentiel est que l'esprit d'équipe vive parmi nous » (p. 178). Estimant que tout ce qui peut favoriser la constitution de ce langage collectif doit être encouragé, dans le sillage de Gabriel Monod, Marc Bloch fait de la « compréhension » une règle essentielle de la communication entre chercheurs, s'efforçant toujours de mettre en valeur le lien qui l'unit à ceux-là même qu'il critique et sa dette à leur égard. C'est le même souci qui l'amène à plaider pour la continuité du vocabulaire historique d'une génération à l'autre : « il faut que l'historien renonce à détourner inconsidérément de leur sens les mots déjà reçus [...] qu'il s'interdise de rejeter, par caprice, ceux qui ont déjà fait leurs preuves ; qu'usant de définitions soigneuses, il le fasse avec le souci de rendre son vocabulaire constamment serviable à tous » (p. 178). Il faut reconnaître néanmoins que la réflexion de Marc Bloch sur cette question est traversée d'importantes contradictions[59]. On constate, par exemple, que tout en espérant l'avènement d'un langage commun à l'ensemble des historiens, Marc Bloch considère comme un fait irréversible la segmentation de la discipline en tendances inconciliables et refuse la perspective consensuelle chère aux « méthodistes ». C'est pourquoi il envisage l'«analyse » et la « synthèse » comme deux aspects de la tâche qui incombe à *chaque* historien et non plus sous l'angle d'une coopération entre tous les membres d'une même communauté. De même, s'il appelle ses collègues à suivre l'exemple des chimistes en se dotant de leur propre système de signe, Marc Bloch affirme dans le même temps que l'historien doit pouvoir être compris par le « grand public ». C'est cet idéal de communication universelle qui le pousse à écrire : « Je n'imagine pas, pour un écrivain, de plus belle louange que de savoir parler, du même ton, aux doctes et aux écoliers » (p. 69). Mais comment cet idéal peut-il se concilier avec la nécessité d'élaborer un langage réservé aux spécialistes ? Marc Bloch n'aborde pas cette question. Il fournit néanmoins, implicitement, des éléments permettant d'y répondre en distinguant différents niveaux de communication, adaptés aux différents cercles d'interlocuteurs auxquels il s'adresse. Quand il parle de « langage commun », il désigne en fait l'ensemble des compétences partagés par les individus qui

---

59. Les principales raisons qui expliquent ces contradictions sont discutées dans le chapitre 5.

appartiennent à une même communauté. Dans cette perspective, la « méthode historique » délimite les contours d'un premier cercle regroupant tous ceux qui exercent le même métier et qui peuvent de ce fait discuter entre eux des problèmes qui engagent l'ensemble de la profession. Mais à l'intérieur de ce cercle, d'autres cercles, fondés sur des compétences techniques plus spécialisées, existent ou peuvent se constituer. C'est à des sous-ensembles de ce type que pense Marc Bloch lorsqu'il appelle de ses vœux la mise en place de programmes de recherche nécessitant la fabrication d'un vocabulaire commun et réunissant des spécialistes de différents domaines au niveau national ou international. Même si Marc Bloch n'évoque pas explicitement cette différenciation des niveaux de compétences, on constate qu'il la met en œuvre dans ses propres réflexions. Par exemple, le principe de « compréhension » ne constitue une norme de communication que pour les individus qui appartiennent, à ses yeux, au même monde que lui (comme Durkheim, Simiand ou Seignobos). Mais, elle n'est pas appliquée à l'égard des historiens « amateurs », comme Bainville, dont Marc Bloch dénonce l'idéologie réactionnaire. Quant aux historiens professionnels qui professent une conception de la discipline inconciliable avec la sienne, Marc Bloch considère qu'il n'a rien à leur dire. C'est pourquoi ils ne sont même pas nommés dans son livre[60]. Le problème de la différenciation des niveaux de réception du discours historique est également au centre de la distinction que Marc Bloch opère, malheureusement sans y insister, entre « histoire » (en tant que savoir scientifique) et « mémoire ». Si toute *l'Apologie* est sous-tendue par la préoccupation de démontrer la légitimité de l'histoire, Marc Bloch ne reprend pas à son compte les arguments avancés dans ce sens par la génération précédente. En affirmant que la recherche de la vérité permet à l'historien de servir à la fois sa patrie et le genre humain, Gabriel Monod commettait une double confusion entre, d'une part, « histoire » et « mémoire » et, d'autre part, entre « mémoire nationale » et « mémoire sociale ». Il niait ainsi le principe d'autonomie scienti-

---

60. Pas un mot par exemple sur son éternel concurrent, Louis Halphen, médiéviste comme lui et dont les réflexions sur l'histoire illustrent au plus haut point « l'histoire historisante » rejetée par les *Annales ;* cf. notamment L. Halphen, *Introduction à l'histoire*, PUF, 1946 et la critique de L. Febvre, « Sur une forme d'histoire qui n'est pas la nôtre », *Annales E.S.C.*, 1947, repris dans L. Febvre, *Combats pour l'histoire,* A. Colin, 1953, pp. 114-118.

fique si fortement proclamé par ailleurs. Tirant toutes les conséquences de ce principe, Marc Bloch distingue, quant à lui, la communauté des savants, la communauté des citoyens et la communauté
des hommes. Bien qu'il ait été, comme on le sait, un grand patriote,
qui n'a pas hésité à donner sa vie pour défendre son pays, jamais
Marc Bloch n'affirme dans *l'Apologie* que l'historien doit être au
service de sa patrie car il distingue radicalement les problèmes qui
préoccupent le citoyen et ceux qui préoccupent le savant[61]. En tant
que chercheurs, les historiens ne sont au service d'aucune cause particulière. Ils construisent leurs règles de scientificité, leurs problématiques et leurs objets de recherche de façon autonome. En ce
sens, ils parlent un langage qui leur est propre. Néanmoins, ils ne
peuvent ignorer la fonction sociale de leur métier car les sciences
sociales, comme les sciences de la nature, n'atteignent pleinement
leur objectif que si elles peuvent espérer apporter une contribution
au progrès de l'humanité. Les sciences physiques y parviennent du
fait que les langages spécialisés qu'elles élaborent débouchent sur
des connaissances, converties en « produits » (en « objets ») qui sont,
potentiellement, mis à la disposition de tous les hommes. Dans le
cas des sciences de l'homme, c'est le langage lui-même qui constitue la médiation entre le monde des savants et le monde profane.
C'est pourquoi l'historien qui se préoccupe de la fonction sociale
de sa discipline doit parler, à la fois, aux spécialistes et au grand
public. Mais en s'adressant, en même temps, à deux catégories de
lecteurs très différentes, l'historien s'expose à ne pas être compris.
Comme le déplore Marc Bloch : « entre l'enquête historique telle
qu'elle se fait ou aspire à se faire et le public qui lit, un malentendu, incontestablement, subsiste » (p. 124). On ne peut lever ce
malentendu qu'en distinguant clairement les compétences propres à
chacune des deux communautés de lecteurs auxquelles s'adresse
l'historien : la communauté de savoir (les « historiens de métier »)
et la communauté de mémoire (le « grand public »). La difficulté
tient au fait que les deux univers sont étroitement imbriqués. Marc
Bloch insiste sur le fait que l'exercice du métier d'historien exige

---

61. Cette volonté de bien marquer la distinction des rôles est illustrée par la
rédaction, dès 1940, d'un autre ouvrage où Marc Bloch présente, en tant que
citoyen, un témoignage politique – qui est aussi un acte d'accusation – sur les
causes de la faillite de la nation française, cf. M. Bloch, *L'étrange défaite*, Gallimard, 1990 (1ʳᵉ éd. 1946).

un va et vient permanent entre le monde social, dont le savant fait partie et auquel il est tenu de rendre des comptes, et la communauté professionnelle dont il dépend. Les thèmes de recherche sur lesquels il travaille ne sont pas sans rapport avec les curiosités ou les préoccupations qui dominent la société de son temps. Mais ils ne deviennent des problèmes véritablement « historiques » que si l'historien est capable de les transformer en objets de recherche adaptés aux exigences scientifiques de sa communauté. Dans un second temps, il doit néanmoins restituer à la société les connaissances qu'il a élaborées grâce à ce travail de distanciation, afin d'aider les hommes « à mieux vivre » en les guidant dans leurs activités pratiques[62]. C'est grâce à ce double mouvement que l'histoire peut à la fois conserver son autonomie et assumer son rôle social. Sur le plan pratique, ce processus correspond aux deux fonctions professionnelles que doit assumer, le plus souvent, un historien : la recherche et l'enseignement. Dans ses activités scientifiques proprement dites, il s'adresse à un public composé des spécialistes du domaine considéré. Seule cette communauté de savoir est en mesure de valider ou de rejeter les connaissances qu'il apporte. Celles-ci peuvent être ensuite diffusées, grâce à l'enseignement, au sein du public non spécialisé. Néanmoins, le rapport entre l'historien et son public n'est pas envisagé dans *l'Apologie* comme une relation de maître à élève. Au contraire, Marc Bloch fait du public le juge suprême devant lequel il plaide la cause de l'histoire afin que celui-ci puisse « décider, ensuite, si ce métier mérite d'être exercé » (p. 74). La difficulté tient au fait que les compétences que le public non spécialisé peut mettre en œuvre pour exercer ses facultés de jugement sont extrêmement hétérogènes. Chaque individu apprécie le travail de l'historien en s'appuyant sur les ressources qu'offre la mémoire collective des groupes auxquels il appartient (classe sociale, famille, région, nation, communauté ethnique, genre). Mais ces mémoires sont, par définition, subjectives, partielles et partiales, tournées vers la célébration ou la dénonciation d'une cause et non vers une connaissance critique du passé. Pour Marc Bloch, l'historien digne de ce nom ne peut cautionner ces mémoires particulières. En diffusant, au-delà des cercles spécialisés, les résultats de ses recherches, il s'efforce en

---

62. « L'ignorance du passé ne se borne pas à nuire à la compréhension du présent ; elle compromet dans le présent, l'action même » (p. 93).

fait d'enrichir la mémoire collective du seul groupe qu'il accepte de servir : *l'humanité toute entière.* Comme Wilhelm von Humboldt, Marc Bloch estime que si les historiens d'aujourd'hui peuvent comprendre les hommes du passé, bien qu'ils n'appartiennent pas au même monde, c'est parce qu'ils ont en commun des caractéristiques qui définissent l'humanité dans son universalité. Ces qualités constituent aussi le lien qui rend non seulement possible, mais nécessaire, la communication entre l'historien et le « grand public ». « Ayant les hommes pour objet d'étude, comment si les hommes manquent à nous comprendre, n'aurions nous pas le sentiment de n'accomplir qu'à demi notre mission ? » (p. 124). Marc Bloch insiste néanmoins sur le fait que cette compréhension ne peut être effective que si les historiens professionnels fournissent des repères critiques aux lecteurs non-spécialistes grâce auxquels ceux-ci pourront juger en connaissance de cause les travaux qui leur sont proposés, sans se laisser abuser par les faux brillants de la petite histoire. C'est en multipliant les indications concernant les sources qu'il a utilisées, les explications sur la façon dont il a procédé pour aboutir à ses résultats, que l'historien peut aider le lecteur à aiguiser son esprit critique.

CHAPITRE 3

Le retour de l'auteur

« Aussi longtemps qu'un seul homme est capable de voir une tache sur la planète Vénus, ce n'est pas un fait établi. »

Charles S. Peirce, *Dictionary of Philosophy and Psychology*, 1902.

« Chacun parle de son métier comme s'il en faisait un autre. »

Jean-Claude Passeron, *Le raisonnement sociologique. L'espace non popperien du raisonnement naturel*, 1991.

Marc Bloch avait présenté l'*Apologie* comme son « testament » d'historien, indiquant explicitement que son livre n'était pas seulement justifié par les circonstances mais qu'il avait aussi une valeur programmatique. Si l'on se place au niveau de la recherche empirique, il est évident que ce programme a été mis largement en œuvre, après la guerre, par ses collaborateurs et ses successeurs, à commencer par Lucien Febvre et Fernand Braudel. Les travaux collectifs impulsés au sein du Centre de Recherches Historiques (CRH) de la VIᵉ section de l'École Pratique des Hautes Études (désormais EPHE), à partir des années 1950, en sont la plus éclatante illustration. Ce dynamisme n'est d'ailleurs pas spécifique à la France. Dans un grand nombre de pays, le rayonnement de l'histoire sociale se concrétise par la mise en œuvre d'ambitieux projets collectifs. Mais si l'on examine *les discours sur l'histoire* tenus par les historiens depuis la Seconde Guerre mondiale, force est de constater que les successeurs de Marc Bloch n'ont pas assumé son héritage. Le début

91

des années 1970 – qui marque l'entrée sur le devant de la scène d'une nouvelle génération d'historiens (appelée parfois la « troisième génération » des *Annales*) – apparaît de ce point de vue comme un tournant essentiel. En 1974, lors de la réédition de l'*Apologie* en collection de poche, Georges Duby en fait une présentation assez négative. Dans un texte d'une dizaine de pages, à peine deux concernent directement l'ouvrage ; le reste évoquant la carrière de Marc Bloch et son œuvre empirique. Georges Duby décrit l'*Apologie* comme un « grand texte (qui) a vieilli. Il déçoit. Un peu trop feutré, chuchotant. Engoncé, englué bien sûr dans ce que nous pouvons aujourd'hui apercevoir comme une épaisseur désuète de traditions et d'habitudes. Quantité de scories résiduelles l'encombrent »[1]. Publiés dans la même période, les livres de Paul Veyne et Michel de Certeau sur l'« épistémologie » de l'histoire ne font pas référence à l'*Apologie*[2]. L'ouvrage n'est mentionné par aucun des historiens ayant collaboré aux trois volumes *Faire de l'histoire* qui présentent les nouvelles tendances de la recherche historique[3]. La raison fondamentale de cette « disgrâce » tient au fait que, désormais, ce n'est plus la question du « métier » qui préoccupe les historiens s'interrogeant sur leur discipline, mais l'« écriture de l'histoire ». Dans ce chapitre, je voudrais essayer d'expliquer les raisons de cette bifurcation et montrer en quoi elle a pu contribuer à l'émergence de la « crise » actuelle.

« L'INTERDISCIPLINARITÉ » COMME MÉTALANGAGE

Fernand Braudel et « l'unité des sciences de l'homme »

Les horreurs du nazisme et de la Seconde Guerre mondiale ont engendré, dans les années suivantes, une profonde aspiration collective à la fondation d'un monde nouveau pour oublier les faillites de l'ancien. Le boom économique lié à la reconstruction et au plan Marshall, le renouveau des idéaux scientifiques et universalistes, la volonté de mieux comprendre le fonctionnement des sociétés

---

1. G. Duby, préface à M. Bloch, *L'Apologie pour l'histoire,* A. Colin, 1974, pp. 5-15.
2. P. Veyne, *Comment on écrit l'histoire, op. cit.* et M. de Certeau, *L'écriture de l'histoire, op. cit.*
3. J. Le Goff et P. Nora (dir.), *Faire de l'histoire*, Gallimard, 1974, 3 vol.

modernes pour éviter le retour de la barbarie, expliquent la multiplication des institutions nouvelles à vocation « interdisciplinaire », comme l'INED, l'INSEE ou la VIᵉ section de l'EPHE (pour me limiter au cas français). Dans cette conjoncture, les historiens sont confrontés à la nécessité de redorer le blason d'une discipline qui a largement contribué à cautionner les nationalismes au nom desquels l'Europe a sombré dans une folie meurtrière. Les nouvelles directions de recherche impulsées par les *Annales,* à partir des années trente, ont montré néanmoins que l'histoire était susceptible d'évoluer en profondeur. Mais pour conserver le rôle hégémonique qu'ils avaient joué sur la scène intellectuelle dans les décennies antérieures, les historiens doivent encore faire la preuve qu'il peuvent contribuer au mouvement qui porte en avant les sciences sociales. Les luttes qui accompagnent la naissance de la VIᵉ section de l'EPHE illustrent l'importance de l'enjeu et la préférence accordée par la Fondation Rockefeller au projet de Lucien Febvre au détriment du projet de Marcel Mauss consacre la nouvelle victoire remportée par l'histoire[4]. Mais dans le même temps, les dirigeants de la nouvelle institution sont mis dans l'obligation de justifier, à la fois vis-à-vis des historiens « traditionnels » et des spécialistes des autres sciences sociales, le nouveau rôle dirigeant dévolu à la discipline. Les études sur l'histoire publiées au lendemain de la guerre par Charles Mozaré, Lucien Febvre et Fernand Braudel peuvent être lues comme autant de contributions allant dans ce sens. L'objectif essentiel que poursuit ce dernier tout au long des articles rassemblés dans ses *Écrits sur l'histoire* est de favoriser l'unification des sciences de l'homme, sous l'égide de l'histoire[5]. Du point de vue qui nous occupe ici, l'intérêt principal de ces textes tient au fait qu'ils illustrent une période de transition entre deux âges de la

---

4. Cf. B. Mazon, *Aux origines de l'EHESS*, Cerf, 1988. L'auteur souligne que « les universitaires et administrateurs qui prirent en charge les besoins institutionnels des sociologues, économistes et ethnologues étaient presque tous des historiens, et s'ils ne l'étaient pas, ils s'entouraient des conseils des historiens » (p. 166). Le projet de Febvre prolonge l'esprit interdisciplinaire de *l'Encyclopédie française* qu'il avait coordonnée avant guerre. Le Centre de Recherches Historiques, dirigé dès le début par Braudel, est le premier laboratoire créé en France dans le domaine des sciences sociales. Après la mort de Lucien Febvre (1956), Braudel prend la tête de la VIᵉ section qu'il gardera jusqu'en 1972.
5. F. Braudel, *Écrits sur l'histoire*, Flammarion, 1969. Toutes mes références sont empruntées à cette édition.

réflexion sur l'histoire[6]. D'un côté, on y trouve un grand nombre de remarques sur le « métier d'historien » directement inspirées par l'*Apologie*. Par exemple, Braudel souligne que toute activité scientifique suppose une formation spécialisée et qu'on ne peut espérer décloisonner le savoir qu'en favorisant la coopération entre des chercheurs appartenant à des disciplines différentes[7]. De même, plus encore que Marc Bloch, il insiste sur la « fonction sociale » de l'histoire et sur son utilité pour la compréhension du présent. Mais d'un autre côté, les *Écrits* diffèrent radicalement de l'*Apologie*, du fait même que la question de l'unité des sciences de l'homme (et non pas celle de l'histoire) constitue la préoccupation centrale du livre. En de nombreux passages, Braudel considère comme un fait accompli l'« éclatement » de la discipline en une multitude de pratiques irréductibles les unes aux autres. Discutant le livre de l'historien autrichien Otto Brunner, qui propose (déjà) une nouvelle histoire sociale susceptible de remédier à la « fragmentation de l'histoire », Braudel s'inscrit en faux contre un tel projet d'unification : « Toutes les portes me paraissent bonnes pour franchir le seuil multiple de l'histoire ». Et il ajoute : « Pour moi, l'histoire ne peut se concevoir qu'à n dimensions » (p. 191). Dans un autre passage, il répète que l'histoire constitue « une collection de métiers et de points de vue, d'hier, d'aujourd'hui, de demain » (p. 55). « Il n'y a pas *une* histoire, *un* métier d'historien, mais des métiers, des histoires, […], il y a autant de façons, discutables, et discutées, d'aborder le passé que d'attitudes en face du présent » (p. 97) ; « en vérité chaque historien a son style, comme chaque sociologue » (p. 111)[8]. Braudel a néanmoins conscience qu'un tel « relativisme » risque de le conduire à une impasse. Comment peut-on encore tenir un discours sur l'histoire (au singulier) quand on conteste par ailleurs

---

6. François Dosse souligne que Braudel a été « l'homme de la transition, le maillon essentiel entre deux modes de production de l'histoire » ; cf. F. Dosse, « les héritiers divisés », in F. Dosse (dir.), *Lire Braudel*, La Découverte, 1988, p. 167. Cette remarque, vraie quand on examine *les discours des historiens sur l'histoire*, est plus contestable quand on examine l'ensemble de la recherche historique empirique.

7. Perspective que Braudel mettra largement en œuvre à l'EPHE, dans le cadre des programmes de recherches du CRH et des « aires culturelles ».

8. C'est pourquoi, logiquement, Braudel critique (p. 265) le projet de « vocabulaire historique » mis sur pied, dans l'entre-deux-guerres par le Centre de Synthèse et auquel, on l'a vu, Marc Bloch tenait beaucoup.

qu'elle puisse avoir une unité ? C'est pourquoi il ajoute, dans une formulation qui illustre son embarras : « au-delà de cette multiplicité évidemment, chacun reste libre – certains même se sentent obligés – d'affirmer l'unité de l'histoire, sans quoi notre métier serait impensable, ou pour le moins perdrait certaines de ses ambitions les plus précieuses. La vie est multiple, elle est une aussi » (p. 191). En fait, ce qui sépare Fernand Braudel de Marc Bloch, c'est qu'à la différence de ce dernier, il ne croit pas que les savoir-faire qui constituent la « méthode historique » puissent fonder l'unité de la discipline. La place accordée à la critique et à l'interprétation des sources est insignifiante dans les *Écrits*. Quand il évoque les questions méthodologiques, c'est surtout pour valoriser les techniques propres à l'histoire quantitative qui reposent sur les analyses statistiques et informatiques et exigent la constitution des sources en données homogènes. Mais celles-ci sont tellement éloignées de la critique documentaire « classique » qu'on ne voit pas comment on pourrait, désormais, affirmer que *la* « méthode historique » détermine l'unité de l'histoire. Du même coup, Braudel renonce, implicitement, à expliquer cette unité par référence à des activités pratiques, pour déplacer la réflexion vers la question de l'objet de l'histoire. Certes, il reste fidèle à l'*Apologie* quand il définit celle-ci comme la discipline qui étudie « les hommes dans le temps »[9]. Mais alors qu'il s'agissait, pour Marc Bloch, d'un simple point de départ, destiné à présenter les aspects pratiques du travail de l'historien, dans les *Écrits*, cette définition constitue l'argument central au nom duquel Braudel justifie l'unité de l'histoire. La « limite secrète, exigeante » de la discipline tient au fait que « l'historien ne sort jamais du temps de l'histoire : ce temps colle à sa pensée, comme la terre à la bêche du jardinier ». Si Braudel s'intéresse autant à l'objet de l'histoire, c'est parce que cela lui permet aussi de justifier la position hégémonique de la discipline au sein des sciences humaines. Selon lui, ces dernières étudient toutes, elles aussi, « les hommes dans le temps ». Néanmoins parmi ces sciences, deux seulement, l'histoire et la sociologie, ont une vocation « généraliste ». C'est pourquoi, les historiens, sont, avec les

---

9. C'est la définition « classique » de la discipline que donnent les historiens. Comme le souligne Marc Bloch, on la trouve déjà chez Fustel de Coulanges et même chez Michelet qui affirmait, dès 1829, que l'histoire a pour but d'étudier « l'homme social ».

sociologues, « les seuls à avoir un droit de regard sur tout ce qui relève de l'homme » (p. 133). Mais, en définitive, c'est à l'histoire que revient la première place car elle seule se confond avec le temps. Les sociologues peuvent à leur guise « couper, écluser, remettre en mouvement » le temps, l'historien, lui, doit respecter le « temps du monde » (p. 119). Par son objet, l'histoire est donc « synthèse par vocation » ; « elle est à toutes les places du festin » (p. 106)[10]. Autrement dit, c'est parce que toutes les sciences humaines ont le même objet que leur unification est possible. Et comme l'histoire occupe une place privilégiée dans l'étude de cet objet, les historiens doivent jouer un rôle moteur dans ce processus. Dans l'introduction à ses *Écrits*, rédigée en 1969, Braudel indique clairement que le « rassemblement des sciences de l'homme » doit leur permettre de fabriquer un « langage commun », en ajoutant : « l'historien de demain fabriquera ce langage – ou il ne sera pas » (p. 7). Néanmoins, du fait que les sciences humaines sont déjà unifiées au niveau de leur objet, le travail de rassemblement prôné par Braudel réside essentiellement dans un effort visant à convaincre les chercheurs de renoncer à leurs particularismes disciplinaires. En de nombreux passages, il emprunte au langage politique ses métaphores pour désigner ces obstacles. Les disciplines sont vues comme autant de « patries, de langages et aussi, ce qui est moins justifiable, comme autant de carrières, avec leurs règles, leurs clôtures savantes, leurs lieux communs, irréductibles les uns aux autres » (p. 85). Chacune d'elle est une « petite nation » avec des « droits de douane » qu'il faut supprimer pour créer « un marché commun » en renonçant à « l'impérialisme juvénile » dont chacune d'elle a fait preuve (p. 90). Mais le tâche est d'autant plus difficile qu'elle se heurte au « jeu des formations, des apprentissages, des carrières, des héritages » (p. 106) et à une force d'« inertie contre laquelle on peut pester, mais qui a la vie dure, en raison de l'appui des savants âgés et des institutions qui s'ouvrent devant nous, lorsque nous ne sommes plus des révolutionnaires dangereux, mais embourgeoisés – car il y a une terrible bourgeoisie de l'esprit » (p. 88).

---

10. La visée stratégique de ces propos a été clairement soulignée, beaucoup plus tard, par Braudel lui-même : « Il faut bien comprendre ce qu'est la leçon des *Annales*, de l'école des *Annales* [...]. C'est que toutes les sciences humaines sont incorporées à l'histoire et deviennent sciences auxiliaires », F. Braudel, *Une leçon d'histoire : actes du colloque de Châteauvallon*, Arthaud, 1986, p. 222.

L'ambition explicite de faire jouer à l'histoire un rôle dirigeant dans le rassemblement des sciences de l'homme ne pouvait, à l'évidence, satisfaire les spécialistes des autres sciences sociales, alors en pleine renaissance. L'ampleur, sans équivalent ailleurs, de la vague « structuraliste » qui submerge le monde intellectuel français dans les années 1960 peut être considérée comme la riposte de ces disciplines contre la volonté hégémonique de l'histoire sociale défendue par les *Annales*[11]. Le mot « structuralisme » recouvre, on le sait, des courants de pensée très divers. Au-delà de tout ce qui les oppose, ils ont néanmoins en commun de contester les deux postulats essentiels sur lesquels Braudel avait construit son raisonnement. Le premier tient au privilège accordé à l'étude des structures « diachroniques » (la « longue durée ») au détriment des structures « synchroniques » (le « temps court »). Ce postulat est rejeté avec une force toute particulière par l'un des principaux chefs de file du « structuralisme », Claude Lévi-Strauss, dont l'anthropologie structurale a pour but explicite de remplacer l'histoire comme discipline reine des sciences sociales[12]. Le second postulat qui est mis en cause tient dans la conviction, toujours implicite chez Braudel, qu'il serait possible de tenir un discours sur l'objet de l'histoire sans abandonner le langage naturel des historiens. On a vu, dans le chapitre précédent, que Marc Bloch, fidèle au principe de spécialisation disciplinaire, considérait que la réflexion sur les sciences, donc sur l'histoire, était l'apanage d'une discipline particulière : la philosophie. Braudel fait comme si cette compétence était devenue spontanément accessible à tous les chercheurs. Il intervient lui-même dans les débats philosophiques en affirmant, par exemple, que la querelle entre « objectivisme » et « subjectivisme », entretenue par Raymond Aron et Henri-Irénée Marrou, est « révolue ». Paradoxalement, Braudel appelle les différentes disciplines à se rassembler mais, dans le même temps, il ignore ce qui fait la spécificité de l'une d'entre elles. A ses yeux, le langage de l'histoire constitue en même

---

11. Cette riposte conduit Fernand Braudel à renforcer la dimension « structurale » de sa conception du temps, dans son fameux article sur la « longue durée » ; cf. F. Braudel, « Histoire et sciences sociales. La longue durée », *Annales E.S.C.*, 4, oct.-déc. 1958, repris dans *Écrits, op. cit.*, pp. 41-83.

12. Cf. C. Lévi-Strauss, *Anthropologie structurale*, Plon, 1974 (1re éd. 1958), notamment le premier chapitre : « Introduction. Histoire et ethnologie », pp. 3-33.

temps son « métalangage »[13]. Les philosophes de formation ne pouvaient, évidemment, admettre une telle marginalisation. D'où le feu croisé des critiques contre l'« empirisme » de la conception braudélienne de l'histoire. Les philosophes reconvertis dans la sociologie, comme Georges Gurvitch, rejettent son approche de la temporalité, en affirmant que le temps est une construction sociale et qu'il n'existe, par conséquent, aucun « temps de l'histoire » qui serait le bien propre des historiens[14]. Les philosophes reconvertis dans la sémiologie ironisent sur la « naïveté » d'une conception de l'histoire qui considère l'« homme » et la « société » comme des « réalités », en ignorant les médiations du langage. S'ils sont d'accord avec Braudel sur la nécessité d'une unification des domaines du savoir, ces derniers estiment que ce n'est pas l'histoire qui peut constituer le lieu et le moteur du rassemblement, mais la sémiologie. Puisque toutes les disciplines sont des « discours », la science du discours constitue le domaine propre de « l'interdisciplinarité » (terme qui n'apparaît dans le vocabulaire français usuel qu'en 1968). Bien que les philosophes aient joué un rôle décisif dans la bataille qui s'engage alors contre l'histoire sociale des *Annales*, ils ne présentent pas leur programme comme le prolongement des traditions philosophiques antérieures, mais comme une nouvelle « discipline » que tous les chercheurs peuvent contribuer à faire prospérer pour peu qu'ils rompent avec leurs propres routines académiques. Les promoteurs de cette nouvelle « discipline », au-delà de la diversité des lectures qu'ils en proposent (« sémiologie », « archéologie du savoir », « généalogie », « déconstruction »), sont

---

13. Le rejet de tout appui explicite sur la philosophie est une caractéristique commune aux historiens des *Annales* pendant cette période. Pierre Chaunu écrit en 1960 : « L'épistémologie est une tentation qu'il faut absolument savoir écarter. L'expérience de ces dernières années ne semble-t-elle pas prouver qu'elle peut être solution de paresse chez ceux qui vont s'y perdre avec délices – une ou deux brillantes exceptions ne font que confirmer la règle – signe d'une recherche qui piétine et se stérilise ? Tout au plus est-il opportun que quelques chefs de file s'y consacrent – afin de mieux préserver les robustes artisans d'une connaissance en construction – le seul titre auquel nous prétendions – des tentations dangereuses de cette morbide Capoue », P. Chaunu, *Histoire quantitative, Histoire sérielle*, A. Colin, 1978, p. 10.

14. La critique de la conception « empiriste » du temps chez Braudel est approfondie un peu plus tard par Louis Althusser et ses élèves dans *Lire le capital*, Maspero, 1968, 2 vol., au nom d'une lecture de Marx fortement marquée par le « structuralisme ».

d'accord pour dénoncer les fondements « métaphysiques » (Jacques Derrida) des sciences sociales[15]. Roland Barthes ironise sur les prétentions scientifiques de l'histoire sociale qui s'évertue à ignorer que tout discours relève nécessairement de la fiction. « Comme on peut le voir simplement en regardant sa structure et sans avoir à invoquer la substance de son contenu, le discours historique est, dans son essence, une forme d'élaboration idéologique ou pour le dire plus précisément, une élaboration imaginaire »[16]. Après mai 68, l'engouement pour l'« interdisciplinarité », conforté par l'humeur libertaire qui règne alors sur les campus, débouche sur la dénonciation des « institutions ». Évoquer les disciplines comme des « communautés professionnelles », c'est cautionner les stratégies corporatistes que les « mandarins » mettent en œuvre pour justifier leurs privilèges. L'effacement des frontières entre science, philosophie et littérature aboutit à multiplier les usages « sauvages » des concepts, sans respect pour leur origine, le contexte dans lequel ils ont été élaborés et le but poursuivi par ceux qui les ont initialement produits. Les penseurs « structuralistes » les plus radicaux encouragent cette évolution. Ce qu'ils mettent en cause, en effet, c'est la possibilité même de la communication du savoir. L'idéal d'un langage commun s'efface devant les « apories » de la « déconstruction ». Dès les années 1970, les thèses principales de ce qu'on appelle aujourd'hui le « post-modernisme » sont mises sur le marché. En postulant l'hétérogénéité irréductible des « jeux de langage », Jean-François Lyotard voit dans l'acte même de communication un instrument de domination et d'oppression[17]. Dès lors le brouillage délibéré des messages devient un moyen de « libérer » le langage, en contribuant du même coup à la libération des « peuples opprimés ». L'« ouvrier de la science » a

---

15. Il faut souligner, en effet, qu'au-delà de l'histoire, ce sont toutes les sciences sociales qui sont visées. En fait, la querelle française du « structuralisme » résulte, en bonne partie, de l'affrontement qui met aux prises les représentants d'une nouvelle génération de philosophes. Ceux qui prétendent « dépasser » les sciences sociales, en « déconstruisant » les présupposés sur lesquels elles reposent, s'en prennent avant tout à ceux qui prolongent le projet durkheimien d'une sociologie qui « dépasse » la philosophie en éclairant ses déterminations sociales.

16. R. Barthes, « Le discours de l'histoire », *Social Science Information*, VI, 4, 1967.

17. J. F. Lyotard, *La condition post-moderne*, Minuit, 1979.

cédé la place à l'intellectuel universel, que Sartre avait déjà incarné à la génération précédente, libre, insaisissable, tour à tour philosophe, historien, écrivain, journaliste, militant politique, traquant sans relâche, au péril de sa plume, toutes les formes de domination et d'injustice.

Le triomphe de « l'écriture »

Comme on le voit, la critique « structuraliste », loin de se limiter à prôner la « synchronie » contre la « diachronie », s'attaque à tous les aspects de la définition de l'histoire sociale élaborée par les *Annales* dans les décennies antérieures. Si cet épisode de la vie intellectuelle française a un intérêt pour le problème qui nous occupe ici, c'est évidemment parce que la plupart des arguments que les philosophes structuralistes ont tourné contre l'histoire dans les années 1960 sont devenus aujourd'hui des armes dans les polémiques qui opposent les historiens entre eux. Le début des années 1970 constitue un tournant majeur dans cette évolution. Mais avant de l'aborder, il faut dire un mot d'un courant de pensée très éloigné du « structuralisme », mais qui œuvre dans le même sens : « la philosophie critique de l'histoire » de Raymond Aron. Dans sa thèse, soutenue à la veille de la Seconde Guerre mondiale, celui-ci s'en prend avec vigueur à la conception « objectiviste » de la science défendue par les durkheimiens, au nom des arguments « relativistes » (que j'ai rapidement évoqués dans le chapitre précédent) de Dilthey, Simmel et Weber[18]. L'histoire sociale impulsée par Braudel se réclamant explicitement de la sociologie durkheimienne, on comprend qu'elle ait été visée par la critique aronienne. Ceci d'autant plus que, très tôt, la dénonciation de l'« objectivisme » va rencontrer un écho chez les historiens eux-mêmes, principalement dans l'œuvre de Henri-Irénée Marrou[19]. Parallèlement à ses recherches empiriques sur l'Antiquité, Marrou publie, dès les années 1950, des réflexions sur l'histoire qui constituent une contestation radicale, même si elle n'est jamais présentée comme telle, de la perspective

---

18. R. Aron, *Introduction à la philosophie de l'histoire*, Gallimard, 1986 (1re éd. 1938).

19. Marrou appartient à la mouvance chrétienne du « personnalisme ». Il joue un rôle actif dans l'ouvrage collectif dirigé par C. Samaran (dir.), *L'Histoire et ses méthodes*, *op. cit.* qui rassemble un grand nombre d'historiens, la plupart très éloignés des *Annales*.

braudélienne[20]. Pour la première fois, depuis la professionnalisation de la discipline, à la fin du XIXe siècle, un historien affirme clairement qu'il n'est pas possible de tenir un discours sur l'histoire sans culture philosophique. «"Que nul n'entre ici s'il n'est philosophe", s'il n'a d'abord réfléchi sur la nature de l'histoire et la condition de l'historien », s'écrie Marrou en parodiant la maxime platonicienne[21]. Il estime que le rejet de la philosophie a rendu ses collègues aveugles aux présupposés qui surdéterminent leur travail empirique. Or, « la vérité de l'histoire est fonction de la vérité de la philosophie mise en œuvre par l'historien. Dès lors comment ne pas mettre tout son effort à prendre conscience et à élaborer rationnellement ces présupposés ? »[22]. Bien que Marrou s'en prenne principalement aux « positivistes » du début du siècle, ce sont tous les historiens qui défendent une perspective « réaliste » qui sont visés. Citant Raymond Aron, il estime qu'« il n'existe pas une *réalité historique*, toute faite avant la science qu'il conviendrait simplement de reproduire avec fidélité »[23]. La vérité ne peut pas être totalement « objective » car toute connaissance est tributaire d'un point de vue, qui ne peut pas être démontré scientifiquement. Seule la méditation philosophique peut nous aider à prendre conscience des limites de la science et à nous éclairer sur les présupposés qui gouvernent toute recherche. C'est pourquoi, Marrou définit l'histoire comme l'étude du « passé dans la mesure où nous pouvons le connaître ». C'est une connaissance forcément « imparfaite », qui repose sur un « acte de foi » car l'historien n'est qu'un être humain et seul « le seigneur

---

20. H. I. Marrou, *De la connaissance., op. cit.*

21. *Ibid.,* p. 9. « J'espère que nul ne s'étonnera si, historien de métier, je parle en philosophe : c'est mon droit et mon devoir » s'exclame Marrou, sans doute pour essayer de justifier le caractère « iconoclaste » d'une démarche qui heurte de front la logique de la spécialisation disciplinaire que défendait encore fermement Marc Bloch.

22. *Ibid.*, p. 228. Marrou ajoute que la spécialisation les transforme en « ouvriers préposés à la surveillance d'une machine-outil dont ils contrôlent le fonctionnement, mais qu'ils seraient bien incapables de réparer, et encore plus de construire » (p. 9). Remarquons que la référence aux « ouvriers » est devenue ici négative, alors que dans les écrits des « méthodistes » comme dans ceux de Marc Bloch et de Lucien Febvre, le terme de « travailleur » appliqué à l'historien avait toujours des connotations valorisantes.

23. R. Aron, cité par H. I. Marrou, *op. cit.*, p. 50-51. Ce ne sont pas les « historiens historisants » que vise Aron dans ce passage, mais le « réalisme sociologique » des philosophes durkheimiens, principalement Simiand.

notre Dieu » est en mesure d'atteindre la vérité absolue. D'où l'importance qu'il accorde à l'herméneutique diltheyéenne et au « *verstehen* » dans sa définition du métier d'historien[24].

L'ouvrage qui illustre le mieux le tournant « épistémologique » de la réflexion des historiens sur l'histoire au début des années 1970, est incontestablement le livre de Paul Veyne, *Comment on écrit l'histoire. Essai d'épistémologie,* publié dans la prestigieuse collection d'ouvrages historiques des éditions du Seuil : *L'Univers Historique*, et réédité rapidement en collection de poche[25]. Élaboré par un historien de l'Antiquité, qui revendique son appartenance au courant des *Annales*, cet ouvrage témoigne, mieux qu'aucun autre, de l'ampleur de l'échec du projet braudélien. L'auteur nous propose une définition de l'histoire qui intègre l'essentiel des arguments que le « structuralisme » et la « philosophie critique de l'histoire » ont mobilisés, pendant deux décennies, contre l'histoire sociale des *Annales*. Dans le compte rendu qu'il publie dans ces mêmes *Annales*, Raymond Aron dit d'emblée le « plaisir extrême » qu'il a eu à lire l'ouvrage. Selon lui, « il démystifie en toute candeur, les temps longs et les temps courts, il critique le concept de *mentalité* et il emprunte ses idées épistémologiques à *De la connaissance historique* de H. I. Marrou bien plutôt qu'au *Métier d'historien* […]. Alors que les disciples d'Althusser nous rebattent les oreilles de la scientificité, que les élèves de Febvre, Bloch et Braudel se réclament de plus en plus des sciences humaines, étudient de préférence les phénomènes économiques et sociaux, afin de les utiliser, Paul

---

24. *Ibid.*, p. 50 sq. Il est significatif que Marrou reproche surtout à Langlois et à Seignobos de ne pas rendre compte « des démarches réelles de *l'esprit* de l'historien » (p. 50. C'est moi qui souligne). Le privilège accordé à « l'esprit » de la recherche au détriment de la « pratique » apparaît clairement dans la contribution qu'il fournit au volume dirigé par C. Samaran, *L'histoire et ses méthodes, op. cit.*, pp. 1465-1540, intitulée : « Comment comprendre le métier d'historien ? ». La formule indique discrètement le changement d'orientation par rapport à Marc Bloch. La description des activités pratiques de la profession est désormais subordonnée à une réflexion sur les « fondements » du métier. L'étude privilégie l'analyse de « l'objet » de l'histoire, la définition du « fait historique », les rapports entre « objectivité » et « subjectivité », les relations entre « expliquer » et « comprendre ».

25. P. Veyne, *Comment on écrit l'histoire. Essai d'épistémologie,* Seuil, coll. « Points », 1978 (1re éd. 1971). Toutes mes références sont tirées de cette édition qui contient l'essai « Foucault révolutionne l'histoire » absent de l'édition originale.

Veyne affirme, avec une naïveté feinte ou sincère, mais en tout cas tranquille, que l'histoire n'est pas une science [...] et qu'elle ne le deviendra jamais à moins de cesser d'être elle-même »[26]. On ne saurait être plus clair.

Pour souligner l'ampleur du changement de perspective, j'ai rassemblé dans un petit tableau les préoccupations qui dominent dans l'ouvrage, par comparaison avec celles que Marc Bloch avait privilégiées dans l'*Apologie*.

Marc Bloch	Paul Veyne
Apologie pour l'histoire ou Métier d'historien	*Comment on écrit l'histoire*
Pratique professionnelle	Pratique discursive
Vérité scientifique	Intrigue
Travail collectif	Œuvre individuelle
Communication	Inspiration
Spécialisation disciplinaire	Interdisciplinarité
Solidarité	Fondement
Lien	Coupure
Langage naturel	Langage théorique
Rendre des comptes	Liberté de pensée
Travailleur	Auteur
Méthode	Philosophie personnelle

D'une manière générale, il est frappant de noter que tout ce qui paraissait secondaire à Marc Bloch est considéré comme fondamental par Paul Veyne et inversement. La réflexion sur l'objet de l'histoire, qui n'occupait qu'une place mineure dans l'*Apologie*, est au centre du livre de Veyne. Reconnaissant explicitement sa dette vis-à-vis de Marrou, il considère, à l'encontre de la démarche braudélienne, que toute réflexion sur l'histoire nécessite une culture théorique. Il défend l'idée d'une « histoire conceptualisante » en

---

26. R. Aron, « Comment l'historien écrit l'épistémologie. A propos du livre de Paul Veyne », *Annales E.S.C.*, nov.-déc. 1971, pp. 1319-1354. Ce compte rendu permet aussi à Aron de renouveler sa charge contre le « dogmatisme durkheimien » en attaquant la *Reproduction* de P. Bourdieu et J. C. Passeron, livre qui illustre selon lui un « style, plus digne des médecins de Molière que de Bourbaki» (p. 1345).

affirmant que « l'effort historique ressemble plus à l'effort philo-sophique qu'à l'effort scientifique »[27]. Il rejette les réflexions « spontanées » que les historiens tiennent habituellement sur leur travail en affirmant : « Non pareille histoire n'est pas celle que font les historiens : tout au plus celle qu'ils croient faire ou qu'on leur a persuadé qu'ils devraient regretter de ne pas faire » (p. 9) Seuls les historiens ayant acquis une culture philosophique peuvent com-prendre ce qu'ils font en exerçant leur métier. Certes, ajoute-t-il, « la pratique ce n'est pas une mystérieuse instance, un sous-sol de l'his-toire, un moteur caché : c'est ce que font les gens (le mot dit bien ce qu'il veut dire) ». Mais si nous sommes incapables, le plus souvent, de saisir le sens de notre propre pratique, c'est parce que « nous en avons conscience, mais nous n'en avons pas le concept » (p. 211). Dans cette perspective, analyser « ce que font les historiens », ce n'est plus, comme dans l'*Apologie* essayer de décrire et d'expliquer des « savoir-faire », c'est s'interroger, comme les structuralistes, sur les « pratiques théoriques » en cherchant à dégager leurs « fonde-ments épistémologiques ». Une place considérable est faite dans l'ouvrage à la discussion des conceptions philosophiques de l'his-toire, de Nietzsche à Hempel, en passant par Dilthey et Heidegger pour répondre à une question : l'histoire est-elle, oui ou non, une « science » ? – que Marc Bloch, on l'a vu, jugeait « dépassée ». Paul Veyne en conclut que l'histoire n'est pas une science, mais un « roman vrai ». « Elle n'explique pas et n'a pas de méthode » (p. 9). Dans les années suivantes, radicalisant sa perspective dans un sens « post-moderne », il en vient à nier la possibilité même pour l'histo-rien d'atteindre la vérité : « Il n'y a pas de vérité des choses et la vérité ne nous est pas immanente ». « C'est nous qui fabriquons nos vérités et ce n'est pas "la" réalité qui nous fait croire. Car elle est fille de l'imagination constituante de notre tribu »[28]. C'est au nom des mêmes principes philosophiques que Paul Veyne, retournant contre les durkheimiens les arguments que ceux-ci avaient mobilisés contre les historiens, s'en prend à la sociologie, qui n'est selon lui qu'un « genre faux », un « mélange de truismes », « une pseudo-

---

27. Cf. P. Veyne, « L'histoire conceptualisante », *in* J. Le Goff et P. Nora (dir.), *Faire de l'Histoire, op. cit.*, t. 1, p. 62.
28. P. Veyne, *Les Grecs ont-ils cru à leurs mythes ?* Seuil, 1983, p. 109. H. I. Marrou se démarque explicitement, lors de la réédition de son livre, du rela-tivisme radical des penseurs « post-modernes » (p. 298 sq.).

science, née des conventions académiques qui bornent la liberté de l'historien ». Elles est appelée à disparaître si ces derniers mènent leur travail jusqu'au bout, étant donné que « la sociologie est de l'histoire qu'ils négligent d'écrire » (p. 189-192). Renouant avec les discussions que Marc Bloch jugeaient « scolastiques » sur les frontières disciplinaires, Paul Veyne s'appuie sur ces arguments théoriques pour redessiner complètement la carte du savoir universitaire. Max Weber « efface les frontières » entre l'histoire et la sociologie (p. 197). « Foucault est l'historien achevé, l'achèvement de l'histoire ». Son œuvre « déplace les frontières de la philosophie et de l'histoire parce que cela transforme leur contenu à l'une et à l'autre. Ce contenu est transformé parce que ce qu'on entendait par vérité est transformé » (p. 230). Inversement, les questions qui étaient au cœur de la réflexion sur l'histoire de Marc Bloch sont totalement négligées par Paul Veyne. La fameuse « méthode historique », dont l'examen occupait les chapitres centraux de l'*Apologie* est expédiée en quelques lignes : « Non, l'histoire n'a pas de méthode : demandez donc un peu qu'on vous montre cette méthode » (p. 9). C'est par familiarisation progressive avec des documents d'époque que chaque historien se constitue une « petite philosophie de l'histoire personnelle, une expérience professionnelle ». C'est cette expérience « que l'on prend pour la fameuse "méthode" de l'histoire […]. L'expérience historique est donc composée de tout ce qu'un historien peut apprendre à droite et à gauche dans sa vie, ses lectures et ses fréquentations. Aussi n'est-il pas étonnant qu'il n'existe pas deux historiens ou deux cliniciens qui aient la même expérience et que les querelles sans fin ne soient pas rares au chevet du malade ». L'expérience professionnelle « s'acquiert à travers la connaissance de situations historiques concrètes, dont il reste à chacun à tirer la leçon à sa manière ». « Avec le temps, les apprentissages se communiquent et l'accord finit par se faire, à la manière d'une opinion qui finit par s'imposer, mais non d'une règle que l'on pose » (p. 104-106). Dans ces conditions, l'historien exerce un « métier » qui ne nécessite aucun apprentissage professionnel codifié. Les résultats de son travail n'ont pas besoin d'être discutés par les spécialistes. La connaissance historique est une « opinion » comme une autre, produite par un auteur qui la livre au public, avec la conviction que chaque lecteur en fera, de toute façon, un usage spécifique. L'indifférence pour les problèmes de communication du savoir s'illustre aussi par l'énergie que Paul Veyne déploie pour rompre avec les traditions de la discipline. Alors que Marc Bloch cherchait toujours à « accorder » ses propos avec ceux de ses prédécesseurs, en « traduisant » dans le langage normal des historiens ce qu'il avait emprunté aux disciplines voisines, Veyne opère de façon exactement inverse. Tout en affichant son appartenance à la profession (il dit souvent : « nous les historiens »), il s'exprime dans une langue totalement incompréhensible pour les historiens ordinaires. Il multiplie, comme à plaisir, les références à des philosophes que la majorité de ses collègues n'ont jamais lus pour aboutir à des constats qui ne font que confirmer, bien souvent, ce que les historiens (Seignobos et Marc Bloch notamment) avaient déjà dit depuis longtemps[29]. La comparaison entre les deux ouvrages reflète le même contraste quand on examine les points de vue concernant la « fonction sociale » de l'histoire. Cette dimension du « métier d'historien » à laquelle Marc Bloch attachait une importance essentielle, est rejetée par Paul Veyne qui définit l'« impartialité de l'historien » comme le fait de « ne plus se proposer de fins du tout, sauf celle de savoir pour savoir » (p. 51)[30].

Si l'ouvrage de Paul Veyne constitue sans doute un cas extrême, ses préoccupations «épistémologiques» se retrouvent dans la plupart des écrits que les historiens consacrent à leur discipline dans les années 1970. Même ceux qui sont restés les plus fidèles à l'histoire sociale prônée par Braudel et Labrousse sont convaincus qu'ils ne peuvent plus, désormais, défendre leur point de vue dans le langage

---

29. Cf. notamment les remarques sur « la trompeuse continuité des mots » (p. 91), sur les lacunes documentaires qui obligent l'historien à « boucher les trous » (p. 97), les « jugements de valeur en histoire » (pp. 124-125).

30. Le refoulement de la dimension sociale et collective de la recherche historique est le point qui rapproche le plus l'ouvrage de Veyne de la philosophie « personnaliste » de Marrou. Ce dernier écrit : « L'historien ne travaille pas en premier lieu ni essentiellement pour un public mais bien pour lui-même ». La vérité est d'autant plus assurée que le problème étudié est « *son* problème (souligné dans le texte), celui dont dépend en définitive sa personne elle-même et le sens de sa vie ». Ce point est une autre source de divergence entre Marrou et ses « prédécesseurs positivistes » auxquels il reproche « leur idéal illusoire de connaissance pour tous » à laquelle il oppose une « vérité valable pour moi », H. I. Marrou, *De la connaissance, op. cit.*, p. 212 sq. Dans sa contribution à *L'histoire et ses méthodes, op. cit.*, p. 1522, il revient à la charge et affirme qu'à la différence des sciences pures, la vérité historique ne peut être mesurée que par l'historien qui l'a élaborée ; c'est pourquoi elle dépend avant tout de son intégrité personnelle.

naturel, « naïf », de leur discipline. Il suffit de lire les contributions sur le sujet rassemblées dans *Faire de l'Histoire* pour s'en persuader. Michel de Certeau tente de convaincre ses collègues de la nécessité d'une réflexion « épistémologique » en affirmant : « en histoire comme ailleurs, une pratique sans théorie verse nécessairement, un jour où l'autre, dans le dogmatisme des "valeurs éternelles" ou dans l'apologie d'un "intemporel"»[31]. Dans le même volume, François Furet apporte la caution des partisans de l'histoire quantitative en reconnaissant que « l'historien d'aujourd'hui se trouve obligé de renoncer à la naïveté méthodologique et de réfléchir aux conditions d'établissement de son savoir [...]. Ainsi tombe définitivement le masque d'une objectivité historique qui se trouverait cachée dans les "faits" et découverte en même temps qu'eux ; l'historien ne peut plus échapper à la conscience qu'il a construit ses "faits", et que l'objectivité de sa recherche tient non seulement à l'emploi des procédures correctes dans l'élaboration et le traitement de ces "faits", mais à leur pertinence par rapport aux hypothèses de sa recherche »[32]. Quelques dizaines de pages plus loin, Pierre Vilar définit l'histoire marxiste comme la « stricte application d'un mode d'analyse théoriquement élaboré »[33]. Ce basculement n'est pas propre à la France. On le retrouve aux États-Unis et dans de nombreux pays européens. En Grande-Bretagne, le clivage entre la génération Braudel-Labrousse, appelant à réfléchir à l'unité des sciences de l'homme dans le langage naturel des historiens, et la génération Veyne-de Certeau qui invite les historiens à penser philosophiquement leur pratique, se transforme en une opposition explicite au sein même de la tendance marxiste. Les représentants de la nouvelle génération, comme Perry Anderson ou Gareth Stedman Jones, s'appuient sur la lecture de Marx proposée par Louis Althusser pour rejeter l'« empirisme » de leurs aînés, s'attaquant par là même à la figure emblématique d'Edward P. Thompson, le célèbre historien de la classe ouvrière anglaise. Je voudrais m'attarder un moment sur cette polémique car, bien qu'elle ait eu peu d'écho en

---

31. M. de Certeau, « L'opération historique » *in* J. Le Goff et P. Nora (dir.), *op. cit.,* t. 1, p. 4.

32. F. Furet, « Le quantitatif en histoire », *in* J. Le Goff et P. Nora (dir.), *op. cit.,* t. 1, p. 53.

33. P. Vilar, « Histoire marxiste ; histoire en construction », *in* J. Le Goff et P. Nora (dir.), *op. cit.,* p. 169.

France, ses conséquences pour l'histoire sociale seront considérables. E. P. Thompson incarne la génération qui a mis en pratique la conception de l'histoire prônée par les fondateurs des *Annales* en développant, au cours des années 1950 et 1960, une multitude de recherches sur les classes populaires qui ont donné ses lettres de noblesse à l'histoire sociale à travers le monde. Comme Marc Bloch, ces historiens conçoivent « l'interdisciplinarité » soit comme une collaboration entre spécialistes de disciplines différentes, soit comme une « traduction » dans le langage ordinaire des historiens, des innovations conceptuelles et méthodologiques en provenance des autres domaines du savoir. A l'inverse, la nouvelle génération voit dans la conservation de ce langage ordinaire, une concession inadmissible à l'« empirisme » traditionnel de la discipline, qui l'empêche de devenir vraiment scientifique[34]. La réponse de Thompson constitue une vigoureuse défense de la profession, un réflexe de solidarité avec tous ceux qui, au-delà des différences de points de vue et de générations, pratiquent le même métier[35]. En décrétant du haut de leurs principes philosophiques, ce qu'est et ce que devrait être la « science de l'histoire », écrit Thompson, les philosophes althussériens et leurs émules jettent aux oubliettes les travaux empiriques de plusieurs générations de chercheurs, alors même qu'ils ignorent tout des pratiques qui définissent la spécificité de ce métier. Contre les accusations d'« empirisme », Thompson montre que le savoir des historiens est progressivement construit grâce aux questionnements et aux investigations méthodologiques que la discipline a mis au point au cours du temps, en élaborant ses propres normes scientifiques, ses questions et ses méthodes, qui sont au centre du long apprentissage que tout historien doit effectuer pour exercer correctement sa profession. Le point le plus important de cette controverse tient sans doute au fait qu'à la différence de Marc Bloch, qui devait justifier la discipline contre les attaques des philosophes (notamment Paul Valéry), Thompson doit aussi argumenter contre des adversaires qui sont eux-mêmes historiens. Étant donné

---

34. Cf. principalement G. S. Jones, « History : the Poverty of Empiricism », in R. Blackburn (ed), *Ideology in Social Science. Readings in critical social theory,* London, Fontana, Collins, 1972 p. 96 sq et P. Anderson, «Socialism an Pseudo-Empiricism», *New Left Review,* 35, 1966.

35. E. P. Thompson, « The Poverty of Theory or an Orrery of Errors », in *The Poverty of Theory and Others Essays*, London, Merlin Press, 1978, p. 193-406.

que ces derniers ont placé le débat sur le plan philosophique, Thompson est dans l'obligation de leur répondre sur ce même terrain, sous peine de paraître vouloir justifier un manque de compétence en philosophie. C'est pourquoi, à la différence de Marc Bloch, il ne se contente pas de défendre la « pratique » des historiens. La meilleure défense étant l'attaque, il s'efforce de discréditer ses adversaires en affirmant que c'est la faible culture philosophique de la nouvelle avant-garde des historiens marxistes qui les a conduits à renier leur discipline en succombant à la séduction des faux brillants de la rhétorique de la philosophie althussérienne. Selon lui, celle-ci n'est que la variante structuraliste du « relativisme spinoziste » auquel il oppose une autre théorie de la connaissance fondée sur l'« historicisme » développé par Vico. Mais en se plaçant sur ce terrain, Thompson cautionne lui-même le débat sur les fondements de la connaissance qu'il prétend pourtant, dans le même temps, rejeter en prenant la défense du métier d'historien. Les « thompsoniens » de la génération suivante retiendront de sa polémique contre le « marxisme structuraliste », non pas la défense du « métier », mais sa définition de l'histoire comme « processus », ce qui les conduira à rejeter toute analyse en terme de « structures », sous prétexte que la « réalité » ne serait faite que d'« interactions » sociales *(«agency »)*. Je reviendrai, dans le chapitre suivant, sur les conséquences de cette funeste querelle dans laquelle l'histoire sociale se débat depuis vingt ans. Soulignons, pour le moment, un autre aspect essentiel de la polémique entre les historiens marxistes britanniques. Pour parachever sa démonstration et porter l'estocade finale, Thompson complète ses critiques philosophiques par des arguments qui relèvent de la sociologie du monde intellectuel. Si elle a été si pressée d'exhiber des références théoriques incompréhensibles pour l'immense majorité des historiens ordinaires, c'est parce que la nouvelle avant-garde marxiste fait partie de la « lumpenintelligentsia bourgeoise », composée de jeunes intellectuels ambitieux qui ont trouvé dans le langage ésotérique des philosophes un moyen de se distinguer de leurs collègues, en important dans la discipline les traditions élitistes et aristocratiques de leur milieu d'origine. Alors que Marc Bloch avait ouvert la voie, confusément, à une réflexion sociologique sur l'histoire, fondée sur un idéal de « compréhension » entre historiens, préservant la possibilité d'un dialogue, Thompson utilise l'argument des origines sociales pour en faire un instrument de dénonciation, qui met en cause la dignité personnelle de ses adversaires. Cet usage sauvage de la sociologie, fréquent chez les marxistes, non seulement en Grande-Bretagne et aux États-Unis, mais aussi en France, provoquera, au sein même du petit monde des historiens acquis à l'interdisciplinarité, un profond traumatisme. C'est l'une des raisons, j'y reviendrai, qui explique le retard qu'a pris la réflexion sociologique sur l'histoire au profit des analyses sur la « pratique théorique » qui contournent soigneusement l'analyse des relations de pouvoir au sein de la discipline[36].

Pour apprécier dans quelle mesure les historiens-épistémologues sont parvenus à transformer la discipline, il faut confronter les résultats obtenus aux ambitions qu'ils avaient explicitement affichées au départ. Dans le cas français, l'évolution des relations entre Foucault et les historiens constitue incontestablement le meilleur baromètre. Comme on l'a vu, dans les années 1970, l'« épistémologie » est apparue comme la discipline susceptible de procurer à toutes les sciences de l'homme le langage commun auquel elles aspiraient. Si l'engouement de la nouvelle génération des historiens « interdisciplinaires » français pour Foucault a été général au cours de cette période, c'est parce qu'elle lui reconnaissait l'immense mérite d'avoir lui-même accompli une partie du chemin dans leur direction, en quittant les zones bien défrichées du discours philosophique sur l'histoire pour participer à l'élaboration de cette nouvelle discipline commune (que Foucault appelle l'« archéologie » ou la « généalogie » du savoir)[37]. Les historiens-épistémologues voient dans son œuvre l'avenir de leur discipline. Pour Paul Veyne, « l'histoire-généalogie à la Foucault remplit donc entièrement le programme de l'histoire tradition-

---

36. Parmi les historiens français, le pamphlet de Jean Chesneaux, *Du passé faisons table rase*, Maspero, 1976, aura des effets comparables, bien que moins directement visibles. La « petite sociologie du savoir historique » qu'il propose, dans le chapitre 7, constitue une violente dénonciation du pouvoir des « mandarins » de l'université, coupés des masses populaires et des pratiques alternatives de l'histoire, serviteurs dociles du pouvoir capitaliste. Sont visés, non seulement les historiens conservateurs, mais aussi « le langage de dynaste universitaire de Marc Bloch », le « relativisme cynique » de la nouvelle avant-garde, la dépolitisation de la Nouvelle Histoire, les « marxistes académiques », etc.

37. Dès 1962, Braudel avait salué *L'histoire de la folie* en affirmant que Foucault montrait dans ce livre à la fois des compétences de philosophe, de psychologue et d'historien ; cf. la note qu'il ajoute au compte rendu de Robert Mandrou, *Annales E.S.C.*, 17, 1962, p. 772. Foucault est l'auteur le plus souvent cité dans les trois volumes *Faire de l'histoire*. Plusieurs de ses livres paraîtront dans *La Bibliothèque des histoires* chez Gallimard.

nelle » (p. 240). Et Michel de Certeau ajoute : « son œuvre décrit et précipite le mouvement qui amène l'histoire à devenir un travail sur les limites [...]. Un pas de plus et l'histoire sera envisagée comme un *texte* (souligné par l'auteur) organisant des unités de sens et y opérant des transformations dont les règles sont déterminables »[38]. Même les historiens moins tournés vers la philosophie emboîtent le pas. C'est au nom de Foucault que Georges Duby critique les insuffisances de l'*Apologie pour l'histoire*. Jacques Le Goff estime quant à lui, que Foucault « est l'un des plus grands historiens nouveaux » ; celui qui « a porté le diagnostic le plus perspicace sur ce renouvellement de l'histoire », grâce à ses problématiques, ses méthodes, mais aussi parce qu'il « propose une philosophie originale de l'histoire étroitement liée à la pratique et à la méthodologie de la discipline historique »[39]. Paul Veyne traduit donc parfaitement le point de vue de l'avant-garde « interdisciplinaire » quand il affirme que l'œuvre de « Foucault s'appellera histoire et du même coup en sera, si les historiens s'emparent du cadeau qu'il leur fait et ne le trouvent pas trop vert » (p. 242). Il suffit de comparer ces propos avec les constats désabusés publiés ces dernières années par ceux-là même qui ont été les plus proches collaborateurs de Foucault[40], pour constater que son œuvre n'est pas parvenue à exercer une influence durable et étendue sur la discipline. Plus généralement, l'objectif explicite des historiens « interdisciplinaires » : fabriquer un langage commun à toutes les sciences sociales, n'a pas été atteint. Comment peut-on expliquer cet échec ?

LA FAUSSE QUERELLE DU « POSITIVISME »

Si les historiens les plus actifs sur le front de l'innovation ont privilégié la réflexion sur l'objet de l'histoire, c'est pour tenter de répondre aux questions que les générations précédentes avaient laissées pendantes. D'abord, il fallait repenser complètement la question de l'unité de l'histoire car il était devenu évident, avec l'extraordinaire diversification de la discipline, que cette unité ne pouvait pas être

---

38. M. de Certeau, *L'écriture, op. cit.*, p. 53.

39. J. Le Goff, *Histoire et mémoire,* Gallimard, 1988 (1re éd. 1977-1981), pp. 294-296. Affirmations reconduites dans J. Le Goff (dir.), *La Nouvelle Histoire,* Bruxelles, Complexe, 1988 (1re éd. 1978), p. 27.

40. Cf. notamment A. Farge, « Face à l'Histoire », *Magazine Littéraire*, 207, 1984. Sur ce désenchantement, cf. G. Noiriel, « Foucault and history », *op. cit.*

fondée sur la fameuse « méthode historique ». Ensuite, il fallait sortir de l'impasse dans laquelle s'était enfermé Braudel en faisant comme s'il était possible de débattre de la « science de l'histoire » sans aucune compétence philosophique. Malheureusement, la suite a montré que l'« épistémologie » ne pouvait pas, à elle seule, fournir la réponse à ces problèmes. Contrairement à ce qu'écrivaient alors ses partisans, celle-ci n'a jamais été la « science des sciences » ouverte à tous les chercheurs de bonne volonté. En introduisant dans le débat des historiens sur l'histoire des arguments concernant l'objet et la nature de la connaissance historique, les historiens-épistémologues ont importé dans la discipline les préoccupations traditionnelles des philosophies « représentationnalistes » que les précédentes générations d'historiens étaient parvenues à écarter. Toute la réflexion sur l'histoire et sur la science que développe Paul Veyne dans son livre repose sur une théorie « relativiste » de la connaissance qui n'a jamais pu être prouvée et qui reste, aujourd'hui encore, fermement contestée par de nombreux philosophes. Pour Jacques Bouveresse, par exemple, « le scepticisme des historiens comme Veyne [...] représente une sorte de scientisme au second degré, à base essentiellement historique, que l'on pourrait appeler le scientisme du non-savoir. Il n'y a pas de vérités, mais cela n'empêche pas l'historien de dire bel et bien la vérité (et semble-t-il la vérité ultime) sur les vérités en général ». Et il ajoute : « prétendre qu'il n'y a pas du tout de vérité simplement parce qu'il n'y a pas de vérité définitive, revient à épouser implicitement le préjugé caractéristique des conceptions fondationnalistes et absolutistes de la vérité, que l'on prétendait dénoncer »[41]. Un historien, quel que soit son génie, ne peut être qu'un philosophe occasionnel, sauf à renoncer à son métier d'historien. Comment dans ces conditions pourrait-il espérer régler des questions sur lesquelles les philosophes professionnels ne sont jamais parvenus à se mettre d'accord depuis que la philosophie existe ?

Comme on le verra dans le chapitre suivant, en introduisant ces querelles sans fin dans la réflexion interne à la discipline, les histo-

---

41. J. Bouveresse, *Le philosophe chez les autophages*, Minuit, 1984, p. 110-114. Il souligne le caractère « autoréfutant » de toutes les conceptions « relativistes », incapables de répondre à la question suivante : d'où vient le concept de réalité qui nous permet de nous prononcer sur l'existence des réalités ?

riens-épistémologues n'ont fait qu'aggraver les problèmes qu'ils voulaient résoudre, en accélérant le processus d'atomisation de l'histoire. Mais ils ont grandement favorisé aussi le processus qui a conduit beaucoup d'historiens à reprendre à leur compte l'image dévalorisée de leur discipline forgée par les philosophes. C'est ce qu'illustrent parfaitement les polémiques concernant le « positivisme ». Ce terme, qui a fait son apparition dans la langue française vers 1830, désigne au départ le système de pensée élaboré par Auguste Comte et les partisans de sa « philosophie positive ». Par la suite, il continuera à être utilisé comme étiquette « neutre » pour désigner certains courants de pensée (comme le « positivisme logique »). Néanmoins, les adversaires du « comtisme », et notamment les partisans de l'« herméneutique », vont rapidement l'employer dans un sens péjoratif pour stigmatiser ceux qui croient que la mise en œuvre des procédés élaborés par les sciences de la nature peuvent être appliqués dans tous les domaines du savoir pour aboutir à des connaissances objectives[42]. Le terme, construit d'abord dans le cadre des luttes internes au champ philosophique, a été ensuite utilisé par les philosophes contre les historiens. Même s'il n'emploie pas encore le mot « positivisme » péjorativement, Dilthey semble avoir accompli le premier pas dans ce sens en mettant en relief le caractère « empiriste » de la conception de l'histoire défendue par Ranke dans la fameuse phrase où celui-ci lui fixe comme but de « montrer comment les choses ont vraiment été »[43]. Mais c'est surtout à partir de la fin du siècle que les philosophies néo-kantiennes de l'histoire commencent à s'acharner contre le père de l'historiographie moderne, dont ils font l'inspirateur direct du « positivisme » historique, celui qui aurait défini la connaissance du passé comme un « reflet » de la réalité. Cette thèse est défendue aussi bien par Collingwood que par Simmel[44]. En France, elle est reprise un demi-siècle plus tard par Raymond Aron, pour les besoins de sa « philosophie critique de l'histoire ». Dans ses *Mémoires*, il rappelle que sa thèse était tournée contre « les historiens qui nourrissent l'illusion d'atteindre la vérité au sens

---

42. Sur les divers usages du « positivisme », cf. C. G. A. Bryant, *Positivism in Social Theory and Research*, New York, St Martin's Press, 1985.
43. W. Dilthey, *L'édification, op. cit.*, p. 58.
44. R. G. Collingwood, *The Idea of History*, Oxford, Clarendon Press, 1946 (1re éd. 1932), G. Simmel, *Les problèmes, op. cit.*

naïf de reproduire la réalité du passé, *wie es geschehen ist* (tel qu'il est arrivé), selon l'expression célèbre de Ranke[45] ». Au-delà de Ranke, c'est le « positivisme régnant sous l'égide de Langlois et Seignobos » qui est visé, comme le souligne Paul Ricoeur, par la critique aronienne[46]. C'est la raison pour laquelle Henri-Irénée Marrou s'empare immédiatement de la « philosophie critique de l'histoire » pour en faire une arme dans le débat interne aux historiens. Ironisant sur le vieux Seignobos bégayant qu'il a connu quand il était étudiant à la Sorbonne, il voit en lui le représentant le plus typique de cet « objectivisme strict » qui caractérise les « positivistes », prônant une « histoire faite avec des ciseaux et un pot de colle » pour reprendre l'expression de Collingwood, qui s'acharne à « reproduire avec fidélité la réalité » en écartant toute forme de « sympathie » et de « compréhension » pour les hommes du passé[47]. Dans les années 1970, la dénonciation du « positivisme » devient le leitmotiv de tous les historiens « interdisciplinaires ». Mais si tous convergent pour concentrer leurs attaques sur Langlois et Seignobos, chaque courant se fabrique l'adversaire dont il a besoin pour mieux faire valoir son propre point de vue. Ce que Marrou dénonce, lorsqu'il incrimine le « positivisme » des historiens « méthodistes », ce sont leurs présupposés « réalistes » qui les conduisent à défendre une histoire « objective » et « scientifique » ne faisant aucune place à la « croyance ». Les historiens des *Annales* partageant, comme on l'a vu, les mêmes présupposés, sont eux aussi, aux yeux de Marrou, des « positivistes »[48]. Cela n'empêche pas ces derniers de dénoncer, à leur tour, le « positi-

---

45. Cité par S. Mesure, in R. Aron, *Introduction, op. cit.*, p. 464 (note de l'éditeur). En substituant le verbe allemand « geschehen » aux termes véritablement utilisés par Ranke : « eigentlich gewesen », Aron renforce le caractère « empiriste » de la formule pour les besoins de sa cause. Comme le note Felix Gilbert, *History : Politics or Culture ? op. cit.*, p. 34 sq., la polysémie du terme allemand « eigentlich » et la difficulté de le traduire en français (ou en anglais) est l'une des causes des multiples contresens qu'a entraînés cette fameuse phrase.

46. P. Ricoeur, *Temps et récit*, Seuil, 1991, 3 vol., t. 1. p. 175 (1re éd. 1983). Toutes mes références sont empruntées à cette édition.

47. Pour Marrou, la seule évocation de ces deux derniers termes aurait fait « sursauter dans leur tombe nos vieux maîtres positivistes », H.-I. Marrou, *De la connaissance, op. cit.,* p. 92 et p. 50.

48. Même si, dans son livre, il ne s'en prend directement qu'aux historiens marxistes comme Pierre Vilar (p. 209).

visme ». Les adeptes de l'histoire économique et sociale quantitative emploient en effet ce terme dans un autre sens, pour désigner
les lacunes de ce que François Simiand appelait, au début du siècle,
l'histoire « événementielle »[49]. Lorsque Braudel évoque, dans sa
leçon inaugurale au Collège de France, en 1950, « l'horizon borné
de l'histoire positiviste épuisée », c'est l'histoire politique, tournée
vers le « temps court » qu'il incrimine. Quand François Furet s'en
prend, une vingtaine d'années plus tard, au «"fait" historique des
positivistes, illusoire point d'ancrage de la conscience naïve dans
ce qui est supposé être le réel par rapport au témoignage »[50], il met
en cause la critique documentaire d'inspiration herméneutique à
laquelle il oppose les techniques statistiques d'élaboration des
données, propres à l'histoire quantitative[51]. La critique du « positivisme » est aussi un argument privilégié par tous ceux qui plaident
en faveur d'un « décloisonnement » de l'histoire. Mais, là encore,
les interprétations divergent considérablement. Les adeptes d'une
histoire plus théorique, plus « conceptualisante », comme Veyne
ou de Certeau, voient dans le discours spontané que les historiens
tiennent habituellement sur leur pratique, la meilleure preuve de
leurs penchants « positivistes ». Mais ce travers est également
dénoncés par ceux qui plaident, à l'inverse, pour une histoire plus
ouverte sur le grand public, à l'écoute du « sens commun ». Les
partisans d'une histoire militante reprochent aux « positivistes »
d'avoir voulu séparer la science et la politique[52]. Les partisans de
l'histoire « immédiate » leur font grief d'avoir négligé l'étude du
monde contemporain, empêchant ainsi tout rapprochement entre
recherche historique et journalisme. Jean Lacouture, par exemple,
se réjouit que la « nouvelle histoire » ait enfin rompu avec la définition de l'« Objectivité » sur laquelle le « positivisme » était

---

49. Œuvrant lui-même pour l'avènement d'une science sociale « positive »,
Simiand n'utilise jamais le terme « positivisme » pour stigmatiser la conception
de l'histoire défendue par Seignobos.

50. F. Furet, « Le quantitatif », *op. cit.*, p. 47.

51. Le même point de vue est partagé par l'historien britannique E. H. Carr,
Qu'est-ce que l'histoire ? La Découverte, 1988, (1re éd. 1961). Il estime que
« les positivistes se rallièrent vigoureusement (au) culte des faits », prôné par
Ranke car son « wie es eigentlich gewesen » était « destiné comme toute
incantation, à leur épargner la pénible obligation de penser par eux-mêmes »
(p. 53).

52. Cf. dans le cas français, J. Chesneaux, *op. cit.*

« irrémédiablement campé », car il y voit une preuve que « l'historien et le journaliste se rapprochent de plus en plus »[53].

Appelée à servir les causes les plus contradictoires, la critique du « positivisme » est devenue avec le temps, la « tarte à la crème » des discussions sur l'histoire. De surcroît, en reprenant à leur compte le point de vue des philosophes « fondationnalistes » sur leur discipline, les historiens-épistémologues ont cautionné des contresens qui n'ont fait qu'aggraver les incompréhensions et les malentendus. Comme on l'a vu dans le chapitre 2, quand Ranke demande à l'historien d'étudier « comment les choses ont vraiment été », c'est principalement dans le but de défendre les droits d'une histoire empirique, dégagée de sa dépendance vis-à-vis de la philosophie. Non seulement il ne cherche pas à élaborer une « théorie de la connaissance », mais sa pratique d'historien s'inscrit en faux contre les accusations d'« empirisme » que les philosophes, de Dilthey à Aron en passant par Collingwood, ont portées contre lui. Comme l'a montré Ernst Cassirer, si Ranke a été autant préoccupé de la question de « l'objectivité », c'est justement parce qu'il a rejeté l'idée que la connaissance ne serait qu'une « copie », un « reflet », de la réalité. Ranke est l'un des premiers penseurs à avoir insisté sur l'importance de la relation entre « sujet » et « objet » dans la connaissance historique, en soulignant l'idée (qu'il a sans doute reprise à Humboldt) que l'historien intervient activement dans le processus d'écriture de l'histoire[54]. Mais ce que les philosophes « fondationnalistes » ne pardonnent pas à Ranke, c'est d'avoir mis à mal la suprématie de la philosophie dans le champ du savoir. Paul Ricoeur souligne qu'en considérant la philosophie hégélienne de l'histoire comme une « représentation suprêmement indigne de Dieu et de l'humanité », Ranke postule que chaque époque est ainsi immédiatement liée à Dieu, « pour le plus grand bénéfice d'une théologie de l'histoire sans philosophe ». De plus, ajoute Ricoeur, lorsque ce même Ranke affirme que l'histoire ne

---

53. J. Lacouture, « L'histoire immédiate », in J. Le Goff (dir.), *La Nouvelle Histoire, op. cit.*, pp. 243-251. L'auteur prolonge l'argument développé initialement par Pierre Nora qui reproche à la génération des historiens « positivistes » d'avoir frappé l'étude du « présent d'une infirmité de principe », cf. P. Nora, « Le retour de l'événement », *in* J. Le Goff et P. Nora (dir.), *Faire de l'histoire, op. cit,* t. 1, p. 211.
54. Cf. sur ce problème, S. Mesure, *Dilthey et la fondation des sciences historiques, op. cit.*, p. 20.

peut connaître que les faits, c'est « pour le plus grand bénéfice d'une historiographie également sans philosophe »[55]. En dénonçant comme « positiviste » ces velléités d'émancipation, les philosophes s'efforcent en fait de démontrer que la connaissance ne peut pas progresser sans eux. Dans sa thèse, Raymond Aron est très explicite sur ce point. Il précise que son objectif est de « distinguer les démarches rigoureusement objectives, soumises aux seules règles de la logique et de la probabilité, des démarches subjectives, qui expriment une individualité ou une époque. Distinction décisive contre le positivisme, puisqu'elle permet de tracer les frontières du savoir universellement valable et de réserver, au-delà de la science, les droits non de la croyance, mais de la philosophie »[56]. Les critiques concernant le « positivisme » de Charles Seignobos s'inscrivent dans la même logique. Il suffit de lire avec un peu d'attention ses écrits sur l'histoire pour se rendre compte que ces accusations ne résistent pas à l'analyse. En fait, celui-ci reproduit, dans son langage maladroit d'historien qui n'a pas été formé aux subtilités de la réflexion philosophique, les arguments « relativistes » que développe au même moment Georg Simmel dans son « épistémologie » de l'histoire. Loin de soutenir, comme le lui reproche notamment Marrou, que les faits sont « donnés »[57], Seignobos insiste dès ses premiers articles sur le fait que « les documents ne parlent pas d'eux-mêmes. Les traces laissées par les hommes et les sociétés des temps passés sont lettre morte si l'on n'a point l'art de les interpréter en les rapprochant de celles que laissent sous nos yeux des hommes ou des sociétés analogues »[58]. Ses études ultérieures sur la méthodologie de l'histoire ne feront qu'approfondir une perspective qui doit infiniment plus à Humboldt qu'à Auguste Comte. La préoccupation qui hante Seignobos, c'est de savoir comment l'historien peut « connaître des actes dont on ne peut plus voir les acteurs ni le

---

55. P. Ricoeur, *op. cit.*, t. 3, p. 368.
56. R. Aron, *Introduction, op. cit.*, p. 12-13.
57. H. I. Marrou, qui est certainement l'historien qui a joué le plus grand rôle, avec Lucien Febvre, dans le discrédit dont a été victime Seignobos après la Seconde Guerre mondiale, reconnaîtra lui-même, implicitement, dans la réédition de son ouvrage, le caractère en partie injuste de sa critique, cf. H. I. Marrou, *De la connaissance, op. cit.*, p. 294.
58. C. Seignobos, « L'enseignement de l'histoire dans les Universités allemandes », *Revue Internationale de l'Enseignement*, 1881, repris dans C. Seignobos, *Études de politique et d'histoire*, PUF, 1934, p. 92.

théâtre ? ». C'est ce souci qui l'amène à affirmer qu'il « n'y a pas de faits "historiques" par nature. On ne peut définir l'histoire comme science des faits "passés" par rapport aux faits "actuels" […]. Être présent ou passé n'est pas une différence de caractère interne, tenant à la nature d'un fait, ce n'est qu'une différence de position par rapport à une observation donnée ». Et il ajoute : « ce qu'on appelle un *fait*, soit dans le langage, soit même en science, c'est une affirmation, un jugement qui réunit ensemble plusieurs impressions en affirmant qu'elles correspondent à une réalité extérieure »[59]. L'historien analyse des écrits qui « sont des symboles, ils ne servent que par les opérations d'esprit qu'ils produisent, par les images qu'ils évoquent. En histoire, on ne travaille jamais que sur des images […], on ne travaille pas sur des objets réels mais sur des représentations de ces objets ». C'est pourquoi l'historien met en œuvre des procédures d'analyse qui diffèrent radicalement des autres sciences parce qu'au lieu d'observer directement des faits, il doit mettre en œuvre « une méthode *indirecte* par raisonnement »[60]. Les fragments livrés par les documents « ne peuvent jamais être recollés ensemble qu'au moyen d'un ciment fourni par son imagination »[61]. C'est donc par analogie avec le présent que l'historien peut interpréter le passé. On peut, certes, critiquer la faiblesse et les incohérences de l'argumentation développée par Seignobos. Mais mettre en cause sa « conception positiviste de l'histoire », c'est commettre, à mon avis, un double contresens. D'abord, comme on l'a vu, Seignobos reprend des arguments qui appartiennent plutôt à des courants de pensée hostiles au « positivisme naturaliste ». Ensuite, et surtout, ses analyses ne peuvent pas être considérées comme une véritable contribution au débat philosophique sur la connaissance. Il s'agit essentiellement de propos de circonstances, développés en réponse aux attaques qui sont portées contre l'histoire par les durkheimiens et par d'autres universitaires français (comme Péguy). Dire qu'à la fin du XIXe siècle, « le positivisme était toujours la philosophie officielle des historiens », comme le fait Marrou, c'est laisser croire que les historiens auraient eu besoin d'élaborer une « philosophie officielle » pour développer leurs recherches, un peu comme si l'on

---

59. C. Seignobos, *La méthode historique appliquée aux sciences sociales*, Hachette, 1901, p. 80 (souligné dans le texte).

60. *Ibid.*, p. 116 sq.

61. *Ibid.*, p. 188.

reprochait aux physiciens qui affirment « croire à la réalité », d'élaborer une « philosophie officielle réaliste ». De tels étiquetages illustrent la propension qu'ont les philosophes à ramener sur leur propre terrain la multitude des discours qui peuvent être tenus tous les jours sur le monde. C'est une caractéristique que l'on retrouve dans les études que Paul Ricoeur a consacrées à l'histoire. Sa grande œuvre *Temps et récit* développe une perspective philosophique qui se situe entièrement dans le cadre des conceptions « fondationnalistes » de la connaissance. Comme il le dit explicitement, le but de son travail est de porter au jour « l'intentionnalité de la pensée historienne en étudiant ce lien indirect de dérivation par lequel le savoir historique procède de la compréhension narrative sans rien perdre de son ambition scientifique » (t. 1, p. 166). Tout son travail constitue une immense investigation de l'hypothèse formulée par Raymond Aron dans sa thèse : « Il n'y a pas d'histoire scientifique qui ne garde certains caractères du récit, pas de récit qui, par le choix et la rationalisation rétrospective, ne tende vers l'organisation scientifique »[62]. Il montre que l'histoire la plus éloignée de la forme du récit reste reliée à la compréhension narrative par un « lien de dérivation » que l'on peut étudier grâce à une méthode qu'il présente comme une « réflexion de second degré sur les *conditions ultimes d'intelligibilité* (souligné dans le texte) d'une discipline qui, en vertu de son ambition scientifique tend à oublier le lien de dérivation qui continue, néanmoins, de préserver tacitement sa spécificité comme science historique ». Et il ajoute : « Si l'histoire rompait tout lien avec la compétence de base que nous avons à suivre une histoire et avec les compétences cognitives de la compréhension narrative […] elle perdrait son caractère distinctif dans le concert des sciences sociales : elle cesserait d'être historique » (t. 1, p. 165). Il appartient aux philosophes professionnels de discuter la démonstration de Ricoeur. Avant de la reprendre à leur compte, pour les préoccupations qui sont les leurs, les historiens doivent être conscients qu'elle est fondée sur des présupposés qui se situent à l'opposé de ceux qui sous-tendaient toute la réflexion de Marc Bloch. Au nom des principes de la *Geschichtlichkeit* heideggerienne, Ricoeur rejette toute réflexion sur l'histoire centrée sur les questions pratiques de la recherche. Il reproche explicitement à ceux qui, comme Michel de

---

62. R. Aron, *Introduction, op. cit.*, p. 396.

Certeau, rappellent les déterminations sociales de la connaissance, de proposer une sociologie de l'historiographie fondée sur une « ontologie négative du passé », dans laquelle ce n'est plus l'objet ou la méthode qui comptent, mais l'historien lui-même et son opération (t. 3, p. 269). Partant du principe que les disciplines sont des discours, Ricoeur discute les écrits de Ranke, Michelet, Croce, Collingwood, Heidegger, Hempel, Bloch, Braudel et Veyne, comme si les propos des historiens sur leur pratique relevaient de la même logique que les écrits des épistémologues ignorant tout de ces activités pratiques. Ricoeur peut ainsi distribuer les éloges et les remontrances, félicitant les historiens pour leur souci méthodologique, mais déplorant leur faible intérêt pour « la philosophie critique de l'histoire » et l'analyse logique de la causalité (cf. notamment t. 1, p. 171). La manière dont il discute ces travaux montre bien pourtant qu'il ne les situe pas sur le même plan. Il est évident, par exemple, qu'il n'a pas lu avec attention les réflexions de Seignobos. Persuadé que ce dernier définit l'histoire comme une « simple réminiscence du passé », il répond qu'en fait, « le passé ne peut être que reconstruit par l'imagination », sans savoir, apparemment, qu'on trouve déjà cette affirmation, *au mot près,* dans les écrits de Seignobos ! De même, lorsqu'il affirme qu'on peut comprendre de façon « non positiviste », la fameuse phrase de Ranke, en soulignant qu'elle définit le passé comme « ce que j'aurais vu si j'avais été là » (t. 3, p. 336), Ricoeur reprend une interprétation que, bien avant Gadamer, Langlois et Seignobos eux-mêmes avaient déjà proposée dans leur manuel[63]. Si Paul Ricoeur semble avoir lu avec plus d'attention l'*Apologie pour l'histoire*, l'interprétation philosophique qu'il en donne aboutit à défigurer son contenu. On a vu que toute l'analyse de Marc Bloch repose sur la volonté de justifier la légitimité sociale de l'histoire. C'est ce qui le conduit à exclure toute réflexion sur les fondements scientifiques de la discipline en partant du principe que la vérité historique, c'est ce que les historiens compétents considèrent comme vrai. Dans cette perspective, la difficulté de l'écriture de l'histoire ne se situe pas, principalement, au niveau de la « repré-

---

63. C. Seignobos écrit que l'historien doit construire des images avec des éléments exacts « de façon à s'imaginer les faits comme il les aurait vus s'il avait pu les observer lui-même ». Et il précise dans une note que c'est là le sens du fameux « *wie es eigentlich gewesen* » de Ranke ; cf. C.V. Langlois et C. Seignobos, *Introduction, op. cit.,* p. 182 (réédition de 1992).

sentation » de la réalité, mais au niveau de la *communication* entre savants. Pour Marc Bloch, la différence entre la littérature et la science doit être recherchée, essentiellement, au niveau pratique. Si chaque artiste ambitionne d'inventer son propre langage, l'historien ne peut revendiquer le caractère scientifique de son travail qu'à la condition de parler la langue de son groupe de compétence. Ricoeur poursuit, quant à lui, une réflexion qui se situe dans le sillage de l'« herméneutique post-heideggerienne ». Il a pour ambition d'élaborer une perspective sur le temps dépassant à la fois la « théorie nomologique » et la « théorie narrativiste », en démontrant les « apories » de la « phénoménologie » du temps. Pour atteindre ses objectifs, il est conduit à envisager la relation auteur-texte-lecteur en dehors de toute référence à une pratique collective. Toute « communication » apparaît dès lors comme un processus individuel « qui prend son point de départ chez l'Auteur et traverse l'œuvre pour trouver son point d'arrivée chez le lecteur ». C'est de l'Auteur que part « la stratégie de persuasion » qui a le lecteur pour cible ; « c'est à cette stratégie de persuasion que répond le lecteur en s'appropriant le monde du texte » (t. 3, p. 288). Dans cette perspective, la lecture pose le problème de la fusion de deux horizons : celui du texte et celui du lecteur. L'analyse vise à restituer l'intention de l'auteur en arrière du texte plutôt qu'à expliciter le mouvement par lequel le texte déploie un monde en avant de lui-même (t. 1, p. 149). A l'intérieur de ce cadre conceptuel, le reproche que Ricoeur adresse à Marc Bloch de considérer le récit uniquement comme un témoignage, mais jamais « comme la forme littéraire de l'œuvre que l'historien écrit » (t. 1, p. 180), est sans doute fondé. Mais, c'est justement ce type de préoccupations que Marc Bloch a décidé d'emblée de rejeter, pour mieux se concentrer sur l'analyse des pratiques sur lesquelles repose l'identité de sa communauté professionnelle[64].

---

64. Cela ne signifie pas, faut-il le préciser, que les analyses de Ricoeur sur le statut du récit ne puissent pas être utiles aux historiens. Je veux simplement souligner ici que même les philosophes qui se montrent le plus soucieux de respecter le « contexte » de production d'un discours sont inconséquents avec leurs propres principes quand les textes étudiés mettent en cause les « fondements » de leur entreprise.

CHAPITRE 4

La crise
des « paradigmes »

« Entre sociologues, il n'y avait rien qui ressemblât à la solidarité des personnes liées par une même discipline. Certains élaboraient des langages personnels que personne d'autre ne comprenait ; en règle générale, les monologues répondaient aux monologues. L'Allemagne était un pays qui n'avait pas de sociologie, mais rien que des sociologues, comme le déplorait l'un d'entre eux. Comme chacun d'eux voulait être original, ils devinrent des marginaux. »

Wolf Lepenies, *Les trois cultures. Entre science et littérature. L'avènement de la sociologie*, 1985.

« La communauté de ceux qui n'ont en commun que leurs différences se trouve quotidiennement confrontée à un problème sans solution stable : comment me faire homologuer par mes pairs comme un être hors pair ? Comment m'imposer comme exceptionnel dans un monde où l'exception est la règle générale ? Il n'est pas facile d'être collectivement unique. »

Régis Debray, *Le pouvoir intellectuel en France*, 1979.

Parler aujourd'hui d'une « crise de l'histoire » peut paraître d'autant plus paradoxal, ou malveillant, que jamais la discipline n'a été saisie, apparemment, d'une telle frénésie d'innovation. Il ne se passe plus d'année, voire de semestre, sans que la naissance d'un nouveau « paradigme » ne soit annoncée. Depuis quelques années, les « tournants » et les « révolutions » historiographiques se succèdent à un rythme qui donne le tournis. Après le lancement de la « nouvelle histoire » à la fin des années 1970[1], ont été annoncés un

---

1. J. Le Goff (dir.), *La Nouvelle histoire, op. cit.*

« tournant linguistique »[2], puis un « tournant critique »[3], l'avènement d'une « nouvelle histoire intellectuelle »[4], puis d'une « nouvelle histoire culturelle »[5], un « nouvel historicisme »[6], une « histoire philosophique des idées »[7], une « autre histoire sociale »[8], une « autre histoire du politique »[9], une « histoire du quotidien »[10], une « ego-histoire »[11] et même une « alter-histoire »[12]. J'en ai certainement oublié. Que leurs auteurs me pardonnent ! Pour ceux qui pensent encore qu'un programme de recherches ne vaut que par la qualité et l'ampleur des travaux empiriques qu'il est capable de promouvoir, une telle profusion de projets et la rapidité avec laquelle ils se renouvellent, ne sont pas un signe de richesse, mais plutôt un symptôme de crise. Des « paradigmes » qui ne subissent pas l'épreuve de la recherche empirique ne constituent rien de plus que des « prophéties autoréalisantes ». L'histoire économique et sociale des *Annales* – tant décriée aujourd'hui – a été mise en œuvre avant d'avoir été annoncée et a mobilisé des centaines de chercheurs à travers le monde pendant plusieurs décennies. Quel que soit leur intérêt intellectuel, les « paradigmes » d'aujourd'hui n'engagent, bien souvent, que leurs auteurs, et ne vivent – pour certains d'entre eux en tout cas – que le temps d'un livre, voire d'un colloque. Cette fuite en avant est l'une des conséquences du tournant « épistémologique » qu'a pris la

---

2. G. Eley, « De l'histoire sociale au "tournant linguistique" dans l'historiographie anglo-américaine des années 1980 », *Genèses*, 7, mars 1992, pp. 163-193.

3. « Histoire et sciences sociales. Un tournant critique ?», *Annales E.S.C.*, n°2, mars-avril 1988, *op. cit.*

4. D. LaCapra, *Rethinking Intellectual History : Texts, Contexts, Language,* Ithaca, Cornell Univ. Press, 1983.

5. L. Hunt (ed.), *The New Cultural History*, Berkeley Univ. Press, 1989.

6. H. Aram Veeser, *The New Historicism*, London, Routledge, 1989.

7. F. Azouvi, « Pour une histoire philosophique des idées », *Le Débat*, 72, nov.-déc. 1992.

8. B. Lepetit (dir.), *Les formes de l'expérience. Une autre histoire sociale,* Albin Michel, 1995.

9. M. Gauchet, « Changement de paradigme en sciences sociales ?» *Le Débat*, 50, mai-août 1988, pp. 165-170. Pour l'auteur, c'est l'« accession, au travers du politique, à une clé nouvelle pour l'architecture de la totalité » qui caractérise ce nouveau « paradigme ».

10. A. Lüdtke (ed.), *Histoire du quotidien*, Éd. Maison des Sciences de l'Homme, 1994 (1re éd. 1989).

11. P. Nora (dir.), *Essais d'ego-histoire, op. cit.*

12. D. Milo, et A. Boureau (dir.), *Alter histoire. Essais d'histoire expérimentale*, Les Belles lettres, 1991.

réflexion des historiens sur leur discipline au début des années 1970. En introduisant le loup philosophique dans la bergerie de l'histoire, les historiens-épistémologues ont grandement favorisé la dissémination d'une logique argumentative empruntée aux théories « fondationnalistes » de la connaissance. A lui seul ce problème aurait pu faire l'objet de tout un livre. Dans le cadre de ce chapitre, j'ai limité l'analyse aux « paradigmes » qui se définissent comme des « tournants » de la recherche historique : essentiellement le *« linguistic turn »* et le « tournant critique ». Ces deux exemples ont une importance particulière pour le problème qui nous occupe ici parce qu'ils se présentent comme des justifications « au carré », des « superparadigmes » qui s'efforcent de regrouper, sous un label commun, des recherches dispersées pour éviter que l'histoire ne soit plus que « la multiplication indéfinie d'expériences individuelles isolées, dans lesquelles chaque chercheur arrêterait souverainement les règles de son alchimie personnelle »[13]. Leur intérêt tient aussi au fait qu'ils illustrent le poids des contraintes nationales qui continuent à peser, quoi qu'on en dise, sur la recherche historique. Alors que le *« linguistic turn »* est une recette essentiellement américaine, le « tournant critique » est un produit *« made in France »*, récemment mis en circulation par les *Annales*[14].

Pour éviter les malentendus, j'insiste sur le fait qu'il ne s'agit pas, ici, de nier l'intérêt ou l'importance des recherches empiriques qui sont désignées par ces labels. Je n'entrerai pas dans la discussion sur les mérites respectifs des travaux historiques qui privilégient l'analyse des discours, des significations, des structures ou des interactions sociales. Le seul objectif de ce chapitre est d'analyser les arguments mis en avant pour *justifier* l'idée que ces innovations constitueraient des *« tournants »* de la recherche historique, en essayant d'expliquer pourquoi ce type de raisonnement alimente les polémiques sur la « crise de l'histoire ».

---

13. Éditorial du comité de rédaction des *Annales*, « Histoire et sciences sociales. Un tournant critique ?», *op. cit.*
14. J'analyserai aussi, rapidement, les arguments présentés, en Allemagne, par les historiens de *l'Alltagsgeschichte*, qui occupent, me semble-t-il, une position intermédiaire entre le *« linguistic turn »* et le « tournant critique ». Ces étiquettes nationales désignent les *tendances dominantes* dans les discours sur l'innovation développés dans chaque pays. Elles ne doivent pas faire oublier que partout la diversité est la règle.

LE « *LINGUISTIC TURN* »

« *La rectification des noms* »

L'expression « *linguistic turn* » (désormais *LT*) se rencontre de plus en plus fréquemment sous la plume des historiens désireux d'évoquer les transformations qu'a connues la recherche historique américaine depuis une dizaine d'années. Mais la discussion des arguments avancés par les partisans de cette expression est rendue difficile par le fait qu'il est impossible, à ce jour, d'en trouver une définition rigoureuse, ni même une présentation systématique. Dans ces conditions, toute réflexion sur le sujet nécessite, au préalable, que l'historien s'explique sur la méthode employée pour regrouper sous une même « bannière » des travaux qui relèvent de disciplines différentes, publiés par des auteurs différents, à des moments différents. Si les partisans du *LT* ne se posent pas ce genre de question, c'est parce que le critère qu'ils retiennent pour constituer leur corpus parait aller de soi. Comme son nom semble l'indiquer, le « tournant linguistique » englobe tous les travaux historiques qui accordent une certaine importance à la question du langage. C'est en vertu de cette évidence que les promoteurs du label mettent ensemble des textes et des auteurs qui n'ont pas demandé à l'être ; ce qui leur permet, comme on va le voir, de grossir à volonté les rangs des « manifestants » ou des « troupes » qu'ils font défiler sous leur drapeau. Pour éviter ce genre de « coup de force », il m'a semblé plus judicieux de ne retenir que les travaux affirmant explicitement leur appartenance au « mouvement ». C'est pourquoi, dans un premier temps, j'ai cherché à regrouper uniquement les études reprenant l'expression « *linguistic turn* » dans leur titre ; ce qui m'est apparu comme le signe incontestable d'une affiliation revendiquée. Ayant constaté qu'il n'existait, à l'heure actuelle, aucun ouvrage historique affichant cette appartenance, j'ai fait porter l'analyse sur les articles en m'appuyant sur les renseignements fournis par les bases de données[15]. L'enquête a abouti aux résultats présentés dans le tableau suivant. Même si, compte tenu des limites des instruments bibliographiques utilisés, tous les travaux qui revendiquent explicitement leur appartenance au *LT* ne sont pas pris en compte, le corpus est suffisant pour nous per-

---

15. Je me suis surtout appuyé sur la base *Historical Abstracts*. Celle-ci privilégie fortement les articles publiés dans les revues de langue anglaise. Par ailleurs, elle ne tient pas compte des études rassemblées dans des ouvrages collectifs (souvent issus de colloques). J'ai complété ces lacunes en suivant les « pistes » indiquées dans les articles retenus par la base.

mettre de comprendre comment cette expression est apparue et pourquoi elle s'est diffusée dans la recherche historique. C'est à partir des enseignements tirés de ce tableau que j'ai ensuite sélectionné les études les plus significatives pour en discuter les arguments.

– La rhétorique du *LT*

L'expression linguistique du « linguistic turn » en histoire

Auteur	Titre de l'article	Titre de la revue	Date
JAY Martin	« Should Intellectual History take a *LT ?* »	Cf. note[16]	1982
VANN Richard	« Louis Mink's *L.T.* »	*History and Theory,* n°1	1987
TOEWS John	« Intellectual History after the *LT :* the autonomy of meaning and the irreductibility of experience. » (Review article)	*Amer. Historical Rev.* n°4	1987
PAGDEN Anth.	« Rethinking the *L.T.* : current anxieties in intellectual History » (Review article)	*Journal of the History of Ideas,* n°3	1988
APPLEBY Joyce	« One good turn deserves another : moving beyond the linguistic : a response to David Harlan ».	*Amer. Historical Rev.* n°5	1989
HOSHAR Rudy J.	« Playing the cerebral savage : notes on writing German history before the *LT* ».	*Central European History,* n°3-4	1989
BERLANSTEIN Lenard R.	« Working with langage : the *LT* in French labor movement. A review article ».	*Comparative Studies in Society and History* n°2	1991
COHEN Sol	« The *L.T. :* the absent text of educational historiography ».	*Historical Stud. in Education* (Canada), n°2	1991
ELEY Geoff	« De l'histoire sociale au "tournant linguistique" dans l'historiographie anglo-américaine des années 1980 ».	*Genèses. Histoire et sciences sociales* (France), n°7	1992
THORNE Susan	« Class analysis, popular politics and the *LT* in 19th English history »	*Consortium on Revolutionary Europe 1750-1850. Proceedings* (GB), n°22	1993

---

16. Étude parue dans l'ouvrage de D. LaCapra et S. Kaplan (eds.), *Modern European Intellectual History. Reappraisals and New Perspectives,* Ithaca and London, Cornell Univ. Press, 1982.

La lecture de ce tableau montre d'emblée que les recherches qui s'auto-définissent comme relevant du « *linguistic turn* » sont peu nombreuses[17] et que l'expression elle-même est récente. Elle est apparue dans le vocabulaire des historiens au début des années 1980, mais elle ne s'est imposée comme objet de discussion qu'à la fin de la décennie. Ce tableau indique également que la majorité des études centrées sur le *LT* se présentent sous la forme de comptes rendus. On constate même que les articles qui ont joué un rôle décisif dans la popularisation du « label » sont *tous*, en fait, des « *review articles* ». Il est impossible de comprendre, à mon avis, les raisons du succès rencontré par cette expression chez les historiens, si l'on oublie le rôle essentiel que joue dans la vie intellectuelle américaine, la rubrique « *Review article* » que possèdent toutes les grandes revues historiques. Il s'agit d'une rubrique très prisée par les lecteurs car elle constitue un précieux instrument bibliographique et offre des repères sur les nouvelles orientations de la recherche ; elle est d'autant plus efficace que derrière la neutralité du compte rendu, ce sont des jugements de valeur qui s'expriment sur ce qui est « nouveau », « important » ou au contraire « dépassé » en histoire. Le fait que le premier et le principal « *review article* » consacré au *LT*[18] soit paru dans la revue « officielle » de la communauté professionnelle des historiens américains, l'*American Historical Review*, n'a pu, évidemment, que faciliter la diffusion du label dans la discipline. Deux autres constats s'imposent immédiatement à la lecture du tableau. D'une part, on est frappé de la rapidité avec laquelle l'idée que la recherche historique aurait connu un « tournant linguistique » s'est imposée comme une évidence. Alors que dans l'étude de Martin Jay, parue en 1982[19], le *LT* est présenté sous une forme interrogative, comme une éventualité pour le futur de la recherche historique ; cinq ans plus tard, il est déjà évoqué au passé, comme

---

17. Même en intégrant les travaux où l'expression *linguistic turn* apparaît non pas dans le titre, mais dans les mots-clé et dans l'« *abstract* » (qui résume en quelques lignes le contenu de chaque étude), le corpus n'aurait pas dépassé une quinzaine d'articles.
18. J. E. Toews, « Intellectual History after the Linguistic Turn : The Autonomy of Meaning and the Irreductibility of Experience », *American Historical Review*, 4, 1987, pp. 879-907.
19. M. Jay, « Should Intellectual History Take a Linguistic Turn ? Reflections on the Habermas-Gadamer Debate », in D. LaCapra et S. Kaplan (eds.), *op. cit.*, pp. 86-110.

un événement qui a eu lieu. D'autre part, il faut souligner l'ampleur prise par le processus d'universalisation du nouveau label. Il s'agit, au départ, d'un problème qui ne concerne que l'histoire intellectuelle américaine. Mais dès la fin des années 1980, il gagne l'Europe et s'étend aux autres domaines de la recherche historique. La réussite du mouvement s'illustre par le fait que ses promoteurs sont rapidement parvenus à en faire un objet de discussion qui s'impose même à ceux qui constituent, comme nous allons le voir, la principale cible du *LT* : les historiens sociaux.

Au-delà de l'intérêt que présentent les recherches empiriques rassemblées sous ce label, on peut estimer que l'une des raisons essentielles de sa rapide diffusion tient au choix du vocabulaire utilisé par ses partisans. La lecture des titres montre qu'ils privilégient les deux qualités que les intellectuels placent généralement au sommet de leur hiérarchie des valeurs : l'intelligence et l'innovation. La prééminence accordée à la « pensée » s'illustre d'abord par le fait que ce sont les revues d'histoire les plus axées sur la « théorie » (*History and Theory, Journal of the History of Ideas*) qui ont été les premières à mettre le *LT* à l'honneur. Par ailleurs, on est frappé par la fréquence, dans les titres, et plus encore dans les « *abstracts* », des mots comme « *intellectual* », « *meaning* », « *rethinking* ». Le grand nombre des expressions empruntées au lexique du « tournant » montre combien les porte-parole du *LT* sont soucieux d'apparaître comme des « novateurs ». A les lire, il est évident que nous ne pouvons être qu'«avant » ou « après » le « *linguistic turn* », mais jamais « pendant » ; ce qui ne facilite pas, évidemment, l'analyse du « tournant » en lui-même. Les termes « *after* », « *beyond* » comme celui de « *turn* » ou comme les mots « *post* » ou « *new* », omniprésents dans le vocabulaire des partisans de ce courant («*post-structuralism* », « *post-modernism* », « *new historicism* », etc.), rappellent sans cesse cet ancrage dans la « nouveauté ». En se plaçant eux-mêmes « après » le « *linguistic turn* », les auteurs de ces « *review articles* » renforcent l'efficacité performative de leur discours ; surtout auprès des historiens occupant une position marginale et des étudiants de *Ph D* (qui ont le plus besoin, professionnellement, de démontrer leurs capacités d'innovation) hantés par la crainte d'être « dépassés ». Puisque l'*American Historical Review* elle-même présente, par la plume de John Toews, le tournant linguistique comme un événement qui a déjà eu lieu, les collaborateurs de revues moins prestigieuses sont enclins à le considérer comme une évidence et à trouver scandaleux le fait que les historiens de leur pays n'aient pas encore pris ce « tournant linguistique » (cf. les articles de Rudy Hoshar et de Sol Cohen présentés dans notre tableau)[20].

– Détrôner l'histoire sociale

Les premières indications fournies par l'examen de ce tableau m'ont permis de sélectionner les travaux qui correspondent aux trois grandes étapes grâce auxquelles le *LT* a pu élargir son audience. La première coïncide avec la parution de l'ouvrage collectif publié sous la direction de Dominick LaCapra et Steven Kaplan. Il s'agit, on va le voir, du moment fondateur du « mouvement ». La deuxième étape correspond à la publication des « *review articles* » d'Anthony Pagden et surtout de John Toews qui « naturalisent » le label dans l'histoire intellectuelle américaine[21]. L'article publié par Geoff Eley dans *Genèses* marque l'aboutissement du processus d'universalisation du *LT*, commencé à la fin des années 1980[22].

Les partisans du *LT* s'accordent pour considérer que le colloque sur l'histoire intellectuelle européenne tenu à Cornell en avril 1980 et publié, deux ans plus tard, dans l'ouvrage analysé ici, constitue le point de départ du « tournant linguistique » en histoire. La première raison que l'on peut avancer à l'appui de cette affirmation tient à la conjoncture. A la fin des années 1970, beaucoup estiment que le domaine de recherche qu'on appelle, aux États-Unis, « l'histoire intellectuelle » est en crise. Dès 1977, un important colloque a été organisé à Racine, dans le Wisconsin, sur ce thème. Dans l'introduction de l'ouvrage qui rassemble les principales contributions présentées à cette occasion, John Higham rappelle que ce secteur de la recherche historique a connu son âge d'or dans les années 1950, en privilégiant l'analyse de ce que nous appellerions

---

20. Dans le même ordre d'idées, cf. T. Childers, « Political sociology and the Linguistic Turn » – *Central European History*, 1989, 22, 3-4, pp. 381-393 – qui déplore que les historiens allemands n'aient pas accompli leur *LT*. On peut suivre aujourd'hui la propagation de cette croyance jusque dans les manuels d'histoire destinés aux étudiants ; cf. par exemple, K. Jenkins, *Re-Thinking History*, London, Routledge, 1991. L'auteur est Senior Lecturer in History in West Sussex Institute of Higher Education and Historical Method.

21. J. Toews, *op. cit.* et A. Pagden, « Rethinking the Linguistic Turn : current anxieties in Intellectual History », *Journal of the History of Ideas*, 3, 1988, pp. 519-529.

22. G. Eley, « De l'histoire sociale au "tournant linguistique" dans l'historiographie anglo-américaine des années 1980 », *Genèses*, 7, mars 1992, *op. cit.*

aujourd'hui « l'identité nationale américaine ». A partir des années 1960, cette histoire des idées a été violemment mise en question par l'histoire sociale qui conteste à la fois ses méthodes et ses objets[23]. En une décennie, les problématiques, les techniques et les préoccupations des sciences sociales s'imposent. Le prestigieux colloque de 1977, placé sous la présidence de Merle Curti, l'un des « pères fondateurs » de l'histoire intellectuelle américaine, qui fête cette année-là ses 80 ans, apparaît comme une sorte de consécration officielle pour les partisans de l'histoire sociale. John Higham souligne que les coordinateurs du volume ont privilégié les perspectives développées par la « génération montante » dans le but d'en faire un outil de référence pour l'ensemble des historiens intellectuels. Il met en exergue les deux tendances contradictoires révélées par le colloque. Selon lui, la critique littéraire, qui occupait jusque là une place de choix dans l'histoire intellectuelle américaine, est en chute libre. A l'inverse, les recherches qui privilégient l'étude des pratiques sociales ont le vent en poupe. Sous l'influence de Thomas Kuhn et des philosophes pragmatistes, les historiens de la science s'intéressent de plus en plus à l'histoire des communautés scientifiques. L'impact de « l'école des *Annales* » se fait sentir dans l'importance accordée à l'histoire des mentalités. Enfin, l'histoire intellectuelle s'ouvre de plus en plus à l'anthropologie. Higham insiste plus particulièrement sur l'écho rencontré par la méthode de la « *thick description* » proposée, quelques années plus tôt, par Clifford Geertz[24]. Dans un autre ouvrage sur l'état de la recherche historique américaine, paru également à la fin des années 1970, Robert Darnton estime lui aussi que l'histoire sociale exerce désormais une influence déterminante en histoire intellectuelle. Néanmoins, il insiste sur une dimension de la « crise » passée sous silence par John Higham. Il considère que l'introduction des théories importées d'Europe – et qui se traduisent par la propagation de toute une série de « termes sauvages » comme « herméneutique », « sémiotique », « hégémonie », « déconstruction »,

---

23. Pour J. Higham, la violence de cette réaction est due au fait que l'histoire sociale, née au début du siècle, a été marginalisée ensuite par l'histoire intellectuelle triomphante. Sur tout cela, cf. J. Higham « Introduction », in J. Higham and P. K. Conkin (eds.), *New Directions in American Intellectual History*, Johns Hopkins Press, 1979, pp. XI-XIX.

24. J. Higham présente C. Geertz comme le « saint patron » de ce colloque.

« paradigme » – est en train de transformer à nouveau le paysage[25]. La majorité des historiens qui participent au colloque de Cornell en avril 1980 s'appuient sur ces innovations, qu'ils appellent la « Théorie Critique » (*Critical Theory*). De nombreux indices montrent que cette manifestation a été conçue comme une réponse à l'initiative lancée en 1977 par John Higham[26]. L'ouvrage tiré de la conférence rassemble des auteurs considérés (à tort ou à raison), depuis cette date, comme les chefs de file du *LT* en histoire intellectuelle : K. M. Baker, R. Chartier, M. Jay, H. Kellner, D. LaCapra, M. Poster, H. White (par ordre alphabétique). La majorité des contributions sont explicitement présentées comme des instruments théoriques et méthodologiques permettant de « repenser » complètement l'histoire intellectuelle et appelés à être mis en œuvre dans des recherches futures. La participation de Hayden White, qui a été l'un des premiers à défendre la perspective textuelle au sein de l'histoire intellectuelle américaine, constitue évidemment un atout essentiel pour les partisans de la « théorie critique »[27]. Mais la volonté de faire de cet ouvrage le texte de référence pour la nouvelle histoire intellectuelle transparaît aussi dans la dimension

---

25. Cf. R. Darnton, « Intellectual and Cultural History », *in* M. Kammen (ed.), *The Past Before Us. Contemporary Historical Writing in the United States*, 1979, Ithaca, Cornell U. P., p. 327. Parmi les autres études qui proposent de nouvelles voies pour l'histoire intellectuelle américaine, en partant des mêmes principes, cf. W. J. Bouwsma, « Intellectual History in the 1980s : From History of Ideas to History of Meaning », *Journal of Interdisciplinary History*, 12, autumn 1981 ; Q. Skinner (ed.), *The Return of Grand Theory in the Human Sciences*, Cambridge U. P., 1985.

26. Non seulement aucun des partisans de la *Critical Theory* n'a été invité au colloque de Racine, mais leurs travaux ne sont même pas cités dans l'ouvrage publié sous la direction de J. Higham et P. K. Conkin (On trouve, dans les notes, une seule référence à Hayden White et une autre à David Fischer).

27. Cf. H. White, « Method and Ideology in Intellectual History : the Case of Henri Adams », in D. LaCapra and S. Kaplan (eds), *op. cit.*, pp. 280-310. Cette contribution, qui a été placée en conclusion de l'ouvrage, constitue, en fait, un commentaire, rédigé après le colloque, des communications présentées à cette occasion. Peut-être parce que ses premiers travaux sur la question du discours historique ont été publiés une dizaine d'années avant le lancement du *LT*, Hayden White apparaît plus comme une figure de référence (à l'instar des philosophes « post-structuralistes ») que comme le « chef de file » du « mouvement » ; cf. H. White, *Metahistory. The historical imagination in 19th century Europe,* The Johns Hopkins Univ. Press, 1973.

« militante » que les organisateurs du colloque donnent à leur entreprise. « Il n'est pas exagéré de dire », écrivent D. LaCapra et S. Kaplan dans leur préface, « que ce livre est un manifeste ». Même si ces deux auteurs précisent que les directions du changement en cours sont encore difficiles à saisir[28], la plupart des intervenants insistent sur la nécessité de renforcer les liens avec la philosophie. Le privilège accordé à cette discipline apparaît très clairement dans la contribution de Martin Jay (à ma connaissance, il s'agit là de la première étude historique qui ait repris dans son titre l'expression « *linguistic turn* »[29]). S'efforçant de montrer que la philosophie a elle-même été bouleversée par un « tournant linguistique », il invite les historiens intellectuels, sous une forme il est vrai encore interrogative, à suivre le mouvement. La majorité des autres interventions mettent en valeur le rôle que les philosophes et les théoriciens du discours (Barthes, Derrida, Foucault, Gadamer, etc.) peuvent jouer dans la rénovation du chantier de l'histoire intellectuelle. Si la philosophie (et, dans une moindre mesure, la critique littéraire) sont présentées comme les alliées naturelles de l'histoire intellectuelle, encore faut-il préciser que toutes les philosophies du langage ne sont pas traitées de la même manière. Il est frappant de constater, par exemple, que la philosophie analytique qui a fourni, pourtant, la plus importante contribution à la réflexion théorique sur le langage au XXe siècle, est très peu sollicitée par les partisans du *LT*. De même, la *Begriffsgeschichte* (« l'histoire des concepts ») impulsée depuis plusieurs décennies par Reinhardt Koselleck et ses collaborateurs n'est pas revendiquée par le « mouvement ». Pour comprendre l'intérêt que les partisans du *LT* porte à la « théorie critique », il faut rappeler les deux raisons principales qui expliquent leur marginalité au sein de l'histoire intellectuelle américaine. La première tient au fait qu'ils sont, pour la plupart, des spécialistes de l'histoire de l'Europe, dans un univers dominé par les « américanistes ». Au-delà de la « théorie critique », ce sont aussi leurs compétences d'historiens

---

28. Cf. D. LaCapra et S. Kaplan (eds), *op. cit.,* p. 7. Le caractère nuancé de cette préface peut s'expliquer par le fait que l'un des deux auteurs, Steven Kaplan, n'est pas un partisan du *LT*. Il restera fidèle à l'histoire sociale dans les travaux qu'il publiera par la suite.

29. M. Jay, « Should Intellectual History Take a Linguistic Turn ?», *op. cit.,* in D. LaCapra et S. Kaplan (eds), *op. cit.*

« européanistes » que défendent les partisans du *LT*[30]. La seconde raison de leur marginalité est due au fait qu'ils sont spécialistes d'une approche (l'analyse du discours) qui est, on l'a vu, en perte de vitesse au sein de l'histoire intellectuelle. La « théorie critique » (élaborée à partir des deux courants philosophiques : l'« herméneutique » et le « structuralisme » qui, en France, se sont fortement opposés dans les années 1950 et 60 à l'histoire sociale développée par les *Annales,* comme on l'a souligné dans le chapitre précédent) leur offre des arguments pour réhabiliter l'étude des textes tout en dénonçant les insuffisances des sciences sociales.

Si la contribution fournie par le maître d'œuvre de ce colloque, Dominick LaCapra[31], est particulièrement importante pour ce qui nous occupe ici, c'est parce qu'elle ne se contente pas de mettre en relief la fécondité heuristique de la *« Critical Theory »* pour l'histoire intellectuelle. Elle souligne aussi l'intérêt que celle-ci présente pour tous ceux qui veulent mettre un terme à l'hégémonie qu'exerce alors l'histoire sociale dans ce secteur de la recherche historique. En insistant, plus qu'aucun autre participant de ce colloque, sur la dimension stratégique du *LT*, Dominick LaCapra nous permet de mieux comprendre quels types d'arguments doivent mobiliser tous ceux qui veulent faire triompher leur entreprise intellectuelle dans la lutte de concurrence qui opposent entre eux les universitaires.

• En premier lieu, il leur faut assurer la *visibilité* de leur mouvement, en lui donnant un nom. Comme l'ont montré, notamment, les philosophes « post-structuralistes », les enjeux de langage sont aussi des enjeux de pouvoir. Dominick LaCapra souligne que ce constat vaut également pour l'histoire intellectuelle[32]. C'est pourquoi, il

---

30. Ce clivage s'observe non seulement au niveau des objets de recherche, mais aussi au niveau des modèles théoriques de référence. Les historiens regroupés autour de Higham privilégient des théoriciens américains (les philosophes pragmatistes, T. Kuhn, C. Geertz), alors que les partisans de la théorie critique s'appuient sur la pensée « continentale ».

31. D. LaCapra, « Rethinking Intellectual History and Reading Texts », in D. LaCapra et S. Kaplan (eds), *op. cit.*, pp. 47-85. Ses analyses sont prolongées dans les deux ouvrages qu'il publie dans la foulée du colloque. Cf. D. LaCapra, *Rethinking intellectual history : texts, contexts, language*, *op. cit.* et *History and Criticism*, Ithaca, Cornell UP, 1985. Ces textes sont au centre des principaux *« review articles »* consacrés au *LT* dans l'histoire intellectuelle américaine.

32. Il indique clairement dans son texte que son objectif est de mettre un terme à la domination exercée, selon lui, par les historiens sociaux sur le marché du travail universitaire au détriment des spécialistes du discours.

insiste sur l'importance stratégique de ce qu'il appelle, en citant Confucius, la « rectification des noms », opération indispensable, ajoute-t-il, pour qui veut transformer la définition même de l'« histoire intellectuelle ». Bien que l'expression « *linguistic turn* » n'apparaisse pas dans son texte, on voit que, d'emblée, la lutte pour *la désignation* du nouveau « paradigme » est présentée comme un objectif prioritaire.

• Pour assurer la reconnaissance symbolique qui leur fait encore défaut, les partisans du *LT* sont également soucieux de prouver leur force en ralliant à leur cause des chercheurs qui n'appartiennent pas au petit monde de la « *Critical Theory* ». Le sort fait à la contribution présentée par Roger Chartier au colloque de Cornell est à cet égard très révélateur[33]. Pour élargir l'assise du *LT*, il est essentiel de montrer qu'il ne s'agit pas d'un problème interne à l'histoire américaine et que même des historiens liés aux *Annales* admettent que l'histoire sociale de la culture est désormais « dépassée ». C'est pourquoi, symboliquement, l'ouvrage issu de cette conférence s'ouvre par le texte de Chartier. Par la suite, les promoteurs du *LT* ne ménageront pas leurs efforts pour le présenter comme une contribution au « tournant linguistique ». Peu de temps après le colloque, LaCapra cite ce texte pour montrer que le projet d'histoire totale défendu par les *Annales* a été « sévèrement mis en question » par les plus jeunes représentants de la « tradition des *Annales* »[34]. Il revient à la charge, dans l'ouvrage suivant, en citant à nouveau la contribution de Roger Chartier, qui prouve, selon lui, que « l'école des *Annales* » est devenue moins dogmatique, car elle compte désormais parmi ses membres, des historiens plus circonspects et plus critiques[35]. Dans son « *review article* », John Toews voit dans l'intervention de Chartier la mise en cause la plus sévère (avec celle de LaCapra) de l'histoire socio-culturelle inspirée par les *Annales*. Anthony Pagden enfonce le clou en affirmant que la « contribution brillante et en fin de compte dévastatrice » de Roger Chartier rejette « la prééminence quasi tyrannique de la dimension sociale » pour l'histoire intellectuelle. Il suffit de lire le texte en question pour constater que sa tonalité est très différente. S'il prône de nouvelles

---

33. R. Chartier, « Intellectual History or Sociocultural History ? The French Trajectories », *in* D. LaCapra et S. Kaplan (eds), *op. cit.*, pp. 13-46.
34. D. LaCapra, *Rethinking, op. cit.*, p. 329.
35. D. LaCapra, *History and Criticism, op. cit.*, p. 118.

pistes de recherche, il ne reprend nullement à son compte l'argumentation des promoteurs du *LT*. A aucun moment n'est avancée l'idée que l'histoire intellectuelle aurait pris un « tournant linguistique ». Au contraire, l'auteur insiste sur la diversité des approches possibles en histoire culturelle, sur l'importance des traditions historiographiques nationales (le terme d'« *intellectual history* » n'a pas d'équivalent en France, ni en Allemagne). Et surtout, ses références sont empruntées, le plus souvent, non pas à la philosophie, mais à la sociologie de la culture (principalement les travaux de Pierre Bourdieu et de ses collaborateurs).

• La mise en cause des « présupposés » et des « faiblesses théoriques » de l'histoire sociale, constitue le troisième type d'arguments que développe Dominick LaCapra afin de justifier la supériorité de la perspective « textualiste ». Appelant ses confrères à sortir de leur « sommeil dogmatique » (*«dogmatic slumber »*), il n'a pas de mots assez durs pour stigmatiser « l'empirisme » de ceux qu'il appelle les *« practician historians »*. Il s'attaque non seulement au schéma explicatif élaboré par Braudel et Labrousse dans les années 1950-1960 – qui s'efforçait d'éclairer les phénomènes culturels en les rapportant à leur « infrastructure » économique et sociale – mais aussi aux nouvelles perspectives développées par la génération suivante : la socio-histoire de la culture impulsée par Daniel Roche, l'histoire des mentalités, etc. Bien qu'il affirme à plusieurs reprises dans sa contribution que ses propositions constituent une possibilité d'innovation parmi d'autres, la chasse aux « présupposés » pousse Dominick LaCapra à abandonner très vite sa prudence initiale. La perspective qu'il propose est présentée comme la seule méthode légitime, non seulement pour l'histoire intellectuelle, mais pour toute la recherche historique[36]. Il n'est pas nécessaire d'entrer dans les détails de l'argumentation, somme toute très classique, qu'il développe pour convaincre ses lecteurs. C'est le même type de raisonnement que les *Annales* avaient déployé dès les années 1950-1960 contre l'histoire dite « positiviste ». Au lieu d'affirmer : « toute réalité est sociale, donc l'histoire sociale est la somme de toutes les histoires possibles »,

---

36. Hayden White affirme lui aussi, dans son commentaire, que le problème de la relation entre « texte » et « contexte » est un enjeu crucial, non seulement pour l'histoire intellectuelle, mais pour l'ensemble de la recherche historique ; cf. H. White, « Method and Ideology...», *op. cit.*, in D. LaCapra and S. Kaplan (eds), *op. cit.*, p. 281.

les théoriciens du *LT* argumentent en disant : «toute réalité est médiatisée par le langage et les textes, donc toute la recherche historique est dépendante de la réflexion sur le discours ». LaCapra estime que l'histoire doit être entièrement « refondée » à partir des principes de la « *dialogical relationship* » (fortement inspirés par Heidegger et Derrida) qu'il défend et qu'il oppose à l'approche « documentaire » mise en œuvre par les historiens ordinaires. Selon lui, en effet, les historiens qui lisent les textes uniquement comme des « documents » ou des « entités formelles », « ne les lisent pas historiquement, précisément parce qu'ils ou elles ne les lisent pas comme des textes » (p. 53). Étant donné que tous les historiens travaillent sur des « documents », on peut en conclure qu'ils seront capables de les lire « historiquement » – et donc qu'ils deviendront vraiment des « historiens » – seulement quand ils appliqueront la théorie de Dominick LaCapra. Dans le même temps, il estime que l'historien ne peut plus se contenter de remplir sa fonction d'universitaire. Il doit devenir aussi un « intellectuel » (au sens fort, c'est-à-dire, au sens français du terme) ; qui intervient dans la vie culturelle et politique de son pays. Au bout du compte, « l'historien intellectuel », tel que le conçoit Dominick LaCapra, a remplacé le philosophe dans le rôle de Juge suprême qui s'arroge le droit d'évaluer toutes les formes de la connaissance, depuis la littérature jusqu'à l'histoire en passant par la philosophie et la politique.

Bien que le *LT* ait été au départ un problème qui ne concernait que l'histoire intellectuelle américaine, on constate donc que, d'emblée, ses partisans ont ouvert la porte au processus d'universalisation qui débute quelques années plus tard. Le texte publié par Geoff Eley dans *Genèses* illustre la jonction qui s'est opérée entre le foyer fondateur du *LT* et l'autre canal par lequel les préoccupations « épistémologiques » se sont répandues dans le monde des historiens : l'histoire sociale d'inspiration marxiste. Comme l'illustre l'itinéraire de Gareth Stedman Jones, qui inaugure, selon Geoff Eley, la réflexion des historiens sociaux britanniques sur la question du langage[37], là aussi, c'est au début des années 1980 que la philosophie du discours commence à prendre la place de la philosophie marxiste dans l'argumentation mettant en cause les « naïvetés empiristes » des

---

37. G. S. Jones, *Languages of class. Studies in English Working Class History (1832-1982)*, Cambridge Univ. Press, 1983.

historiens ordinaires. L'ouverture sur l'histoire sociale permet à Eley d'élargir la discussion sur le « tournant linguistique » pratiquement à l'ensemble de la recherche historique se réclamant de l'« interdisciplinarité ». Désormais, il suffit qu'un auteur ait manifesté, à un moment ou à un autre, son intérêt pour la question des « représentations », du « discours » ou du « langage » pour être aussitôt embrigadé sous la bannière du *LT*. Derrière la « neutralité » d'un parcours bibliographique, Eley nous propose en fait un « palmarès » où abondent les jugements de valeur concernant la situation actuelle de la recherche historique. Pour étayer une énième critique de l'« empirisme » des historiens, il reprend à son compte, comme s'il s'agissait de vérités absolues, les constats « post-modernes » de Jean-François Lyotard affirmant qu'«il n'existe plus de méthode unique de lire l'histoire » ni de « métarécit ». Cette référence constitue, à elle seule, une preuve qui suffit à Eley pour conclure que « les deux dernières décennies ont été les témoins d'une évolution intellectuelle vertigineuse ». Toute sa démonstration repose sur cette tautologie : puisque la philosophie « post-structuraliste » est, par définition, « une révolution de la connaissance », donc les travaux historiques qui s'en réclament sont à la pointe de l'innovation et ceux qui refusent de la suivre sont forcément « dépassés ».

C'est en partant de ces principes, et non au terme d'une véritable enquête (portant, par exemple, sur le nombre de thèses, d'ouvrages ou d'articles produits par chaque domaine de recherches) qu'Eley affirme : « Avec le recul, la triomphale codification des *Annales* que l'on retrouve dans la *Nouvelle Histoire* prend plutôt les allures d'une monument funéraire » (p. 174). Ou encore : « l'histoire sociale amorphe et expansive des années 1970, a cessé d'exister […]. La *"Nouvelle Histoire Culturelle"* ou les *"cultural studies"* sont en train de prendre sa place » (p. 193). Le plus étonnant, c'est que Geoff Eley s'étonne dans son article que de tels propos puissent susciter l'agressivité de ceux qui en sont les victimes[38]. En se posant à la fois comme juge et partie de la recherche historique, il raye d'un trait de plume les nombreuses années de travail que les historiens considérés comme « dépassés » ont consacrées à leur tâche, remet-

---

38. Cf. notamment l'ouvrage de B. D. Palmer, *Descent into Discourse. The reification of language and the writing of social history*, Temple Univ. Press, 1990.

tant du même coup en cause le sens même de leur existence professionnelle. Dans ces conditions, on ne peut pas être surpris de voir
que les discussions sur le *LT* ne font qu'aggraver les dissensions
internes à la « communauté » des historiens[39].

– A la recherche d'un « tournant »

Toute l'argumentation des partisans du *LT* repose sur deux
grandes affirmations sur lesquelles je voudrais revenir rapidement.
En premier lieu, ils justifient la nécessité du *« linguistic turn »* en
histoire en partant de l'idée, développée par Martin Jay au colloque
de Cornell, que la philosophie aurait elle-même connu un « tournant
linguistique » au XXe siècle. Cette idée a été défendue dans un
ouvrage – le seul qui, à ma connaissance, reprenne l'expression
« linguistic turn » dans son titre – publié par Richard Rorty dans les
années 1960. Il s'agit d'un recueil de textes appartenant, pour
l'essentiel, à la philosophie analytique (très éloignés, par conséquent, des perspectives de la philosophie « continentale » sur
laquelle s'appuient principalement les partisans du *LT*). Dans la
réédition de l'ouvrage, en 1992, Rorty revient sur cette formulation
en se livrant à une autocritique qui semble avoir échappé à la saga-
cité des historiens du *LT*. Tout en réaffirmant son intérêt pour la
question du langage, Richard Rorty se démarque de **l'expression**
« linguistic turn » car celle-ci laisse entendre qu'il pourrait y avoir
des « tournants » dans l'histoire de la connaissance ; comme on parlait autrefois des « coupures épistémologiques » (certains sont
d'ailleurs passés directement de la « coupure » au « tournant »).
Rorty considère, non sans humour, que l'insistance avec laquelle il
défendait un quart de siècle plus tôt l'idée d'un « tournant linguistique » en philosophie reflétait les attentes d'un jeune philosophe de

---

39. Cf. par exemple le « débat » récent publié par la revue *Social History ;*
D. Mayfield and S. Thorne, « Social History and its Discontents : Gareth Stedman Jones and the Politics of Language », *Social History*, vol 17, 2, May 1992,
pp. 165-188 et J. Lawrence and M. Taylor, « The poverty of protest : Gareth
Stedman Jones and the politics of language – a reply », *Social History*, vol. 18, 1,
janv. 1993, pp. 1-15. On pourra continuer en lisant la réponse de P. Joyce, « The
imaginery discontents of social history : a note of response to Mayfield and
Thorne, and Lawrence and Taylor », *Social History*, vol 18, 1, janv. 1993, pp. 81-
84. Et aussi la réponse à la réponse de D. Mayfield and S. Thorne, « Reply to
'The poverty of protest' and 'the imaginery discontents' », *Social History*, vol.
18, 2, May 1993, pp. 219-233. *And so on...*

33 ans, désireux de se convaincre lui-même (et de convaincre les autres) qu'il avait eu de la chance de naître à la bonne époque et que le domaine de recherche qu'il avait choisi était plus qu'une simple école philosophique, plus qu'une simple « tempête dans un verre d'eau »[40].

En second lieu, les partisans du *LT* justifient leur volonté d'hégémonie sur la recherche historique en ironisant sur les « naïvetés » des historiens ordinaires qui croient encore à « l'objectivité », à la « vérité » et à la « réalité ». Constatant qu'il n'existe aucun critère « épistémologique » ultime qui permettrait de différencier la réalité historique et sa représentation, Hayden White estime que la distinction entre discours « réaliste » et discours de « fiction » est désormais caduque[41]. Par conséquent l'histoire n'est qu'un genre littéraire comme un autre, qui doit être appréhendé en privilégiant la critique textuelle. Les partisans du *LT* ont bien sûr le droit de défendre les techniques de l'analyse discursive et il est indéniable que leur mise en œuvre a contribué à l'enrichissement de l'histoire intellectuelle. Mais cela ne signifie nullement que les approches qui se réclament de l'histoire sociale seraient « dépassées » ou que l'étude du « discours » serait plus importante, pour des raisons « épistémologiques », que l'étude du « social ». Il s'agit là de préférences personnelles impossibles à prouver ; même en convoquant, à grand renfort de citations, Nietzsche, Heidegger, Derrida ou Lyotard. Bien qu'ils s'affrontent sur ce sujet depuis vingt-cinq siècles, les philosophes n'ont jamais pu trancher le problème du rapport entre la réalité et sa représentation. Le « relativisme » des théoriciens du discours peut-être considéré comme une variante de ce « scientisme du non-savoir » évoqué par Jacques Bouveresse à propos des réflexions « épistémologiques » de Paul Veyne[42] (cf. chapitre précédent). De même, les arguments théoriques avancés pour

---

40. Cf. R. Rorty, *The linguistic turn. Recent essays in philosophical method*, The University of Chicago Press, 1992, p. 371 (1re éd. 1967). Rorty attribue la paternité de l'expression *« linguistic turn »* en philosophie à Gustav Bergmann ; cf. H. J. Saatkamp Jr (ed.), *Rorty and Pragmatism. The Philosopher Responds to His Critics*, Nashville, Vanderbilt University Press, 1995, p. 53. Dès 1985, Terence Ball estimait que Hobbes était le véritable « père fondateur » du *LT ;* cf. T. Ball, « Hobbes' linguistic turn », *Polity*, 1985, 42 (4), pp. 739-760. On pourrait évidemment remonter ainsi jusqu'aux origines de la philosophie.

41. H. White, *Metahistory, op. cit.,* notamment p. 26.

42. J. Bouveresse, *Le philosophe chez les autophages, op. cit.*

justifier la prééminence accordée à l'étude du « discours » ne résistent pas à l'analyse. Comme l'écrit Richard Rorty, « malheureusement, il existe aujourd'hui des gens qui, comme s'ils débarquaient, viennent nous informer que *"la philosophie a démontré"* (souligné dans le texte) que le langage ne référait pas à une réalité extra-linguistique, si bien que tout ce que nous pouvons parler consiste en un texte […]. En partant de l'idée que "nous ne pouvons pas penser sans concepts, ni parler sans mots", elles infèrent faussement que "nous ne pouvons penser ou parler que de ce qui a été créé par notre pensée ou par notre discours"»[43].

Dans son étude sur le *LT*, Anthony Pagden constate que les historiens intellectuels vivent dans une « constante anxiété théorique » qu'il explique par le fait que pour eux le « *rethinking* » constitue « presque une question de survie » (p. 519). Lors du colloque de Cornell en 1980, les participants soulignaient que leurs propositions avaient pour but de mettre fin au « malaise » ambiant[44]. Les principaux porte-parole du « mouvement » affirmaient que le détour par la philosophie était nécessaire pour que les historiens ne soient plus dépendants des théories élaborées par les sciences sociales et puissent enfin penser par eux-mêmes. A en croire John Toews, à la fin des années 1980, cet objectif était en passe d'être atteint. Les historiens intellectuels manifestent alors une confiance qui tranche avec les doutes du début de la décennie. Hélas, il semble bien qu'aujourd'hui, « l'anxiété théorique » soit de retour. Dans un autre « *review article* » paru récemment, John Zammito note qu'une question hante toujours le milieu des historiens intellectuels : «sommes nous (enfin) devenus des théoriciens ?»[45]. Cette insécurité chronique illustre le fait que, contrairement à ce qu'ils espéraient, les historiens du *LT* ne sont pas parvenus à s'affranchir des modèles extérieurs à leur discipline. La plupart des références que Geoff Eley présente comme des preuves du dynamisme du *LT* en histoire ont été empruntées à la philosophie, à l'anthropologie ou à la critique

---

43. R. Rorty, *Conséquence du pragmatisme*, Seuil, 1993, p. 291 (1re éd. 1982).

44. Cf. notamment, H. Kellner : «Triangular Anxieties : The Present State of European Intellectual History », *in* D. LaCapra and S. Kaplan (eds.), *op. cit.* pp. 111-136.

45. Cf. J. H. Zammito, « Are we being theoretical yet ? The new Historicism, the new Philosophy of history and 'practicing historians' », *Journal of Modern History*, 4, 1993, pp. 783-814.

textuelle. Si l'alliance avec les philosophies « fondationnalistes » a effectivement permis à l'histoire intellectuelle de contester l'hégémonie de l'histoire sociale, les partisans du *LT* (bien qu'ils soient complètement muets sur ce point) ont mis fin à une dépendance pour tomber dans une autre. En reprenant à leur compte la querelle philosophique sur les fondements de la connaissance, ils ont contribué à diffuser les arguments mis en circulation dans la recherche historique par les historiens-épistémologues français au cours des années 1970, comme on l'a vu précédemment. Auparavant, une recherche pouvait être évaluée en fonction des nouvelles connaissances apportées au domaine considéré ou de la nouveauté de l'éclairage proposé. Pour les partisans du *LT*, c'est la théorie mise en œuvre qui constitue l'élément essentiel soumis à évaluation. De même que Dominick LaCapra n'a pu, au départ, définir sa propre perspective qu'en rejetant toutes les autres, de même ses concurrents et ses successeurs doivent critiquer la théorie de LaCapra pour faire valoir leur propre pensée. Les « *review articles* » analysés ici illustrent ce processus. En se situant toujours *après* le « tournant » (ou au-delà), les promoteurs du *LT* font d'une pierre deux coups. Présenter le « *turn* » comme un événement passé, c'est conforter son évidence, mais c'est aussi souligner que désormais l'innovation est ailleurs. Derrière la neutralité du compte rendu bibliographique, c'est leur propre musique que les auteurs s'efforcent de faire entendre. Rien que par son titre, l'article de John Toews annonce la couleur. Le *LT* a bien eu lieu, mais il est « dépassé » car, dit-il, la « nouvelle génération » se préoccupe surtout désormais de repenser les rapports entre « *meaning* » et « *experience* » (p. 906). De même, Anthony Pagden, après avoir souligné que le *LT* était « inévitable », constate qu'il n'apparaît plus à présent aussi « nouveau » qu'au départ et qu'il n'a pas tenu toutes ses promesses. Il souligne les impasses dans lesquelles débouche la « *dialogical relationship* » prônée par LaCapra. Si personne ne détient la vérité d'une interprétation textuelle, si le lecteur construit lui-même le sens du texte qu'il étudie, à partir de quelles « vérités » peut-on critiquer les analyses proposées par d'autres historiens ? La « déconstruction » en interdisant toute stabilisation du sens, ne risque-t-elle pas, « à long terme », de réduire l'historien « à un silence impuissant » (p. 528-529) ? L'examen des débats qui opposent entre eux les partisans du *LT* montrent qu'ils finissent, au bout du compte, par reprendre à leur compte les vieilles querelles de la philosophie. Pour John Toews, toute l'histoire intellectuelle est aujourd'hui traversée par les contro-

verses qui opposent ceux qui pensent que le langage exprime la réalité vécue et ceux qui, au contraire, estiment qu'il constitue la réalité ;
ou ceux qui défendent une approche « objectiviste » du langage
contre eux qui prônent une approche « subjectiviste ». Geoff Eley
considère, quant à lui, que la question fondamentale qui préoccupe,
aujourd'hui, les historiens du « tournant linguistique » est la suivante : « si la réalité sociale ne peut s'appréhender qu'à travers le langage […] et si le "social" ne se constitue que par le discours, quelle
place peut-il rester pour des déterminations spécifiquement sociales ?
C'est selon moi le point où le débat en est arrivé » (p. 183). Ce genre
de question ne présente, à mon avis, aucun intérêt ; ni pour les philosophes – qui y verront une nouvelle preuve de la « naïveté » des historiens dès qu'ils se mêlent de ce qu'ils connaissent mal[46] – ni pour
les historiens qui aimeraient surtout savoir comment les partisans du
LT mettent en œuvre dans leurs recherches empiriques les théories
dont ils se réclament. C'est à ce niveau que se situent les principales
faiblesses du *LT*. Le « programme » de recherche annoncé lors du
colloque de Cornell en 1980 n'a jamais véritablement été mis en pratique collectivement. Il suffit de consulter les travaux publiés depuis
quinze ans par les participants à ce colloque, pour constater que chacun a développé son propre « paradigme ». En valorisant l'auteur au
détriment du chercheur, le *LT* a considérablement accentué l'atomisation de la discipline historique. On peut voir là une autre raison de
l'importance accordée aux stratégies d'étiquetage. L'invention d'une
formule vague et générale, comme « tournant linguistique », permettant de regrouper, après coup et au niveau du discours, ce qui ne peut
pas l'être dans la pratique.
    Constatant que « l'impérialisme linguistique » était en train de
remplacer les autres formes d'impérialisme que la recherche historique avait connues dans les décennies antérieures, David Hollinger
demandait aux partisans du *LT*, il y a une dizaine d'années déjà, de
s'assurer que leur engouement pour le « discours » était bien motivé
par des raisons intellectuelles et non par un simple « opportunisme
professionnel »[47]. Pour ne pas avoir eu le courage d'affronter cette

---

46. Comment peut-on, *à la fois*, rejeter comme le fait Eley, « une théorie de la
vérité fondée sur une correspondance » et reprendre à son compte la discussion
sur la correspondance entre « réalité sociale » et « discours » ?
    47. D. Hollinger, *In the American Province. Studies in the History and Histo-
riography of Ideas*, Bloomington, Indiana University Press, 1985, p. 188.

question, les défenseurs de la « théorie critique » sont condamnés, aujourd'hui, à une surenchère permanente sur le « *new* », le « *post* » et le « *rethinking* » et à une fuite en avant dans des polémiques à la fois inévitables (étant donné qu'un auteur ne peut être « reconnu » par son milieu que s'il propose une théorie qui invalide les précédentes) et sans solution (puisqu'en dernière analyse ces querelles reposent sur des fondements philosophiques indémontrables)[48].

Histoire féministe et « déconstruction »

Parmi les travaux qui ont fortement contribué au succès du *LT*, Geoff Eley accorde une place de choix à l'ouvrage publié au milieu des années 1980 par l'historienne féministe Joan Scott, qui propose une nouvelle approche théorique pour la « *gender history* »[49]. L'annexion de ce livre au mouvement linguistique peut paraître quelque peu abusif. A la différence des théoriciens « textualistes », Joan Scott n'oppose pas, dans cette étude, le « discours » au « social » comme deux entités irréductibles. Néanmoins, l'ouvrage pose des problèmes qui rejoignent les préoccupations du *LT* et qui sont au centre, aujourd'hui, des débats qui agitent la scène de l'histoire féministe américaine. C'est pourquoi il faut s'y arrêter un moment. Dans le prolongement des croyances partagées par un grand nombre d'historien(ne)s marxistes dans les années 1970, Joan Scott pense que le renouvellement de la recherche historique, et notamment l'histoire du genre *(« gender »)*, nécessite au préalable l'élaboration de ce qu'elle appelle une « théorie épistémologique » (*« epistemological theory »*, p. 9). Elle estime que la position marginale du courant féministe en histoire est, en partie, due au fait que ses animatrices ont été jusqu'ici incapables de conceptualiser leur objet. « Théoriser » l'histoire féministe est une nécessité intellectuelle, mais aussi politique. Joan Scott considère en effet qu'une politique féministe radicale nécessite une « épistémologie radi-

---

48. Cf entre autres productions récentes, outre J. H. Zammito, « Are we being theoretical yet ? The new Historicism, the new Philosophy of history and 'practicing historians' «, *Journal of Modern History, op. cit.* ; D. Attridge, G. Bennington and R. Young (eds.), *Post-structuralism and the Question of History*, Cambridge UP, 1987 ; H. Aram Veeser (ed), *The New Historicism, op. cit.,* 1989 ; M. Levinson, M. Butler, J. McGann and P. Hamilton, *Rethinking Historicism*, Blackwell, 1989.

49. J. W. Scott, *Gender and the politics of history*, Columbia Univ. Press, 1988.

cale ». Tout en soulignant que la voie qu'elle propose n'est pas la seule possible, elle pense que la philosophie « post-structuraliste » (en l'occurrence Foucault et Derrida) constitue la meilleure arme pour élaborer cette « épistémologie radicale ». Alors que l'histoire sociale étudie les groupes sociaux comme s'il s'agissait d'entités fixes, naturelles et éternelles, les penseurs « post-structuralistes » ont montré, en effet, que les catégories identitaires étaient des constructions historiques arbitraires et instables ; le produit de relations de pouvoir fixées dans le langage. C'est en s'appuyant sur les ressources qu'offre le langage que les dominants parviennent à faire passer pour « naturelles » ces représentations arbitraires. Dans ces conditions, les historien(nes) qui reprennent à leur compte ces définitions arbitraires, parce qu'ils (elles) croient qu'elle sont « naturelles », contribuent à entretenir cette domination, même quand ils (elles) pensent les combattre. Les études empiriques réunies dans l'ouvrage de Joan Scott illustrent l'intérêt de cette nouvelle perspective pour l'histoire du « genre ». En ce sens, Joan Scott a parfaitement raison de souligner, dans l'un des chapitres du livre, le caractère « utile » (« useful ») du concept de « gender » qu'elle propose. Mais c'est justement parce qu'elle utilise certains aspects des travaux de Foucault ou de Derrida comme des « outils » de travail adaptés aux nécessités de la recherche historique, qu'on ne peut pas voir dans ces travaux empiriques une « application » de la « théorie épistémologique » des philosophes « post-structuralistes ». Les mots magiques de « déconstruction » ou « post-structuralisme » ne doivent pas nous faire oublier que ce genre de préoccupations n'est pas nouveau en sciences sociales. La « déconstruction » la plus radicale des concepts et des entités collectives qui ait été entreprise jusqu'ici est à mettre à l'actif de Max Weber, qui a fait de cette « déconstruction » l'objet de même de sa sociologie compréhensive. Après tout, dira-t-on, peu importe que le référent se nomme Weber, Derrida ou autre, ce qui compte c'est le résultat. Il est vrai que les références sur lesquelles nous nous appuyons pour nourrir notre réflexion peuvent être très différentes et aboutir à des conclusions voisines. Il est frappant de constater que l'approche linguistique, suivie par Gareth Stedman Jones, par exemple, débouche sur des analyses qui sont finalement très proches de celles qu'ont développées, en France, la sociologie et l'histoire sociale « constructivistes ». Mais en considérant la philosophie « post-structuraliste » comme une « théorie épistémologique » et non simplement comme une « boîte à outils »,

Joan Scott a contribué à introduire, dans le champ de l'histoire féministe, un débat sans issue sur les « fondements » de la connaissance.
Les philosophes « post-structuralistes » sont invités à jouer, une fois
de plus, le rôle d'arbitre dans les querelles sur la connaissance, alors
même qu'ils crient haut et fort (me semble-t-il) qu'ils ne veulent
plus tenir la place du juge ou du gendarme ! En s'appuyant sur des
courants philosophiques qui ont été élaborés, en bonne partie, pour
rejeter les principes de base sur lesquels ont été édifiées les sciences
sociales (croyance dans la possibilité de connaissances vérifiables,
privilège accordés à l'étude du monde social et au travail empirique...), les historiens « post-structuralistes » sont pris dans une
contradiction sur laquelle il serait utile qu'ils s'expliquent. Comment développer des recherches empiriques sans suspendre, au
moins provisoirement, la « déconstruction » ? Comment, d'un côté,
affirmer qu'on ne peut pas stabiliser le sens des concepts et, d'un
autre côté, proposer des définitions sur « ce qu'est », « ce que n'est
pas », « ce que devrait être » la politique, le *gender*, etc.[50] Étant
donné que Joan Scott s'appuie sur la philosophie « post-structuraliste » pour mettre en cause les « faiblesses » des autres courants de
l'histoire des femmes, les historiennes visées ne pouvaient pas rester
sans réagir. D'où les polémiques virulentes qu'a provoquées
l'ouvrage à l'intérieur même du mouvement féministe. On pourrait
estimer qu'il s'agit là, après tout, de controverses normales dans tout
débat scientifique. Joan Scott défend à juste titre l'idée que le conflit
est l'un des moteurs du progrès de la connaissance et que nous
devons, par conséquent, admettre la pluralité des interprétations historiques. Mais ce n'est pas le pluralisme qui est en cause (il y a bien
longtemps que, dans les États démocratiques, celui-ci est un fait
acquis). Ce qui pose problème dans cette démarche, c'est l'absence
de toute réflexion sur la question de la communication du savoir.
Comme tous les historiens-épistémologues qui s'aventurent sur les
terres philosophiques pour arbitrer leurs querelles historiques, Joan
Scott considère que la « théorie épistémologique » qu'elle propose
suffit, par elle-même, à valider ses arguments. C'est pourquoi, elle
ne se préoccupe pas de créer les conditions « communicationnelles »
qui permettraient de faire émerger, entre les chercheurs compétents,
un accord sur les thèses qu'elle avance. La polémique qui l'a opposée à l'historienne féministe Laura Downs illustre parfaitement ce

---

50. *Ibid.,* surtout p. 5.

constat. Pour défendre une approche empirique[51] qu'elle estime mise en cause dans l'ouvrage de Joan Scott, Laura Downs ne peut (selon la logique évoquée dans le chapitre précédent à propos de la querelle entre les historiens marxistes britanniques) que se placer sur le terrain « épistémologique » qu'a choisi Joan Scott[52]. Ce qui l'amène à opposer aux noms magiques de Derrida et Foucault, les noms, non moins magiques, de Lacan, Habermas, etc. Mais comme on pouvait s'y attendre, ce débat ne nous apprend absolument rien sur l'histoire « concrète » (« réelle ») des femmes et du « genre ». Comme toujours quand les historiens convoquent les grands philosophes, la polémique finit par se focaliser sur les éternelles querelles de la philosophie : « objectivité » vs « subjectivité », « discours » vs « expérience », « *structure* » vs « *agency* », « réalité » vs « représentation », etc. Évidemment, ces deux historiennes ne peuvent parvenir à un accord sur des questions qui divisent les philosophes depuis Platon. Joan Scott critique la critique de Laura Downs qui, elle-même, critique la critique de Joan Scott[53]. Au bout du compte, on constate que l'effort de « théorisation » aggrave les divisions internes au mouvement féministe et donc son affaiblissement, alors que l'objectif initial était de le renforcer[54]. Il ne s'agit pas, je le répète, de se prononcer « pour » ou « contre » l'utilisation des « théories » en histoire ; ce genre de débat n'a guère de sens à mes yeux. Ce qui importe, c'est de souligner que, le plus souvent, les historiens qui se réfèrent à des modèles théoriques (on en verra d'autres exemples, dans la suite de ce chapitre), estiment – étant donné la confiance « épistémologique » qu'ils placent dans leur théorie – que celle-ci les dispense de tout effort visant à obtenir une validation collective de leur travail. Si, comme le souligne Joan Scott, cette polémique avec Laura Downs est une illustration de ce qui arrive « quand l'interdisciplinarité n'est pas poursuivie sérieusement », il est dommage qu'elle ne

---

51. Cf. L. Downs, *Manufacturing inequality : gender division in the French and British metalworking industries 1914-1939*, Ithaca, Cornell U. P., 1995.

52. L. Downs, « If 'woman' is just an empty category, then why am I afraid to walk alone at night ? Identity politics meets the postmodern subject », *Comparative Studies in Society and History*, 1993, 35, pp. 414-437.

53. J. Scott, «'The tip of the Volcano'», *Ibid.,* pp. 438-443. L. Downs, « Reply to Joan Scott », *Ibid.*, pp. 444-451.

54. Sur les divisions du mouvement féministe américain, cf. E. Fox-Genovese, *Feminism without Illusions. A Critique of Individualism*, Chapell Hill and London, The University of North Carolina Press, 1991.

nous dise pas ce qu'il faudrait faire pour que l'interdisciplinarité soit « poursuivie sérieusement ». Proposer une théorie du *gender* fondée sur la philosophie « post-structuraliste » quand on est historien(ne), c'est choisir délibérément de se placer en dehors des compétences « normales » de sa communauté professionnelle. Il y a là un effort que l'on peut admirer, mais qui devrait déboucher sur un travail d'explicitation, afin que l'on puisse savoir à quelle communauté de lecteurs s'adresse l'auteur, dans quel cercle de compétences il (elle) s'inscrit. Travail qui exigerait aussi une clarification du sens des mots employés, quand ils sont étrangers au langage normal des historiens[55]. L'historien-épistémologue qui refuse d'effectuer ce travail ne doit pas s'étonner que ses analyses puissent déboucher sur les « incompréhensions » que déplore Joan Scott[56].

L'« ALLTAGSGESCHICHTE »

Le courant de « l'anthropologie historique interprétative », qu'on appelle en Allemagne l'« *Alltagsgeschichte* » (« l'histoire du quotidien »), a été présenté récemment au public français par l'un de ses principaux porte-parole : Hans Medick[57]. Si ce domaine de la recherche historique est parfois rattaché au « *linguistic turn* », c'est parce qu'il s'inspire des travaux de l'anthropologue Clifford Geertz, dont l'hypothèse fondamentale est que le chercheur doit appréhender la société qu'il étudie comme un texte[58]. De ce postulat est tirée la méthode d'analyse que Geertz appelle « description dense » (« *thick description* ») dont l'ambition est de reconstituer la cohérence de la culture étudiée par le chercheur. Comme le souligne Hans Medick, l'histoire du quotidien est elle aussi sortie des entrailles de l'histoire sociale marxiste des années 1970, à l'initiative d'un groupe d'historiens « alternatifs », situés (à l'époque) en marge de l'université allemande. Les porte-parole du « paradigme » anthropo-

---

55. Par exemple le terme « post-structuralisme » ne veut rien dire pour un historien français, mais dans leur débat, J. Scott et L. Downs font comme s'il allait de soi.

56. Cf. J. Scott, «'The tip of the Volcano' », *op. cit.,* p. 443.

57. H. Medick, «'Missionnaires en canot'. Les modes de connaissance ethnologique, un défi à l'histoire sociale », *Genèses*, 1, sept. 1990, pp. 24-46.

58. Cf. C. Geertz, « Thick Description : Toward an Interpretative Theory of Culture », *in* C. Geertz, *The Interpretation of Cultures. Selected Essays*, New York Univ. Press, 1973.

logique établissent une équivalence entre les luttes sociales que mènent les groupes dominés dans la société (femmes, ouvriers, immigrés, etc.) et leur propre combat contre la tendance dominante de l'histoire « interdisciplinaire » : l'histoire-science sociale. C'est pourquoi, dès le départ, ils ont puisé eux aussi dans l'arsenal des arguments que la philosophie a développés contre l'histoire sociale. Mais ici, ce ne sont pas, principalement, les ressources de la pensée structuraliste qui ont été mobilisées, mais celles de l'« herméneutique » déjà largement utilisées, dans le cas de la France, par Raymond Aron et Henri-Irénée Marrou contre les *Annales*. Medick souligne que « l'histoire du quotidien » met en œuvre une « approche herméneutique renouvelée » inspirée principalement de l'œuvre de Hans Gadamer. D'après lui, seule cette approche peut permettre de résoudre les problèmes auxquels se sont heurtés les partisans de l'histoire-science sociale dans les années 1960-1970. Les reproches que les adeptes de cette anthropologie historique adressent à la « génération structuralo-fonctionnaliste » sont à la fois d'ordre politique et « épistémologique ». Sous prétexte d'«objectivité », les historiens sociaux auraient écarté toute réflexion sur la position occupée par l'historien dans le monde social. Leur fascination pour les problèmes de méthode et pour l'administration des concepts auraient fait d'eux des « technocrates de la recherche », prisonniers d'une conception « ethnocentrique » de l'histoire. D'où le regard « extérieur », construit sur des catégories « préétablies », qu'ils porteraient sur leur objet d'étude. Le privilège accordé à la « longue durée » et aux « structures » expliquerait pourquoi ces historiens ont été « incapables de rendre compte du sens et de la dimension culturelle des structures sociales et de leur rôle dans les processus historiques, toutes questions auxquelles l'histoire sociale est confrontée qu'elle le veuille ou non » (p. 26). Medick estime, en effet, que les rapports sociaux sont toujours médiatisés par des significations culturelles, elles-mêmes produites par les interactions qui lient les individus entre eux. Les facteurs culturels sont ainsi présentés comme les véritables « forces motrices de l'histoire », dont l'analyse est obligatoire si l'on veut mener à bien l'édification de cette « histoire totale de l'homme » que Medick appelle de ses vœux. Pour l'entreprendre, il faut apprendre à comprendre « de l'intérieur » les sociétés prises pour objet d'étude, en se laissant guider par elles, afin qu'elles-mêmes fournissent au chercheur les instruments d'analyse qui lui permettront de les interpréter, au lieu de leur appliquer des grilles de lectures « ethnocentriques », rigides et passe-partout. Il faut reconnaître que l'« anthropologie historique interprétative » a donné lieu à de nombreuses recherches historiques empiriques qui sont du plus haut intérêt. Mais au lieu de considérer le « paradigme » qu'il défend comme un simple point de vue parmi d'autres possibles, Medick veut absolument en faire le seul levier qui permettrait de soulever « le continent histoire ». Au lieu de nous expliquer comment, pratiquement, les principes de l'« herméneutique post-heideggerienne » ont permis de renouveler l'ancienne histoire herméneutique, son argumentation « épistémologique » se limite, une fois de plus, à des considérations générales sur les « fondements » de la connaissance. Les partisans de l'histoire-science sociale justifiaient leur volonté hégémonique en affirmant que « toute réalité est sociale ». Medick retourne l'argument : la réalité sociale est médiatisée par des rapports de sens, donc seule l'anthropologie historique peut prétendre élaborer une « histoire totale ». Les mêmes causes produisant les mêmes effets, en Allemagne aussi, aujourd'hui, « l'histoire interdisciplinaire » est déstabilisée par des polémiques d'une grande violence, au grand bénéfice du camp conservateur.

LE « TOURNANT CRITIQUE »

Les deux éditoriaux des Annales

L'expression « tournant critique » (désormais *TC*) est utilisée depuis plusieurs années par un certain nombre d'historiens français pour désigner les nouvelles tendances de la recherche historique impulsées notamment par les *Annales*. Les grandes lignes de ce « tournant » ont été présentées dans deux éditoriaux de la revue qui me serviront de point de départ[59]. Le « tournant critique » se démarque du *« linguistic turn »* sur plusieurs points essentiels. Le plus important tient au fait que les *Annales* restent fidèles à ce qui fait l'objet même des sciences sociales : l'étude de la société. C'est pourquoi, les partisans du *TC* refusent de privilégier l'analyse du discours. S'ils ne partagent pas la fascination de leurs collègues américains pour les philosophes « post-structuralistes » et/ou

---

59. « Histoire et sciences sociales. Un tournant critique ?», *Annales E.S.C.*, 2, mars-avril 1988, *op. cit.* et « Histoire et sciences sociales : tentons l'expérience », *Annales E.S.C.*, 6, nov.-déc. 1989, pp. 1317-1323.

« post-modernes », c'est sans doute parce qu'ils les fréquentent depuis trop longtemps pour que leurs œuvres puissent encore avoir le parfum d'exotisme et de nouveauté qu'elles ont conservé de l'autre côté de l'Atlantique[60]. Mais c'est aussi parce que les historiens des *Annales* n'ont pas oublié qu'au-delà de l'intérêt porté à la construction/déconstruction des structures, les philosophes « structuralistes » ont surtout cherché à invalider, comme on l'a vu, les fondements de la recherche empirique en sciences sociales. Une autre raison de ces rapports distants tient au fait que dès le départ (c'est-à-dire dans les années 1960-1970), les arguments développés par les philosophes contre les sciences sociales ont été efficacement combattus par d'autres philosophes, devenus sociologues (principalement Pierre Bourdieu, Jean-Claude Passeron et leurs élèves). De plus, la sociologie a pris d'emblée en charge, en France, des questions (comme la construction et la déconstruction des catégories, le problème des classifications sociales, etc.) que les historiens américains ont découvertes en lisant les philosophes « post-structuralistes ». Autre originalité majeure du *TC* : il s'agit d'une initiative qui émane du « centre ». Ce sont les chercheurs qui dirigent la revue la plus légitime dans la discipline qui appellent à son renouvellement, alors que le « tournant linguistique » s'est développé, au départ, comme un mouvement de contestation des courants historiographiques hégémoniques. Ceci expliquant peut-être cela, les adeptes du *TC* s'efforcent de le défendre en évitant toute polémique, tout affrontement d'un projet contre un autre projet. Certes, j'y reviendrai, ils admettent eux aussi que l'histoire économique et sociale de Braudel et Labrousse est « dépassée ». Néanmoins, on ne trouvera nulle trace, sur la scène historique française, des débats passionnés qui agitent la discipline aux États-Unis, en Allemagne et dans bien d'autres pays. Enfin, il faut souligner qu'à la différence du « tournant linguistique », le *TC* n'est pas une dénomination rétrospective. Au départ, en effet, il s'agit essentiellement d'un « appel », un « mot d'ordre », destiné à mobiliser, dans une démarche collective, les historiens désireux de participer au processus de rénovation de leur discipline. Le premier éditorial consacré au « tournant critique » renoue avec la tradition de « solidarité » qui a accompagné la

---

60. A propos des usages de Derrida dans les universités américaines, cf. M. Lamont, « How to Become a Dominant French Philosopher : the Case of Jacques Derrida », *American Journal of Sociology*, 3, 93, 1987, pp. 584-622.

naissance des *Annales*. Écrit dans la langue naturelle des historiens, il est largement tourné vers l'action, appelant ces derniers à réfléchir ensemble à une « nouvelle donne ». Cette réflexion collective doit permettre de mieux « exercer demain le métier d'historien » et de lutter contre l'atomisation de la discipline, la dispersion de ses objets de recherche. Néanmoins, l'appel fait aussi une large place aux préoccupations « épistémologiques ». Il fixe d'emblée les deux points sur lesquels devra porter la discussion. En premier lieu, les lecteurs sont invités à s'interroger sur les « nouvelles méthodes » de la recherche historique. Sous ce terme, les auteurs englobent la réflexion sur « les échelles d'analyse » et sur « l'écriture de l'histoire ». Le statut de la preuve, la construction de l'objet, les modalités de généralisation et l'articulation des niveaux d'observation sont présentés comme des questions prioritaires. En second lieu, les historiens sont invités à « repenser l'interdisciplinarité », en donnant leur sentiment sur les nouvelles alliances que l'histoire peut nouer avec les disciplines voisines. La plupart des études publiées, à la suite de cet appel, dans le numéro du soixantième anniversaire de la revue, s'efforcent de montrer la fécondité et la nouveauté du domaine de recherche auquel appartient leur auteur. « La nouvelle histoire culturelle », « l'économie historique », « l'histoire historienne du droit », « l'histoire des organisations », « la nouvelle histoire des mentalités » sont ainsi présentées comme autant de preuves de la bonne santé de la discipline. Mais la réflexion sur les pratiques sociales de la recherche, que laissait espérer le premier appel, est passée à la trappe[61]. L'éditorial qui ouvre le numéro se présente non plus comme une interrogation sur l'avenir, mais sous la forme d'un engagement : «Histoire et sciences sociales. Tentons l'expérience ». Ayant tiré les enseignements du « débat », le comité de rédaction ébauche les premiers axes destinés à permettre l'élaboration d'une « œuvre commune ». Après avoir considéré, pendant longtemps, que l'émiettement de l'histoire était la conséquence normale de la spécialisation scientifique et de l'engagement des historiens dans des programmes de recherche interdisciplinaires, la revue s'inquiète de

---

61. Comme le souligne Christophe Charle, « l'appel à la discussion de la rédaction a plutôt abouti à une juxtaposition de monologues » ; cf. C. Charle (dir.), *Histoire sociale, histoire globale*, Éd. de la Maison des Sciences de l'Homme, 1993, p. 207. Je reviendrai plus loin sur le sort qu'a connu ma contribution dans ce numéro.

(

la dissolution de l'histoire. Si l'historien « ouvre son territoire à une pratique œcuménique des sciences humaines, on risque de ne retrouver sur le terrain historique que des anthropologues, économistes, sociologues du passé ». C'est pourquoi le comité de rédaction plaide pour une « réaffirmation des identités disciplinaires », considérée comme la meilleure façon de promouvoir une interdisciplinarité davantage maîtrisée. Pour opérer ce « recentrement », encore faut-il s'accorder sur une définition de l'histoire. Fidèle au tournant « épistémologique » pris dans les années 1970, l'éditorial définit la discipline à partir de son objet : la temporalité. « Le temps est peut être le seul véritable objet spécifique de l'histoire ». C'est pourquoi, « l'exploration des mécanismes temporels doit constituer la contribution particulière de l'histoire » au nouveau dialogue interdisciplinaire. Le comité de rédaction se situe dans le prolongement de Fernand Braudel, en soulignant que grâce à ses réflexions sur la « longue durée », les historiens ont été les premiers à explorer la complexité du temps social. Néanmoins, les auteurs insistent aussi sur les distances qu'il convient de prendre, désormais, avec une conception de l'histoire arrivée à « épuisement ». Constatant qu'un nombre croissant de chercheurs s'éloignent aujourd'hui du « modèle fonctionnaliste et structuraliste » qui sous-tendait la réflexion de Braudel sur le temps, ils reprennent à leur compte les principales critiques qui ont été adressées ces dernières années à l'histoire sociale quantitative. Pour le comité de rédaction des *Annales*, celle-ci aurait eu le tort de se présenter d'emblée comme une histoire du « collectif et du nombreux ». Ayant donné la priorité aux structures, elle serait tombée dans une « réification des catégories » qui était « logiquement contenue dans la démarche » et dans un mode d'exposition conçu comme une « juxtaposition » des différents aspects de la réalité historique. Désormais, le sous-titre de la revue : «Économies-Sociétés-Civilisations » ne doit plus être vu comme « l'empilement de niveaux étagés ». En effet, « l'économique est du culturel, comme le social est de l'économique » et « toute société fonctionne comme un système généralisé d'équivalences entre ces trois catégories ». En partant de l'affirmation que la connaissance historique n'est pas « une reproduction réduite du réel » mais un « objet construit » qui n'acquiert tout son sens que grâce à la participation active du lecteur à la production du sens, l'éditorial propose aux historiens d'envisager les « objets sociaux » comme « des ensembles d'interrelations changeantes, à l'intérieur de configurations en constante adaptation ». L'échange écono-mique suppose des « conventions » entre acteurs, les identités sociales se constituent dans des relations interindividuelles flexibles, le politique est lié à l'organisation d'un champ de forces en perpétuel mouvement. Puisque « chaque société est dans un pro-cessus constant de construction d'elle-même », il faut abandonner la tautologie des descriptions « à l'intérieur de catégories détermi-nées ». La dynamique des rapports sociaux échappe à l'analyse dès « qu'on tente de les figer dans un moment particulier pour en déga-ger les composantes ». De même qu'il faut rejeter les catégories d'analyse trop rigides, de même il faut abandonner l'idée que le lieu d'observation, à partir duquel l'historien déploie son regard, serait un point fixe dans le temps. « Le savoir historique ne pro-gresse pas par totalisation mais [...] par déplacement de l'objectif et par variation de la focale ». L'éditorial désigne ainsi les contours d'un nouveau « paradigme » dont la mise en œuvre nécessite une « redéfinition des moyens et des buts de l'interdisciplinarité », afin de mettre un terme à une dérive qui risque d'aboutir à une « multi-plication indéfinie d'expériences individuelles isolées, dans les-quelles chaque chercheur arrêterait souverainement les règles de son alchimie personnelle ».

Vers une « théorie de l'action » ?

Puisque ces textes étaient soumis à la discussion de tous les his-toriens, je me propose de les commenter ici en englobant dans l'ana-lyse les très substantiels prolongements qu'en a donnés Bernard Lepetit récemment. Toute la réflexion sur le « tournant critique » est prise, me semble-t-il, dans une contradiction à laquelle échappent les partisans du « tournant linguistique ». Comme ces derniers, le comité de rédaction des *Annales* définit l'histoire uniquement par rapport à son objet, confortant ainsi l'idée que la réflexion sur la connaissance peut faire l'économie d'une étude des pratiques sociales, en se concentrant sur l'analyse des « pratiques discur-sives ». Mais, dans le même temps, les promoteurs du « tournant critique » réaffirment l'ancrage de l'histoire dans les « sciences sociales » ; ce qui implique, si les mots ont encore un sens, la néces-sité d'inclure dans la réflexion l'éclairage sociologique. Les ana-lyses développées par Bernard Lepetit dans un ouvrage récent, visant à promouvoir le modèle « interactionniste » mis en œuvre par les chercheurs qui appartiennent au courant qu'on appelle, en

France, « l'école des conventions », poussent au paroxysme cette contradiction[62]. Il estime que le « tournant critique » a permis l'émergence d'un « paradigme pragmatiste » que les historiens sont appelés à développer pour reconstruire une nouvelle histoire sociale. Mais, paradoxalement, ces nouveaux principes ne sont jamais mis en œuvre lorsqu'il s'agit de réfléchir au savoir historique lui-même. D'emblée la nouvelle perspective qui nous est proposée bute sur une contradiction majeure. Ou bien nous affirmons que les historiens sont les seuls acteurs du monde social pouvant échapper à la critique « pragmatiste » qu'ils déploient avec tant d'acuité quand il s'agit de « mondes » étrangers au leur, ce qui limite singulièrement la portée du nouveau « paradigme » ; ou bien on admet que la « raison pragmatique » doit s'appliquer aussi à la discipline historique, alors il n'est plus possible, si les mots ont encore un sens, d'appréhender l'histoire uniquement comme un objet de connaissance. Il n'est pas besoin d'être un spécialiste de la philosophie « pragmatiste » pour savoir que, depuis Charles Peirce et William James, celle-ci définit les disciplines scientifiques en fonction des pratiques sociales qui les constituent. Comme le souligne l'un des principaux représentants actuels de la philosophie « pragmatiste », Richard Rorty : «les démarcations entre les différents objets (de la recherche) sont déterminés par référence aux intérêts pratiques en cours plutôt qu'en fonction d'un statut ontologique putatif »[63]. Et il précise ailleurs qu'« au lieu de voir dans la connaissance la recherche d'une vision exacte du réel, (le pragmatiste) y voit plutôt l'acquisition d'habitudes d'action permettant d'affronter la réalité »[64]. C'est ce qui le conduit à rejeter les oppositions stériles entre « explication » et « compréhension », « approche micro » et « approche macro », etc., en soulignant que chaque perspective peut avoir son intérêt en fonction du problème que l'on étudie[65]. Il est vrai que les termes de « pratique », « expérience », « action », apparaissent constamment sous la plume de Bernard Lepetit. Mais, comme dans l'ouvrage de

---

62. B. Lepetit, *Les formes de l'expérience, op. cit.*

63. R. Rorty, *Conséquences, op. cit.*, p. 365.

64. R. Rorty, *Objectivisme, relativisme et vérité*, PUF, 1994, p. 7 (1ʳᵉ éd. 1991). Rorty « rêve » « d'une culture si profondément anti-essentialiste qu'elle se limiterait à une distinction sociologique entre les sociologues et les physiciens, au lieu d'une distinction méthodologique ou philosophique », *Ibid.*, p. 120.

65. R. Rorty, *Conséquences, op. cit.*, p. 354.

Paul Veyne analysé dans le chapitre précédent, ils font partie ici du vocabulaire de la « pratique théorique », désignant des « opérations de pensée », extrêmement abstraites. Par exemple, le « métier d'historien » est défini comme l'ensemble des « procédures éprouvées qui constituent une première garantie d'un discours cohérent »[66]. Mais quels sont, concrètement, ces « procédures éprouvées », les « savoir-faire » et les « pouvoir-dire » qui entrent dans l'exercice de ce « métier » ? Comment s'acquièrent-ils ? Comment se communiquent-ils ? Dans quel univers institutionnel et sociologique se déploient-ils ? Nous ne le savons pas. La même logique « théorique » est mise en œuvre pour présenter les études rassemblées dans l'introduction de l'ouvrage consacré aux « formes de l'expérience ». Bernard Lepetit considère qu'il s'agit d'une « application du programme » exposé dans les deux éditoriaux des *Annales* analysés plus haut. « Ce programme est en fait le produit d'une élaboration en commun : les textes qu'on va lire furent d'abord présentés oralement et discutés longuement durant les trois journées d'un colloque particulièrement actif. Il manifeste ainsi la forme que peut prendre aujourd'hui la contribution d'un laboratoire de recherche à l'évolution de la discipline. On a trouvé là, homologues aux pratiques de l'interdisciplinarité qu'on vient de décrire, les nouvelles modalités d'un travail de groupe, non plus fondé sur la mobilisation des énergies et le partage hiérarchique ou égalitaire des tâches sur un chantier empirique unique, mais sur l'élaboration collective à partir d'expérimentations discontinues (voyez dans chacun des textes qui suivent les formes d'articulation du modèle et du cas) d'une connaissance commune de ce qui fait que les sociétés tiennent ensemble »[67]. Les études empiriques publiées dans l'ouvrage sont d'un très grand intérêt et c'est à juste titre, me semble-t-il, que Bernard Lepetit insiste sur le renouveau de la recherche en histoire sociale qu'elles illustrent. Mais ce que le lecteur « pragmatiste » aurait aimé qu'on lui explique, c'est comment cette entreprise a été mise en œuvre, pratiquement. Le passage cité plus haut illustre, à mon avis, ce qui fait la supériorité de la perspective proposée ici, par rapport au « *linguistic turn* » : le souci du travail collectif, l'importance attachée à la notion de « labo-

---

66. B. Lepetit, « Propositions pour une pratique restreinte de l'interdisciplinarité », *Revue de Synthèse*, n°3, juil.-sept. 1990, p. 335.

67. B. Lepetit, « Histoire des pratiques, pratique de l'histoire », in B. Lepetit (dir.), *Les formes de l'expérience, op. cit.*, p. 16.

ratoire » ; préoccupations qu'on ne rencontre guère dans l'univers très individualiste de la recherche historique américaine. Malheureusement, cet aspect essentiel de l'héritage transmis par les fondateurs des *Annales* est signalé « en passant ». Quand on sait la difficulté que représente aujourd'hui la mise en œuvre d'un projet scientifique collectif, la somme d'énergie, de tâches ingrates et de dévouements que cela représente, tout le « savoir-faire » qu'il faut déployer pour que travaillent ensemble des chercheurs programmés pour la réussite individuelle, on ne peut que regretter que les promoteurs de cette « théorie de l'action » soient tellement silencieux sur leurs propres actions. De même, il est dommage que les principes « théoriques » qui sous-tendent le « programme » ne soient pas davantage explicités. Un tel travail de clarification montrerait, je crois, l'extrême hétérogénéité des approches retenues. Certaines d'entre elles se présentent comme des « paradigmes » auto-suffisants[68]. D'autres sont contradictoires avec la perspective « pragmatiste »[69] ou avec les lignes directrices présentées dans les deux éditoriaux des *Annales*[70]. Comme dans le cas du « *linguistic turn* » évoqué plus haut, le principal point commun entre les articles rassemblés sous la bannière du « tournant critique » tient au rejet, plus ou moins explicité, des principes « épistémologiques » qui sous-tendaient l'ancienne histoire sociale, au nom d'un modèle théorique emprunté à d'autres disciplines (en l'occurrence l'économie et la sociologie), prolongeant du même coup la dépendance des historiens vis-à-vis de celles-ci[71].

---

68. C'est le cas de Maurizio Gribaudi qui poursuit ici l'analyse de son modèle « configurationnel », *Ibid.*, pp. 187-226.

69. Alain Boureau, par exemple, prolonge une réflexion sur la notion de « représentation » difficilement conciliable avec le point de vue « antireprésentationnaliste » des pragmatistes (pp. 23-38). De même, Jean-Yves Grenier propose une nouvelle histoire quantitative qui s'appuie sur les travaux de P. Ricoeur et renoue avec la problématique « expliquer et comprendre » que récusent, on l'a vu, les philosophes pragmatistes (pp. 227-252).

70. André Burguière propose une histoire du concept de « changement social » en définissant l'histoire, à la suite de Marc Bloch, comme une « science des différences » (pp. 253-272). Il affirme au passage que « l'histoire n'est pas la science du temps », contrairement à une définition souvent proposée », alors que l'éditorial des *Annales*, en 1989, affirmait, on l'a vu : « Le temps est peut être le seul véritable objet spécifique de l'histoire ».

71. On retrouve ici un cheminement habituel : des points de vue philosophiques sur la connaissance sont utilisés par les sciences sociales pour élaborer des modèles théoriques que les historiens reprennent ensuite à leur compte.

L'exercice théorique qui vise à unifier *a posteriori* ces contributions me parait contradictoire avec la perspective « pragmatiste » car celle-ci part du principe qu'un véritable accord entre les acteurs engagés dans un même projet ne peut être obtenu sans un travail de clarification des positions occupées par les différents protagonistes. La démarche qui consisterait à mettre en relief la spécificité de chacune de ces contributions, en essayant de montrer comment se concrétise, dans chaque cas, le processus d'emprunts et d'appropriations des concepts forgés par les disciplines voisines, serait beaucoup plus éclairante et fournirait un point de départ plus solide pour discuter de la mise en chantier d'un programme collectif de recherches. Conduite, par la force de ses présupposés initiaux, à défendre ses choix historiographiques à l'aide d'arguments « épistémologiques », la réflexion sur le « tournant critique » illustre une fuite en avant dans des discussions de plus en plus éloignées de ce qui préoccupe l'immense majorité des historiens. Alors que dans le premier éditorial, les membres du comité de rédaction des *Annales* s'efforçaient encore de « traduire » leur point de vue sur le statut de la discipline dans le langage ordinaire des historiens ordinaires, les contributions ultérieures utilisent un vocabulaire et des références que ces derniers ne peuvent pas comprendre. Au lieu de raccorder le plus possible les éléments théoriques qu'il développe à des références familières aux historiens normaux, Bernard Lepetit privilégie, à l'inverse, la stratégie de la distance maximale. Mon but n'est pas, bien entendu, de défendre le langage « concret » de l'historien contre le « jargon » des sciences sociales. Chaque groupe de compétence est libre de s'exprimer comme il l'entend. Mais lorsqu'on s'adresse, comme Bernard Lepetit, aux « historiens » en général et qu'on en appelle à la « communauté de métier », on ne peut pas ignorer les normes linguistiques qui règnent dans le monde dont on fait partie. Cela me parait, en tout cas, contradictoire avec la perspective « pragmatiste », car celle-ci part du principe qu'il faut parler le langage de la communauté à laquelle on s'adresse, si on veut espérer la convaincre. Il est vrai que toute réflexion sur l'histoire qui s'efforce d'aller au-delà des confessions spontanées sur la « pratique » s'expose, presque par définition, à ce type de danger. C'est pourquoi, comme on le verra dans le prochain chapitre, la traduction d'un système de référence dans un autre constitue un enjeu essentiel de l'« interdisciplinarité ». Mais ce danger est particulièrement grand quand la réflexion des historiens s'enferme dans le débat sur les fondements de la connaissance. Étant donné qu'il s'agit d'une querelle sans fin et que la philosophie est placée en position d'arbitre, ceux qui s'engagent dans ces polémiques ont de fortes chances de ne jamais en sortir. Pour répondre aux critiques engendrées par leurs propres critiques, ils leur faut développer de nouveaux arguments « épistémologiques », exhiber de nouvelles « théories », s'abriter derrière de nouveaux « penseurs », etc. On aboutit ainsi, comme on peut le constater déjà aux États-Unis, à instaurer, au sein même de l'histoire, une division du travail entre ceux qui continuent à mener des recherches empiriques sans se préoccuper de « théorie » et ceux qui se consacrent, à plein temps, à la réflexion « épistémologique » s'érigeant ainsi, avec tous les profits associés à cette position de surplomb, en juges des recherches réalisées par leurs collègues. Nous n'en sommes pas encore là en France, mais la tournure prise ces derniers temps par la discussion sur le « tournant critique » montre que le risque est bien réel. Pour l'illustrer, je prendrai les deux exemples que Bernard Lepetit privilégie dans sa réflexion : la question de la « réification des catégories » et la question des « échelles ». Selon lui, « au lieu de réifier les groupes (ordres, classes, cités, tribus, etc.) et de prendre pour donnée, sur la base d'une batterie de critères essentiels (une position lignagère, une position économique, etc.) l'appartenance des individus à ces groupes qui les enferment et les définissent, les sciences sociales inversent maintenant la perspective »[72]. Il est incontestable que depuis une vingtaine d'années, les chercheurs en sciences sociales se sont beaucoup préoccupés du problème de la construction des groupes sociaux. Il est vrai aussi que beaucoup d'entre eux concentrent leur attention sur l'étude des « interactions ». Mais aucun principe « épistémologique » ne permet d'affirmer que celle-ci est plus « juste » ou davantage « fondée » que l'étude des structures sociales. Tout dépend du problème scientifique que l'on veut résoudre. La critique de la « réification des catégories » peut se justifier dans le cadre d'une discussion portant sur une question empirique précise[73]. Mais quand on en fait une arme

---

72. B. Lepetit, « Histoire des pratiques, pratique de l'histoire », in B. Lepetit (dir.), *Les formes de l'expérience, op. cit.,* p. 17.

73. Dans mes travaux sur l'immigration, j'ai essayé de montrer que l'une des raisons qui expliquaient le retard pris en France par la recherche historique sur cette question tenait au fait qu'en définissant la « nation » comme une « personne », les historiens n'avaient pas pu voir que la population française était le produit d'apports multiples ; cf. G. Noiriel, *Le Creuset français. Histoire de l'immigration,* Seuil, 1988.

polémique globale, pour dévaluer l'ancienne histoire sociale quantitative, ce qui est le point commun de tous les nouveaux « paradigmes », on retombe inévitablement dans l'insoluble querelle entre « réalisme » et « nominalisme » sur laquelle les philosophes s'affrontent depuis le Moyen Age[74] et les historiens depuis un siècle au moins ! On sait que Charles Seignobos affirmait déjà que l'« État » et l'« Église » n'existent que par leurs agents et reprochait à Simiand de « réifier » les catégories sociales. Ce dernier, du haut de sa culture philosophique, ne pouvait qu'ironiser sur ces « plaisanteries nominalistes ». Un historien qui rejetterait toutes les « catégories réifiées » ne pourrait tout simplement plus écrire car il ne pourrait plus utiliser un seul concept. Nous sommes obligés, si nous voulons communiquer, de stabiliser, au moins provisoirement, le sens des mots que nous employons[75]. Affirmer, sous prétexte que « chaque société est dans un processus constant de construction d'elle-même », qu'on ne peut rendre compte de la dynamique des rapports sociaux dès « qu'on tente de les figer dans un moment particulier pour en dégager les composantes », comme le fait l'éditorial des *Annales* cité plus haut, c'est choisir de « présenter le réel sous son aspect fuyant et obscur » et sombrer dans cette « hystérésie pour tout ce qui est mobilité des choses » que Durkheim reprochait déjà à Bergson[76].

L'article que Bernard Lepetit a récemment consacré à la notion d'échelle constitue une autre illustration des discussions sans fin dans lesquelles risque de sombrer le « tournant critique » si ses partisans continuent à polémiquer sur les fondements de la connaissance[77]. Partant du constat que la micro-histoire est incapable de

---

74. Paul Ricoeur constate qu'il n'existe pas d'épistémologie de l'histoire qui ne refasse « péniblement », comme les médiévaux, le va et vient entre réalisme et nominalisme, *Temps et récit, op. cit.*, t. 1, p. 311.

75. Quand il évoque « les sciences sociales qui inversent la perspective », dans le passage cité ci-dessus, Bernard Lepetit fournit d'ailleurs lui-même un excellent exemple de « catégorie réifiée », en traitant « les sciences sociales » comme s'il s'agissait d'un « quasi-personnage », d'un acteur en chair et en os, qui pense et qui agit. Comment concilier cette « réification » là avec la perspective « pragmatiste » ?

76. E. Durkheim, *Pragmatisme et sociologie*, Vrin, 1965 (Cours de 1913-1914), p. 81.

77. B. Lepetit, « Architecture, géographie, histoire : usages de l'échelle », *Genèses,* 13, automne 1993, pp. 118-138. Cette étude est issue d'un séminaire sur la micro-histoire organisé par l'EHESS, à paraître en 1996.

généraliser les connaissances procurées par des investigations menées au niveau local, il propose de repenser le problème de la généralisation à partir de la notion d'« échelle ». Empruntée à la cartographie, cette notion est appliquée à l'histoire pour définir la connaissance comme un « modèle réduit » de la réalité. Cette perspective « réaliste » sert à illustrer un argument présenté dès le premier éditorial des *Annales* sur le « tournant critique ». Le regard que les historiens portent sur la réalité varie en fonction de « l'angle de vue » ou de « l'échelle » adoptés au départ de la recherche. Sur le fond, l'analyse conforte le point de vue traditionnel des historiens sur la connaissance (le « relativisme réaliste » de Seignobos, Marc Bloch et Braudel). Certes, la démonstration s'appuie ici sur des arguments théoriques que les précédentes générations d'historiens ignoraient. Mais ce n'est pas parce qu'un point de vue sur la connaissance est exprimé dans des termes plus rigoureux qu'il est forcément plus pertinent. On peut même se demander si la richesse de l'analyse n'est pas en même temps sa faiblesse. Pour les historiens des générations précédentes, la conception « relativiste réaliste » de la connaissance figurait dans leurs écrits à l'état implicite car ils n'avaient pas les moyens intellectuels de la justifier. Ici, elle est au cœur de l'argumentation. Du coup, l'article se heurte aux « apories » traditionnelles des philosophies « relativistes ». Si, tous les points de vue se valent, si, comme le souligne Bernard Lepetit, « Dieu ne refait pas le monde chaque jour mais d'une certaine manière les historiens le font » (p. 138), quels sont les critères qui l'autorisent à parler d'« échec » à propos de l'histoire économique labroussienne ou de souligner les « limites » de la micro-histoire[78] ? Ce sont ces « faiblesses » que relèvent les porte-parole des « paradigmes » mis en cause, pour justifier leur propre point de vue. Par exemple, Maurizio Gribaudi défend sa conception de la « micro-histoire » en contestant la validité de la notion d'« échelle » et considère que le débat entre approches micro et macro-historiques, jugé essentiel par Bernard Lepetit, est « dépassé » car il reste enfermé

---

78. Affirmer, comme le fait Bernard Lepetit, que seules les « procédures et les méthodes d'analyse » sont susceptibles d'être évaluées à l'aide des mêmes critères, c'est supposer que l'on puisse séparer la « méthode » de sa mise en œuvre. Cette solution, au demeurant fort peu « pragmatiste », s'écarte de « l'opinion positiviste commune », dont veut se démarquer Lepetit, pour mieux rétablir les droits du « positivisme » de la « méthode ».

dans la perspective globalisante de l'histoire économique et sociale
« classique »[79]. Pour montrer les insuffisances de cette dernière, Gribaudi compare l'un des plus beaux fleurons de la période labroussienne, la thèse d'Adeline Daumard sur la bourgeoisie parisienne au
XIXe siècle, avec l'ouvrage récent de Giovanni Levi, qui constitue
l'une des plus belles réussites de la micro-histoire[80]. Gribaudi
retrouve dans ce dernier livre toutes les qualités qui définissent le
modèle « configurationnel » qu'il soutient : le refus d'utiliser des
catégories explicatives « réifiées », « extérieures » au contexte,
l'attention portée aux stratégies déployées par les acteurs et au sens
qu'ils donnent à leurs actes, etc. Il y voit l'amorce d'une méthode
« inductive » qui ne refuse pas la généralisation, mais la fonde sur
des constats établis à l'échelon élémentaire, celui des relations entre
individus. Par comparaison, l'étude d'Adeline Daumard reflète une
approche « déductive » qui serait « dépassée ». Partant d'une définition de la bourgeoisie empruntée aux catégories forgées par l'administration française du XIXe siècle, l'auteur chercherait uniquement à
l'illustrer en puisant dans les archives les éléments nécessaires.
L'historien compétent pourra constater, en prenant tout simplement
connaissance des travaux empiriques de Gribaudi[81], que l'approche
« configurationnelle » qu'il propose constitue une contribution
importante au renouvellement de nos connaissances sur les groupes
sociaux au XIXe siècle. Mais, là encore, en cherchant à justifier ces
innovations au nom d'arguments « épistémologiques », Gribaudi
ouvre la porte à des polémiques sur les fondements de la connaissance qui, à mon sens, ne font qu'embrouiller les choses. En voulant
à toute force montrer que sa perspective est supérieure « d'un point
de vue logique » à celle des historiens sociaux de la génération précédente, il caricature le travail d'Adeline Daumard. Une lecture atten-
tive de l'ouvrage montre une attention au problème de la construction

---

79. M. Gribaudi, « Micro et macro, configuration, échelles » ; intervention au
séminaire de l'EHESS sur la micro-histoire (à paraître).

80. A. Daumard, *Les Bourgeois à Paris au XIXe siècle*, Flammarion, 1970. Le
livre est tiré de sa thèse, publiée par le Centre de Recherches Historiques, en
1963 ; G. Levi, *Le pouvoir au village. Histoire d'un exorciste dans le Piémont
du XVIIe siècle*, Gallimard, 1989 (1re éd. 1985).

81. Cf. notamment, M. Gribaudi et A. Blum, « Micro et macro. Configurations, échelles. Des catégories aux liens individuels : l'analyse statistique de
l'espace social », *Annales E.S.C.*, 6, nov.-déc. 1990.

des classes beaucoup plus grande qu'il ne le dit[82]. Mais surtout, l'objectif explicitement poursuivi par l'auteur est de présenter un « portrait » de la bourgeoisie, en combinant les critères matériels (revenus, genre de vie, etc.), familiaux et socioprofessionnels (participation à la vie collective). Pour Gribaudi, comme pour la plupart des historiens qui s'efforcent de se dégager des anciens modèles de l'histoire économique (ou démographique) quantitative, seules les modalités de généralisation fondées sur des raisonnements hypothético-déductifs sont légitimes[83]. Et c'est à partir de ceux-ci qu'il juge l'étude d'Adeline Daumard. Or la construction d'un « portrait » correspond à une autre logique dont on ne peut contester la valeur scientifique. Comme on l'a vu dans le chapitre précédent, Ernst Cassirer a montré que si l'on ne pouvait comprendre une science dans sa structure logique que lorsqu'on percevait clairement de quelle façon elle subsumait le particulier sous le général, les formes prises par ce processus variaient considérablement d'une science à l'autre[84]. La contribution spécifique que les historiens ont apportée au problème de la généralisation réside dans l'élaboration des « abstractions idéifiantes ». C'est une généralisation de ce type que nous propose Adeline Daumard, en peignant le « portrait » du bourgeois parisien au XIXᵉ siècle, comme Burckhardt avait peint celui de l'« homme de la Renaissance ». C'est en se situant à l'intérieur de cet espace logique qu'il aurait donc fallu évaluer son travail. Certes, la recherche historique a aujourd'hui intégré des formes de généralisation qui s'inspirent des modélisations développées par les sciences sociales. Néanmoins, on ne voit pas au nom de quel fondement universel cette diversification de l'intelligibilité des phénomènes historiques invaliderait la forme logique sur laquelle la discipline a construit son identité. Il n'est pas possible, surtout quand on se situe, comme Maurizio Gribaudi dans ce texte, sur le plan de la logique, de juger une recherche à partir de principes qui lui sont étrangers.

---

82. Elle précise qu'elle s'est efforcée de construire sa définition de la bourgeoisie en combinant les sources disponibles et que, même si un recensement professionnel avait existé, elle ne l'aurait pas privilégié, car cela « aurait enfermé l'expérimentation dans un cadre rigide », A. Daumard, *op. cit*, p. 9.
83. L'omniprésence du terme « mécanisme » dans le texte de Gribaudi est un symptôme des présupposés « positivistes » sur lesquels il repose.
84. E. Cassirer, *Logique des sciences de la culture, op. cit.,* p. 157.

HISTOIRE ET SOCIOLOGIE

Au-delà de tout ce qui les oppose, les principaux « paradigmes » qui nous sont présentés aujourd'hui par les historiens ont deux grands points communs hérités du tournant « épistémologique » qu'a pris la réflexion sur la discipline dans les années 1970. En premier lieu, ils demandent à la philosophie, non pas des éclaircissements, mais des « fondements » qu'ils utilisent comme armes dans leurs luttes de concurrence internes. En second lieu, ils ne demandent rien à la sociologie. La réflexion actuelle des historiens « d'avant-garde » sur l'histoire est toute entière construite sur le refus de prendre en compte sérieusement l'étude des pratiques sociales sur lesquelles repose la recherche. En ce sens tous ces « paradigmes » sont les rejetons du *linguistic turn*. Pour essayer de comprendre les raisons de cette étrange dénégation, il faut dire un mot des rapports entre l'histoire et la sociologie. Paradoxalement, depuis une vingtaine d'années, dans leur réflexion sur leurs propres pratiques, les historiens ont le plus souvent ignoré les outils fournis par la sociologie, alors que, dans le même temps, ils les utilisaient de plus en plus massivement pour étudier les autres univers sociaux. Cette contradiction s'explique en partie par le fait que les historiens ont toujours été très hostiles aux analyses mettant en question leur pouvoir et leurs intérêts. Mais cela tient aussi au fait que les sociologues ont, le plus souvent, conçu leur « dialogue » avec les historiens comme une mise en cause de leur discipline, une contestation de sa légitimité intellectuelle, interdisant, du même coup, une véritable collaboration entre les deux. Cette situation n'est pas propre à la France[85], mais c'est là qu'elle a pris la forme la plus conflictuelle. Pour illustrer l'ampleur et la persistance du malaise, je prendrai comme exemple, l'article que le plus connu des sociologues français, Pierre Bourdieu, a publié récemment sur le sujet[86]. Selon lui, sur le plan « épistémologique », il n'existe pas de différence entre

---

85. W. Lepenies évoque les rapports difficiles entre les deux disciplines à propos de l'Allemagne, *Les trois cultures. Entre science et littérature. L'avènement de la sociologie*, Éd. de la Maison des Sciences de l'Homme, 1990, p. 223 sq. (1re éd. 1988).

86. P. Bourdieu, « Sur les rapports entre la sociologie et l'histoire en Allemagne et en France. Entretien avec Lutz Raphaël », *Actes de la recherche en sciences sociales*, n°106-107, mars 1995, pp. 108-122. L'entretien a eu lieu en octobre 1989 et « a été actualisé sur quelques points de détail ».

l'histoire et la sociologie. Il s'agit de deux dimensions de la science sociale « artificiellement séparées et (qui) devraient être unifiées ». Le but de son travail scientifique est de faire de l'histoire « une sociologie historique du passé » et de la sociologie « une histoire sociale du présent ». Le postulat de l'unité de la science sociale justifie que lui-même puisse, tout au long de cet article, émettre des jugements sur l'intérêt scientifique des travaux réalisés par les historiens. La discipline est présentée comme un champ de forces structurées autour de deux pôles : le pôle « professionnel » dont les produits sont destinés à d'autres professionnels et le pôle « commémoratif » dont les publications sont destinées au « grand public » ; ce pôle regroupant à la fois des historiens de métier et des « amateurs » (journalistes, hommes politiques, etc). Néanmoins, les produits du pôle « professionnel » ne sont pas tous des travaux « scientifiques ». Dans les études qu'ils destinent à leurs pairs, même les historiens les plus proches de la sociologie, comme ceux des *Annales*, pratiquent souvent ce que Pierre Bourdieu appelle la stratégie du « *Canada Dry* » : ils veulent « avoir la sociologie sans la sociologie et surtout sans les sociologues ». Depuis un siècle, selon lui, ceux-ci ont emprunté massivement à la sociologie pour se distinguer des autres historiens, mais cela ne les empêche pas de critiquer constamment le « dogmatisme » des sociologues. Il estime que les historiens des *Annales* entretiennent avec son propre travail de sociologue le type de rapport que les générations antérieures avaient établi avec celui de Durkheim, ce qui illustre la « longue durée des champs de production culturelle ». De plus, Bourdieu considère que même les historiens les plus proches du « pôle scientifique » ont une culture théorique insuffisante ; c'est pourquoi ils font généralement un usage « positiviste » des concepts sociologiques, en les utilisant à l'état isolé sans référence au système de relations dont ils sont indissociables. Certes, certains d'entre eux sont de plus en plus attirés par l'« épistémologie ». Mais c'est parce qu'ils y trouvent des arguments pour justifier leurs prétentions hégémoniques sur la discipline ou pour masquer le fait qu'ils ont abandonné toute activité de recherche empirique. Ces lacunes théoriques expliquent aussi la fascination des historiens pour les vieilles polémiques, comme celle qui oppose les partisans des « structures » et les partisans de l'« *agency* », polémiques que la théorie sociologique qu'il a lui-même élaborée (en terme de « champ » et d'«habitus ») permet de dépasser. Si cette théorie n'est pas encore parvenue à s'imposer, c'est parce que, comme toute vérité scientifique, elle se heurte aux intérêts et aux habitudes de pensée constitués à l'intérieur même du champ culturel que la théorie prend pour objet. Ces intérêts et ces habitudes font qu'au-delà de tout ce qui les oppose, les acteurs des pôles concurrents ont en commun de contester les positions scientifiquement les plus fortes. Celles-ci sont donc dépourvues d'appui dans l'espace social. Le sociologue ne peut faire progresser la science sociale qu'en luttant contre l'« intrusion de contraintes purement sociales » (p. 121) dans le monde scientifique, que celles-ci soient « internes » (les institutions universitaires) ou « externes » (journalistes, hommes politiques).

Cet article exprime, dans toute sa radicalité, les principes à partir desquels la sociologie française a développé, depuis Durkheim, son propre « paradigme ». La science sociale est définie non pas comme un univers autonome par rapport à la société, mais en rupture et en conflit permanent avec elle ; la connaissance scientifique ne pouvant surgir que de cet affrontement. Il me semble qu'on ne peut pas sérieusement nier que cette posture critique soit nécessaire au progrès de la connaissance. Que ce soit au niveau des activités pratiques ou de la réflexion intellectuelle, un chercheur n'est en mesure d'innover véritablement que s'il prend ses distances avec le « monde » (surtout le « grand monde ») et s'il combat les évidences du « sens commun ». C'est grâce à cette démarche intellectuelle que la sociologie française a pu fournir ses plus importantes contributions au progrès de la connaissance depuis un siècle[87]. Mais les principales incompréhensions entre sociologues et historiens (je ne parle ici que des héritiers de Marc Bloch et de Fernand Braudel) ne se situent pas là. Parmi ces derniers, beaucoup seraient prêts à admettre les arguments sociologiques que développe Pierre Bourdieu dans son article ; notamment quand il souligne que l'histoire est un champ de production culturelle autonome, qui a sa propre nécessité, ses propres enjeux, ses propres normes de vérité. On peut voir là, en effet, une mise en œuvre des hypothèses que Pierre Bourdieu avait déjà formulées il y a une vingtaine d'années. « Dans le champ scientifique, comme dans le champ des rapports de classes, il n'existe pas d'ins-

---

87. Je le souligne d'autant plus volontiers que l'histoire sociale que je m'efforce de mettre en œuvre depuis quinze ans doit beaucoup à la sociologie développée par Pierre Bourdieu, Jean-Claude Passeron et tous leurs collaborateurs.

tance à légitimer les instances de légitimité ; les revendications de légitimité tiennent leur légitimité de la force relative des groupes dont elles expriment les intérêts ; dans la mesure où la définition même des critères de jugement et des principes de hiérarchisation est l'enjeu d'une lutte, personne n'est *bon* (souligné dans le texte) juge parce qu'il n'est pas de juge qui ne soit juge et partie »[88]. Ce que ne comprennent pas les historiens, c'est que Pierre Bourdieu puisse, *dans le même temps*, contester la légitimité de leur travail car cela laisse supposer qu'il existerait, malgré tout, un Juge capable de dire le vrai sur les productions des différents groupes en concurrence, au nom des principes universels de la science. Lorsqu'ils critiquent le « dogmatisme » des sociologues, ce ne sont pas surtout les arguments sociologiques que les héritiers de Marc Bloch mettent en cause, mais les présupposés «épistémologiques » qui les sous-tendent. Ceux-ci engagent une conception de la science qu'ils perçoivent comme la négation même de ce qu'ils sont et de ce qu'ils font. Il serait facile de montrer qu'aucun historien français, pas même ceux que Pierre Bourdieu cite en exemple dans son article, ne remplit les critères qu'il énumère pour définir le travail historique véritablement « scientifique ». Par exemple, tous les historiens participent, ou seraient prêts à le faire si on leur demandait, aux activités de diffusion de la connaissance historique (manifestations commémoratives, ouvrages sur « l'histoire de France », manuels, etc.) car il s'agit là d'une dimension incontournable de la fonction que remplit un historien depuis que la discipline existe. Certes, ces activités ne sont, bien souvent, que la célébration des pouvoirs en place. Mais pas seulement. Le combat contre le totalitarisme, l'oppression, le racisme, passe aussi par la voie commémorative. Il s'agit d'un enjeu de lutte que l'historien rencontre sur sa route, qu'il le veuille ou non. Si l'on compare la définition de la science historique sur laquelle s'appuie l'analyse de Pierre Bourdieu avec celle développée par Marc Bloch dans l'*Apologie*, on voit bien que la divergence fondamentale est au fond la même que celle qui opposait, à la fin du siècle dernier, Gabriel Monod et Emile Durkheim. Plus sociologues que les sociologues dans leur conception de la science, les historiens ne croient pas que la connaissance scientifique puisse échapper aux

---

88. P. Bourdieu, « Le champ scientifique », *Actes de la recherche en sciences sociales*, 2-3, juin 1976, p. 92.

« contraintes purement sociales ». Ils envisagent l'autonomie comme un aménagement de ces contraintes et non comme la conquête d'un « point de vue imprenable ». Les historiens reconnaissent, confusément, que l'effort visant à échapper aux « contraintes purement sociales » explique la très grande fécondité heuristique de la sociologie d'inspiration durkheimienne. C'est parce qu'il est placé dans une position « impossible » que le sociologue peut conserver le regard critique qu'il porte sur le monde social. Mais les historiens sont surtout sensibles au revers de la médaille. La logique du « point de vue imprenable » conduit le sociologue à penser que c'est la théorie qu'il a progressivement élaborée et enrichie qui garantit le caractère scientifique de ses découvertes et non pas le fait qu'elles soient acceptées comme vraies par les autres spécialistes du domaine concerné. Le concept de « champ », en mettant l'accent sur la polarisation des forces, la lutte féroce qui oppose les dominants et les dominés, rend totalement illusoire (ou « naïve ») l'idée même de « communauté professionnelle ». Étant donné que les chercheurs ne peuvent entretenir que des relations de concurrence, tout effort visant à élaborer un « langage commun » pour l'ensemble des sociologues (ou une partie significative d'entre eux) est une perte de temps. C'est la raison pour laquelle, dans ses ouvrages, Pierre Bourdieu s'adresse au « public » et non à ses « pairs ». Selon lui, le sociologue est confronté, dans son écriture, aux mêmes problèmes que l'écrivain. Pour essayer de se faire comprendre, comme Flaubert ou Proust, il doit constamment travailler son style, en s'efforçant d'inculquer aux lecteurs une véritable posture scientifique sans pour autant se faire d'illusions sur les résultats[89].

C'est sans doute ce pessimisme sur la possibilité d'une véritable communication scientifique qui explique que Pierre Bourdieu n'ait jamais pris au sérieux les arguments que les historiens (même ceux qui sont les plus proches de sa sociologie) ont avancé pour défendre leur point de vue. A titre d'exemple, je voudrais m'arrêter sur une

---

89. « Mes textes sont pleins d'indications destinées à faire que le lecteur ne puisse pas déformer, ne puisse pas simplifier. Malheureusement, ces mises en garde passent inaperçues ou bien elles rendent le discours tellement compliqué que les lecteurs qui lisent rapidement ne voient ni les petites indications ni les grosses et lisent, comme en témoignent de nombreuses objections qui me sont faites, à peu près le contraire de ce que j'ai voulu dire », P. Bourdieu, *Choses dites*, Minuit, 1987, pp. 66-67.

autre critique développée dans l'article cité plus haut. En réponse à une question concernant les contributions publiées dans le numéro des *Annales* consacré au « tournant critique », Pierre Bourdieu affirme : «En fait, les historiens français les plus portés sur la théorie ne font le plus souvent que substituer une dépendance à une autre, et ils ne s'affranchissent en apparence de théories ou de théoriciens étrangers à la discipline que pour tomber sous la coupe d'autres théories et d'autres théoriciens. C'est le cas par exemple de ceux qui prêchent "pour une approche subjectiviste du social" (ce qui, si l'on observe qu'au même moment on annonce à grands cris le "retour du sujet", dans *Le Débat* ou *Esprit*, n'est pas le signe d'une extraordinaire autonomie à l'égard de la doxa intellectuelle). De semblables faux dépassements, qui sont en fait des régressions, des "retours" (retour du récit, du sujet, du politique, du social, etc.), mais au sens de retour en arrière – et il y en a eu beaucoup, en histoire comme en sociologie, au cours des dix dernières années – ne peuvent s'imposer un moment que parce qu'ils sont portés par l'air du temps (ou, si l'on veut être un peu plus précis, par la conjoncture politique) »[90]. Étant donné que les historiens qui sont visés dans ce passage ne sont pas désignés par leur nom, il est difficile de savoir quels sont les travaux qui sont mis en cause. La contribution que j'ai moi-même proposée aux *Annales* ayant été publiée sous le titre : «pour une approche subjectiviste du social », je me sens évidemment concerné au premier chef par ces réflexions sévères. Néanmoins, tout lecteur qui fera l'effort de lire sérieusement cet article constatera que la critique porte uniquement sur le *titre*. Constatant les relations difficiles que les historiens et les sociologues français entretiennent depuis le début du siècle, je proposais qu'on essaie d'en comprendre les raisons en s'appuyant à la fois sur la sociologie du monde intellectuel et l'histoire sociale des disciplines. Si l'aspect répétitif de ces incompréhensions s'explique, comme le pensent les sociologues, par la permanence des positions occupées par les deux disciplines dans le « champ intellectuel » et plus largement, dans la société française, alors la meilleure manière de rapprocher les points de vue consiste à les « traduire » d'un langage à l'autre et non pas à les fondre dans un langage commun, comme avaient voulu le faire les durkheimiens, avec le succès que l'on sait. Pour contribuer à cet effort de traduction,

---

90. P. Bourdieu, « Sur les rapports...», *op. cit.*, p. 113.

je prenais comme exemple, pour finir, la question du « retour du sujet » en montrant que ce n'était pas le thème en lui-même qui constituait une pomme de discorde entre sociologues et historiens, mais son traitement. Et je rappelais comment, de Max Weber à Maurice Halbwachs et Norbert Elias, la « sociologie compréhensive » était parvenue à intégrer la question de la subjectivité dans le champ de ses préoccupations (notamment avec les concepts d'« objectivation » et d'« intériorisation ») ; ce qui autorisait la mise en œuvre de projets socio-historiques comparables aux chantiers d'histoire quantitative ouverts par Braudel et Labrousse[91]. Cette analyse, qui s'appuie sur la sociologie de Pierre Bourdieu sans partager le point de vue épistémologique qui la sous-tend, n'est pas du tout prise en compte dans sa critique qui ne vise que le titre de l'article. Or, comme je l'ai souligné dès que j'en ai eu la possibilité[92], *je ne suis pas l'auteur de ce titre*, qui a été choisi par la rédaction des *Annales* sans que j'en sois averti. On a ici une illustration parfaite des conséquences dévastatrices pour la communication scientifique que peuvent avoir les « effets de titre » (pour reprendre une expression de Pierre Bourdieu lui-même).

Plutôt que de continuer à opposer l'histoire et la sociologie, le temps est venu de voir comment elles pourraient collaborer et se compléter. Jean-Claude Passeron a montré dans un livre récent que les deux disciplines s'étaient spécialisées chacune à l'un des deux pôles méthodologiques des raisonnements possibles sur les phénomènes historiques. Les sociologues peuvent aider les historiens à mieux utiliser et contrôler les concepts qu'ils utilisent. Inversement, les historiens sont là pour rappeler aux sociologues que les concepts les plus généraux qu'ils proposent sont des abstractions incomplètes, toujours référées à des coordonnées spatio-temporelles. Dans ces conditions, ajoute Passeron, les deux démarches ne gagneraient rien à se confondre car « il existe des excellences dans toutes les manières de faire »[93]. En poursuivant le raisonnement, on peut affirmer que si

---

91. G. Noiriel, « Pour une approche subjectiviste du social », *Annales E.S.C.*, nov.-déc. 1989, pp. 1435-1459. François Dosse, dans la lecture généreuse qu'il a proposée de mon travail, a mis en relief les grandes lignes de l'argumentation rappelée ici, même s'il se laisse, lui aussi, quelque peu influencer par « l'effet de titre » ; cf. F. Dosse, *L'empire du sens. L'humanisation des sciences humaines*, La Découverte, 1995, p. 73.

92. Cf. G. Noiriel, « Naissance du métier d'historien », *Genèses*, 1, oct. 1991, repris dans le chapitre 6 du présent livre.

93. J. C. Passeron, *Le raisonnement sociologique, op. cit.*, p. 114.

les sociologues sont là pour rappeler aux historiens que toute connaissance nécessite un minimum de distance avec le « sens commun » et avec les pouvoirs en place, inversement, les historiens sont bien placés pour rappeler aux sociologues qu'aucune science ne peut échapper aux « contraintes purement sociales ».

CHAPITRE 5

Savoir, mémoire, pouvoir

Contribution à une réflexion « pragmatiste » sur l'histoire

> « Il arrive souvent que, sous l'influence de fortes et riches traditions, une génération entière traverse, sans y participer, les temps utiles d'une révolution intellectuelle. »
>
> Fernand Braudel, *Écrits sur l'histoire,* 1969.

> « Tout ce que peut souhaiter un philosophe américain, c'est de voir se réaliser la promesse d'Andy Warhol que nous devenions *tous* célèbres pour une durée d'environ quinze minutes chacun. »
>
> Richard Rorty, *La philosophie américaine aujourd'hui,* 1981.

En partant du constat que « la discipline historique entre dans l'âge de la raison pragmatique », les animateurs du « tournant critique » impulsé par les *Annales* ont appelé récemment les historiens à participer, avec « leurs ressources propres, à la formation d'une théorie de l'action »[1]. Je voudrais, dans ce chapitre, apporter une contribution à cette entreprise collective (même si je n'en partage pas la formulation) car elle me parait, effectivement, susceptible – si elle est menée jusqu'au bout – de constituer une étape importante dans l'histoire du renouvellement de nos interrogations[2]. L'intérêt

---

1. B. Lepetit, *Les formes de l'expérience, op. cit.*, quatrième de couverture.

2. Pour une première formulation des idées développées ici, cf. G. Noiriel, « Histoire : la perspective pragmatiste », *Espaces-Temps, Le Journal,* n°49/50, 1992, pp. 83-85.

que présente, à mes yeux, la perspective « pragmatiste » ne tient pas, principalement, à l'élaboration d'un nouveau « paradigme », mais au fait qu'elle nous offre la possibilité de parler de notre « métier » d'historien d'une façon qui soit plus proche de ce que nous faisons pratiquement. Ce n'est qu'à cette condition que nous pourrons restaurer, dans notre discipline, de véritables discussions scientifiques, sans lesquelles, elle n'a plus de raison d'être. Pour situer l'importance de l'enjeu, il faut rappeler les deux étapes essentielles qui ont scandé le développement de la recherche historique depuis le XIXᵉ siècle.

– Dans un premier temps, les « pères fondateurs » de l'histoire universitaire ont réussi à se dégager de la tutelle des philosophes en donnant le nom de « science historique » à des pratiques qui privilégiaient l'étude des faits consignés dans des archives, à l'aide de procédés techniques appelés « méthode historique ». Sous leur impulsion, l'histoire est devenue une activité spécialisée, fondée à la fois sur une division du travail extrêmement poussée et sur une coopération de tous les chercheurs, seule façon de préserver l'unité du discours historique. C'est autour de ces lignes directrices que s'est opérée, à la fin du XIXᵉ siècle, l'institutionnalisation des premières véritables communautés professionnelles d'historiens.

– Tout en affirmant que l'historien était au service de son pays et de l'humanité toute entière, les « méthodistes » ont justifié leur volonté d'autonomie en rejetant comme des intrusions intolérables toutes les interrogations et les critiques adressées par le « monde extérieur ». C'est cette contradiction que la génération suivante, et notamment les historiens des *Annales*, a voulu résoudre en mettant en œuvre une « histoire-problème » s'efforçant d'intégrer, dans son questionnement, les préoccupations traversant les disciplines voisines et la société. Ce processus de décloisonnement a été poussé à son terme dans les années 1970 par la nouvelle avant-garde de la communauté historienne qui a trouvé dans l'« épistémologie » de quoi étancher sa soif d'innovation. Mais le débat actuel sur la « crise de l'histoire » montre qu'un nombre croissant d'historiens s'inquiètent aujourd'hui de « l'atomisation » de la discipline qu'entraînent la prolifération des « paradigmes » et la multiplication des polémiques sur l'« objectivité » et la « nature » du savoir historique.

C'est en répondant à ces inquiétudes que les historiens de la nouvelle génération les plus soucieux d'innovation pourront apporter leur contribution à l'éternel chantier de la rénovation de l'histoire.

Si la philosophie « pragmatiste » peut nous aider à avancer dans cette voie, c'est parce qu'elle appréhende la « théorie » et la « pratique » comme les deux dimensions d'un même problème. Elle offre ainsi la possibilité de lier les deux types de préoccupations qui sont apparues séparément au cours du débat sur la « crise de l'histoire » : celles qui privilégient les transformations du « métier » d'historien et celles qui se préoccupent des mutations du « discours » historique. S'engager dans la réflexion « pragmatiste », c'est du même coup s'efforcer de définir l'histoire en tenant compte des acquis que nous ont légués les générations précédentes : renouer avec le sens de la communauté et l'idéal de solidarité qui animaient les « pères fondateurs » de notre discipline, tout en mettant à profit ce que nous ont appris les historiens-épistémologues, à savoir que tout discours sur l'histoire, même quand il s'abrite derrière les prérogatives de la « pratique », est un « métalangage » qui nécessite l'acquisition de compétences étrangères au « savoir normal » de l'historien[3]. Nous qui nous situons dans le sillage des *Annales*, nous ne pouvons pas oublier qu'en histoire, la voie « pragmatiste » a été ouverte par Marc Bloch, qui nous l'a laissée en héritage, en nous demandant, sans grand succès jusqu'ici, de la faire fructifier. A un moment où cet héritage est revendiqué de toutes parts, et notamment par les représentants des courants les plus traditionnels de la discipline, il me parait très important d'expliquer clairement pourquoi l'*Apologie pour l'histoire* constitue le meilleur tremplin offert aux historiens désireux de développer la raison « pragmatiste ». Cela tient au fait que, comme l'a souligné Jacques Le Goff[4], toute la réflexion de Marc Bloch s'inscrit dans le prolongement d'un « premier principe » qui n'est pas d'ordre « épistémologique », mais d'ordre « éthique ». Pour lui, l'historien doit pouvoir justifier son activité auprès de ceux qui ont le droit, dans une société démocratique, de lui demander des comptes. Dans cette perspective, l'historien doit accepter que les instruments critiques qu'il a forgés pour éclairer les comportements des mondes sociaux qu'il prend pour objet d'analyse,

---

3. L'historien ne peut prétendre entrer dans les discussions qui opposent aujourd'hui les épistémologues professionnels. Il ne fait que puiser, dans leurs travaux, des éléments susceptibles de nourrir les débats internes à sa discipline. C'est en tant qu'historien et pour des préoccupations d'historien que je défends ici la perspective « pragmatiste » ; mais je n'ai aucune compétence pour juger de l'intérêt proprement philosophique de cette conception de la connaissance.

4. J. Le Goff, préface à M. Bloch, *Apologie, op. cit.,* pp. 12-13.

puissent servir aussi à l'étude de son propre univers. Comme on le verra dans ce chapitre, ce n'est qu'en partant de ce point de départ que l'on peut espérer faire progresser la réflexion « pragmatiste » sur l'histoire.

Les propositions mises ici en discussion s'adressent surtout aux historiens restés fidèles à l'« interdisciplinarité », à tous ceux qui croient encore à la possibilité d'une « troisième voie » entre le repli conservateur et la fuite en avant théoriciste et qui se préoccupent du rôle joué par l'historien dans la vie publique. Pour retrouver leur crédibilité, les intellectuels ne peuvent plus se contenter d'indiquer à ceux qui ont en charge la gestion des affaires du monde, la voie qu'il leur faudrait suivre. Ils doivent aussi montrer l'exemple. C'est pourquoi, l'historien « pragmatiste » s'efforce de mettre en œuvre dans son propre univers, là où il a de réelles possibilités d'action, les principes de solidarité, de justice et d'égalité qu'il aimerait voir triompher ailleurs. Compte tenu de toutes ces exigences, la voix de « la raison pragmatiste » a toutes les chances de rester longtemps marginale dans le flot des discours qui se présentent comme des remèdes à la « crise de l'histoire ». Dans un monde où l'art de gérer les silences est une nécessité stratégique de tous les instants et une « seconde nature », une entreprise qui propose, tout simplement, une clarification de nos pratiques quotidiennes, ne peut pas s'attendre à rencontrer beaucoup d'écho.

LES TROIS DIMENSIONS DU « MÉTIER D'HISTORIEN »

Le savoir et la mémoire : retour sur l'Apologie pour l'histoire

Sans reprendre l'analyse proposée dans le chapitre 2, je voudrais, en quelques lignes, rappeler les arguments développés par Marc Bloch dans l'*Apologie*, qui peuvent nous servir à définir l'histoire en termes « pragmatistes ». Soucieux de démontrer la légitimité sociale de son activité professionnelle, il se donne pour principal objectif d'expliquer « avant tout comment et pourquoi un historien pratique son métier », afin que le lecteur décide si « ce métier mérite d'être exercé ». C'est en fonction de cette préoccupation pratique que Marc Bloch envisage la définition de l'histoire. Considérant que ce problème ne constitue pas une fin en soi, mais « un authentique problème d'action » (p. 81), au lieu de s'attarder sur l'étude de « l'objet » de l'histoire et sa conformité avec tel ou tel pan de la réalité, il se contente de reprendre à son

compte la définition la plus couramment admise par la communauté des historiens depuis Wilhelm von Humboldt. L'histoire est
« une science des hommes dans le temps et qui, sans cesse, a
besoin d'unir l'étude des morts à celle des vivants » (p. 97). Cette
définition banale est suffisante pour mettre en relief à la fois la
contribution spécifique que les historiens fournissent à la connaissance et les contraintes qui pèsent sur leur « métier », justifiant
qu'elle soit devenue une activité spécialisée et exigeant que ceux
qui la pratiquent s'y livrent à temps plein. En cherchant à
convaincre le public que ce métier mérite d'exister, Marc Bloch
part du principe qu'au moment où il écrit, l'historien occupe un
point fixe dans le temps et dans l'espace social. Il fait lui-même
partie du tableau qu'il veut peindre. Il ne pourrait exercer son
métier s'il n'appartenait pas lui aussi à l'humanité et si les traces
du passé qu'il veut connaître n'étaient pas arrivées jusqu'à lui.
Mais ces permanences font également toute la difficulté de sa profession. Si ces traces étaient immédiatement lisibles, et si le monde
qu'elles rappellent était en tout point semblable à celui dans lequel
vit l'historien, sa fonction serait inutile. Pour comprendre les
hommes qu'il étudie, éviter les fautes professionnelles majeures
que sont l'anachronisme et l'ethnocentrisme, l'historien doit, dans
un premier temps, prendre une double distance temporelle et
sociale avec son propre univers. Mais dans un second temps, il lui
faut opérer un retour vers sa communauté en mettant au service de
tous les connaissances qu'il a acquises grâce à ce travail de distanciation, car une meilleure compréhension du passé peut aider les
hommes du présent « à mieux vivre ». Le métier d'historien comporte donc deux facettes qui correspondent à deux formes de compétences bien distinctes. La première se situe au niveau de la
production du savoir ; c'est-à-dire au niveau de la recherche scientifique au sens strict du terme. C'est la communauté professionnelle des historiens qui définit les normes de scientificité propres à
la recherche historique, qui élabore les grandes questions et les
hypothèses susceptibles de guider les enquêtes empiriques, les
principes méthodologiques, le langage commun et les critères de
vérification des connaissances produits par chaque membre du
groupe. La seconde facette du métier d'historien réside dans la *diffusion* de ce savoir scientifique au sein du « grand public », grâce à
un langage et sous des formes adaptés. Aux activités de savoir
s'ajoutent donc des activités de mémoire, dominées par les tâches

d'enseignement. La double exigence d'autonomie scientifique et d'ouverture sur le monde extérieur explique l'importance que Marc Bloch accorde au problème de la communication. Pour lui, l'historien est avant tout un « traducteur » qui fait communiquer les vivants avec les morts, les spécialistes de l'histoire avec les spécialistes des autres disciplines et avec le public.

Dès la première page de son ouvrage, Marc Bloch écrit, en parlant de ses maîtres et notamment de Charles Seignobos : « Je resterai donc fidèle à leurs leçons en les critiquant, là où je le croirai utile, très librement, comme je souhaite qu'un jour, mes élèves, à leur tour, me critiquent » (p. 69). Dans cette perspective, faire fructifier l'héritage de Marc Bloch, c'est aussi souligner les limites de la contribution qu'il a fournie à la réflexion « pragmatiste » sur l'histoire. La plus importante tient à la confusion, constante dans l'*Apologie*, entre « pratique » et « méthode ». Même s'il affirme « nos problèmes seront les problèmes mêmes qu'à l'histoire impose, quotidiennement, sa matière » (p. 74), Marc Bloch ne nous offre pas, dans ce livre, une véritable analyse des *activités* professionnelles de l'historien. Il se livre essentiellement à une description des opérations techniques qui entrent dans la critique documentaire. Son approche de la « profession » historienne reste prisonnière de la perspective sociologique développée, dans l'entre-deux-guerres, par Maurice Halbwachs qui hiérarchise les classes sociales en fonction d'une opposition entre « esprit » et « matière »[5]. En jouant sur le double sens du mot « matière », il fait de l'historien une sorte d'artisan confiné dans l'élaboration de ses matériaux archivistiques, par opposition au philosophe, l'ingénieur ou le technicien de la pensée, voué à l'élaboration des concepts. Certes, on peut admettre que la mise en œuvre de la « méthode historique » constitue une dimension importante de l'activité scientifique de l'historien. Mais elle ne représente qu'un aspect de son activité professionnelle[6]. Marc Bloch souligne lui-même l'importance du travail de diffusion de la connaissance historique (activités de mémoire), mais il ne leur consacre aucun développement parti-

---

5. Cf. notamment M. Halbwachs, *Esquisse d'une psychologie des classes sociales,* Marcel Rivière, 1964.
6. Que Marc Bloch décrit d'ailleurs dans des termes extrêmement abstraits. Cf. par comparaison, l'analyse développée par Arlette Farge, *Le goût de l'archive,* Seuil, 1989.

culier dans son livre[7]. Par ailleurs, comme les autres universitaires, l'historien est amené à diriger des recherches, à participer à des jurys et à des commissions de recrutement ou de promotions. Il s'agit là d'une dimension du métier qui touche à ce que nous appellerons désormais « les activités de pouvoir », sur lesquelles Marc Bloch reste totalement silencieux[8]. Ce silence reflète, à mon avis, une contradiction qu'il n'a pas pu résoudre. Toute l'*Apologie* peut être lue, on l'a vu, comme un immense effort visant à conforter l'autonomie de la communauté professionnelle des historiens. Même si Marc Bloch ne le dit pas explicitement, il s'agit là, me semble-t-il, d'une réponse à ceux qui, en application des lois antisémites du Gouvernement de Vichy, l'ont révoqué de son poste peu de temps auparavant. Renforcer les liens de solidarité entre les membres de la communauté savante est un moyen de résister à l'intrusion du pouvoir politique dans les activités scientifiques. On ne peut, selon lui, avancer dans cette voie que si les historiens excluent de leur propre fonctionnement interne, le langage, les normes et les pratiques qui gouvernent la vie politique. C'est la raison essentielle pour laquelle Marc Bloch s'emporte contre ceux qui, parmi ses collègues, confondent leur métier avec la fonction de procureur et succombent à la « manie du jugement ». C'est ce qui explique aussi la différence de ton et de préoccupations entre l'*Apologie* et l'autre ouvrage que Marc Bloch rédige dans la même période : *L'Étrange défaite*[9]. Là, c'est le citoyen qui parle, mobilisant toutes les ressources du langage politique, mettant en cause les responsabilités de ceux qui ont conduit le pays à la déroute. Si dans l'*Apologie,* il garde le silence sur toutes les activités de pouvoir qui entrent dans les tâches pratiques des historiens, c'est donc parce qu'il pense qu'en abordant ces problèmes, il ne pourrait qu'affaiblir la cohésion de sa communauté professionnelle en facilitant, par conséquent, les intrusions du pouvoir d'État. La définition de l'histoire comme activité pratique bute ici sur une difficulté majeure. Pour lever l'obstacle, il faut se tourner vers un autre grand précurseur de la « raison pragmatiste » en sciences sociales : Max Weber.

---

7. Nous savons qu'il avait prévu un chapitre sur l'enseignement de l'histoire qu'il n'a malheureusement pas eu le temps d'écrire.

8. Il ne fait qu'une seule allusion aux « corps académiques que leur recrutement, favorable à la prééminence de l'âge et propice aux bons élèves, ne dispose pas particulièrement à l'esprit d'entreprise » (p. 113).

9. M. Bloch, *L'Étrange défaite, op. cit.,* 1946.

Max Weber et la question du « pouvoir ».

Dans la fameuse conférence qu'il a prononcée à la fin de sa vie, en 1919, sur « le métier et la vocation du savant »[10], Max Weber exprime des préoccupations semblables à celles de Marc Bloch[11]. Son but est d'expliquer à l'assemblée de jeunes étudiants qui aspirent à devenir des universitaires « comment se présente le métier de savant au sens concret du mot ». Comme Marc Bloch, il place toute sa réflexion sur la science sous la dépendance d'un « premier principe » qui lui-même ne relève pas de la science, mais de l'éthique. L'honnêteté intellectuelle *(Intellektuelle Aufrichtigkeit)* exige que le savant, arrivé au terme de sa carrière, explique à ceux qui aspirent à lui succéder ce qui les attend, afin qu'il puissent s'engager dans leur « métier » en connaissance de cause. Mais, en dépit de ce point de départ commun, les préoccupations de Max Weber sont très différentes de celles de Marc Bloch. D'emblée il met l'accent sur ce qui fait la spécificité de la condition universitaire dans le monde moderne, à savoir son insertion dans un « système bureaucratique ». Il décrit la situation qui prévalait en Allemagne avant la Guerre de 14 comme la fin d'une époque, celle justement où le savant pouvait encore se considérer comme un « artisan » et se croire indépendant, en vivant de la fortune de sa famille ou des subsides versés directement par ses étudiants. L'efficacité de la science moderne tient au fait que, comme les salariés des entreprises capitalistes, les chercheurs sont coupés de leurs « moyens de production » et insérés dans un système d'interdépendances de plus en plus vaste. La première caractéristique du « métier » d'historien, tient donc au fait que, comme les autres universitaires, il est au service de l'État qui le rémunère[12]. Comme on le voit, Weber place au centre de sa définition du « métier

---

10. M. Weber, « Le métier et la vocation de savant », in *Le Savant et le politique,* Plon, 1959 (1ʳᵉ éd. 1919). Le terme de « savant » peut être pris ici comme un synonyme d'« historien », au sens large que Weber donnait à ce mot.

11. Comme l'a souligné Otto Oexle, même si elle est exprimée en termes très différents, la conception de l'histoire développée par Marc Bloch est, sur bien des points, très proche de celle de Max Weber ; cf. O. Oexle, « Marc Bloch et la critique de la raison historique », *op. cit.,* in H. Atsma et A. Burguière (dir.), *op. cit.,* p. 422 sq.

12. D'où l'ironie déployée par Weber à l'encontre de ceux qu'il appelle « les petits prophètes stipendiés par l'État » qui, gagnés par la fièvre révolutionnaire du moment, oublient cette dépendance (p. 102).

d'historien » le problème que Marc Bloch avait refoulé dans l'*Apologie* : le rôle joué par les relations de pouvoir dans la formation des communautés scientifiques. Plus précisément, Weber se préoccupe avant tout de clarifier le processus de *nomination* grâce auquel un individu devient un « universitaire ». Il s'agit pour lui d'une question cruciale car elle se situe à l'intersection des deux types de relations de pouvoir dans lesquels sont pris les savants dans le monde moderne : le pouvoir d'État et le pouvoir scientifique. Ce sont les représentants de l'État qui décident, en dernière instance, de la création et de la suppression des postes dans les universités. Mais seuls les spécialistes des disciplines concernées ont les compétences qui permettent de nommer à ces fonctions les chercheurs qui possèdent les qualités requises. Comme le souligne Weber, quand le pouvoir politique intervient dans les nominations « on peut être certain que les médiocres et les arrivistes ont seuls chance d'être nommés » (p. 67). Pour lui aussi l'autonomie professionnelle des communautés universitaires est une nécessité pour le développement de la connaissance. D'où la première contradiction qui traverse le métier de savant (et donc d'historien) : d'un côté, c'est l'État qui le rend possible, mais d'un autre côté, il ne peut véritablement s'exercer qu'au prix d'un effort constant visant à rejeter les empiétements de l'État. S'il admet qu'« un grand nombre de médiocres jouent incontestablement un rôle considérable dans les universités », Max Weber estime que la responsabilité n'en incombe pas seulement « aux petits personnages des facultés ou des ministères », mais s'explique par des difficultés qui font partie de la vie scientifique elle-même. Privilégiant à nouveau le problème des nominations, il constate, d'une part, qu'« aucun professeur d'université n'aime se rappeler les discussions qui eurent lieu lors de sa nomination car elles sont rarement agréables » et, d'autre part, que ces mêmes professeurs sont souvent mal à l'aise quand ils doivent juger le travail de leurs étudiants ou recruter leurs nouveaux collègues. Si les savants n'aiment pas, généralement, cette partie de leurs activités, c'est parce qu'elle met à nu la seconde contradiction qui mine leur pratique. D'un côté, ils produisent des connaissances qu'ils considèrent comme « vraies » parce que les spécialistes du domaine concerné peuvent les vérifier en s'appuyant sur des critères « objectifs ». Mais d'un autre côté, ces mêmes savants sont incapables de promouvoir de tels critères quand il s'agit d'évaluer les mérites de leurs pairs. Pour Weber, si les activités de nomination dans le

181

monde universitaire sont vécues dans le « malaise », c'est parce que, le plus souvent, les nominations reposent sur le « hasard ». Et il précise : « je ne connais guère de carrière au monde où il joue un si grand rôle ». Selon lui, cette situation ne peut s'expliquer complètement par les faiblesses humaines, les calculs stratégiques ou les luttes d'influence. La plupart des « juges », estime-t-il, font preuve de bonne volonté. Mais ils se heurtent à deux difficultés incontournables. D'une part, le processus de nomination au sein des communautés scientifiques est fondé sur un principe démocratique : l'élection par les pairs. S'appuyant sur les exemples historiques de l'élection du pape et du président des États-Unis, Weber considère que ce principe aboutit le plus souvent à écarter les meilleurs au bénéfice des candidats plus ternes, jugés moins menaçants. Outre ce facteur, qui relève de ce qu'il appelle « les lois de l'action concertée des hommes », Weber estime, d'autre part, que les juges, quand ils recrutent un universitaire, doivent évaluer en même temps deux types d'activités : la recherche et l'enseignement qui ne peuvent être appréciées à l'aide des mêmes critères. Dans ces conditions, ce qui devrait nous surprendre le plus, d'après lui, c'est « que l'on constate malgré tout un nombre considérable de nominations *justifiées* » (souligné dans le texte). A tous ces jeunes gens qui clament leur « vocation de savant », en n'ayant le plus souvent qu'une connaissance livresque de la science, Max Weber demande s'ils sont prêts à accepter « sans dommage ni amertume, que d'année en année on (leur) préfère des médiocres après d'autres médiocres ». Et il avoue n'avoir connu, tout au long de sa carrière, que très peu de candidats ayant supporté cette situation « sans dommage pour leur vie intérieure ».

La question n'est pas ici de discuter le bien fondé de ces remarques quelque peu désespérées, mais de souligner ce qui fait l'intérêt majeur de cette conférence. Max Weber parvient à concilier l'idéal d'autonomie et de solidarité professionnelles défendu par Marc Bloch, sans pour autant refouler ce qui constitue le principal agent de destruction de cette solidarité : la question du pouvoir. Weber obtient ce résultat en poussant jusqu'à son terme l'éthique « pragmatiste » qui consiste, pour un auteur, à s'impliquer dans son analyse. Le plus souvent, ce sont des observateurs animés par des motivations « révolutionnaires » qui s'intéressent aux relations de pouvoir. Se plaçant eux-mêmes en dehors de leur communauté pour mieux la juger (et la dénoncer), leurs explications ne peuvent être que rejetées par ceux qu'elles visent. Weber contourne la difficulté en évoquant d'emblée sa propre expérience du pouvoir, soulignant que sa propre nomination comme professeur a été le fait d'un hasard qui a joué contre certains de ses concurrents dont l'œuvre scientifique était pourtant, selon lui, supérieure à la sienne. Il évoque aussi les difficultés qu'il a rencontrées dans l'exercice de ses propres activités de jugement, en l'absence de critères partagés par tous les membres de sa communauté professionnelle. En procédant ainsi, Max Weber nous incite à envisager la question du pouvoir non plus comme la « maladie honteuse » de la science, mais comme le système des contraintes qui organise les activités scientifiques dans le monde moderne et qu'il nous faut clarifier si nous voulons l'aménager au mieux.

Éléments pour une définition « pragmatiste » de l'histoire.

En privilégiant dans la définition du « métier d'historien », le problème de la « nomination », c'est-à-dire l'ensemble des activités de jugement qui entrent dans l'exercice de cette activité professionnelle, Max Weber offre aux historiens la possibilité de prolonger la réflexion de Marc Bloch en y intégrant ce qui constitue un point aveugle de l'*Apologie :* la question du pouvoir. L'intérêt de cette perspective tient aussi au fait qu'elle recoupe les problématiques « constructivistes » développées depuis une vingtaine d'années par les historiens, les sociologues et les philosophes qui ont travaillé sur le problèmes des identités sociales[13] et sur le rôle joué par les relations de pouvoir dans la production du savoir[14]. En prenant appui sur l'ensemble de ces instruments, il est possible de définir l'histoire comme l'ensemble des activités de savoir, de mémoire et de pouvoir dans lesquelles sont engagés tous les individus qui exercent le « métier » d'historien. Les procédures modernes de nomination des universitaires sont apparues au XIXe siècle, en même temps que se constituaient les États nationaux et que se redéfinissait la fonction

---

13. Cf. notamment, G.S. Jones, *Languages, op. cit. ;* L. Boltanski, *Les Cadres. La formation d'un groupe social*, Minuit, 1983 ; J. S. Scott, *Gender, op. cit.*

14. Notamment, N. Elias, « Scientific Establishments », in N. Elias, H. Martins, R. Whitley (eds.), *Scientific Establishments and Hierarchies*, Boston, D. Reidel, 1982 ; pp. 3-69 ; M. Foucault, *Surveiller et Punir*, Gallimard, 1975 ; P. Bourdieu, *Homo Academicus, op. cit.*

de l'historien dans la société. Plusieurs raisons permettent d'expliquer pourquoi on décide alors de confier à des fonctionnaires (en Europe tout au moins), la charge de développer la connaissance historique. En premier lieu, l'accumulation du savoir et la spécialisation croissante de la recherche nécessitent une longue période d'apprentissage et une pratique de l'histoire « à temps plein ». Les principes d'universalité et d'objectivité de la connaissance scientifique interdisent que la recherche historique puisse continuer à être monopolisée par des groupes particuliers de la société (comme les gens d'Église) et servir leurs passions et leurs intérêts. Seul l'État peut à la fois assurer la subsistance et l'autonomie des savants au sein du monde social. Mais dans le même temps, si la communauté des citoyens accepte de rémunérer une partie de ses membres pour qu'ils se consacrent à la recherche historique, c'est parce que leur travail présente une utilité pour elle, et au-delà, pour l'humanité. En diffusant au delà des cercles spécialisés les résultats de leurs travaux, les historiens contribuent à enrichir la « mémoire collective » de leur communauté nationale et de la communauté humaine. C'est pourquoi, le plus souvent, l'État impose deux types d'obligations aux historiens qu'il emploie : la première concerne la production des connaissances scientifiques (l'histoire comme savoir) ; la deuxième concerne la diffusion de ces connaissances (l'histoire comme mémoire). Ces deux aspects du métier sont indissociables et complémentaires, mais ils sont aussi, par certains côtés, contradictoires. Pour espérer produire des connaissances scientifiques, l'historien doit se tenir à distance du monde social. C'est la raison pour laquelle l'État délègue aux communautés universitaires le soin d'établir les critères et les normes qui définissent la scientificité de leur discipline. Mais le travail scientifique constitue une activité critique aboutissant à des résultats qui entrent en contradiction, bien souvent, avec la « mémoire collective » des différents groupes de la société et avec la mémoire nationale elle-même. Si la tension savoir/mémoire peut être considérée comme le facteur qui confère au métier d'historien son unité, c'est parce qu'elle traduit les possibilités et les limites de l'autonomie dont ceux-ci disposent dans l'exercice de leur activité professionnelle. Pour remplir correctement la fonction sociale que leur impose l'État qui les emploie (ou l'institution qui fait fonction d'« employeur »), ils doivent au préalable avoir contribué à l'élaboration d'un certain nombre de connaissances scientifiques (car il n'y a pas de « vulgarisation » du savoir sans une production préalable du savoir). Celles-ci ne peuvent progresser que si la communauté des historiens est capable de préserver son autonomie par rapport au monde social et politique. Ce qui exige que ces derniers consolident leur cohésion, c'est-à-dire les liens de solidarité qui les unissent. Mais dans le même temps, les relations de pouvoir internes à toute communauté scientifique sont fondées sur la concurrence entre savants, concurrence qui constitue à la fois le « moteur » du développement de la connaissance et le facteur qui mine cette solidarité pourtant indispensable au progrès scientifique. L'importance que prend, dans cette perspective, la question des nominations, tient au fait qu'elle représente la partie la plus visible, parce que la plus « officielle », des activités de jugement qui sont au cœur des relations de pouvoir du monde savant. Ces activités – que nous développons tous les jours dans nos conversations, nos comptes rendus, nos citations – mettent en jeu, non seulement nos fonctions et notre réputation, mais aussi toute notre identité professionnelle, du fait même que nous n'existons que dans le miroir que nous tendent les autres, par l'infinité des jugements qu'ils portent sur nous. Cette définition est applicable à l'ensemble des disciplines universitaires. Mais chaque communauté professionnelle construit son identité propre autour du nom qu'elle s'est donnée ; nom qui désigne la forme spécifique de la relation savoir/pouvoir qui organise les activités de ses membres. Pour les historiens, le fait d'avoir un nom commun constitue déjà, en soi, un facteur d'identité professionnelle. Mais leur « sentiment d'appartenance » est renforcé par le fait que ce nom commun évoque les procédures d'examen et de jugement, c'est-à-dire les formes d'assujettissement, auxquelles ils ont tous dû se soumettre pour pouvoir exercer leur métier et à travers lesquelles ils ont intériorisé, souvent de façon inconsciente, les mêmes normes disciplinaires[15].

Dans la perspective esquissée ici, l'unité de la discipline repose donc, en dernière analyse, sur ce qui la divise : les activités de jugement. Comme toute définition, celle-ci n'a d'intérêt que par les problèmes qu'elle permet de poser. Pour l'historien désireux

---

15. Par exemple, *tous* les historiens utilisent, désormais, le système de références fixé par leurs prédécesseurs « méthodistes » à la fin du XIXe siècle. Même quand ils rejettent bruyamment les « positivistes », les historiens d'aujourd'hui sont donc plus proches, sur ce point, de Langlois et Seignobos que de Michelet.

d'approfondir la perspective « pragmatiste », elle a l'avantage de mettre en relief le rôle primordial que joue la *communication* dans le progrès de la connaissance scientifique. Si l'on définit, à la suite de Peirce, la vérité comme l'opinion sur laquelle, en dernière analyse, sont appelés à tomber d'accord tous ceux qui cherchent, alors il est évident que la clarification du langage utilisé par les savants est une priorité de l'effort scientifique[16]. Mais dans le même temps, il s'agit là d'une exigence éthique. Le progrès scientifique nécessite la démocratisation de nos activités de recherche, car les connaissances que nous élaborons seront d'autant plus « vraies » que nos jugements sur les activités de nos pairs seront plus « justes » ; ce qui suppose que les règles et les critères sur lesquels ils reposent soient connus et partagés par tous. Si la communication est particulièrement difficile en sciences sociales c'est parce que ces disciplines, comme le rappelle Jean-Claude Passeron, sont des langages qui n'ont pas de « grammaire ». Étant donné que ceux qui les pratiquent sont dans l'obligation d'employer le langage naturel pour parler du monde social, leurs mots entretiennent avec l'état des choses qu'ils décrivent un rapport qui ne peut jamais être stabilisé. Cette instabilité explique les querelles sans fin que se livrent les chercheurs sur la question du « sens »[17]. Jean-Claude Passeron pense que nous devons admettre cette infirmité communicationnelle au lieu de faire semblant de ne pas la voir, car ce n'est qu'au prix d'une plus grande lucidité sur les limites de leur « science » que les spécialistes des sciences sociales peuvent espérer préserver la contribution spécifique qu'elle apporte, malgré tout, à la connaissance. L'historien « pragmatiste » ne peut que souscrire à cette analyse. On peut la trouver, néanmoins, un peu trop pessimiste. Si le handicap communicationnel des sciences sociales tient à leur objet même (le monde social), on peut estimer qu'il s'agit là peut-être aussi de leur principal atout. Étant donné que les disciplines que nous pratiquons quotidiennement sont susceptibles de nous fournir des connaissances sur la société, et donc sur notre propre monde, nous devrions, normalement, pouvoir mettre à profit ces connaissances pour améliorer nos performances scientifiques. Autrement dit, nous devrions être capables d'utiliser notre savoir professionnel sur le monde social

---

16. Sur ce problème, cf. plus particulièrement, J. Habermas, *Théorie de l'agir communicationnel*, Fayard, 1988, 2 vol. (1ʳᵉ éd. 1985).

17. J.-C. Passeron, *Le raisonnement sociologique, op. cit.*, p. 54.

SAVOIR, MÉMOIRE, POUVOIR

pour compenser le handicap dû au fait que ce même monde constitue notre objet d'études. Une meilleure connaissance sociologique
de la communauté savante permettrait de proposer des *actions* susceptibles de faire progresser la communication entre les chercheurs.
Comme le souligne John Dewey, en effet, « on ne peut réaliser une
authentique communauté de langage ou de symboles que par des
efforts qui fassent naître une communauté d'activités dans des
conditions déterminées »[18]. C'est à ce niveau que la réflexion sur le
« métier » d'historien et la réflexion sur le « savoir historique » peuvent se rencontrer.

CLARIFIONS NOS PRÉSUPPOSÉS

En partant du principe qu'il n'existe pas de critères universels de
la science, l'historien pragmatiste admet du même coup que ses
propres analyses ont aussi leurs limites. S'il est logique avec lui-
même, il doit commencer par les souligner, en espérant que grâce à
cette mise au point, ses lecteurs renonceront à lui reprocher de ne
pas avoir répondu à des préoccupations qui étaient extérieures à son
univers de compétence. Pour expliciter les limites de la conception
« pragmatiste » de l'histoire, le mieux est de l'envisager dans la
relation conflictuelle qu'elle a toujours entretenue avec la perspective qui privilégie la réflexion « théorique ». Le conflit entre ces
deux approches de la connaissance constitue depuis deux siècles une
dimension essentielle du débat sur l'histoire. Pendant longtemps, il a
surtout opposé les historiens aux philosophes. Mais aujourd'hui, ce
conflit traverse chacune des deux disciplines. Souligner les limites
de ces deux points de vue, ne signifie pas que l'un ou l'autre serait
inutile ou pourrait être « dépassé ». Il faut plutôt les voir comme
complémentaires et interdépendants, tout en soulignant que nul n'est
en mesure de les mettre en œuvre simultanément.

Les limites de la connaissance « théorique »

La définition la plus claire et la plus radicale de la connaissance
en tant qu'activité entièrement « théorique » a été présentée, il y a
quelques années, dans l'ouvrage de Gilles Deleuze et Félix Guattari : *Qu'est-ce que la philosophie ?* Je prendrai cette définition
comme une sorte de « type idéal » d'une conception que l'on

_____

18. J. Dewey, *Logique. La théorie de l'enquête,* PUF, 1993, (1ʳᵉ éd. 1938),
p. 110.

retrouve, sous des formes infiniment variées, chez tous ceux qui estiment que l'histoire n'est pas une discipline véritablement scientifique parce qu'elle se refuse à tout effort explicite de théorisation. Reprenant une citation de Michel Foucault, Deleuze et Guattari rappellent que le « vrai philosophe » (celui que j'appellerai désormais le « philosophe pur »), « c'est celui qui a pensé autrement ». Et ils ajoutent : « tracer, inventer, créer, c'est la trinité philosophique »[19]. Dans cette perspective, le philosophe ne peut penser que *contre* les autres, *en rupture* avec le monde dans lequel il vit. Son activité vise essentiellement à déconstruire les théories philosophiques élaborées par ses prédécesseurs ou ses concurrents, pour rebâtir, sur le tas de ruines, sa propre théorie, tout en sachant qu'elle subira, par la suite, le même sort que les autres. Le plus grand philosophe est celui qui, au prix d'un immense effort d'appropriation du savoir philosophique déjà constitué, est capable de construire une œuvre totalement inédite, qui éclaire le monde d'une lumière radicalement différente de celles qui avaient été projetées jusque là. Si l'effort de création est un effort solitaire, qui suppose une rupture avec le monde environnant, toute discussion avec les autres philosophes est, par définition, inutile. « Puisque les interlocuteurs ne parlent jamais de la même chose » soulignent Deleuze et Guattari, la « communication vient toujours trop tôt ou trop tard »[20]. Si le philosophe pur ne cherche pas à convaincre, c'est qu'il estime que les « vérités » qu'il élabore ne peuvent être ni « vérifiées », ni « garanties » par ceux qui l'écoutent et qui le lisent. Étant donné que les autres philosophes sont engagés dans le même effort que lui, ce sont soit des adversaires (qui s'efforcent de détruire sa propre pensée pour construire la leur), soit des disciples (souvent entrés en philosophie pure en s'identifiant à un maître dont ils diffusent la pensée en même temps qu'ils se l'approprient, pour pouvoir, par fidélité à l'idéal du maître, détruire la pensée du maître). Dans cette perspective, l'idée même de « communauté professionnelle » est absurde. Le philosophe pur s'adresse directement au public. Mais, comme l'artiste, il ne fait que proposer de nouvelles façons de voir ou de ressentir le monde, que chaque lecteur s'approprie pour son compte personnel, contribuant ainsi à conférer une « vérité » à chaque fois différente, aux propos

---

19. G. Deleuze et F. Guattari, *Qu'est-ce que la philosophie ?* Minuit, 1991, p. 74.

20. *Ibid.,* p. 32.

du philosophe. Dans cette perspective, l'auteur et le lecteur sont totalement souverains. Rien ne doit venir entraver la liberté de création et de réception des concepts.

C'est cet idéal de la pensée pure et libre qui explique le rôle essentiel que la philosophie a joué dans l'élaboration des concepts, des théories et des conceptions du monde qui ont progressivement enrichi nos savoirs. Pour situer l'importance de ce rapport à la connaissance, il n'est sans doute pas exagéré de souligner que la plupart des théories mises en œuvres par les sciences sociales ont eu pour point d'origine une innovation née d'abord dans le champ philosophique. Nous avons vu, dans les chapitres précédents, que mêmes les historiens les plus hostiles au « jargon philosophique », dès qu'ils ont voulu tenir des discours sur leur propre pratique, n'ont fait que reprendre à leur compte, souvent sans le savoir, des arguments forgés antérieurement par les philosophes. Mais pour exercer cette influence considérable, les philosophes purs ont dû en payer le prix. En définissant la philosophie comme une activité se déroulant uniquement dans la pensée, ils ont écarté délibérément toute réflexion sur les pratiques sociales, et donc sur leurs propres pratiques. C'est cette lacune que n'ont cessé de souligner ceux qui ne partagent pas leurs vues en leur reprochant de tenir des propos contradictoires avec leurs actes. Comment prendre au sérieux le philosophe pur qui prétend penser contre la société et le pouvoir, alors qu'il est lui-même le plus souvent un fonctionnaire, salarié de l'État bourgeois ? Comment le suivre quand il refuse la communication, alors que dans le même temps, il accepte des fonctions d'enseignement, il écrit des livres, il parle à la radio et à la télévision ; se plaignant bien souvent, de surcroît, de ne pas être compris ? Les théoriciens des sciences sociales, on l'a vu avec Durkheim, ont été parmi les premiers à reprocher aux philosophes purs leur indifférence, voire leur hostilité, pour toute réflexion sur les pratiques sociales. En construisant des modèles théoriques destinés à expliquer ces pratiques sociales, ils ont pensé pouvoir dépasser le conflit qui opposait les philosophes et les historiens. Mais pour cela, il aurait fallu que les théories mises en œuvre soient le produit d'une élaboration collective, afin que les connaissances produites par un chercheur puissent être vérifiées et validées par la communauté des spécialistes du domaine concerné. Force est de constater que la démarche théorique en sciences sociales n'a pas suivi ce chemin ; mais qu'elle est restée fidèle à la logique individuelle décrite plus haut, à propos des philosophes purs. Deux raisons peuvent expliquer cet état de chose. D'une part, la pensée théorique est généralement fondée sur la croyance dans l'universalité du système conceptuel proposé ; ce qui est contradictoire avec une démarche collective, supposant négociations et compromis. D'autre part, cet individualisme scientifique est renforcé par le fait que, généralement, c'est la théorie et non les connaissances empiriques, qui constitue l'enjeu essentiel des luttes de concurrence entre chercheurs. Ce n'est pas un hasard si, en sciences sociales comme en philosophie, la plupart des courants théoriques mis en circulation sont désignés par des noms d'auteurs. L'exemple de Norbert Elias, auquel on ne peut pas reprocher pourtant d'avoir succombé ni au « théoricisme », ni au « narcissisme », est significatif. Dans un écrit de jeunesse, il défend l'idée d'une sociologie scientifique fondée sur une démarche théorique, en soulignant que c'est justement l'absence d'ambition théorique qui explique la faible autonomie dont dispose l'histoire par rapport au monde social, et par voie de conséquences la faible cumulativité de ses résultats[21]. Selon lui, c'est la mode du moment ou l'humeur de l'historien qui gouvernent le plus souvent ses choix et non une réflexion rigoureuse appuyée sur un corps d'hypothèses clairement formulées. Mais quand il s'agit de montrer quel chemin l'histoire devrait prendre pour sortir de cette impasse, Elias reprend à son compte la démarche du « philosophe pur ». Il commence par démolir les théories sociologiques des « pères fondateurs » (Emile Durkheim et Max Weber) en soulignant qu'elles ont échoué dans ce qui constitue l'objet même de la discipline : le rapport individu/groupe. Puis il utilise les morceaux livrés par ce travail de démolition pour construire son propre modèle des « configurations sociales ». D'un côté il condamne le « positivisme » des historiens qui consiste à utiliser des concepts à l'état isolé pour leurs propres besoins, et de l'autre il fait exactement la même chose avec les théories de ses prédécesseurs pour élaborer la sienne. L'idée même de cumulativité du savoir sociologique ne peut être entretenue qu'au prix de la croyance que ce travail de démolition/reconstruction est parvenu à son terme et que la nouvelle théorie fournit (enfin) les fondements scientifiques qui manquaient à la discipline ; ce que les sociologues des générations suivantes

---

21. N. Elias, « Sociologie et histoire », publié en français en introduction de *La société de cour*, Flammarion, 1985, pp. XXIX-LXXVII (1re éd. 1969).

s'empresseront, évidemment, de démentir. Cela n'enlève rien, bien au contraire, ni à l'intérêt ni à la richesse des connaissances produites par ceux qui adoptent ce point de vue sur la connaissance. En soulignant les limites auxquelles il se heurte, on veut simplement rappeler à ceux des historiens qui sont aujourd'hui tentés par l'aventure théorique, qu'elle ne débouche pas, automatiquement, sur un progrès scientifique. En dépit des affirmations de Norbert Elias, force est de constater que la cumulativité et l'autonomie du savoir sociologique ne sont pas, à ce jour, supérieures à celle du savoir historique.

Les limites du « pragmatisme »

Avant d'entrer dans l'exposé des limites de la conception « pragmatiste » de la connaissance, il convient d'emblée d'insister sur le fait qu'on ne doit pas la confondre avec le « pragmatisme spontané » qui caractérise le rapport traditionnel que les historiens entretiennent avec la connaissance. Trop souvent, l'exaltation des « pratiques », l'appel au respect de la « diversité des points de vue » et le refus du « dogmatisme » ont été des prétextes pour éviter toute discussion sérieuse avec les philosophes. Le rejet des « spéculations théoriques » est une solution de facilité pour ceux qui refusent obstinément de se poser des questions sur leur propre travail. On a vu que les progrès de la recherche historique n'avaient été possibles que parce que ces critiques théoriques avaient été prises au sérieux par un certain nombre d'historiens. L'apologie de la « communauté professionnelle » et de la « compréhension » peut aussi être une façon d'éluder les injustices, l'arbitraire et le « petit terrorisme interne » (Georges Duby) qui existent aussi dans le monde des historiens. Et il est incontestable que l'argument de la « fonction sociale » de l'histoire sert fréquemment de prétexte chez ceux qui ont renoncé aux exigences ingrates du travail scientifique pour se cantonner dans des activités en général plus lucratives et plus valorisées.

Ce « pragmatisme » primaire est à l'opposé de l'effort de clarification qui est au cœur de la perspective proposée ici. Néanmoins, nous devons considérer ces travers comme les symptômes des difficultés auxquelles se heurte toute démarche « pragmatiste ». La première concerne le problème de l'implication de l'auteur dans l'analyse. La diversité des points de vue actuels sur la situation de l'histoire s'explique, en partie, par les positions différentes occupées par ceux qui les développent. Au-delà des intérêts que les uns et les autres peuvent avoir à reprendre à leur compte, ou à nier, la réalité de la « crise de l'histoire », il est certain que, lorsqu'un individu voit un verre à moitié plein, alors que pour son voisin, il est à moitié vide, cela s'explique aussi, comme le soulignait Marc Bloch, par des différences de « personnalité »[22]. L'historien « pragmatiste » désireux de s'appliquer à lui même le principe de clarification des pratiques qu'il prône comme règle générale, bute ici sur les limites que constitue, dans son propre univers, la séparation entre discours « public » et discours « privé ». Bien que l'auto-analyse et l'ego-histoire, mises récemment à l'honneur, soient des instruments susceptibles de favoriser ce travail d'explicitation, il est évident qu'il s'agit là d'un exercice extrêmement codifié et sévèrement contrôlé. Toute démarche « autobiographique » est perçue comme un acte d'auto-consécration par lequel un individu fait savoir au public qu'il a une opinion suffisamment haute de lui-même pour considérer que son expérience particulière est assez importante et significative pour intéresser les autres. On comprend pourquoi, en général, ce genre d'écrit est réservé pour les fins de carrière, à l'heure du bilan[23]. En conséquence, les éléments biographiques qui permettraient de mieux comprendre les raisons des interrogations développées dans ce livre sur le « métier d'historien », ne peuvent pas être détaillées. Qu'il me suffise d'indiquer que, comme tous les individus brutalement transplantés d'un univers social dans un autre, il ne m'a pas été facile de comprendre les règles du jeu propres au milieu qui m'a accueilli, ni d'admettre que le monde de la science, que je n'avais longtemps fréquenté que dans les livres, puisse être aussi différent en réalité, de l'image que je m'en faisais. De là vient, sans doute, l'importance attachée dans ce livre au problème de la clarification des pratiques de recherche.

Le chercheur désireux de promouvoir la « raison pragmatiste » se heurte à un autre obstacle essentiel. Un historien, comme on l'a vu,

---

22. Évoquant le problème de la légitimité de l'histoire, que Langlois et Seignobos considéraient comme une « question oiseuse », Marc Bloch écrit : « Sans doute en va-t-il de ce problème comme de presque tous ceux qui concernent les raisons d'être de nos actes et de nos pensées : les esprits qui leur demeurent, par nature, indifférents ou ont volontairement décidé de se rendre tels comprennent toujours difficilement que d'autres esprits y trouvent le sujet de réflexions passionnantes », M. Bloch, *Apologie, op. cit.,* p. 69.

23. Même des intellectuels de l'envergure de Max Weber et Marc Bloch n'ont pas dérogé à cette règle.

ne peut tenir un discours cohérent sur sa pratique, qu'en s'appuyant sur un langage et des références empruntés aux disciplines spécialisées dans l'étude de la constitution des savoirs ; principalement la philosophie. Tout en reconnaissant la nécessité de parler le langage de sa communauté professionnelle pour se faire comprendre, l'historien « pragmatiste », pour être pris au sérieux, doit donc mobiliser des ressources qui sont étrangères aux compétences normales de son groupe. Il ne peut espérer, par conséquent, être lu par ceux-là même auxquels il s'adresse ; pas plus d'ailleurs que par les philosophes qui trouveront sans intérêt une « épistémologie » d'historien destinée à des historiens. Quant à la petite frange des historiens intéressés par les discussions « épistémologiques », et susceptible de constituer le public « naturel » pour les analyses présentées ici, il y a peu de chances qu'elle puisse les accepter. Comme on l'a vu, du fait que les historiens-épistémologues ont cherché dans la philosophie des armes adaptées à leur lutte de concurrence, beaucoup plus que des instruments permettant de comprendre leurs propres pratiques, ils ont forgé leur culture théorique en puisant dans les conceptions « représentationnalistes » de la connaissance (« positivisme », « herméneutique », « structuralisme » et tous les « post » qui vont avec). On ne voit pas comment ni pourquoi, tous ceux qui ont consacré beaucoup d'efforts pour acquérir ces compétences, qui ont construit leur identité professionnelle, conquis des positions de pouvoir et de solides réputations en luttant pour faire triompher ces « fondements » de la connaissance, accepteraient d'y renoncer[24].

L'entreprise « pragmatiste » risque enfin d'apparaître comme le comble du « nihilisme », puisque le souci de « clarification » a aussi pour but de « démystifier » les « démystificateurs » (ces historiens qui ironisent sur la « naïveté » de leurs collègues en criant haut et fort que la « réalité » ou que le « social » n'existent pas, qu'il n'y a pas de « vérités », seulement des « interprétations », etc.). Après tout, c'est parce qu'ils ont cru les « démystificateurs » que les étudiants

---

24. C'est sans doute Max Weber qui a expérimenté le premier cette contradiction. Bien qu'il ait été le défenseur le plus radical de l'empirisme dans le travail historique, le fait qu'il ait dû justifier son point de vue à l'aide d'arguments « épistémologiques » explique qu'il n'ait été compris ni par les historiens (qui lui reprochent, en France tout au moins, le caractère trop « abstrait » de sa pensée), ni par les philosophes (qui ne veulent pas voir, le plus souvent, qu'il rejette tous les « fondements » philosophiques du savoir).

des historiens-épistémologues les plus assoiffés de distinction ont acquis les compétences qui leurs permettent aujourd'hui de critiquer leurs aînés. En appelant ses collègues à respecter le langage de leur communauté, l'historien « pragmatiste » risque, s'il n'y prend garde, d'être perçu comme celui qui rejette tout effort d'émulation et de dépassement de soi, alors que cet effort est la condition même du progrès intellectuel.

Tout « point de vue » repose sur des présupposés

Souligner les limites des approches « théorique » et « pragmatiste » de la connaissance, c'est plaider pour une démarche intellectuelle respectant la diversité des contributions que les chercheurs peuvent fournir à la connaissance. C'est aussi une façon de proposer qu'au lieu d'épuiser leur énergie dans des polémiques sur les « fondements » de la connaissance qui sont sans issues, les historiens acceptent de concentrer leur attention sur d'autres sujets de discussion. C'est à cette condition qu'ils peuvent espérer entrer un jour, dans « l'âge de la raison pragmatique ». La difficulté de la tâche tient au fait qu'une telle démarche devrait être adoptée non seulement dans les débats généraux sur la connaissance, mais à chaque fois que nous émettons des jugements sur les travaux des autres. Par exemple, quand un auteur s'efforce de mettre en évidence les contraintes nouvelles que le développement des États nationaux a fait peser sur les individus et les groupes sociaux, lui reprocher de défendre une conception « idéologique » de la « démocratie » ou de « dénoncer la nation »[25], n'est pas acceptable. Les auteurs de ces critiques ont le droit de vouloir « défendre » les idées politiques qu'ils croient justes. Mais ils ne peuvent évaluer, à partir de leurs propres préoccupations, des recherches qui ne se posent pas ce type de questions parce qu'elles refusent de confondre le métier d'historien et celui de procureur. Toute discussion est dans ces conditions inutile puisque l'auteur et ses juges ne parlent pas de la même chose. Le même argument peut être opposé à tous ceux qui conçoivent la critique scientifique uniquement comme une immense

---

25. Je fais allusion ici aux critiques adressées à mon livre, G. Noiriel, *La Tyrannie du national*, Calmann-Lévy, 1991 par P. Raynaud, « Heurs et malheurs du citoyen », *Le Débat*, n°75, mai-août 1993, pp. 124-125 et par D. Schnapper, « La nation et l'étranger », *Philosophie politique*, 3, 1993.

chasse aux « *a priori* ». Par définition, on peut toujours montrer qu'un auteur utilise des « catégories réifiées », qu'il s'appuie sur « des métaphores non contrôlées », etc. Si nous voulons mener à bien une recherche empirique, nous devons nécessairement mettre entre parenthèses une multitude de questions, que nous considérons comme allant de soi. De même, nous devons accepter de faire confiance à tous ceux sur lesquels nous nous appuyons pour étayer notre démonstration, sans être en mesure de vérifier ce qu'ils ont écrit. Pour entrer dans « l'âge de la raison pragmatisme », il faudrait que les auteurs explicitent davantage leur démarche et ses limites, en précisant sur quel problème porte précisément leur analyse. En retour, cela exigerait des lecteurs suffisamment « généreux » pour aller vers l'auteur et entrer dans son univers, et non le contraire comme c'est la règle aujourd'hui. Une telle « révolution » des habitudes de pensée n'a guère de chance de voir le jour sans un énorme travail de réflexion destiné à clarifier ce qu'on appelle généralement un « point de vue ». Mais il ne faut pas cacher que cette démarche a ses limites. Il est évident en effet que si chaque auteur se retranche derrière la spécificité de son propre « point de vue » pour échapper à la critique, la discussion n'est plus possible. Les historiens ne peuvent espérer résoudre la question du « relativisme » que s'ils parviennent à s'entendre sur la définition des « points de vue » (théories, problématiques, programmes de recherche ou simples préférences) qu'ils souhaitent mettre en œuvre dans leurs recherches. Il s'agit là d'un problème d'action collective.

SOLIDARITÉ, JUSTICE ET COMMUNAUTÉS DE COMPÉTENCE

En définissant l'histoire comme l'ensemble des activités développées par tous ceux qui pratiquent le même métier, il ne s'agit pas de soutenir l'idée que tous les historiens feraient partie d'une seule et unique « communauté ». Comme Marc Bloch l'avait entrevu dans l'*Apologie*, en exerçant leurs activités professionnelles, ceux-ci participent à différentes communautés de langage. Identifier ces cercles de compétences et les normes de jugement qui en émanent constitue une tâche essentielle pour les historiens « pragmatistes ». Ils ne peuvent espérer progresser dans cette voie que si les sociologues et les philosophes spécialisés dans l'étude de l'élaboration des savoirs acceptent de les aider. Les réflexions qui suivent ne sont que quelques éléments visant à amorcer la discussion.

Des problèmes communs à tous les historiens

Dans la perspective adoptée ici, on ne peut, logiquement, parler d'« histoire » ou de « communauté des historiens » au singulier, que si l'on est en mesure de montrer que tous ceux qui ont pour activité professionnelle la recherche et l'enseignement de l'histoire peuvent avoir des sujets de conversation qui les concernent tous, et qu'ils sont susceptibles de les aborder en utilisant le même langage. Étant donné l'extraordinaire diversification qu'a connue la discipline depuis un demi-siècle, ces compétences communes ne se situent plus, si tel a jamais été le cas, au niveau des activités de recherche elles-mêmes. Un spécialiste d'histoire contemporaine est aujourd'hui, de ce point de vue, plus proche d'un sociologue ou d'un politologue, que d'un historien médiéviste. Néanmoins, le plus souvent, l'historien continue à se définir comme « historien » et le sociologue comme « sociologue »[26]. C'est la meilleure preuve du rôle que jouent les activités de nomination dans la définition des identités professionnelles universitaires. En conséquence, on peut penser que c'est au niveau des activités qui engagent leur nom et leur institution, qu'il faut chercher les questions dont peuvent parler ensemble tous les historiens. La plupart des problèmes évoqués dans le premier chapitre à propos des mutations actuelles du « métier » d'historien relèvent, à mon sens, de cette compétence commune. Ils ne pourront trouver de solutions qu'à la condition que s'ouvre un large débat. La première question dont les historiens devraient discuter, en liaison avec leurs collègues des autres disciplines universitaires, est de savoir s'ils préfèrent affronter individuellement les bouleversements actuels de leur profession, en essayant d'en tirer le maximum de profit personnel – au risque d'accentuer les divisions internes qui minent leur communauté – ou s'ils pensent utile et possible d'y faire face collectivement. Choisir la démarche collective suppose que l'on s'interroge sur les formes de solidarité que nous

---

26. Peter Novick souligne qu'avec l'extension, dans les universités américaines, de la pratique du « *joint appointment* », plus de la moitié des historiens appartenant au département d'histoire de l'université de Chicago, étaient, en 1987, partiellement rémunérés par d'autres unités et participaient à des programmes de recherches interdisciplinaires. Pourtant, l'immense majorité d'entre eux continuent à se définir « sans équivoque et sans hésitation », avant tout, comme des « historiens » ; cf. P. Novick, *That Noble Dream, op. cit.*, p. 591. Le même constat s'impose, en France, à propos des historiens de l'EHESS.

pouvons aujourd'hui mettre en œuvre pour être plus efficaces. Il serait bon, à cet égard, de distinguer différents niveaux d'actions possibles. Au sens le plus large du terme, s'interroger sur la solidarité, c'est poser la question de la « fonction sociale » de l'histoire dans le monde actuel et se demander en quoi les connaissances que nous produisons sont susceptibles d'aider les « hommes à mieux vivre » ? Je pense que le début de réponse que Marc Bloch a apporté à cette interrogation, qui le préoccupait tant, reste le meilleur point de départ pour nous. Nous ne pouvons pas élaborer les objets de notre curiosité scientifique sans tenir compte des préoccupations qui animent le monde dans lequel nous vivons, mais notre activité professionnelle n'a de sens que si nous abordons les soucis du « sens commun » avec les instruments que nous a fournis notre science, pour les transformer en connaissances scientifiques, en nous efforçant, dans un second temps, de les restituer au monde social d'où elles proviennent. L'articulation entre recherche et enseignement, histoire et mémoire trouve ici sa nécessité. La fonction sociale la plus légitime que peut revendiquer l'historien est de contribuer au développement de la « mémoire collective » de l'humanité toute entière. Mais nous savons qu'une telle entreprise est extrêmement difficile car cette mémoire universelle ne peut être enrichie qu'au prix d'un travail critique qui met l'historien en « porte à faux » par rapport aux multiples mémoires collectives des groupes dominants (classes, États, ethnies, etc.) qui tendent constamment à s'ériger en mémoire universelle. Ce point de départ ouvre sur une multitude de questions. Devons-nous, par exemple, continuer à penser, comme nos prédécesseurs, que le langage que nous utilisons dans nos échanges internes doit être un langage compréhensible du « grand public » ou faut-il imiter les sciences de la nature et différencier plus clairement un langage « technique » et un langage « pédagogique » ? Autrement dit, faut-il continuer à penser, comme Marc Bloch, que l'écriture de l'historien doit présenter en *même temps*, des caractéristiques littéraires (faisant appel à la « compréhension » et aux « qualités humaines » des lecteurs) et des caractéristiques scientifiques (faisant appel aux compétences des spécialistes du domaine considéré) ? Cette réflexion sur la communication du savoir débouche sur le problème des supports de l'écriture. Comment repenser le lien entre les publications spécialisées (les revues scientifiques, « la littérature grise », l'édition électronique via « *Internet* ») et la publication d'ouvrages qui nécessitent une diffusion par les circuits commerciaux ? Le problème des relations que les historiens entretiennent avec les *media* est une autre facette du rapport savoir/mémoire. Étant donné que l'historien a besoin du soutien des journalistes pour faire connaître ses travaux, comment mieux articuler les compétences de chacun ? Même interrogation à propos des rapports entre recherche et enseignement. Sommes nous assurés qu'aujourd'hui, les progrès de la science historique sont correctement répercutés dans les programmes et les manuels scolaires ? Toutes ces questions exigeraient la mise en œuvre de recherches sur *la réception sociale* des travaux que nous produisons. Quels cheminements parcourt une connaissance après que l'historien l'ait énoncée dans un texte ? Quelles sont celles qui se maintiennent ; quelles sont celles qui n'ont qu'une existence éphémère ? Pourquoi ? Qui décide ?

Le deuxième grand domaine de réflexion pour l'historien « pragmatiste » désireux de renouer avec le principe de solidarité concerne les relations internes à la profession. Du fait que nos communautés sont encore, essentiellement, structurées sur une base nationale, il existe des inégalités entre les unes et les autres. Comment, nous qui appartenons aux communautés les plus favorisées, pouvons-nous manifester notre solidarité avec nos collègues des pays où les difficultés économiques et l'oppression politique interdisent le libre exercice de la profession ? Dans un univers où la mondialisation des échanges conduit à privilégier, notamment pour des raisons linguistiques, les points de vue développés dans le pays où la recherche historique et la plus puissante et la plus dynamique : les États-Unis, comment pouvons-nous œuvrer de façon à préserver la diversité des approches et des traditions nationales ? Les problèmes de solidarité se posent aussi au niveau de chaque communauté professionnelle nationale. Comment pouvons-nous, en France, contrecarrer le processus qui tend à opposer les historiens des universités, de plus en plus surchargés de tâches pédagogiques, et ceux des grands établissements, qui tendent à s'enfermer dans la tour d'ivoire de la recherche ? Comment aider nos jeunes collègues qui ont de plus en plus de difficultés à développer leurs activités scientifiques et à trouver des éditeurs qui acceptent de les publier ?

Plus généralement, il faudrait engager un vaste débat pour savoir sur quels nouveaux principes repose aujourd'hui le « métier d'historien ». La génération des historiens « méthodistes », à la fin du XIXᵉ siècle, avait au moins eu le mérite de consigner par écrit, avec le manuel de Langlois et Seignobos, les règles essentielles de la fameuse « méthode historique » qui était alors le « credo » des historiens. Nous ne croyons plus aujourd'hui que ces critères puissent constituer la base de nos jugements. Mais que sommes-nous capables de proposer à la place ? Cette question en appelle immédiatement une autre. Devons nous laisser aux représentants de l'État, fussent-ils issus des rangs de l'université, le monopole de l'évaluation de notre travail ? Si nous ne le souhaitons pas, pouvons-nous sérieusement refuser que nos activités soient soumises à évaluation, en nous octroyant du même coup un privilège que ne possède aucun autre groupe de salariés ? Ne risque-t-on pas, ce faisant, de donner de l'eau au moulin de ceux qui accusent les intellectuels d'irresponsabilité ? Ne serait-il pas préférable de promouvoir la discussion la plus large possible pour proposer nos propres critères ? Si les historiens veulent répondre aux critiques externes qui mettent en cause le rôle qu'ils jouent au niveau de la mémoire collective, ils doivent pouvoir justifier cet aspect de leur activité professionnelle et ne plus faire comme si la « thèse » et la « synthèse » devaient être évaluées à partir des mêmes critères. Plus généralement, si l'histoire est une combinaison d'activités de pouvoir, de savoir et de mémoire, alors il est nécessaire que pour chacune de ces sphères de compétence, des critères permettant de distinguer l'excellence et la médiocrité soient adoptés collectivement. Toutes ces questions débouchent sur le problème des formes d'action collective, c'est-à-dire des organisations, que nous pourrions mettre sur pied pour que nos idées aient plus de chances de triompher. La délégation de pouvoir à plusieurs degrés qui constitue aujourd'hui pratiquement la seule forme d'expression dont disposent les universitaires ne parait plus adaptée aux réalités et aux exigences du monde intellectuel actuel. Sommes nous capables d'imaginer d'autres types de liaisons collectives, plus efficaces, plus transparentes, susceptibles de mobiliser davantage les énergies ? Faut-il concevoir de telles structures par domaines de recherche, au niveau national, international ?

Les cercles de compétence spécialisée et l'interdisciplinarité

Si tous les historiens peuvent participer à ce genre de discussion sur les problèmes généraux qui engagent leur profession, leurs conversations scientifiques se situent, nécessairement, dans le cadre de cercles de compétence plus restreints. Ce sont les spécialistes de chaque domaine organisé du savoir historique qui sont seuls en mesure de définir collectivement leur « langage commun », les problèmes qu'ils veulent privilégier dans leurs études, les critères à partir desquels ils souhaitent évaluer les travaux soumis au jugement de leurs pairs. La diversification des domaines de recherche liée à la croissance des effectifs a provoqué un « émiettement » de l'histoire, qui est considéré par beaucoup comme une illustration de la crise que traverserait la discipline. En fait, l'approfondissement de la division du travail et la multiplication des chantiers de recherche sont les modalités normales du développement de toutes les sciences. Ce qui importe, c'est que cette extension de la connaissance puisse être maîtrisée, de façon à éviter la prolifération anarchique des discours ne correspondant à aucune communauté de compétence identifiable et échappant, par conséquent, à tout possibilité d'évaluation scientifique. Pour éviter cette dérive, les historiens ont consacré depuis un siècle une partie importante de leur énergie à établir de nouvelles « frontières » à l'intérieur de leur discipline. Grâce à cet effort, ils ont pu « borner » leur horizon en ignorant de plus en plus les travaux développés dans les autres secteurs de la recherche historique, afin de pouvoir acquérir les compétences techniques et documentaires correspondant au nouveau domaine d'activités ainsi délimité. Comme l'a montré Olivier Dumoulin[27], les luttes de « nomination » ont joué un rôle décisif, en France en tout cas, dans la constitution des nouveaux secteurs de la recherche historique. Le plus souvent, la création d'une nouvelle chaire est un point de départ à partir duquel le titulaire du poste étend progressivement son territoire. Le nom donné à la chaire et au territoire constitue la première étape dans le processus d'institutionnalisation qui aboutit à la création d'autres postes sur lesquels le maître du nouveau domaine place ses plus fidèles lieutenants. Des enseignements et des recherches correspondant au nouveau secteur du savoir sont progressivement établis de façon à le pérenniser. C'est ainsi que le territoire de l'histoire a été progressivement divisé en période (ancienne, médiévale, moderne, contemporaine) et en unités découpées en fonction d'une aire géographique (histoire de l'Afrique) ou d'une spécialisation thématique (histoire sociale). Le croisement de ces critères permettant des spécialisations de plus en plus poussées. Mais celles-ci ne remettent pas en cause, théoriquement, l'unité de la discipline, dans

---

27. O. Dumoulin, « La tribu des médiévistes », *Genèses*, 21, décembre 1995.

la mesure où les historiens concernés respectent l'articulation savoir/pouvoir, c'est-à-dire dans la mesure où les noms donnés aux postes proposés à la compétition correspondent à une unité de compétence (donc à des critères de jugement) clairement identifiée. C'est de cette manière que les historiens ont progressivement acquis des dénominations complémentaires, spécifiant leur champ d'activité (on parle aujourd'hui de « médiéviste », de « moderniste », de « socio-historien », etc.)[28].

C'est à l'aide des mêmes outils d'analyse que l'on peut réfléchir à la question de l'interdisciplinarité. Celle-ci a commencé à être mise en pratique au lendemain de la Seconde Guerre mondiale, à une époque où, on l'a vu, beaucoup de chercheurs croyaient possible l'émergence d'un langage commun à l'ensemble des sciences sociales. Force est de constater aujourd'hui que cet objectif n'a pas été atteint. Il n'existe pas, en français, de nom commun pour désigner ce que Durkheim proposait d'appeler *la* science sociale, ni les chercheurs qui la pratiquent (qu'on appelle en anglais « *social scientists* »). Autrement dit, les progrès de l'« interdisciplinarité » ont engendré des savoirs qui ne correspondent à aucune relation de pouvoir susceptible de structurer une sphère d'activité spécifique. Le souci louable de « décloisonner » les disciplines n'a pas été accompagné (ni au niveau de la réflexion, ni au niveau de la pratique) d'un travail de « recloisonnement » qui seul nous aurait permis de borner notre horizon, de façon à ce que les productions engendrées dans le nouvel espace scientifique puissent être évaluées à partir des mêmes critères par l'ensemble des spécialistes du domaine. L'expression « sciences sociales » tend aujourd'hui à devenir un « signifiant vide » pour désigner des institutions qui accueillent les points de vue les plus contradictoires, y compris ceux qui ne croient ni au

---

28. Ces délimitations du savoir historique résultent, c'est une évidence, de découpages arbitraires. Mais toutes les divisions du savoir le sont. Par conséquent, le problème n'est pas tant de mettre en relief le côté « artificiel » des domaines de recherche que de comprendre leurs effets sur les pratiques scientifiques. S'il est facile de fabriquer de nouveaux organigrammes sur le papier, les mettre en œuvre pratiquement est évidemment beaucoup moins aisé, car les découpages dans lesquels nous sommes nous-mêmes pris ont l'avantage d'exister et d'avoir fait leurs preuves, en devenant des catégories productrices de savoir. Notre identité professionnelle, nos intérêts intellectuels et matériels, sont pris dans ces découpages « objectivés » et solidifiés par la tradition. Toute innovation dans ce domaine doit nécessairement tenir compte des découpages existants et de leur force.

social, ni à la science, ni au travail empirique. Les chercheurs qui demeurent, malgré tout, très attachés à « l'interdisciplinarité », comme c'est mon cas, ne peuvent rester indifférents devant une situation qui conforte les logiques disciplinaires traditionnelles. C'est pourquoi, il serait urgent de reconsidérer la question de l'« interdisciplinarité » en prenant acte des réalités institutionnalisées que constituent les grandes disciplines (comme l'histoire, la sociologie, l'économie, etc.) et en admettant que chacune d'elle possède un langage propre méritant d'être défendu. A partir de là, on pourrait, me semble-t-il, œuvrer en faveur de l'« interdisciplinarité » de trois manières différentes :

– La première, prônée on l'a vu par les fondateurs des *Annales*, et qui est aujourd'hui encore la plus fréquente, consiste à traduire les innovations nées dans une discipline dans le langage d'une autre. Cela signifie que tout historien qui s'adresse à des historiens, doit s'assurer que les mots qu'il emploie, les références qu'il mobilise sont connus de ses collègues, afin que ses propos puissent subir l'épreuve de la validation collective. Cela signifie aussi qu'il s'efforce de raccorder les innovations puisées dans le « monde extérieur » au langage familier des historiens normaux et surtout qu'il soit capable d'expliquer, et de montrer concrètement, l'utilité pratique de tel ou tel emprunt et pourquoi il constitue un outil susceptible de faire progresser la recherche commune. C'est la meilleure manière, à mon avis, de convaincre les historiens de l'intérêt de l'interdisciplinarité.

– La deuxième possibilité, également encouragée par Lucien Febvre et Marc Bloch, correspond à la mise en œuvre de programmes de recherche – regroupant des spécialistes ayant déjà suffisamment de points communs pour pouvoir travailler ensemble – autour de projets scientifiques définis collectivement. Chaque discipline s'appropriant ensuite, en fonction de ses propres besoins, les résultats des travaux empiriques réalisés dans le cadre du projet, jusqu'à épuisement du programme. Ce sont des objectifs de ce genre que peuvent atteindre, me semble-t-il, les institutions de recherches en sciences sociales.

– Le dernier grand moyen de faire progresser « l'interdisciplinarité » consiste à créer de nouvelles communautés de compétence institutionnalisées, dont les membres s'accordent sur le langage commun qu'ils souhaitent employer, les objectifs scientifiques qu'ils se fixent, etc. Une telle perspective suppose que ceux qui s'y consacrent puissent maîtriser toute la chaîne des relations de savoir/pouvoir. Ils doivent être en mesure de délimiter institutionnellement la nouvelle communauté d'activités dont ils font partie, de lui donner un nom officiel. Il leur faut aussi maîtriser le système de formation spécialisée et d'attribution des postes qui lui correspond. C'est à la suite de processus de ce genre (parfois désigné sous le terme d'« hybridation ») que se sont constituées les nouvelles disciplines scientifiques. Un segment d'une discipline plus ancienne s'autonomise et se lie à un segment d'une autre discipline pour former un nouveau domaine institutionnalisé du savoir[29].

Démocratiser le « tribunal » de la science historique

Parmi ces domaines spécialisés, il en est un qui possède une importance particulière, c'est celui de la réflexion sur l'histoire. A cet égard, il convient de distinguer deux champs de préoccupations. Le premier touche à ce qu'on appelle « l'histoire de l'histoire » et s'intéresse essentiellement aux mutations des différentes configurations du savoir historique au cours du temps. Le second, tout en s'appuyant sur les connaissances produites par le premier, s'en distingue du fait qu'il est délibérément tourné vers l'action. Il regroupe les historiens qui s'efforcent de comprendre et d'éclairer leur activité professionnelle, dans le but de l'améliorer. Toutes les contributions consacrées à la « crise de l'histoire », y compris le présent livre, relèvent de ce domaine de réflexion. S'il est d'une importance stratégique capitale, c'est parce qu'il constitue ce que l'on pourrait appeler le « tribunal suprême » de notre discipline ; le lieu où se définit ce que nous estimons « important », « nouveau » ou au contraire « dépassé » en histoire. Si nous renonçons à chercher les fondements de nos connaissances à l'extérieur de nos propres pratiques, il est évident que l'existence d'un tel « tribunal » est une nécessité. C'est en nous efforçant de faire progresser la justice au sein de notre communauté d'activité que nous pouvons contribuer le plus efficacement au progrès de nos connaissances scientifiques. Cela suppose que nous soyons capables, là aussi, de promouvoir un langage commun, pour faire en sorte que ce « tribunal » ne soit plus seulement composé de « juges » qui cherchent surtout à plaider leur

---

29. La biochimie est un bon exemple de ce processus pour les sciences naturelles. En France, la science politique s'est structurée selon des modalités voisines en empruntant à la fois au droit, à l'histoire et à la sociologie.

propre cause. Une telle ambition exige que les historiens acquièrent assez de « sagesse » pour pouvoir maîtriser, au moins partiellement, les rapports de concurrence dans lesquels ils sont pris. Ce qui suppose d'analyser ces rapports, de façon à éclairer les contraintes de justification qui nous sont imposées par le simple fait que nous participons au jeu ; contraintes qui minent l'idéal de justice et de solidarité que nous aimerions promouvoir.

Les enquêtes qu'il conviendrait de mener sur cette question devraient, à mon sens, partir de la contradiction centrale dans laquelle nous sommes tous pris. D'un côté, pour obtenir notre nomination professionnelle comme « historien », nous sommes obligés d'accepter la division du travail que nos prédécesseurs ont établie, et produire les connaissances spécialisées que nos juges attendent de nous, mais qui n'intéressent que le tout petit nombre des spécialistes de notre domaine de recherche. Mais, d'un autre côté, nous voulons tous élargir notre réputation et obtenir une reconnaissance qui dépasse les limites de notre petit cercle de compétence, pour l'étendre à l'ensemble des historiens, voire à l'ensemble du public cultivé. Nous sommes ainsi amenés à développer des stratégies de généralisation qui vont, le plus souvent, à l'encontre de l'idéal de spécialisation scientifique que nous défendions au début de notre carrière. Nous verrons, dans les études empiriques rassemblées dans la deuxième partie de ce livre, que ces exigences contradictoires éclairent les mutations, souvent brutales, des « paradigmes » développés par les historiens. Étant donné que nous n'avons pas le courage d'admettre que ces changements de cap s'expliquent par notre désir d'élargir notre réputation, nous avons tendance à les justifier par des considérations d'ordre « scientifique », en mettant en avant l'« importance » des questions abordées dans nos livres. Pendant longtemps, les « discours d'importance » élaborés par les historiens se sont référés essentiellement aux intérêts du « sens commun ». Il s'agit là, aujourd'hui encore, de la forme la plus fréquente de justification. La place essentielle qu'occupe l'histoire politique (quelle que soit la forme, traditionnelle ou « new look », sous laquelle elle nous est présentée) dans tous les pays du monde ne tient pas, principalement, à des considérations d'ordre « épistémologique », aux méfaits du « positivisme ». Elle s'explique tout simplement parce qu'elle touche à des problèmes qui intéressent le « grand public ». Pour Judit Shulevitz, aujourd'hui, aux États-Unis, les gens qui décident quels sont les sujets sur lesquels les universitaires doivent

écrire « sont les clients de *Barnes and Noble* ». Et ceux-ci
demandent aux presses universitaires, des livres sur les problèmes
des femmes, des homosexuels, des communautés ethniques, « sans
parler de l'inévitable troïka éditoriale : les nazis, les chiens et la
Guerre de Sécession »[30]. Comme on le voit, mis à part les chiens,
tous les thèmes « porteurs » touchent à des questions politiques qui
sont au cœur de l'actualité américaine d'aujourd'hui. La surreprésentation des études politiques en histoire contemporaine (cf. chapitre 9) illustre la même réalité dans le cas français. Le fait que les
préoccupations du « grand public » puissent jouer un grand rôle
dans l'orientation de la recherche historique ne me parait pas, en soi,
scandaleux. Mais il est évident que cette dépendance met en danger
l'autonomie, et donc la légitimité, de la discipline. Le privilège
accordé aux questions d'actualité pénalise d'autres secteurs de la
recherche historique. Si l'historiographie française est restée fortement nationale, alors que la plupart des historiens ne sont plus nationalistes, c'est parce que le public auquel ils s'adressent est composé
de lecteurs français, intéressés par des problèmes français. Et il en
va de même aux États-Unis, en Allemagne, etc. Une autre conséquence négative qu'entraîne la dépendance par rapport au marché de
l'édition commerciale tient à la faiblesse des questionnements que
propose, généralement, l'histoire politique. Il a été souvent souligné
que, depuis un siècle, l'histoire contemporaine était le secteur de la
discipline qui avait le moins contribué au renouvellement des problématiques et des perspectives. On comprend aisément que la
reconnaissance publique qu'obtiennent les historiens qui considèrent
comme « importants » les problèmes que les gens « importants »
estiment « importants », ne les incitent guère à se poser des questions « théoriques ». D'autant plus que les exigences de la « fonction sociale » de l'histoire nécessitent que des historiens puissent
répondre aux questions qui préoccupent l'opinion. « Le PCF était-il
stalinien ? ». « Le Gouvernement de Vichy est-il directement responsable de la persécution des Juifs ? ». Qui pourrait nier qu'il
s'agit là de problèmes incontournables pour la recherche historique ? Mais à trop s'enfermer dans ce type de questionnements,
notre discipline renonce progressivement à ce qui fait sa spécificité,

---

30. J. Shulevitz, « Keepers... », *op. cit.*, p. 47. *Barnes and Noble* est la chaîne
des supermarchés du livre la plus célèbre aux États-Unis.

à savoir la *compréhension* des mondes passés. En abordant les problèmes politiques de la même manière que les acteurs de la scène politique, l'historien a toutes les chances de sombrer dans la « manie du jugement » que déplorait Marc Bloch[31]. Ce sont les normes du monde politique qui s'imposent et non plus les critères scientifiques que les historiens eux-mêmes ont élaborés. Certes, on peut nier la légitimité de ces critères en affirmant que « tout est politique ». Mais dans ce cas, il faut admettre l'inutilité sociale du métier qu'exercent les historiens. Contrairement à ce qu'affirme encore aujourd'hui un certain nombre d'entre eux, la familiarité avec les archives et la mise en œuvre scrupuleuse de la « méthode historique » ne suffisent pas à définir la spécificité de leur compétence professionnelle. Les meilleurs journalistes du « temps présent » maîtrisent en général ce savoir-faire technique. Ce qui les différencie des historiens c'est le fait que leur fonction les conduit à réaliser des enquêtes historiques qui ont pour but de débusquer le mensonge, démasquer les traîtres, dénoncer les coupables. L'historien doit, quant à lui, s'efforcer d'*expliquer* les raisons d'agir des acteurs des mondes passés, ce qui nécessite l'élaboration de questionnements correspondant au niveau d'interrogation scientifique qu'ont atteint les sciences sociales. Si les polémiques entre les historiens du monde politique contemporain sont si fréquentes, si leurs relations avec les journalistes sont si difficiles, c'est essentiellement parce que le rôle qui revient à chacun n'est pas clairement distingué. On ne peut pas gagner sur tous les tableaux.

Depuis une vingtaine d'années, comme on l'a vu dans les chapitres précédents, les historiens « interdisciplinaires » ont mis en circulation de nouveaux arguments pour justifier l'importance de leur contribution au développement de la connaissance. Dans ce cas de figure, ce n'est pas l'objet d'études qui est valorisé, mais la puissance des moyens intellectuels mis en œuvre par l'historien dans sa recherche. La compétition oppose ici des concurrents qui estiment que le modèle d'analyse qu'ils défendent est supérieur aux autres parce qu'il touche à un aspect fondamental de la réalité (le « social », le « discours », le « sens », le « pouvoir », etc.) auxquels les autres

---

31. Cf. le paragraphe « juger ou comprendre ? », *in* M. Bloch, *Apologie, op. cit.*, pp. 156-159. Pour une analyse plus détaillée de cette question, cf. G. Noiriel, « Une histoire sociale du politique est-elle possible ? », *Vingtième siècle, Revue d'histoire*, oct. 1989, pp. 81-96.

dimensions doivent être subordonnées. Ce n'est pas la reconnaissance du « grand public » qui est directement recherchée, mais celle des professionnels. L'historien-épistémologue ne peut espérer atteindre, sur le marché national, une audience comparable à celle de l'historien traditionnel. Mais il peut compenser ce « handicap » en visant le marché mondial de l'intelligence affichée. Son public idéal est constitué par les étudiants et les jeunes historiens situés à l'échelon inférieur de la compétition disciplinaire, qui doivent absolument s'approvisionner en nouveautés, pour faire la preuve qu'ils sont à la pointe du progrès scientifique. Comme l'a souligné Charles Tilly – en montrant que ce genre de stratégie promotionnelle était déjà à l'œuvre dans les années 1960 (avec la « nouvelle histoire urbaine » notamment) – quels que soient les efforts développés par les historiens confirmés pour « créditer » ou « discréditer » les nouveaux « paradigmes » élaborés par leurs collègues, au bout du compte, se sont les étudiants qui tranchent car ils « sont tournés vers le futur »[32]. Mais on a vu, dans les chapitres précédents, que les discours sur l'innovation ne constituent pas toujours, en eux-mêmes, des preuves d'innovation. Comme le remarquait il y a quelques années Eric Hobsbawm, « pour être cité dans les index, la meilleure manière est d'avancer une idée nouvelle que les collègues vont réfuter quel que soit son degré d'absurdité. Plus la profession grandit, plus elle se professionnalise et plus il est payant de dire : "jusqu'à hier tout le monde disait que Napoléon était un grand homme, je vais maintenant prouver qu'il était insignifiant". C'est une forme de réécriture qui s'introduit dans notre profession et vis-à-vis de laquelle nous devrions être sur nos gardes »[33]. Développer la vigilance collective contre toutes ces entreprises de « réécriture » est une tâche à laquelle devraient participer tous ceux qui souhaitent contribuer à la démocratisation de l'histoire ; tous ceux qui veulent œuvrer au développement de la « raison pragmatique».

---

32. C. Tilly, « The Old New Social History and the New Old Social History », *Review*, 3, Winter 1984, pp. 372-373.
33. E. Hobsbawm, in R. Rémond (dir.), *op. cit.*, p. 342.

DEUXIÈME PARTIE

Contribution à la clarification des pratiques

Quatre études sur les historiens français

CHAPITRE 6

Naissance
du métier d'historien

« L'allégresse conquérante des premiers découvreurs est
tombée pour toujours puisque l'on n'a plus qu'à marcher dans
des voies déjà tracées. »
Charles-Victor Langlois, « L'histoire
au XIXᵉ siècle », *La Revue Bleue*, 1900.

Les études récentes consacrées à la « crise de l'histoire » invo-
quent fréquemment la dissolution de l'objet propre de la discipline
dans la nébuleuse des sciences sociales, l'émiettement de ses centres
d'intérêt, la place envahissante des philosophes ou des écrivains qui
se présentent comme « historiens »[1]. L'idée qu'il faut défendre
aujourd'hui le « métier » d'historien tend à se répandre[2], mais paradoxalement, on ne s'interroge guère sur le contenu de cette pratique
professionnelle[3]. En partant du principe qu'un « historien », au sens
actuel du terme, est un « professionnel » de l'histoire, c'est-à-dire un

---

1. Ce chapitre reprend l'article paru dans *Genèses*, 1, sept. 1990, pp. 58-95.
J'ai opéré quelques modifications pour harmoniser les références avec les autres
parties du livre et pour éviter certaines répétitions. J'ai aussi modifié quelques
formules qui ne me paraissaient pas aller dans le sens de la démarche « compréhensive » que je m'applique à suivre aujourd'hui.
2. « J'aurais même voulu que les *Annales* deviennent une revue de défense
des historiens [...]. Quand j'étais seul maître à bord, la notion de profession me
paraissait vichyste, réactionnaire, à l'époque cela m'aurait semblé minable, alors
qu'aujourd'hui cette idée me semble centrale », M. Ferro, « Au nom du père »,
Espaces-Temps, n°34-35, 1986, p. 10.
3. Ce fait n'est d'ailleurs pas spécifique à l'histoire : « Si nous interrogeons un
chercheur sur ce qu'il fait, qui nous répond ? Le plus souvent c'est l'épistémologue,
c'est la philosophie des sciences qui souffle la réponse », B. Latour et S. Woolgar,
La vie de laboratoire, la production des faits scientifiques, La Découverte,1988,
p. 26 (1ʳᵉ éd. 1979).

individu qui exerce la recherche historique comme un « métier », pour lequel il a été formé[4], je voudrais éclairer la genèse de cette pratique professionnelle en montrant que la plupart des normes, des règles et des habitudes qui régissent aujourd'hui encore la profession, ont été inventées à la fin du XIXe siècle, au moment où se constitue véritablement en France l'Université littéraire et scientifique.

LA PRÉHISTOIRE DE L'HISTOIRE

Pour comprendre les conditions dans lesquelles naît l'histoire universitaire à la fin du XIXe siècle, il faut rappeler quelques unes des caractéristiques de l'historiographie dans la période antérieure. Deux éléments fondamentaux sont à souligner : d'une part, jusque dans les années 1880, l'histoire est une discipline sans réelle autonomie, dominée par la littérature et la philosophie, subordonnée aux enjeux de la lutte politique. D'autre part, la recherche historique « savante » est accaparée par les érudits traditionnels hostiles à la République. Si la réflexion historique reste faiblement autonomisée jusqu'au Second Empire, c'est avant tout parce que la recherche scientifique universitaire est totalement marginale jusquelà. Le décret de 1808 qui rétablit les facultés de lettres et de sciences, fait de l'enseignement supérieur un simple appendice de l'enseignement secondaire et non le moteur d'une réelle pratique scientifique, comme en Allemagne au même moment. En province, chaque faculté des lettres compte cinq professeurs chargés chacun d'enseigner l'ensemble d'une discipline (humanités classiques, histoire, philosophie, etc.)[5]. Mais surtout, ces universités n'ont pas de « vrais » étudiants. Leur rôle essentiel est de faire passer les examens (avant tout le baccalauréat) et de donner des cours généraux pour le grand public. Dans le système napoléonien, en effet, ce

---

4. Je n'entre pas ici dans les problèmes que pose l'utilisation du terme de « professionnalisation » pour des activités intellectuelles qui ne sont pas réglementées officiellement ; cf. à ce sujet (pour la sociologie), H. S. Becker, « The nature of a profession », in H. S. Becker (ed.), *Sociological Work, Method and Substance,* Chicago, Aldine, 1970.

5. En 1830, il n'y a encore que 38 postes d'enseignants dans l'ensemble des facultés des lettres françaises ; cf. V. Karady, « Lettres et sciences : effets de structure dans la sélection et la carrière des professeurs de faculté (1810-1914) », in C. Charle et R. Ferré (dir.), *Le personnel de l'enseignement supérieur en France aux XIXe et XXe siècles,* Éditions du CNRS, 1985, p. 34.

sont les grandes écoles qui sont chargées de la « formation professionnelle » des étudiants, d'où le monopole qu'exerce l'École normale dans la préparation des candidats à l'agrégation. Mais même dans ce lieu où est formée la majorité du personnel universitaire littéraire et scientifique, il n'y a pas d'enseignement spécialisé en histoire[6]. Par ailleurs, la faiblesse numérique des universitaires empêche la constitution d'un véritable groupe social ayant le sentiment d'appartenir à un même corps. En province, l'historien universitaire est inséré, quand on l'accepte, dans les sociétés savantes dirigées par les notables locaux. A Paris, grâce au succès des cours « mondains » donnés à la Sorbonne, il fait partie des « lettrés », fréquente les salons et les clans politiques, se présente lui-même comme écrivain ou philosophe. L'absence de formation à la recherche historique explique la grande hétérogénéité des normes de la pratique scientifique ; que ce soit dans l'usage des notes ou l'application des règles méthodologiques, le laxisme règne. Aucun élément objectif ne vient d'ailleurs sanctionner la valeur scientifique des travaux. Jusqu'à la fin du XIXe siècle les publications ne sont même pas reconnues comme critère dans la nomination et la promotion des candidats. Comme le note Victor Karady, « le doctorat lui-même, qui autorise la nomination dans une chaire de faculté, n'est pendant longtemps qu'un rite de passage n'exigeant pratiquement pas d'effort scientifique »[7]. Avant 1840, en lettres, 83% des thèses ne dépassent pas 80 pages ; celle de Michelet consacrée à l'« examen des vies des hommes illustres de Plutarque » fait 26 pages ! On ne peut que se ranger au constat de Gabriel Monod qui note dans le premier numéro de la *Revue Historique,* à propos de ses illustres prédécesseurs : « ils sont presque tous autodidactes ; ils n'ont point eu de maîtres et ils ne forment pas d'élèves »[8]. Jusqu'à la fin du Second Empire, l'histoire reste aussi entièrement subordonnée aux enjeux politiques du moment.

---

6. En 1827, Michelet y est nommé à la fois comme professeur d'histoire et de philosophie. En 1829, lorsque ces deux enseignements sont séparés, Michelet demande à garder la philosophie, mais on l'oblige à enseigner l'histoire ancienne ; cf. G. Monod, *Les maîtres de l'histoire : Renan, Taine, Michelet,* Calmann-Lévy, 1894, pp.193-194.

7. V. Karady, « Les professeurs de la République », *Actes de la Recherche en Sciences Sociales,* 47, juin 1983.

8. G. Monod, « Du progrès des études historiques en France », *op. cit.*

Sous la Restauration, « l'histoire naquit à nouveau – affirme Camille Jullian – non pas du paisible travail de cabinet, mais de la lutte partisane des partis »[9]. Chez Augustin Thierry comme chez Michelet, on cherche dans les documents historiques des « munitions » pour défendre le Tiers État, réhabiliter la Révolution française, etc. Mais contrairement à ce que l'on pourrait croire aujourd'hui, cette histoire partisane est alors largement dominée par les courants catholiques conservateurs fermement opposés aux républicains. Sur les 150 000 à 200 000 pages d'« histoire » qui paraissent chaque année au début de la IIIe République, la quasi totalité est publiée par des « historiens » amateurs (2 % des ouvrages sont dus à des universitaires). Deux types d'élite règnent alors sur l'écriture de l'histoire. Dans les villes, bien plus que les universitaires, ce sont les professions libérales (notamment les avocats) qui fournissent le plus grand nombre d'« historiens ». Dans le monde rural, les cadres de la société traditionnelle dominent : membres de l'Église ou de la noblesse. Pour les nobles, constate Charles-Olivier Carbonnel, « l'historiographie est une forme particulière du rituel dont ils usent pour dire le culte des ancêtres »[10], mais c'est aussi un instrument de lutte politique. Après la Révolution de Juillet, beaucoup d'aristocrates sont contraints de mettre fin à leur carrière publique. « Dégagés du service actif, ils s'engagent alors dans l'historiographie comme ils s'engagent dans les mouvements d'action catholique ». Cet appui sur l'histoire est d'autant plus important pour eux que les amateurs qui pratiquent le genre sont très nombreux et très bien organisés, qu'ils peuvent donc être mobilisés comme autant de troupes au service de la cause traditionaliste. Les sociétés savantes qui se consacrent à l'histoire, très nombreuses (environ 250 vers 1880), sont subventionnées par le Comité des Travaux Historiques et la Société d'Histoire de France fondée par Guizot. L'histoire est également valorisée par les plus vénérables instances de la culture française que sont l'Académie des inscriptions et belles lettres et l'Académie française, notamment par tous les prix qu'elles attribuent aux « meilleurs » livres d'histoire. Les grandes revues mondaines, *La Revue des Deux*

---

9. C. Jullian, *Notes sur l'histoire de France ; suivi de Extraits des historiens français au XIXe siècle,* Slatkine, 1979, p. XIV (1re éd. 1897).

10. C. O. Carbonnel, *Histoire et historiens, une mutation idéologique des historiens français, 1865-1885, op. cit.,* p. 236.

Mondes, Le Correspondant, La Nouvelle Revue consacrent le quart, voire le tiers de leurs colonnes, à ces travaux. Or la plupart de ces institutions sont contrôlées par la noblesse ou fortement influencées par elle. De même, le seul lieu où l'on enseigne réellement aux élèves les techniques du travail historique, l'École des chartes (fondée sous la Restauration pour former les archivistes-paléographes), est peuplée d'aristocrates. « Parcourir la liste des archivistes en exercice en 1870, c'est d'une certaine façon feuilleter le Gotha français »[11]. Étant donné tous ces atouts, il n'est pas surprenant que l'histoire ait été dans les années 1860, le front principal sur lequel les catholiques légitimistes aient lancé leur offensive. La première grande revue historique à caractère scientifique, *La Revue des Questions Historiques* est fondée en 1866 par de jeunes chartistes (tous ont moins de quarante ans) avec l'objectif explicitement affiché d'opérer un « grand travail de révision historique », à partir d'une étude scientifique des sources, afin de faire cesser les « contre-vérités » concernant l'histoire de la monarchie et de l'Église. Parallèlement le mouvement catholique lance de nouvelles collections d'histoire, crée la Société de bibliographie en 1867 pour contrer la Ligue de l'enseignement... La haute stature de Michelet ne doit donc pas masquer la réalité. Jusqu'au début de la IIIe République, ce ne sont pas les prolétaires professeurs de « gauche » qui jouent le rôle dominant dans la production historiographique française, mais les aristocrates amateurs de « droite ».

LA CONQUÊTE D'UNE AUTONOMIE PROFESSIONNELLE

Jusqu'au début de la IIIe République, dans le monde universitaire, l'histoire est une discipline subordonnée à la philosophie et à la littérature. Sans véritable autonomie, elle représente un instrument d'action politique efficace qui sert surtout les intérêts des conservateurs. Pour comprendre les conditions concrètes dans lesquelles se met en place la professionnalisation des historiens français, il faut avoir ce contexte à l'esprit. La place de l'histoire dans la société, les règles et les pratiques du « métier », sont fixées à ce moment-là par le pouvoir républicain dans un immense effort collectif

---

11. *Ibid.,* p. 240. Beaucoup fréquentent l'institution comme « auditeurs libres ».

visant à rompre avec l'ancien état des choses. Étant donné l'utilisation politique que les conservateurs font de l'histoire, les partisans de la République se préoccupent, dès leur arrivée au pouvoir, de prendre le contrôle des instances de production de la mémoire collective du pays. Pour atteindre cet objectif, ils ne peuvent que s'appuyer sur le groupe d'intellectuels qui leur a été jusque là le plus favorable : les professeurs d'université passés par l'École normale. Mais, contradictoirement, pour bénéficier de la confiance de ces derniers, la République doit accepter leur aspiration à l'autonomie professionnelle, fortement accentuée sous le Second Empire, avec l'engouement pour la « science » que suscitent les découvertes de Pasteur et de Claude Bernard. Ce contexte explique, à mon sens, les principales caractéristiques de la professionnalisation des historiens français à la fin du XIXe siècle.

– La brutale institutionnalisation de l'université littéraire et scientifique au cours de cette période[12] illustre la volonté des gouvernements républicains successifs de renforcer le contrôle de l'État sur l'enseignement supérieur à un moment où les projets d'universités catholiques se multiplient. C'est ce qui explique qu'en France, les historiens sont, dans la plupart des cas, des *fonctionnaires,* c'est-à-dire des salariés de l'État, de nationalité française, contraints à « l'obligation de réserve » et soumis, du fait de la centralisation parisienne, aux mêmes règles de recrutement et de promotion sur l'ensemble du territoire national. Pour s'attacher davantage ce nouveau groupe de clercs, la République encourage la mobilité sociale par un système de bourses qui offre également l'avantage de transformer profondément la nature du public des universités. D'origine roturière, les étudiants y viennent de plus en plus pour obtenir des diplômes qui leur permettront ensuite de gagner leur vie. On peut interpréter dans le même sens les réformes visant à étoffer la carrière universitaire. La création de plusieurs centaines de postes de maîtres de conférence en 1877, destinés au départ à aider les jeunes professeurs de lycée les plus méritants, est suivie par d'autres innovations du même type. Si bien qu'à la fin du siècle, c'est toute une

---

12. Entre 1870 et 1914, le nombre des universitaires quadruple essentiellement grâce à l'étoffement des facultés de lettres et de sciences ; cf. V. Karady, « Les professeurs de la République... », *op. cit.* et les travaux de Christophe Charle, notamment *Les Élites de la République,* 1880-1900, Fayard, 1987 et *Naissance des « intellectuels »*, Minuit, 1990.

pyramide hiérarchique qui se met en place : maîtres de conférence, chargés de cours, professeurs adjoints, professeurs ; chaque échelon étant lui-même divisé en deux niveaux province/Paris[13]. Les conditions matérielles sont désormais remplies pour que l'historien-universitaire canalise tous ses investissements intellectuels à l'intérieur d'un univers contrôlé par l'État. La chaire en Sorbonne devient la consécration suprême, avec beaucoup d'appelés et peu d'élus.

– Le fait que l'histoire soit un enjeu décisif de la nouvelle politique universitaire mise en œuvre par la IIIe République est illustrée dès la fin des années 1870 par le rôle que jouent les historiens dans ces réformes et par les avantages qu'en tire la discipline. La promotion fulgurante de la nouvelle génération des historiens normaliens, ces traditionnels rivaux des archivistes chartistes, trouve là sa raison politique profonde. Alfred Rambaud, condisciple de Gabriel Monod à l'École normale, est le conseiller intime de Jules Ferry. On lui doit la création des bourses d'agrégation et une première transformation des examens. Ernest Lavisse, directeur de l'Enseignement supérieur, est l'instigateur de la réforme de l'agrégation ; Charles Seignobos est l'éminence grise des programmes scolaires adoptés en 1902[14]. C'est en histoire que sont créés les postes universitaires les plus nombreux. Entre 1870 et 1900, le nombre des chaires d'histoire en Sorbonne a doublé (de 57 à 74 entre 1895-1896 et 1904-1905). Il y a 1 000 étudiants d'histoire à Paris et autant en province à la fin du siècle. Dans la période 1880-1899, le tiers des thèses d'État soutenues en Sorbonne le sont par des historiens. Cet engouement pour la discipline n'est pas sans rapport avec les perspectives professionnelles qu'elle offre. Pour les normaliens, entre 1870 et 1914, « les probabilités de carrière des historiens-géographes sont en

---

13. Les postes sont plus prestigieux dans la capitale et les salaires y sont deux fois plus élevés qu'en province.

14. Waddington, philologue et numismate, enseignant à l'École pratique des hautes études avec Monod et Rambaud, devenu ministre de l'Instruction publique, est l'auteur des réformes de 1877 (qui créent la fonction de maître de conférence et les bourses de licence). Au-delà de ces quelques noms, il faudrait souligner l'efficacité des groupes de pression dirigés par les historiens ; notamment la Société d'enseignement supérieur fondée en 1890 par Lavisse et Monod qui édite la *Revue Internationale de l'Enseignement* où pendant vingt ans seront présentés et discutés les projets de réforme. Sur tout cela, cf. W. R. Keylor, *Academy and Community, The Formation of the French Historical Profession,* Cambridge, (Mass.), Harvard Univ. Press, 1975.

constante hausse » et finissent par dépasser « celles attachées à toutes les autres catégories d'agrégés »[15].

– Ces avantages consentis à la discipline permettent de comprendre pourquoi, dans leur grande majorité, les nouveaux historiens sont, dès cette époque, les militants zélés de la cause républicaine. Mais l'histoire ne peut plus être désormais un simple instrument au service des luttes politiques. En effet, la constitution d'une « communauté » d'historiens professionnels suppose son autonomisation par rapport au monde politique et par rapport aux autres disciplines littéraires auxquelles elle était subordonnée jusque là. Au niveau de l'enseignement, ces exigences nouvelles se traduisent par la volonté de rompre avec l'éclectisme de la formation antérieure. C'est l'enjeu de la réforme de la licence : « Tandis qu'autrefois la licence était un examen purement littéraire, elle est aujourd'hui divisée en licence littéraire, licence philosophique et licence historique » constate Gabriel Monod en 1889[16]. Au niveau de la recherche, la « professionnalisation » de l'histoire se concrétise en introduisant dans l'Université républicaine, les principes de la « science historique », monopolisés jusque là par les « érudits » de l'École des chartes. Cette opération s'effectue en trois temps. Tout d'abord, l'agrégation est aménagée de façon à devenir un instrument d'initiation à la recherche scientifique (1894). Désormais, chaque candidat au concours doit avoir obtenu auparavant son « diplôme d'études supérieures », visant à vérifier ses aptitudes « à faire du nouveau », selon l'expression de Lavisse, le père d'une réforme qui est étendue ensuite aux autres agrégations, et qui, dans ses grandes lignes, ne sera plus modifiée jusqu'aujourd'hui. Le deuxième aspect consiste à transférer, dans l'université, les techniques de la science historique développées en dehors d'elle. On inaugure ainsi un cours de « méthodologie » centré sur la critique des textes (philologie, diplomatique, etc.), qui débouchera sur la création d'une chaire des « sciences auxiliaires » de l'histoire. On fait venir à la Sorbonne des

15. V. Karady, « Stratégie de réussite et modes de faire-valoir de la sociologie chez les durkheimiens », *Revue Française de Sociologie,* 1979, 1, janvier-mars 1979, pp. 49-82. Entre 1871 et 1914, les agrégés d'histoire ont deux fois plus de chances d'accéder à l'enseignement supérieur que les agrégés de philosophie.

16. G. Monod, « Les études historiques en France », *Revue Internationale de l'Enseignement,* 1889, p. 588.

chartistes, comme Charles-Victor Langlois (premier titulaire de la chaire en question), pour qu'ils enseignent à l'Université les techniques qu'ils ont apprises dans leur institution d'origine. La troisième étape consiste à annexer à la Sorbonne, les centres spécialisés dans la recherche que sont l'École des chartes et l'École Pratique des Hautes Études (en 1896). Désormais, comme le note Gabriel Monod, non sans quelque fierté, « les facultés qui ne jouaient avant 1870 qu'un rôle très effacé dans la vie intellectuelle du pays sont devenues des foyers d'activité scientifique et ont groupé autour de leurs chaires une jeunesse nombreuse et ardente »[17]. Cette volonté massive de rupture avec le monde extérieur s'objective dans l'invention de nouveaux espaces d'activité intellectuelle. Les conférences « grand public » de la vieille Sorbonne où, comme dans les meetings politiques, la valeur de l'orateur se mesurait au nombre de ses auditeurs, sont progressivement remplacées par des séminaires regroupant, selon le modèle allemand, déjà expérimenté à l'EPHE, un effectif réduit de jeunes spécialistes, étroitement associés à l'activité scientifique du maître. On introduit la pratique des cours réservés aux auditeurs officiellement inscrits à l'Université. Et, de plus en plus fréquemment, on vérifie à l'entrée les cartes d'identité des étudiants et on les contraints à signer un registre de présence[18]. Cet « enfermement », condition d'une réelle spécialisation, se traduit également dans l'aménagement des espaces de travail. La construction de la nouvelle Sorbonne (inaugurée en 1889) et de nombreuses universités en province, permet de multiplier les petites salles de séminaires, les bibliothèques spécialisées (le « laboratoire de l'historien » disait Langlois), les lieux de rencontre entre professeurs et étudiants. Dans cette nouvelle logique, la thèse, qui n'était auparavant qu'un simple exercice académique, devient un enjeu décisif pour tout candidat à une carrière universitaire. Victor Karady note que dans toutes les disciplines, la taille des travaux s'allonge, les étudiants commencent à y travailler à un âge plus jeune, mais, conséquence de la prolongation du temps de préparation, ils soutiennent

---

17. *Ibid.*, p. 598. Ce texte a été écrit avant même le vote des réformes décisives des années 1890, pour présenter au public allemand l'évolution de la recherche historique française.

18. On raconte que Lavisse fermait sa porte à clé dès le début du séminaire pour décourager les curieux ; cf. W. R. Keylor, *Academy...*, *op. cit.*, p. 71.

plus tard. Désormais affirme Seignobos, « la soutenance, même abrégée et devenue moins solennelle, est une véritable discussion scientifique qui permet d'apprécier comment raisonne le candidat ». Des revues spécialisées commencent à la fin du siècle à publier les comptes rendus de soutenance, accentuant ainsi l'officialisation du jugement des pairs. La liste des publications, l'animation des revues spécialisées, etc., deviennent d'autres critères de la valeur scientifique. A partir de l890, l'introduction du système allemand de recrutement des universitaires, par cooptation, renforce encore l'autonomie de jugement dont dispose le milieu.

LA REDÉFINITION DU SAVOIR HISTORIQUE

En une vingtaine d'années, la fonction d'« historien » a été complètement bouleversée par l'imposition des normes d'un univers professionnalisé[19]. Cette mutation sociologique provoque une révision complète de la définition de « l'historique » et des moyens de l'appréhender. La recherche repose désormais sur une *méthode*. Pour justifier la supériorité des professionnels sur les amateurs, il faut – cela est vrai dans tous les domaines – prouver la nécessité d'une technique codifiée dans un corps de règles, inaccessible sans une longue formation spécifique. Ce n'est pas un hasard si l'essentiel des outils qui définissent le nouvel idéal professionnel sont importés d'Allemagne, c'est-à-dire du pays où la rupture liée à la professionnalisation s'est produite un demi-siècle avant la France. L'engouement des historiens « positivistes » pour la « méthode critique » découle de cette volonté de rupture totale avec les historiens amateurs. D'où, paradoxalement, le rôle essentiel attribué aux « sciences auxiliaires » comme fondement de la nouvelle histoire. La diplomatique, la paléographie et surtout la philologie, sont des outils de travail, perfectionnés depuis longtemps déjà en Allemagne, puis à l'École Pratique des Hautes Études, d'autant plus revendiqués qu'ils ont fait leurs preuves et qu'ils permettent donc d'imposer des normes scientifiques incontestées[20]. Ces techniques

---

19. Ce qui ne signifie pas que toute la recherche historique soit désormais produite par des universitaires. Aujourd'hui encore les quatre cinquièmes des travaux historiques sont le fait d'« amateurs » ; mais la « professionnalisation » de la discipline a eu pour effet de marginaliser l'activité des sociétés savantes.

20. L'École Pratique des Hautes Études est fondée par Victor Duruy à la fin du Second Empire pour renforcer la recherche scientifique en France. G. Monod, y est nommé répétiteur à vingt-trois ans, et directeur d'études à trente-deux.

sont au cœur de la nouvelle pratique de l'histoire prônée par Langlois et Seignobos dans leur ouvrage célèbre, *L'Introduction aux études historiques*[21]. Ce livre, qui sera la « bible » de plusieurs générations d'historiens, décompose la nouvelle pratique professionnelle en deux moments bien distincts : l'analyse et la synthèse, mais privilégie le moment de l'analyse, conçue comme la combinaison des procédés critiques appliqués au document : critique « externe », « interne », critique d'« interprétation », etc. Dans le même temps, les auteurs donnent aussi un grand nombre de conseils aux étudiants en histoire : le choix du sujet ne doit pas se faire au hasard, mais en fonction de la quantité et de la qualité des documents. C'est pourquoi le cadre monographique est considéré comme la meilleure protection contre tout risque de se laisser « noyer » par ses sources. Les auteurs proposent aussi des manières concrètes de travailler. Prendre des notes, par exemple, n'est pas une opération aussi évidente qu'on pourrait le croire. Langlois et Seignobos affirment qu'à l'heure de l'histoire scientifique, aucun historien digne de ce nom ne peut plus employer les procédés « artisanaux » des précédentes générations qui se fiaient uniquement à leur mémoire et non pas à des notes écrites. « Le résultat a été que la plupart de leurs citations et de leurs références sont inexactes ». La prise de notes écrites est encore trop souvent maladroite. Il faut désormais abandonner le procédé, employé par les « novices », des notes accumulées « bout à bout » sur de simples cahiers. « Tout le monde admet aujourd'hui qu'il convient de recueillir les documents sur des fiches. Chaque texte est noté sur une feuille détachée, mobile, munie d'indications de provenance aussi précises que possible ». Ce procédé permet en effet de regrouper facilement les fiches, de les compléter le cas échéant, à condition de les classer dans des chemises pour éviter les pertes. Les documents analysés doivent être ensuite regroupés dans un effort de synthèse. L'ouvrage de Langlois et Seignobos propose là aussi quelques règles. Dès qu'il cherche à mettre de l'ordre dans ses documents, l'historien fabrique un cadre d'exposition, mais le plus souvent de façon inconsciente. D'où la nécessité d'élaborer, avant même la consultation des documents, une « grille » suffisamment ample pour être certain de ne rien oublier, et qu'il suffira ensuite de

---

21. C. V. Langlois et C. Seignobos, *Introduction aux études historiques, op. cit.* Cet ouvrage est la publication d'un cours donné pendant plusieurs années à la Sorbonne.

remplir. C'est le questionnaire universel, véritable « échafaudage de la construction historique »[22]. Les auteurs insistent néanmoins sur l'idée que ces conseils méthodologiques ne doivent pas faire oublier que c'est avant tout par la *pratique du métier* que la méthode peut progresser. Seul les historiens ayant acquis une véritable familiarité avec les documents « possèdent des notions intransmissibles qui leur permettent en général de critiquer supérieurement les documents nouveaux ».

L'élaboration du nouveau savoir historique doit également s'appuyer sur des *instruments de travail*. Entre 1880 et 1914 un immense labeur collectif est réalisé qui permet la mise au point d'une multitude d'outils indispensables à l'exercice du métier d'historien. Victor-Charles Langlois joue un rôle décisif dans la confection des instruments bibliographiques (domaine où la France avait accumulé un retard considérable sur l'Allemagne) et des inventaires d'archives (nationales, départementales, communales, etc.). A cela s'ajoutent, la multiplication des publications de documents originaux, l'édition de catalogues, d'index, de manuels scientifiques qui couvrent tous les domaines de l'histoire (et non plus seulement le Moyen Âge comme dans la période antérieure)[23]. En dehors de ces instruments, qui concernent surtout la phase préparatoire du travail de l'historien, un nouvel outil s'impose alors de façon définitive : la revue scientifique. C'est à la fin du Second Empire, semble-t-il, avec l'apparition de la *Revue Critique d'Histoire et de Littérature,* que les premières caractéristiques essentielles des revues modernes, notamment l'habitude de publier des comptes rendus critiques d'ouvrages, apparaissent dans la recherche historique française. Pour contrer la *Revue des Questions Historiques* qui, elle aussi, adopte les nouvelles normes, la *Revue Historique* de Gabriel Monod systématise les règles de la publication scientifique, en reprenant le modèle allemand de la *Historische Zeitschrift* (fondée en 1859). La revue devient un outil essentiel pour la nouvelle communauté profession-

---

22. Les éléments détaillés de ce questionnaire sont fournis par C. Seignobos, *La Méthode historique appliquée aux sciences sociales, op. cit.* Ils comprennent l'étude des conditions matérielles, des habitudes intellectuelles, des institutions sociales et publiques, des relations entre groupes sociaux.

23. Cf. C. V. Langlois, *Les Archives de l'histoire de France,* Picard, 1891-1892, 2 vol. ; du même, *Manuel de bibliographie historique,* Hachette, 1901-1904 ; cf. aussi P. Caron, *Répertoire bibliographique de l'histoire de France,* Picard, 1923-1934, 5 vol.

nelle. On y trouve des études originales (qui mettent en œuvre les critères scientifiques adoptés par la discipline), des références bibliographiques. La *Revue Historique* assure aussi une fonction de liaison entre les historiens dispersés dans tout le pays (notamment par la diffusion de nombreuses informations sur la vie de la communauté). La prolifération de ces revues historiques « nouvelle manière », à la fin du XIXe siècle, témoigne du succès que rencontre la formule[24]. Au moment du lancement de la *Revue d'Histoire Moderne et Contemporaine,* Pierre Caron et Philippe Sagnac contestent explicitement le modèle de publications prôné par les sociétés savantes car, selon eux, une revue doit être « un instrument d'information et de critique ». Or « pour qu'un périodique scientifique puisse avoir et garder une réelle valeur, il est nécessaire que la direction jouisse d'une entière liberté dans le choix des articles et puisse opérer les modifications dont l'opportunité lui parait démontrée. Il n'en est que difficilement ainsi au sein d'une Société dont les membres se croient d'ordinaire investis d'un droit de direction et de contrôle des publications et où les concessions les plus fâcheuses sont constamment nécessaires pour ménager les susceptibilités »[25]. La science nouvelle impose aussi la mise en place d'une véritable *organisation du travail.* Celle-ci est rendue nécessaire, en premier lieu, par la multiplication des postes qui engendre une extension incessante du champ du savoir historique. Alors que l'histoire médiévale était largement dominante en 1870-1880, progressivement, s'opère un rééquilibrage au profit des autres périodes aujourd'hui consacrées : histoire « ancienne », « moderne » et « contemporaine ». Auparavant, le professeur d'université était un « généraliste », enseignant toute l'histoire « des origines à nos jours ». Désormais, il est de plus en plus spécialisé dans une période ou un domaine étroit. L'histoire politique traditionnelle est, dès cette époque, battue en brèche par de nouveaux thèmes de recherche qui

---

24. Chaque nouveau domaine de recherche entraîne la naissance d'une publication spécifique. En nous limitant à l'histoire moderne et contemporaine, citons, outre la revue du même nom fondée en 1899, la *Revue du XVIe siècle,* les *Annales révolutionnaires,* le *Bulletin économique de la Révolution française,* la *Revue d'histoire de la Révolution française,* la *Revue de la Révolution de 1848,* la *Revue Bossuet,* la *Revue des études napoléoniennes,* la *Revue d'histoire des doctrines économiques et sociales.*

25. P. Caron et P. Sagnac, *L'état actuel des études d'histoire moderne en France, op. cit.*

attirent la jeunesse, notamment l'histoire économique et les « sciences sociales » que les historiens tentent d'annexer à leur discipline. En 1914, Louis Halphen affirme que « le champ des études historiques est devenu presque illimité [...]. Chaque canton de l'histoire a été pourvu d'une organisation autonome avec sa société, ses revues et son groupe plus ou moins compact de savants spéciaux »[26]. Si l'on ajoute à cela l'importance accordée, désormais, à toute la phase de préparation du travail historique (publication d'instruments de travail, approfondissement des « sciences auxiliaires », etc.), «le territoire de l'historien », apparaît (déjà) comme un monde extraordinairement « émietté ». D'autant plus, qu'en faisant de la critique des archives le fondement de leur pratique scientifique, ceux-ci se condamnent à restreindre leur champ d'analyses à de minuscules parties du « territoire ». D'où l'importance attachée à « l'organisation des études historiques ». Constatant que celle-ci « est encore à peu près partout à l'état d'enfance », Caron et Sagnac plaident, comme l'avait déjà fait avec force Gabriel Monod un quart de siècle plus tôt, pour le développement d'une véritable coopération entre tous les historiens d'un même domaine[27]. Comme on l'a vu dans le chapitre 2, la professionnalisation des historiens universitaires s'accompagne également de l'apparition d'un nouveau système de normes et de valeurs collectives reflétant de façon évidente l'idéal de rupture par rapport au monde des profanes qui anime la nouvelle communauté scientifique. La lecture des comptes rendus des thèses soutenues à cette époque montre que très rapidement la « méthode critique » est devenue le critère cen-

---

26. L. Halphen, *L'histoire en France depuis 100 ans,* Armand Colin, 1914, p. 171. Étant donné le rôle politique que jouent les historiens à cette époque, nous avons là un moment privilégié pour saisir le lien entre le travail de définition des nouveaux domaines de l'histoire et sa traduction institutionnelle que constitue la création de nouvelles chaires, de revues, de collections, etc.. Vu le petit nombre des chaires d'histoire implantées à la Sorbonne, et le fait que leurs titulaires les occupent « à vie », tout nouveau découpage du savoir historique converti en postes, est une chance inespérée d'accélération de carrière pour le spécialiste du domaine considéré. L'évolution stratégique de Seignobos qui, après une thèse d'histoire médiévale, se tourne vers la « méthode historique », puis tente d'annexer à l'histoire les « sciences sociales » pour finir par occuper la chaire d'histoire contemporaine, est tout à fait significative. On sait que certaines chaires sont au départ de pures créations politiques : la chaire d'histoire moderne et contemporaine est créée pour Rambaud en 1884 ; la chaire sur la Révolution française est créée pour Aulard en 1886.

27. P. Caron et P. Sagnac, *L'état actuel..., op. cit.*

tral pour évaluer le travail des pairs. A propos d'une thèse traitant des « Intendants sous Louis XIV », la *Revue d'Histoire Moderne et Contemporaine* écrit : « La soutenance a été assez terne. M. Lavisse a reproché au candidat diverses fautes de méthode. M. Godard n'a pas employé un système d'annotations uniformes ; ses indications bibliographiques sont incomplètes ou inexactes, les renvois parfois erronés [...]. M. Seignobos trouve que le sujet, très intéressant d'ailleurs, était trop vaste et qu'il eût mieux valu le restreindre ». Sur certains points, la thèse n'a « pas assez de précision et d'esprit critique ». L'auteur n'est reçu qu'avec la mention « honorable »[28]. Dans cette logique, « travailler » en histoire, c'est être à la « production » des faits, en contact direct avec « la matière première ». A l'opposé, comme le notent encore Langlois et Seignobos, « les mauvais travailleurs, à la recherche d'un public qui contrôle de moins près que le public des érudits, se réfugient volontiers dans l'exposition historique. Là, les règles de la méthode sont moins évidentes, ou pour mieux dire, moins connues ». Sur ce terrain, il y a encore « de bonnes chances d'impunité ». On ne saurait affirmer plus clairement que la synthèse, les « travaux de seconde main », bref tout ce qui éloigne l'historien de ses matériaux bruts, sont suspects. Les vulgarisateurs en effet se contentent de généralisations, parce que « ces travaux sont en général lucratifs ». Mais en se limitant à résumer « pour autrui ce qu'ils n'ont pas pris la peine d'apprendre eux-mêmes », ils sont contraints de tricher en multipliant les « emprunts inavoués », les « références inexactes », les « citations tronquées »[29], etc. Le qualificatif même de « travailleur » connote une autre norme essentielle du métier d'historien : *la modestie*. Caron et Sagnac, après avoir rappelé que l'histoire objective ne date que des années 1870, précisent qu'il existe encore au début du XXᵉ siècle beaucoup d'historiens « subjectifs », qui considèrent « l'histoire plutôt comme un art que comme une science » et qui se livrent avec présomption à des généralisations superficielles.

---

28. *Revue d'Histoire Moderne et Contemporaine,* 1901-1902, p. 702. Derrière cette quête de critères incontestables, on sent affleurer l'angoisse d'une génération qui ne peut plus s'appuyer sur la « tradition » pour fonder son autorité. « Depuis qu'il n'y a plus de vulgate scolaire de l'histoire universelle, il est devenu très difficile de dire au juste ce que c'est que savoir l'histoire et distinguer ceux qui la savent. De là l'embarras où l'on se trouve », C. V. Langlois, « Avertissements aux candidats à l'agrégation d'histoire » (allocution de 1901), in *Questions d'histoire et d'enseignement,* Hachette, 1902, pp. 183-184.

29. C. V. Langlois et C. Seignobos, *Introduction...,* pp. 115 et 272.

« Les historiens objectifs », quant à eux, « ne cherchent plus à élever tout de suite de vastes synthèses, suivant les fâcheuses habitudes de leurs aînés [...] et quand ils donnent des synthèses partielles, ce n'est qu'après de nombreuses études de détail, et en faisant remarquer combien leur œuvre est provisoire ; les synthèses très générales ne sont faites qu'en collaboration »[30]. Significativement, « l'objectivité » est vue ici comme une preuve d'humilité scientifique, qui elle-même implique la solidarité de l'ensemble de la communauté des savants. C'est la même « modestie » que défendent Langlois et Seignobos quand ils expriment leur mépris pour « la rhétorique et les faux brillants » et s'insurgent contre les « microbes littéraires » qui polluent, trop souvent à leur gré, les livres d'histoire. L'emploi de la première personne du pluriel s'impose alors comme une règle que peu de thèses ont jusqu'ici transgressée, illustrant l'acte d'allégeance que tout historien doit manifester vis-à-vis de la communauté passée et présente, s'il veut s'y faire une place. La redéfinition du savoir historique à la fin du XIXe siècle concerne aussi « *l'épistémologie* » *de l'histoire*. Les mutations de l'Université française ont servi les historiens, mais lésé les disciplines académiques autrefois dominantes ; notamment les lettres et la philosophie. Cette modification du rapport de force interne au champ littéraire provoque de très fortes polémiques qui s'exacerbent au début du siècle et qui convergent pour contester à l'histoire ses prétentions scientifiques. Les critiques de « droite », orchestrées par les littéraires et relayées par Charles Péguy[31], reprochent à l'histoire nouvelle son culte de la science, son obsession de la critique, au détriment de la qualité esthétique et de la sensibilité. La contestation de « gauche », développée par les philosophes-sociologues, met au contraire l'accent sur « l'empirisme » de la nouvelle histoire et l'inconsistance de son argumentation théorique. Dès lors, une fonction nouvelle est dévolue à l'historien professionnel : défendre sa corporation en justifiant sa pratique au niveau « épistémologique »[32]. C'est Charles Seignobos qui assurera l'essentiel de cette mission dans des écrits sur lesquels il faut s'arrêter

---

30. P. Caron et P. Sagnac, *L'état actuel...*, *op. cit.*
31. Cf. par exemple, C. Péguy, « Langlois tel qu'on le parle », in *Œuvres Complètes en prose, op. cit.,* pp. 828-847.
32. Cette affirmation doit être nuancée. On a vu dans le chapitre 2, que dès le début du XIXe siècle, Ranke avait été dans l'obligation de défendre la recherche historique empirique contre la philosophie de l'histoire.

quelque peu, car ils ont été par la suite caricaturés. Lors d'une conférence faite à la *Société française de philosophie*, sa réponse aux attaques de Simiand, le plus virulent représentant de l'« épistémologie » positiviste « naturaliste » sur laquelle s'appuient les durkheimiens, montre d'emblée qu'il se situe dans le nouveau contexte institutionnel. A une époque où l'université forme des spécialistes, remarque Seignobos, une querelle sur l'objet de l'histoire ne peut être « qu'une différence entre deux professions : c'est le désaccord normal entre un philosophe et un historien ». Et d'emblée il souligne la contradiction que doit affronter désormais le représentant d'une discipline empirique, sans formation philosophique, pour élaborer lui-même son « épistémologie » : « je veux me tenir sur le terrain pratique, autant qu'il est possible dans une discussion théorique, en indiquant comment se posent les problèmes pratiques du travail historique, car c'est de ces conditions pratiques que Simiand n'a pas tenu compte ». L'ouvrage qu'il publie en 1901 sur les rapports entre histoire et sciences sociales est tout entier sous-tendu par cette volonté de dégager les règles d'une « épistémologie » pratique de l'histoire[33]. En premier lieu, il faut souligner que Seignobos ne définit pas la discipline dans un sens strictement « positiviste ». Pour lui, l'histoire n'est pas une science car elle ne peut, comme la biologie ou la physique, dégager des lois. Par ailleurs, contrairement à ce qu'on a écrit si souvent, Seignobos ne traite pas les faits comme des données. Au contraire, l'histoire est pour lui une « connaissance par traces ». L'historien ne peut atteindre les faits du passé que grâce à une « méthode indirecte par raisonnement » alors que le spécialiste des sciences exactes travaille directement sur des matériaux actuels. Pour Seignobos, les « faits » résultent d'une construction sociale que l'historien doit mettre à jour grâce à ses procédés de critique[34]. Les écrits

---

33. C. Seignobos, *La Méthode historique..., op. cit.* Il s'agit là de la première tentative sérieuse visant à définir le champ propre de l'histoire sociale.

34. C'est pourquoi la définition de l'histoire sociale comme « science auxiliaire » de l'histoire – comparable à la philologie pour les textes anciens – que propose Seignobos, n'est pas absurde. En effet, la critique des documents d'histoire contemporaine dépend moins des procédés philologiques que d'une mise à jour de leurs conditions sociologiques de production ; ce qui reste l'une des exigences essentielles du travail historique aujourd'hui. « Tout document rédigé par un fonctionnaire dans des formes consacrées, prend un caractère semi-magique ; il devient document authentique » (p. 35). Combien d'historiens actuels ont véritablement médité cette mise en garde contre la « magie » de l'archive ?

sur lesquels il travaille sont des *symboles*. « Ils ne servent que par les opérations d'esprit qu'ils produisent, par les images qu'ils évoquent ». Les archives ne nous livrent que des fragments de la réalité passée qui « ne peuvent jamais être recollés ensemble qu'au moyen d'un ciment fourni par l'imagination ». D'où l'absolue nécessité, pour lui, de comprendre les intentions des acteurs d'une époque donnée. Supprimer cette subjectivité, comme le veulent les sociologues, « enlèverait à l'explication historique le caractère particulier et localisé qui lui est indispensable pour être historique ». La conception de l'histoire développée par Seignobos est entièrement traversée par l'opposition entre le « vu » (c'est-à-dire pour lui, le « concret ») et le « non vu » (c'est-à-dire « l'abstrait ») et par la nécessité de rendre familières, grâce aux « images », les notions « invisibles » qui font de plus en plus partie de la vie quotidienne de tous les citoyens : « un État, un gouvernement, une loi, une institution, rien de cela ne se voit, ce sont des choses invisibles, des « abstractions » comme on dit vulgairement [...]. La plupart des hommes – à plus forte raison la plupart des enfants – ne comprennent vraiment que ce qu'ils voient »[35]. Les développements de l'histoire quantitative ont montré par la suite que l'« épistémologie subjectiviste » du fait singulier ne pouvait en aucun cas résumer l'ensemble de la recherche historique. Mais en même temps ses partisans ont caricaturé l'argumentation que Seignobos avait opposée aux sociologues durkheimiens contre toute conception « moniste » de la science. C'est ce qui explique qu'on n'ait pas vu qu'il y avait là une esquisse de réflexion « épistémologique »

---

35. «L'enseignement de l'histoire comme instrument d'éducation politique », (1907), repris dans C. Seignobos, *Études de politique et d'histoire, op. cit.,* p. 117. Avec la « nationalisation » de la société française à la fin du XIXᵉ siècle, la vie sociale s'inscrit dans un espace qui dépasse le cadre de l'univers local des communautés d'autrefois. Les rapports entre individus dépendent de plus en plus de liens indirects et anonymes, médiatisés par le droit. C'est la raison fondamentale de l'irruption dans la vie quotidienne de tous les citoyens des notions « abstraites » que les républicains s'efforcent alors de concrétiser par tous les moyens, et notamment par l'enseignement de l'histoire. Toute la conception de l'histoire « événementielle » que prône Seignobos s'explique par là. Les événements sont pour lui un moyen pédagogique pour rendre « représentables des notions abstraites ». Comme en grammaire, « ce sont des exemples qui font voir le fonctionnement du mécanisme général d'une société ». (*Ibid.,* p. 112). Si nous avons du mal à comprendre ces efforts de la première génération des historiens républicains, c'est parce que les données considérées comme « abstraites » à leur époque nous sont devenues familières.

conforme à la pratique professionnelle des historiens de ce temps. Sans pouvoir insister sur ce point, on notera néanmoins que, dans ses études sur l'histoire, Ernst Cassirer se situe dans le prolongement de l'argumentation de Seignobos. Lui aussi défend l'idée que l'histoire est une connaissance par traces qui nécessite la « procédure compliquée » que représente la critique des sources. L'historien travaille sur des symboles qui « ont un caractère beaucoup plus instable et inconsistant que les objets naturels » car leur sens s'affaiblit avec le temps et avec le renouvellement des générations. La tâche essentielle de l'historien est donc d'apprendre à lire ces symboles grâce à tout un travail d'interprétation visant à retrouver leur sens initial. Il doit s'efforcer ensuite de « faire fusionner, ces *disjecta membra*, les membres épars du passé, de les synthétiser et de les couler en une nouvelle forme ». C'est pourquoi, le savoir historique s'inscrit « dans le champ de l'herméneutique, non dans celui de la science naturelle »[36].

UNE « PROFESSIONNALISATION » INACHEVÉE

L'institutionnalisation de l'histoire, la conquête d'un objet et d'une méthode spécifiques, l'élaboration d'un système de valeurs collectives, contribuent puissamment à créer, pour la première fois parmi les historiens, un sentiment d'appartenance à une même « communauté » professionnelle. Le tournant du siècle est certainement le moment où le consensus sur les normes du métier est à son apogée parmi eux. De nombreux efforts visant à consolider la sociabilité, formelle ou informelle[37], du groupe sont déployés à ce moment-là, pour accentuer encore son intégration, l'aider à faire front contre ses adversaires. L'unité de l'élite du monde des historiens français est favorisée par l'homogénéité du recrutement (due au renforcement de la centralisation parisienne), via l'École normale,

---

36. Ce caractère fondamental du savoir historique est, souligne Cassirer, entièrement négligé dans les discussions modernes sur l'histoire, trop préoccupées de la réduire à la logique formelle de la science « pure ». Je résume ici les analyses parues dans E. Cassirer, *An Essay on Man*, New Haven, Yale University Press, 1944, pp. 171-206 et du même, *L'Idée d'histoire, les inédits de Yale et autres écrits d'exil*, Cerf, 1989, pp. 51-87 surtout.

37. Sur les vacances d'été qui rassemblent, à l'Arcouest (Côtes-du-Nord), nombre d'intellectuels autour du « capitaine » Seignobos ; C. Charle, *Les Élites...*, *op. cit.*, p. 390.

l'agrégation d'histoire, le doctorat (en général soutenu à la Sorbonne)[38]. Les jurys de concours, de thèses, les commissions de recrutement sont autant d'occasions de se retrouver, de consolider des liens. Les revues et les sociétés professionnelles constituent un autre facteur d'intégration. On retrouve dans les comités de parrainage et les présidences d'honneur, toujours les mêmes noms, toujours le même rituel de célébration des bienfaits des nouvelles réformes, mais aussi de critiques, plus ou moins explicites, de leurs adversaires. Très souvent, ces structures sont aussi, en effet, des instruments de combat contre les organisations académiques, autrefois dominantes, mais qui peu à peu sont marginalisées. La *Société d'histoire moderne*, créée en 1901, est explicitement présentée comme un organisme rival de la *Société d'histoire contemporaine* fondée une dizaine d'années plus tôt par les historiens conservateurs. Dès le départ, elle légitime le sérieux de ses intentions par la qualité de ses membres fondateurs, universitaires pour plus de moitié (86 sur 159). Notons que ces efforts d'intégration ne touchent pas que le monde universitaire, mais sont étendus aux professeurs de lycée (appelés à participer en masse aux nouvelles revues scientifiques et aux associations professionnelles) et aux étudiants. Pour ces derniers, Lavisse inaugure à la Sorbonne un rituel qui gagne l'ensemble des universités du pays par la suite : le discours solennel de rentrée, au cours duquel sont rappelées les normes collectives de la corporation. Il faut, proclame Lavisse devant la première promotion d'étudiants spécialisés en histoire, non seulement manifester de la déférence envers les « maîtres », mais également faire preuve d'esprit « corporatif », car « nous formons », ajoute-t-il de façon solennelle – « une véritable communauté intellectuelle »[39]. La création de la première association d'étudiants de l'Université nouvelle ajoute un élément de plus dans cette solidarité collective. Unis derrière leur drapeau, commémorant leurs anniversaires dans un grand banquet toujours honoré de la présence paternelle de Lavisse, professeurs et étudiants « communient dans

---

38. Le renforcement de la centralisation universitaire, à un moment où la tendance est plutôt à la régionalisation dans les autres pays d'Europe, est également une conséquence du combat républicain contre les conservateurs, plus influents en province. C'est un important facteur d'une homogénéité de l'élite historienne qu'on ne rencontre ni aux États-Unis ni en Allemagne.

39. W. R. Keylor, *Academy...*, *op. cit.*, p. 70.

le sentiment de fonder un enseignement, d'inaugurer une tradition »[40]. Les instruments d'intégration de la communauté historienne forgés par la génération des « pères fondateurs » fonctionnent également comme de puissants facteurs de sa reproduction. Pour établir fermement une nouvelle science, il ne suffit pas, en effet, de définir son objet, sa méthode, son organisation, il faut aussi l'asseoir sur une tradition de recherche propre qui puisse être transmise de génération en génération. A première vue, la « tradition » de la science historique constituée à la fin du XIXᵉ siècle n'a pas résisté à l'épreuve du temps. Bien peu d'historiens d'aujourd'hui se réclament explicitement des principes de ceux qu'on appelle souvent, de façon péjorative, les « historiens historisants », les « sorbonnards », les « positivistes »... Et pourtant, dès qu'on abandonne l'histoire des idées pour celle des pratiques, force est de constater que, même ceux qui se réclament haut et fort de Michelet, continuent à écrire l'histoire comme l'ont prescrit Seignobos et les siens. En dépit de l'élargissement considérable des thèmes de recherches, des lieux institutionnels où se pratique la discipline, les critères essentiels qui définissent l'appartenance à la « communauté historienne » sont les mêmes qu'à la fin du XIXᵉ siècle : l'agrégation, le travail sur archive, la thèse. La façon de prendre des notes (cf. les sacro-saintes « fiches »), le système de références, l'exposition des sources consultées, bref tout ce qui fait la spécificité de l'écriture historienne, est banalisé dès le début du siècle. Lisez la thèse de celui qui, le premier, a officiellement répudié le modèle des pères : Lucien Febvre. Elle correspond déjà parfaitement aux principes que tout doctorat d'histoire respecte encore aujourd'hui. Inscrite dans un cadre monographique et chronologique rigoureux («la Franche-Comté sous Philippe II »), la thèse principale comprend 780 pages dont 40 uniquement sur les sources. Celles-ci sont classées selon les critères modernes : une première partie concerne les documents manuscrits et signale la longue liste des dépôts d'archives fréquentés (Archives départementales, municipales, manuscrits de la Bibliothèque nationale, etc.). On y trouve, dans l'ordre, la liste fastidieuse de toutes les cotes des cartons d'archives dépouillées. La seconde partie, comme il se doit, est consacrée aux imprimés et comprend plus de 430

---

40. A. Prost, *Histoire de l'enseignement,* Armand Colin, 1968, p. 232.

références bibliographiques[41]. Dès l'introduction de son travail, Febvre précise : « pour nos abréviations, nous avons adopté le plus souvent possible celles auxquelles le *Répertoire méthodique de l'histoire moderne et contemporaine* a déjà accoutumé les travailleurs ». Il ajoute que les références sont rapportées à la pagination des revues ou des recueils et non des tirés à part. D'emblée, nous sommes ici dans l'univers d'un « professionnel » qui a parfaitement assimilé les leçons de son maître Gabriel Monod, auquel il dédie d'ailleurs la thèse. La soutenance fait l'objet de nombreuses critiques, mais aucune ne porte sur les problèmes de méthode[42]. La référence de Febvre au *Répertoire méthodique* – qui doit beaucoup au labeur énorme accompli par Pierre Caron – illustre parfaitement le rôle joué par les « outils de travail » dans la transmission de la tradition scientifique en histoire. Comme l'a montré Emile Durkheim, l'importance des commencements dans l'institutionnalisation de toute vie sociale tient au fait que la matière inerte, jusque là inorganisée, est structurée, « objectivée », dans des formes qui fonctionnent ensuite comme des cadres de pensée « naturels » pour les générations suivantes[43]. L'immense effort collectif de codification, de nomenclature, de classement, de découpage de la matière historique, réalisé par la génération « positiviste » constitue pour les historiens qui la suivent, un héritage assimilé dès les premières étapes de leur apprentissage, comme le prouve l'exemple de Lucien Febvre. La façon dont sont classées les archives dans les répertoires usuels est déjà en soi une manière d'orienter le travail historique. De même, la délimitation des « domaines » ou des « périodes » de l'histoire, produit des luttes politiques et intellectuelles de la fin du siècle et institutionnalisée dans la création des chaires, commandera le choix même des sujets de thèses pour une multitude d'historiens

---

41. La thèse de Seignobos, a, paradoxalement, une allure moins « positiviste » que celle de Febvre. Soutenue au début des années 1880, elle reflète une époque où les normes de la méthode critique ne sont pas encore fixées. Les références sont approximatives, la bibliographie indigente, les sources très lacunaires et mentionnées sans véritable classement.

42. Cf. L. Febvre, *Philippe II et la Franche-Comté,* H. Champion, 1911 et le compte rendu paru dans la *Revue d'histoire moderne et contemporaine,* novembre 1911.

43. Cf. notamment, E. Durkheim, *Les formes élémentaires de la vie religieuse,* Paris, Alcan, 1912.

ultérieurs. Le contrôle exercé par la génération de Lavisse et Sei-gnobos sur tout l'univers scolaire, en redéfinissant les programmes depuis l'école primaire jusqu'à l'agrégation, en régnant sur l'édition des manuels et des grandes collections de vulgarisation, est un autre élément essentiel qui contribue à l'inculcation des « programmes de pensée » dès le plus jeune âge. Stigmatisant le côté scolaire de l'agrégation, Lucien Febvre dira lui-même plus tard, « les initiateurs autant que les initiés subissent nécessairement, dans l'orientation de leur pensée, l'influence des méthodes de transmission auxquelles ils doivent se plier »[44]. La deuxième grande voie par laquelle s'effectue la reproduction des règles du métier d'historien, consiste dans la transmission du savoir du maître à l'élève. La génération « positi-viste » est parvenue à contrôler l'ensemble des chaires d'histoire à la Sorbonne. Étant donné la longévité des carrières, la centralisation de la vie intellectuelle française, ce sont des centaines d'étudiants qui pendant des décennies ont été formés à leur école. L'invention des petits séminaires fermés à la fin du XIXe siècle est un rouage essentiel dans la transmission de la tradition historienne. L'étudiant est tenu de fréquenter assidûment le séminaire de son directeur de thèse. En retour, ce dernier est censé aider son disciple dans ses pro-jets de carrière. En même temps qu'un savoir technique, c'est toute une stratégie, une conduite et un ensemble de normes que l'étudiant doit rapidement assimiler pour espérer être accepté par la commu-nauté universitaire. Choisir un sujet « porteur », savoir citer avec déférence ceux qui font les décisions dans les commissions, pro-grammer judicieusement les étapes de sa carrière (d'abord faire ses preuves avec la thèse spécialisée, puis passer aux ouvrages de syn-thèse ou « d'épistémologie »), montrer subtilement qu'on « fait du nouveau » sans avoir l'air « prétentieux » en contestant le savoir des maîtres, être capable de faire la différence entre ce qui peut s'écrire et ce qui ne se dit que dans les couloirs, tout cela fait partie du savoir indispensable aux carrières rapides. L'existence de cadres de pensée et d'instruments de travail qui ne sont plus remis en cause, la nécessité de faire acte d'allégeance à la communauté dont on veut faire partie, tout cela explique, dès la « deuxième génération »,

---

44. Cité par A. Gérard, « A l'origine du combat des Annales : Positivisme historique et système universitaire », in C. O. Carbonnel et G. Livet (dir.), *Au ber-ceau des Annales,* Presses de l'Institut d'Études Politiques de Toulouse, 1983.

l'apparition d'une routine qui constitue, en elle-même, un puissant facteur de cohésion du monde historien. La phrase de Langlois placée en exergue de ce chapitre montre que, dès le début du siècle, la génération « méthodiste » estime que le paradigme de la « science normale » de l'histoire est bien en place et qu'il ne reste plus désormais qu'à l'enrichir[45]. Trente ans plus tard, lors du cinquantenaire de la *Revue Historique*, Christian Pfister, membre de l'Institut, doyen de l'Université de Strasbourg, aboutit au même constat : « nous n'avons point de programme nouveau à formuler »[46]. Avant de s'insurger contre cette « routine », il faut souligner que celle-ci est une condition du progrès scientifique. Si notre connaissance de la Révolution française a fait un tel bond en avant entre 1880 et 1930, c'est grâce à la division du travail imposée par Alphonse Aulard qui a permis l'éclosion d'un grand nombre de thèses spécialisées ayant rendu caduques les généralisations hâtives d'un Michelet ou d'un Taine[47]. En dépit de tous les éléments qui ont concouru à l'apparition d'une véritable communauté professionnelle chez les historiens, il faut remarquer que, dès la fin du XIXe siècle, celle-ci est affaiblie par de profondes contradictions, inhérentes à la position de l'histoire au sein du champ intellectuel ; contradictions qui expliquent pourquoi la lutte pour l'autonomie de la discipline a été jusqu'à aujourd'hui un combat sans cesse recommencé. Si l'on s'en réfère au modèle des « sciences exactes », la logique de rupture décrite plus haut aurait dû conduire les maîtres de l'histoire « positiviste » à consolider progressivement un univers scientifique de plus en plus

---

45. C'est cette stabilisation du « paradigme » de la « science normale » qui explique le désarroi de ceux qui, au sein de la nouvelle génération, sont le plus soucieux d'innovation. A propos de cette époque, il était alors élève de l'École normale, Lucien Febvre évoque « un désenchantement, une désillusion totale ; l'amer sentiment que faire de l'histoire, que lire de l'histoire, (c'était) désormais perdre son temps », L. Febvre, « Vivre l'histoire », conférence faite à l'École normale en 1941, reprise dans *Combats pour l'histoire, op. cit.*, p. 25.

46. C. Pfister, « Le Cinquantenaire de la Revue Historique », in *Histoire et historiens depuis 50 ans,* Alcan, 1927, p. XVI. A la fin de sa vie, dans une lettre à Ferdinand Lot, Seignobos estime lui aussi que rien de nouveau n'est paru en ce qui concerne la réflexion sur l'histoire depuis l'époque de sa jeunesse ; cf. C. Seignobos, « Dernière lettre à Ferdinand Lot », *Revue Historique,* 1953 (la lettre est datée de juin 1941).

47. B. Latour et S. Wooglar, *La vie de laboratoire, op. cit.,* ont montré l'importance de l'activité routinière pour la découverte scientifique elle-même (notamment p. 118 sq.).

autonome, c'est-à-dire dans lequel les producteurs ne peuvent avoir d'autres clients possibles que les autres producteurs concurrents, du fait même que dans un univers totalement « professionnalisé », il faut être spécialiste pour comprendre[48]. Or dès les premières étapes de constitution de la « science historique », il est évident que la volonté des historiens de rompre avec le public profane est contre-balancée par des aspirations contraires[49]. Comme l'observe Alain Corbin, le projet historiographique que Monod met en œuvre dans la *Revue Historique,* est hanté par l'idée d'établir des « ponts » entre les générations, entre les institutions, entre les individus[50]. En dépit des rivalités qui l'opposent aux historiens conservateurs catholiques, il n'hésite pas à leur rendre hommage : « Les Acadé-mies sont la plus haute expression de la science française » affirme-t-il en 1889[51]. La fonction sociale de l'histoire oblige en effet les historiens à prendre en charge la mémoire collective du pays. Le soutien du pouvoir républicain au projet « positiviste », nous l'avons vu, était à ce prix. Ce n'est donc pas un hasard si le « mani-feste » de Monod en 1876 se termine par un paragraphe célébrant le rôle de l'histoire comme outil de réconciliation nationale et de mobilisation patriotique. Investie d'une mission éducatrice pour l'ensemble des citoyens, l'histoire ne peut pas se cantonner dans l'univers des spécialistes. A cela s'ajoute le poids des compromis que les réformateurs de l'Université ont dû accepter dans les années 1890. Le projet de constitution de six ou sept grandes universités, hauts lieux du travail scientifique, à l'image de l'Allemagne, est modifié à l'initiative du Sénat pour donner naissance à une quin-zaine de petites facultés (une par académie). De plus, malgré l'ampleur des réformes, le cordon ombilical entre enseignement secondaire et université, héritage napoléonien, n'est pas véritable-ment rompu, comme l'illustre le maintien de l'agrégation, même transformée. Tout ceci explique pourquoi les universités françaises, sont rapidement devenues des instituts pédagogiques supérieurs de

---

48. P. Bourdieu, « Le champ scientifique », *Actes de la Recherche en Sciences Sociales, op. cit.*

49. L'histoire n'est pas le seul exemple illustrant cette contradiction ; cf. pour la philosophie, J. L. Fabiani, *Les philosophes de la République,* Minuit, 1988.

50. A. Corbin, in C. O. Carbonnel et G. Livet (dir.), *Au berceau des Annales, op. cit.,* p. 105 sq.

51. G. Monod, « Les études...», *op. cit.*

« professionnalisation-professoralisation » des historiens[52]. A partir des années 1890, les ouvrages publiés par les historiens « méthodistes » sont de plus en plus des œuvres de vulgarisation (souvent issus de cours d'agrégation), des ouvrages scolaires, des histoires générales, commercialement rentables, mais contraires à l'idéal affiché antérieurement. De plus, si la considération que la République porte à ses historiens accroît fortement le prestige de la fonction, cette reconnaissance publique se « monnaye » pour l'essentiel en dehors du champ de la discipline elle-même. Le statut de fonctionnaire et l'uniformité du système universitaire étatique limitent les perspectives de carrière (tant sur le plan du salaire que de la considération sociale) et donc l'attrait de la compétition et de l'émulation interne au monde savant. Après la chaire en Sorbonne, les perspectives de réussite sociale et de satisfaction narcissique se situent en dehors de la communauté historienne. Comme le montre Christophe Charle, l'autonomisation du champ universitaire fait qu'en général, même s'il y a des exceptions, ce n'est plus directement en tant qu'homme politique que l'historien exerce une fonction publique, mais comme expert ou conseiller dans les ministères (cf. Ernest Lavisse). De même, le prestige acquis désormais par l'historien dans la société, lui permet parfois, par la suite, d'obtenir une consécration littéraire. Comme le note, en 1889, Gabriel Monod à propos de l'Académie française : « les historiens qu'elle élit sont choisis comme écrivains, non comme historiens »[53]. Ainsi, ceux-là même qui n'avaient pas de mots assez durs pour stigmatiser les travaux de « seconde main » et les « littérateurs » sont les premiers à transgresser les règles qu'ils avaient établies dans leur jeunesse. Symptomatiquement, dans leurs écrits, les termes de « travailleurs », de « laboratoire », les références à la « science » se font de plus en plus rares. La « synthèse », les travaux de « généralistes », le « beau style » sont discrètement réhabilités[54]. L'idéal éga-

---

52. D'après A. Gérard, « A l'origine...», *op. cit.* Les universitaires de l'époque estiment que la seule préparation de l'agrégation leur donne plus de quatre mois de travail par an. Pour Seignobos, le maintien des concours (il vise surtout celui de l'École normale) est une concession fâcheuse au passé, car ils engendrent « une habitude de travail hâtif et superficiel, nuisible à l'apprentissage du travail scientifique », cf. C. Seignobos, « Le *régime de l'enseignement...* », *op. cit.*, p. 149.

53. G. Monod, « Les *études...* », *op. cit.*, p. 590.

54. Cf. par exemple L. Halphen, « Le Cinquantenaire de la Revue historique », in *Histoire et historiens...*, *op. cit.*, p. 165.

litaire défendu au départ est rapidement battu en brèche et ce qui apparaissait, à première vue, comme un choix « scientifique » – la division du travail analyse/synthèse – devient dès la fin du siècle une norme du déroulement chronologique de la carrière et un principe de domination au sein de la discipline. Le temps de « l'analyse » est celui des « damnés de la thèse », ces longues années de travail ingrat passées à éplucher des centaines, voire des milliers, de cartons d'archives dans l'anonymat et la solitude du travailleur de fond. Ayant versé ainsi son tribut à la communauté, « l'historien-docteur » peut espérer ensuite atteindre le stade des « synthèses », de la « seconde main » et de la « vulgarisation ». Derrière la division technique du travail se cache donc une division chronologique des carrières. Mais celle-ci ne peut être acceptée par le plus grand nombre que si une mobilité professionnelle régulière donne l'assurance aux « disciples » qu'ils remplaceront les « maîtres ». Or, à la période faste des créations de postes à la fin du siècle, succède une phase de stabilisation institutionnelle qui durera plus d'un demi-siècle. En conséquence, les nouveaux emplois universitaires deviennent de plus en plus rares, alors même que les titulaires des chaires fondées entre 1880 et 1900 sont en place pour longtemps et que le nombre des postulants augmente fortement. Les nouveaux venus sont ainsi confinés dans les échelons inférieurs de la hiérarchie, pendant que les « maîtres » cumulent les honneurs et les responsabilités au nom d'une « science » qu'ils ne pratiquent plus. Les éléments de la « crise » de l'entre-deux-guerres, d'où sortiront les *Annales*, sont déjà en place[55].

---

55. Cette crise a été analysée de façon très approfondie par O. Dumoulin, *Profession historien, 1919-1939,* thèse de 3e cycle, EHESS, 1984 (dact.). Cf. aussi, G. Noiriel, « Pour une approche subjectiviste du social », *Annales E.S.C.,* 6, décembre 1989, pp. 1435-1459 (le titre malheureux de ce dernier article incombe totalement à la rédaction de la revue).

CHAPITRE 7

Le jugement des pairs
La soutenance de thèse
au tournant du siècle

Écrit à une thèse

« Le candidat disertement parle sa thèse
Les coudes sur la table où vibre un verre vert,
Il dit : "De mes documents, Messieurs, il appert..."
Le juge lui répond "Conjecture, fadaise..."

Ce qu'on se rase, ô Dieux ! Doux Seigneur, ce qu'on se rase !
Si, pour nous amuser, je déployais *Combat,*
Si je bourrais du doigt ma pipe de tabac,
Si j'interrompais Fliche au milieu d'une phrase !

Mais non je resterai désespérément sage
Et tout se dénouera très honorablement
Car, bien que nous sachions que la mention ment
Nous donnerons le fin du fin, selon l'usage. »

Marc Bloch, *Soutenance de thèse,* mai 1942.[1]

La thèse de doctorat est certainement l'instrument principal grâce auquel l'université républicaine de la fin du siècle dernier a transmis aux générations suivantes les normes et les valeurs qui régissent encore aujourd'hui les pratiques à l'œuvre dans la recherche en

---

1. Cité par C. Fink, *Marc Bloch, A Life in History,* Cambridge, Éditions Canto, 1991, p. 283. Ce chapitre est paru initialement, sous forme d'article, dans la rubrique « Savoir-faire » de la revue *Genèses,* 5, sept. 1991, pp. 132-147.

sciences sociales. Avec la création d'un véritable corps de professeurs d'université, hiérarchisé et autonome, le doctorat devient le titre obligatoire pour accéder au monde savant et la soutenance, le rituel qui officialise le « jugement des pairs », le moment décisif où la communauté scientifique coopte ceux qu'elle estime dignes d'être admis dans ses rangs. Le rôle nouveau dévolu au jury (composé d'au moins six spécialistes du domaine étudié par la candidat) symbolise l'autonomie à laquelle aspire ce nouveau groupe d'intellectuels et la confiance qu'il place dans un nouveau type de jugement, le jugement scientifique, fondé sur des critères objectifs, indépendants des enjeux sociaux et politiques. En examinant les rapports sur les thèses soutenues à la fin du XIXe siècle on dégagera d'abord les critères qui définissent alors l'excellence scientifique, puis on analysera les contradictions qui, dès cette époque, minent l'idéal affiché, en essayant de faire la part entre les facteurs conjoncturels (stratégie de contrôle du monde intellectuel par le pouvoir républicain) et les facteurs structurels (position des sciences sociales dans le champ du savoir). Les matériaux utilisés ici sont formés des rapports concernant plus de 120 thèses soutenues dans les facultés des lettres (la plupart à la Sorbonne) entre 1890 et 1901 et conservés, un peu au hasard semble-t-il, aux archives nationales[2]. Au tournant du siècle, le doctorat n'a pas encore la forme actuelle. Chaque candidat doit préparer deux thèses dont l'une en latin. La soutenance fait l'objet de deux rapports adressés au recteur de l'académie ; l'un – qui synthétise l'avis des membres du jury – est rédigé par le doyen de la faculté. L'autre incombe à l'inspecteur de l'académie où a eu lieu la soutenance. Il évoque surtout les aptitudes pédagogiques du candidat, informe de la manière dont s'est déroulée la soutenance. La centralisation parisienne, l'étroitesse du corps enseignant, expliquent que l'on retrouve sans cesse les mêmes noms dans les jurys : Espinas, Janet, Boutroux en philosophie ; Seignobos, Langlois, Lemonnier, Aulard en histoire. Selon un rituel déjà fixé à la fin du siècle, la soutenance débute à midi par l'examen de la thèse latine. Après une demi-heure de pause, débute (en général vers 15 heures) la soutenance de la thèse française. En moyenne l'exercice dure environ six heures. Les rapports rédigés par les inspecteurs d'académie montrent l'importance croissante qu'a prise le doctorat pour la

---

2. Archives Nationales, carton F 17 13 249.

240

carrière des enseignants de la République. Au début des années
1890, il semble bien que la possession de ce diplôme ne soit pas
encore un élément déterminant. Dans l'un de ses comptes rendus,
l'inspecteur loue même les candidats pour leur « désintéressement »
car, dit-il, « ils doivent s'apercevoir que le dit bonnet (de docteur)
ne sert pas toujours beaucoup à leur avancement. Tel qui l'a coiffé
est le subordonné de tel autre qui n'y a jamais prétendu, qui est plus
jeune et a moins de services que lui. Mais ce sont là les vicissitudes
de la carrière. Elles paraissent souvent pénibles ; elles sont quelquefois inévitables et le mieux qu'on puisse faire est que le mal,
quand mal il y a, soit le plus promptement et le plus complètement
possible réparé ». Par la suite ce type de réflexion devient rare et
les inspecteurs concluent de plus en plus fréquemment leurs rapports, soit en informant le recteur des « souhaits » des candidats,
soit en donnant leur avis sur le type de poste censé leur convenir le
mieux[3]. Ces remarques montrent combien la logique du système
scolaire napoléonien reste présente dans la politique républicaine.
Loin de se limiter au recrutement des universitaires, la thèse peut
servir indifféremment les stratégies de promotion dans l'enseignement secondaire ou supérieur. Le vrai clivage reste celui qui oppose
les établissements de province à ceux de la capitale[4], comme en
témoignent, par exemple, ces remarques concernant la soutenance
d'un agrégé de lettres, professeur à Nancy : « ses qualités plus
sérieuses que séduisantes le classent à un bon rang, mais non pas
tout à fait peut-être au premier parmi les professeurs de province qui
ont chance d'arriver bientôt à Paris. En tout cas, il ne pourra être
qu'aidé dans la réalisation de son désir par l'incontestable succès de
ses deux thèses ». Peu à peu cependant, on sent croître l'importance

---

3. Par exemple : « On ne sait ce que désire M. Masson. L'on semble croire
que ce qui lui conviendrait, ce serait une chaire d'histoire commerciale ou d'histoire de Marseille à Marseille, dans la faculté des lettres municipale qui est en
projet. » Ces avis sont souvent soulignés au crayon bleu par une main ministé-
rielle anonyme, ce qui prouve que ces rapports sont consultés au moment des
nominations.
4. Un candidat jugé « obscur » est ainsi orienté vers un poste universitaire
sous prétexte que « c'est un défaut moins grave dans une faculté que dans un
lycée ». A l'inverse, à propos d'un candidat dont la soutenance a été brillante,
l'inspecteur note : « il aspire à un grand lycée parisien ». Notons aussi qu'un
petit nombre de candidats passent le doctorat uniquement pour pouvoir devenir
recteur.

du poste universitaire[5]. Après la soutenance d'un professeur d'histoire au Mans, le rapport officiel note qu'il « n'a pas la qualité d'esprit nécessaire pour qu'on lui confie dans les Universités la charge de former des historiens ou des géographes ». A l'inverse, les candidats les plus brillants sont de plus en plus souvent considérés par les doyens comme de futurs universitaires : « nous croyons, que Mr Bréhier peut être recommandé avec sécurité aux chefs de l'université pour une chaire dans l'enseignement supérieur » ; « ce sera pour l'enseignement supérieur une excellente recrue » (à propos de l'historien Robert Parisot) ; il « semble avoir sa place marquée d'avance dans l'enseignement supérieur » (à propos de Philippe Sagnac).

LES FONDEMENTS DE L'AUTONOMIE DE JUGEMENT

L'amalgame, traditionnel en France, entre enseignement et recherche explique que la thèse et la soutenance aient pour but de déceler des qualités de deux ordres très différents : celles qui font le savant et celles qui font le professeur. C'est pourquoi, on ne peut alors imaginer de compliment plus élogieux que ce commentaire sur la soutenance d'Alfred Baudrillart en 1890 : « il y a en lui un savant et un professeur [...]. Si le savant est presque impeccable, le professeur est tout à fait excellent ». C'est surtout dans les jugements portés sur les œuvres écrites qu'on décèle les critères qui définissent, aux yeux du jury, les qualités d'un savant. Avant tout, pour être docteur, il faut avoir accompli un travail de *spécialiste,* en rupture avec les écrits dilettantes des « lettrés » de l'époque antérieure. C'est ce qui explique, à mon sens, l'apparition de nouvelles normes concernant la durée de préparation du doctorat. Le fait d'avoir hâtivement rédigé sa thèse est souvent considéré comme une preuve de « carriérisme » peu compatible avec l'éthos du vrai savant, forcément « désintéressé », « passionné »... Le plus souvent ce sont les normaliens (qui soutiennent, en moyenne, à un âge plus précoce que les autres) qui s'attirent ce type de reproche. Samuel Chabert, cacique à l'agrégation de grammaire en 1892, professeur au lycée de Clermont-Ferrand et chargé de conférence à la faculté des lettres de la

---

5. Ce qui confirme les travaux d'histoire sociale consacrés à ce problème ; cf. notamment, C. Charle, *Naissance des « intellectuels », op. cit.* et J. L. Fabiani, *Les philosophes de la République, op. cit.*

même ville, passe sa thèse à l'âge de 29 ans, en 1897[6]. Mais, fait rarissime pour un ancien élève de la rue d'Ulm, il est reçu sans mention ; ce qui s'explique selon l'inspecteur parce qu'il a bâclé son travail. « Il n'a vu dans le doctorat qu'un moyen d'arriver plus vite au titre de ses fonctions à la faculté de Grenoble ou dans une autre. Il n'est agrégé que depuis cinq ans. Il a dû prendre du temps pour respirer après son concours, pour chercher et trouver et faire agréer ses sujets de thèses, puis pour les fouiller, pour classer ses notes, pour composer, pour écrire, pour le recomposer et pour récrire puisqu'il en a eu la corvée[7], enfin pour imprimer et attendre son tour. Tout cela en cinq ans ! » L'année suivante, on reproche à un autre candidat, diplômé de l'École Pratique des Hautes Études, d'avoir soutenu sa thèse trois ans seulement après sa sortie de l'École normale, alors même qu'« il avait, comme à Louis-le-Grand, la réputation d'un élève laborieux plutôt que distingué ». Pour l'inspecteur c'est la preuve qu'il « est pressé, très pressé d'arriver ». Les rapports soulignent qu'il s'agit d'un comportement qui tend à se généraliser à la fin du siècle : « aujourd'hui, beaucoup de candidats travaillent vite, plus curieux de diplômes à conquérir et des conséquences possibles pour la carrière que de donner à la science un travail définitif propre à honorer le nom de l'auteur ». Néanmoins, la thèse ne doit pas non plus demander un temps de préparation trop long ; tendance que l'on rencontre surtout chez les boursiers et chez les provinciaux, comme cet agrégé de lettres, chargé de cours à l'Université de Poitiers, qui met plus de dix ans à rédiger sa thèse. « Cette attente prolongée, note l'inspecteur d'académie, a ses périls et certains candidats se sont trouvés aussi mal d'avoir trop longuement couvé leur thèse que d'autres de l'avoir bâclée ». Aux yeux des juges, l'un des dangers d'une soutenance tardive tient au fait que le candidat, plus âgé que la moyenne, occupe fréquemment des fonctions officielles plus importantes. Or, par la force des choses, l'université juge la fonction en même temps que le candidat. D'où le risque, pour le

---

6. Ni l'âge, ni l'origine géographique et sociale ne sont toujours indiqués dans ces rapports. On ne peut donc, à partir de cette seule source, élaborer de statistiques fiables. Néanmoins, il semble que dans la dernière décennie du siècle, l'âge moyen de soutenance soit d'environ 35 ans.

7. La première version de la thèse ayant paru insuffisante au jury, le candidat a dû en effet en reprendre la plus grande partie.

pouvoir républicain, de voir discréditées les institutions qu'il s'efforce au même moment de rendre légitimes. La thèse d'un agrégé d'histoire, qui soutient alors qu'il est déjà inspecteur d'académie et vice-recteur de Corse, est l'objet de nombreuses critiques. Le jury estime qu'en matière d'histoire, il n'a que « des vues courtes, banales, vagues ou même fausses ». Alors qu'étant donné ses titres et sa fonction, il « devrait, semble-t-il, avoir au moins une connaissance générale de l'histoire ; elle a paru pourtant lui manquer ». D'où le dilemme face auquel sont placés les membres du jury : soit ils disent la vérité et discréditent l'inspection, soit ils mentent et discréditent la faculté : « quelques ménagements qu'elle apporte dans la discussion, il faut bien qu'elle dise le mal qu'il y a à dire, si elle ne veut pas compromettre son autorité auprès des savants ou même des gens instruits et des gens de goût »[8]. C'est aussi au nom de la spécialisation que le jury condamne les sujets « trop généraux » qui rappellent les dissertations de l'université napoléonienne[9] et fustige les candidats « touche à tout », comme ce géographe, auteur d'une thèse régionale, qui est traité de « petit docteur » (c'est-à-dire reçu sans mention) parce qu'au lieu de se cantonner dans une recherche purement géographique, « il s'est fait tour à tour géologue, zoologue, anthropologue... », sans compétences spécifiques. Chez les historiens, la notion de travail spécialisé s'articule étroitement aux exigences de la « méthode scientifique ». Dans presque toutes les soutenances, les préceptes du bréviaire de Langlois et Seignobos[10] sont sentencieusement rappelés aux étudiants. L'exigence d'« objectivité » qui s'impose à ce nouveau savant qu'est l'historien est mise en exergue. Les audaces de la Sorbonne vont alors jusqu'à encourager

---

8. Et l'auteur de préciser plus loin : « la faculté tenait à le recevoir à cause de son rang. Elle a donc dû le ménager beaucoup en séance publique. Elle se rattrapait dans la salle de ses délibérations. Elle disait que la thèse latine n'avait été acceptée qu'à la 3ᵉ fois. M. le Doyen risquait même ce mot que les thèses et l'auteur étaient d'une médiocrité révoltante. »

9. A propos d'une thèse philosophique intitulée : « nature et moralité », le rapporteur note : « ce titre me semble bien vague et bien mal choisi. Je me rappelle certaine thèse soutenue en Sorbonne dans les temps antédiluviens, où j'étais élève à l'École normale : "vie et poésie". Entre camarades déjà disposés à plus de précision, nous en faisions des gorges chaudes. Nous avions le pressentiment de ce que devaient devenir la science française et le doctorat pour se rendre respectables aux yeux de l'étranger et à nos propres yeux. »

10. C. V. Langlois et C. Seignobos, *Introduction..., op. cit.*

l'esprit critique. Ainsi, à propos d'un candidat jugé trop timoré, le doyen note : « Il a paru enfin qu'il avait trop craint de blesser les doctrines qu'il supposait à la Faculté. Mais la Sorbonne ne connaît qu'une orthodoxie, celle de la méthode scientifique. Ainsi que l'a dit M. Lavisse, l'histoire ne doit à chacun, même à Colbert, que la vérité et M. Masson n'a pas osé assez franchement exprimer son jugement définitif sur le grand ministre ». C'est à l'encontre des candidats ecclésiastiques que les règles de la méthode sont appliquées avec le plus de sévérité. L'abbé Marin, professeur au collège de Malgrange (Meurthe et Moselle), lors d'une des rares soutenances tenue à la Faculté de Nancy, n'obtient que la mention honorable car il a péché contre la méthode : « la véritable méthode historique manque et la personnalité aussi » écrit le Doyen. « M. Marin n'a guère été au-delà des ouvrages de seconde main » et il ajoute plus loin : « le juge, M. Pariset, qui s'est attaché spécialement à vérifier les citations, les renvois et les références a constaté trop d'inexactitudes et de négligences ». Faire preuve de « méthode », comme on le voit, c'est d'abord réunir des matériaux de première main. Les candidats qui ont découvert et utilisé une documentation inédite (souvent grâce à des séjours dans des bibliothèques ou des centres d'archives à l'étranger) font l'objet des plus vifs éloges. La qualité, jugée exceptionnelle, de la thèse d'Alfred Baudrillart est due au fait qu'il a découvert, en Espagne, des lettres jusque-là inconnues de Philippe V. Posséder la méthode, c'est aussi savoir faire la critique externe et interne des documents utilisés. La lecture des rapports de soutenance et des comptes rendus publiés dans des publications comme la jeune *Revue d'Histoire Moderne et Contemporaine*, confirme que les critères de la méthode constituent le principal fondement de la « science historique normale » de cette époque, l'élément essentiel à partir duquel on évalue l'œuvre du candidat. Mais, contrairement à ce qui est dit parfois sur « l'empirisme » des historiens de la Sorbonne, le culte de la méthode ne signifie pas que le jury fasse l'apologie du détail. Très fréquemment au contraire, les critiques portent sur la tendance des candidats à multiplier les faits insignifiants au détriment de l'intelligence d'ensemble. La thèse de Paul Meuriot sur « les agglomérations urbaines de l'Europe contemporaine » (1898) est louée car « c'est la première fois qu'une thèse de statistique est soutenue en Sorbonne ». Néanmoins, avant la publication, le jury a contraint le candidat à opérer de nombreuses coupures pour réduire le volume de son travail et, le jour de la soutenance, on lui reproche d'avoir produit une juxtaposition de données d'où « les conclusions d'ensemble ne ressortent pas ». Funck-Brentano subit le même sort. Lui aussi a dû supprimer de nombreux passages jugés superflus. Malgré cela, le livre (qui compte 741 pages) « a encore le défaut capital d'être beaucoup trop long, trop touffu, trop peu émondé » ; ce qui lui coûte finalement, la mention « très honorable ». Dès cette époque, ce ne sont pas les plus grosses thèses qui font les plus grosses réputations. Tel historien de province qui a passé neuf ans sur son travail est certes félicité pour son ardeur à la tâche, mais il est vu néanmoins plus comme un « besogneux de l'archive » que comme un véritable savant : « c'est un érudit plutôt qu'un historien, un chercheur habile et heureux dont les découvertes profiteront surtout à des metteurs en œuvre plus adroit ». Tout autant que l'utilisation et la critique des sources de première main, le choix du sujet et l'aptitude à renouveler un pan du savoir historique sont considérés comme des qualités essentielles. La soutenance de Philippe Sagnac (normalien, agrégé d'histoire et licencié de droit), en octobre 1898, apparaît à cet égard comme une sorte d'apothéose. Non seulement le sujet : « la législation civile de la Révolution française » – est neuf, mais la manière de le traiter est jugée très novatrice elle aussi[11]. C'est un « essai d'histoire sociale de la Révolution. C'était là une grande entreprise à la fois nouvelle et difficile : nouvelle car les esquisses de l'histoire du droit civil de la Révolution tentées avant M. Sagnac n'avaient aucune valeur historique ; difficile car la matière était immense et complexe [...]. C'est un très bon exemple d'application de la méthode historique à une question qui avait jusqu'ici été laissée en dehors de l'histoire de France ». A cela s'ajoute une parfaite maîtrise de la méthode. « La recherche et le choix des documents (sauf une ou deux omis-

---

11. Le critère de l'originalité du sujet ou du renouvellement d'un thème est encore plus marqué dans des disciplines comme la philosophie où les exigences de « méthode » sont moins nettes. Le jury admire dans la thèse d'Henri Berr ses « analyses personnelles et originales » et dans celle d'Adolphe Landry en 1901 : « la familiarisation précieuse et rare avec les travaux économiques les plus récents de l'étranger, surtout allemands ». Ce souci de la nouveauté ne dépasse pas, néanmoins, certaines limites. Ainsi le jury s'emporte contre Léo Claretie, « si furieusement porté au moderne qu'il est à sa place dans le journalisme bien plus qu'il ne le serait dans une chaire ». De même le seul reproche fait à Sagnac, comme à toute cette génération d'historiens normaliens influencés par le marxisme, concerne ses « théories contestables et qui lui sont chères ».

sions) ont paru irréprochables. La critique externe et interne des sources a été faite sinon avec un succès complet, du moins avec intelligence et zèle » ; bref, comme le souligne encore le doyen Croiset, « la méthode est tout à fait historique et les résultats sont neufs, utiles. Il ne sera plus possible de traiter désormais d'un point quelconque de l'histoire sociale de la Révolution sans recourir au livre de M. Sagnac qui marquera une date et un progrès dans cette histoire ».

Si la thèse écrite révèle le savant la soutenance, en elle-même, doit révéler le professeur. C'est surtout à ce niveau qu'interviennent les jugements des inspecteurs d'académie. Le maniement de la langue française est ici un élément déterminant. On apprend ainsi qu'il existe une manière de parler propre aux grands savants ; un « ton scientifique et objectif » comme le note un compte rendu de soutenance. Les auteurs des thèses les plus remarquées sont presque toujours félicités pour leur éloquence. A propos d'Edmond Goblot, l'inspecteur note : « s'il s'exprimait un peu lentement, l'on sentait dans cette lenteur même, un effort de réflexion qui donnait à sa parole une grande autorité [...]. L'élégance et la clarté de sa parole ont beaucoup contribué à la mention Très Honorable ». De même pour Célestin Bouglé, le rapport précise qu'il est doté d'une « très sûre et solide compétence en matière sociologique et un vrai talent d'exposition philosophique [...]. Sa parole est très aisée, très originale aussi, riche en images familières éloquentes ». Philippe Sagnac, lors de sa soutenance, « a fait preuve de qualités exceptionnelles de professeur ; il a l'élocution facile, l'expression claire, précise, juste, ferme ».

LE RETOUR DU POLITIQUE

A la lecture de ces rapports, l'idéal républicain d'une science objective et neutre produite par une communauté de savants élaborant en toute indépendance les critères du vrai et de l'excellence professionnelle apparaît donc d'emblée battu en brèche, du fait même que la IIIᵉ République n'est pas parvenue à se détacher complètement de l'héritage napoléonien et que la soutenance en même temps que le savant doit évaluer le professeur. Mais les interférences enseignement/recherche sont loin de constituer l'unique facteur qui mine l'idéal d'autonomie du monde savant. Mise à la porte par la communauté scientifique, la politique revient par la fenêtre. Pour le nouveau pouvoir, chaque soutenance est vue comme une occasion de démontrer la supériorité de la République sur ses ennemis, tout particulièrement quand les candidats sont des ecclésiastiques. Les rapports sur la thèse de l'abbé de Gallery de la Servière, soutenue à Poitiers en 1900 prouvent à la fois le prestige que le doctorat nouveau a acquis dans le public, même en province, et l'importance des enjeux politiques qui l'accompagnent : « comme vous avez pu en juger vous-même, écrit l'inspecteur au recteur, l'épreuve du doctorat a passionné le public des étudiants et des amateurs studieux de notre ville. Sans doute la rareté même de cette épreuve en est une des causes. Depuis 1846, c'est pour la seconde fois seulement que la faculté était appelée à faire un docteur et la dernière soutenance remonte au mois de décembre 1886. Mais ce qui ajoute à l'intérêt de celle du 28 avril, c'est que le candidat est un Père jésuite se présentant avec des thèses dont les héros sont des illustrations de son ordre et qui soulèvent des problèmes d'histoire et de pédagogie plus actuels que jamais : celui des rapports de l'Église et de l'État ; celui des méthodes d'enseignement et d'éducation en faveur sous l'Ancien régime [...]. Les 300 auditeurs qui ont assisté à ce tournoi entre des Universitaires et un représentant distingué de la Société de Jésus en ont emporté la meilleure impression ». Cette citation témoigne du prestige que possède désormais le nouveau titre dans la France entière ; la meilleure preuve du triomphe de l'université républicaine étant qu'un nombre de plus en plus grand d'ecclésiastiques soient candidats au doctorat. Obligés de jouer sur « terrain adverse », les représentants de l'Église n'ont aucune chance de réaliser de bons scores. Si les dirigeants républicains sont contraints, le plus souvent à contre-coeur, de leur délivrer le titre de docteur, ils profitent amplement de la soutenance pour les discréditer. Ils sont, généralement, décrits d'une manière dévalorisante, comme l'abbé Laffay, ex-élève de l'Institut Catholique de Toulouse qui, selon l'inspecteur, « répond avec la vivacité du sectaire contenue par la prudence du candidat ». C'est parmi eux que l'on compte, et de loin, le plus grand nombre de reçus sans mention, ce qui pour les rapporteurs est la preuve de leur infériorité. Cet acharnement trahit néanmoins la peur que la République puisse, en public, perdre la face. L'impact politique de certaines soutenances préoccupe vivement les plus hautes instances du gouvernement. Dans les rares occasions où la République n'a pas été à son avantage, c'est le ministre de l'Instruction publique lui-même qui exige un rapport. C'est le cas lors de la soutenance de l'abbé Bertrin, agrégé de lettres, professeur à l'Institut Catholique de Paris, qui présente une thèse sur « la sincérité religieuse chez Chateaubriand », en 1900. Le rapport de l'inspecteur est d'une longueur inhabituelle (6 pages au lieu d'une et demie). La description qu'il donne des incidents qui ont émaillé cette soutenance illustre le rôle que joue le public dans ces circonstances. La « gravité relative (de ces incidents) vient de la présence d'un grand nombre de prêtres, jeunes pour la plupart, et qui ne cachaient pas leurs impressions ». Lorsqu'un membre du jury prend la défense de Sainte-Beuve, la salle murmure sa réprobation ; mais quand son collègue prend la défense du candidat, c'est une explosion de « joie triomphante ». Les efforts que fait l'inspecteur pour minimiser l'incident confirment l'impact de l'événement. Si l'abbé Bertrin « a *semblé* (souligné dans le texte) avoir quelquefois l'avantage ; ce n'était qu'une apparence mais à laquelle son adresse et son aplomb donnaient des airs de réalité »[12].

La politique fait aussi irruption dans les arènes de l'Université lors des soutenances de candidats socialistes. Le meilleur exemple est celui de Charles Andler, à l'époque maître de conférence à l'École normale, qui soutient sa thèse à l'âge de 31 ans, sur « les origines du socialisme en Allemagne » (juin 1897). Comme pour les soutenances d'ecclésiastiques, la question du public est une donnée fondamentale : « Dès le début, on s'est bien aperçu que c'était jour de grande soutenance. La salle était pleine même pour la thèse latine, quoique le sujet soit loin d'être affriolant. Dans la salle on se montrait le porte-parole du socialisme parlementaire, M. Jaurès. Autour du jury se pressaient les professeurs non convoqués et d'autres personnalités du dehors. L'auditoire, comme jadis celui de M. Izoulet, était composé d'amis qui saluaient de leurs applaudissements – aussitôt réprimés par M. le Doyen – toute déclaration quelque peu socialiste. A la proclamation des résultats (la réception avec mention Très Honorable) triple salve que M. le Doyen n'avait plus le moyen d'arrêter ». La presse renforce encore l'impact de l'événement. Le dossier Andler compte ainsi des coupures du

---

12. Le problème de la thèse latine a aussi comme toile de fond cette opposition entre laïcs et ecclésiastiques. Les rapports montrent que c'est le seul domaine où les hommes d'Église excellent, alors que pour les candidats issus de l'école républicaine, rédiger leur première thèse en latin est vue comme une « corvée », très souvent bâclée. Dès avant la réforme de 1902, c'est la thèse française qui constitue l'enjeu principal de la soutenance.

Journal des Débats, du *Soleil* et même du *Temps* qui tous consacrent plusieurs colonnes à la soutenance. Bien que les rapporteurs officiels, en bons représentants de la République modérée, soient hostiles aux thèses défendues par le candidat, l'entreprise de discrédit est ici beaucoup plus difficile que pour les gens d'église. En effet, les étudiants socialistes sont les purs produits du moule républicain, élèves de l'École normale, étudiants de la Sorbonne nouvelle. Ils défendent d'ailleurs leurs idées au nom de la « science », c'est-à-dire au nom des idéaux dont la République s'est elle-même servie pour asseoir sa légitimité. D'où le mélange de compliments et de critiques voilées qui émanent des rapports officiels. Selon l'inspecteur d'académie, Andler fait partie de « cette école de jeunes critiques à laquelle appartient M. Salomon Reinach, M. Lucien Herr et beaucoup d'autres, qui guillotinent un homme en deux temps deux mouvements ». Il ajoute : « ses idées hétéroclites l'ont empêché d'être agrégé de philosophie » ; c'est pourquoi il occupe maintenant « un poste qui n'est sûrement pas à la hauteur de ses capacités ». S'il admet que « M. Andler, après M. Basch, après M. René Worms, après M. Durckheim (*sic*) a produit avec beaucoup d'éclat et de talent, dans un débat scientifique, la science nouvelle dont nos pères ne se seraient pas moins étonnés que Louis XIV des chemins de fer et des automobiles », il s'empresse d'ajouter que « M. Boutroux a magistralement indiqué la laideur du socialisme moderne » et que le débat n'a pu être mené jusqu'au bout car le simple mot de « socialisme » suscitait les vivats dans la salle « et si l'on avait dit que les socialistes d'aujourd'hui sont des coquins, on aurait risqué les huées ».

Si l'on ne limite pas la définition du « politique » aux joutes opposant les représentants des partis en lice, mais qu'on l'envisage dans son sens le plus large, comme rapport de pouvoir, d'autres informations importantes peuvent être extraites des comptes rendus officiels sur les soutenances. Derrière les critères mis en avant dans les jugements, se cachent toute une série de normes visant à inculquer à l'élite du monde universitaire la docilité que la République attend de ceux qu'elle paie. J'ai repéré deux types de commentaires importants à cet égard : ceux qui concernent les « manières » et ceux qui concernent le « caractère » des candidats. Les remarques sur les « manières » – centrées en général sur l'hexis corporelle et sur la parole – montrent que la soutenance de thèse constitue en fait un instrument efficace d'assimilation nationale entre les mains de la

République[13]. Le bon candidat est celui qui a de bonnes manières ; comme cet agrégé de philosophie, « honnête homme, convaincu, sincère, sérieux qui dit franchement sa pensée et sans affectation » ou ce maître de conférence venu de Toulouse qui ne se réclame pourtant « ni de l'École normale, ni de la Sorbonne » mais qui est tout de même « bien élevé, ce qui n'est pas si commun, et qui a montré du tact ». Il apparaît ainsi avec évidence que c'est l'origine nationale, géographique et sociale du candidat qui est ainsi jugée. Alfred Baudrillart, parisien, français de souche et fils d'académicien a « la parole facile, ferme, vive ; il argumente habilement, il a du sang froid et de la décision ». On lui donne la mention « très honorable, par acclamation du jury ». Les enfants des classes populaires, que la République prétend promouvoir, sont le plus souvent discrédités à cause de leur origine sociale. Tel fils de propriétaire-cultivateur est décrit comme « un grand garçon nullement distingué qu'on prendrait volontiers pour un sous-officier allemand ». Sur les 21 soutenances tenues cette année-là, c'est le seul qui soit reçu sans mention. De même pour les provinciaux : un agrégé de lettres venu de Lille est crédité d'une « parole hésitante, embarrassée (qui) a produit parfois un effet pénible » (souligné en bleu par une main anonyme du ministère). Le fils d'un épicier du Nord est épinglé pour le même motif : « sa voix seule jure un peu avec cet agréable extérieur : elle est commune, par l'effet peut-être de l'accent du terroir ». De même à propos d'un candidat du Sud-Ouest, abbé de surcroît : « sa physionomie est ingrate, sa parole à demi-rustique ». Derrière le paravent de l'égalitarisme républicain s'étalent aussi tous les préjugés sur les « tempéraments » provinciaux. Selon l'inspecteur, tel agrégé d'histoire, fils d'un sous-inspecteur des postes, « se ressent de son origine gasconne. Il est vif, la parole aisée et animée ; il est sans gêne, il coupe la parole à ses juges, il leur parle d'égal à égal [...]. La courtoisie d'un Gascon ne saurait être celle d'un Flamand ou d'un Franc-Comtois ». A propos des Alsaciens, les préjugés nationalistes s'ajoutent au mépris parisien pour la province. Étant donné la réputation intellectuelle dont il dispose déjà, Charles Andler ne peut être doté, pour l'inspecteur, que d'une parole « facile ». Néanmoins, comparé aux commentaires dithyrambiques

---

13. C'est-à-dire assimilation des normes et des valeurs de la bourgeoisie parisienne qui contrôle l'État national.

dont sont gratifiés ses camarades de l'École normale, le compliment est ici quelque peu fielleux : sa parole est considérée « comme nerveuse, inégale, s'éteignant parfois à la fin des phrases [...]. Quoiqu'alsacien, il n'a de l'accent germanique du terroir qu'un détail sans importance : il prononce les e muets à l'allemande, en leur donnant cette valeur exagérée que l'accent français lui refuse ». A propos de Funck-Brentano, d'origine luxembourgeoise, chartiste, ce qui aggrave son cas, le rapport est plus sévère, mettant en cause : « une rhétorique hors d'usage aujourd'hui » que le doyen qualifie même ironiquement de « rhétorique belge ». Beaucoup de rapports reflètent aussi un sexisme qui s'affiche alors en toute bonne conscience : « les thèses et les soutenances grammaticales ont beau avoir un aspect prodigieusement rébarbatif, elles n'en attirent pas moins un public, moins nombreux que d'autres sans doute, mais choisi, à en juger par l'apparence. Nous avons compté treize dames dont plusieurs n'avaient même pas l'excuse d'être laides et vieilles. C'était plaisir d'apercevoir de frais minois encadrés de toilettes claires et pimpantes ; mais que venaient-ils faire en cette galère ? Passe encore pour Phèdre, mais l'emploi de l'optatif en grec ! Et pourtant les frais minois ont tenu bon jusqu'au bout. Ils n'avaient donc pas chez eux de bas à ravauder, de pot au feu à faire bouillir ou chez Colombin, de gâteaux à croquer au *five o'clock ?* »[14].

Pratiquement tous les rapports officiels contiennent des remarques concernant la « modestie » des candidats. On peut voir dans cette obsession un reflet de la conjoncture politique. Parmi le personnel républicain arrivé récemment au pouvoir, beaucoup appartiennent à ces « nouvelles couches » chères à Gambetta, qui ont gardé le souvenir du mépris dans lequel les tenaient les familles de notables. Par ailleurs, à un moment où il faut former de toute pièce le corps nouveau des universitaires salariés de la République, cultiver l'idéal de la « modestie » est aussi une façon d'inculquer aux futurs professeurs le sens du respect de l'autorité, avec peut être le souci de calmer par avance l'impatience professionnelle des nouveaux promus, afin de leur éviter les affres du désenchantement propice aux révoltes.

---

14. Ces rapports officiels ne sont pas antisémites, mais ils évoquent l'antisémitisme d'une partie du corps universitaire. Ainsi à propos de la soutenance d'un agrégé de lettres, professeur au lycée Charlemagne, l'inspecteur écrit : « c'est un fin lettré et spirituel. Cela ne lui fera pas trouver grâce devant le clan orthodoxe des antisémites ; il est circoncis dit-on et il a dédié sa thèse française "au poète Eugène Manuel". »

On se sert de cet argument pour discréditer les hommes d'Église : « le candidat n'est nullement timide ; pas assez modeste même peut-être ». A l'inverse, une mauvaise thèse peut être rattrapée par une attitude humble à l'oral : le besogneux de l'archive provinciale évoqué plus haut, qu'on estime « érudit plus qu'historien », obtient néanmoins la mention « honorable », car « sa modestie, son absence totale de prétention lui ont gagné toutes les sympathies de ses juges ». Le critère de modestie intervient pour juger du style (écrit et oral) du candidat. On stigmatise ceux qui « abusent de certains termes pédantesques, trop en honneur chez nos voisins » ou qui usent des « manies de langage qui rendent insupportable la parole de tant de personnes et, en particulier, de plusieurs parmi les membres de la Faculté »[15]. A l'inverse, on félicite les candidats ayant le bon goût de choisir des sujets qui ne sont pas au-dessus de leurs forces, car ils montrent par là qu'ils reconnaissent les limites que la société et « la nature » leur ont assignées. Alors que les thèses préparées trop vite signalent les candidats prétentieux qui croient savoir avant d'avoir appris et qu'il faut donc, comme on dit, « remettre à leur place », tel candidat est loué pour « la patience modeste est vraiment digne d'un historien avec laquelle il a attendu trente ans que son œuvre, l'œuvre d'une vie presqu'entière, fût complète, définitive autant qu'une œuvre historique peut l'être ». Un autre jugement de valeur revient sans cesse dans ces rapports officiels : le souci de la « sincérité ». Davantage qu'une concession conjoncturelle au psychologisme ambiant, cette préoccupation reflète les contraintes sociales de cette période où se forme la première génération des fonctionnaires républicains. Dans leur majorité, ceux-ci sont des nouveaux-venus, qui n'ont pas encore intériorisé les normes et les contraintes de la nouvelle fonction publique. Détecter leur sincérité est une façon de tester leur fidélité au nouveau régime. Plus généralement, ce « subjectivisme » est un héritage de la mentalité pré-bureaucratique de l'époque où dominaient les relations de « face-à-face », fondées sur la connaissance directe des individus, sur les relations d'homme à homme, sur la réputation. C'est parce que

---

15. Cette critique, faite par un inspecteur d'académie formé dans la Sorbonne ancienne, est comme un écho des luttes qui opposent alors les « anciens » et les « modernes » au sein même de l'Université. On peut y voir aussi un élément structurel de division interne entre les représentants des disciplines « théoriques », adeptes du langage « abstrait » et ceux des disciplines « empiriques », adeptes du langage « concret ».

l'objectivation des identités personnelles (via les papiers d'identité ou les « dossiers » administratifs) est encore faible que le jury et les rapporteurs accordent une importance considérable à tout ce qui dans le comportement peut être interprété comme un « signe ». Un siècle après Lavater, ce sont toujours les catégories de la « physiognomonie » qui servent comme principe d'identification des individus. Dans cette perspective, la « sincérité » d'un candidat réside dans la cohérence globale entre son aspect physique et son « caractère ». C'est ce qui explique, me semble-t-il, la place démesurée (au regard d'aujourd'hui) qu'occupent dans ces rapports les descriptions des particularités physiques des candidats. On apprend ainsi que tel agrégé, « né en Belgique, en 1862, semble par son teint de moricaud un métis espagnol » ; que tel autre « a une assez belle figure quoique peu intelligente, et une voix nasillarde, qui fait penser à celle de la chapelle Sixtine ». Un autre candidat, « avec sa longue et riche barbe, avec sa figure taillée à coup de serpe, a l'air d'un yankee. Sa caractéristique ce sont deux yeux fixes pour le regard et néanmoins d'une mobilité constante ». Chez les bons candidats, le physique est en harmonie avec le reste. Si, comme nous l'avons vu, un savant se reconnaît au timbre de la voix, il frappe également le regard par son physique. Tel agrégé de lettres, professeur au lycée Charlemagne, est crédité d'une « tête de savant, chauve et à lunettes avec une bonne voix forte et nette, une parole de professeur exercé ». Paulin Malapert, professeur de philosophie au collège Rollin, a « la physionomie honnête, l'attitude modeste sans gaucherie, le ton simple et juste (qui) inspirent l'estime ; son évidente sincérité touche ». De même, son collègue, agrégé d'histoire : « parle avec une élégance facile, distinguée, en parfaite harmonie avec sa physionomie fine ». La même logique de pensée se retrouve, à l'inverse, dans les descriptions visant à discréditer les candidats ecclésiastiques : « Les phrases, les expressions impropres de la thèse, […] ce sont précisément les défauts que laissait deviner la manière d'être extérieure » souligne l'inspecteur à propos de l'un d'entre eux. De même l'abbé Bertrin, évoqué plus haut, « n'est pas le premier venu. La physionomie est d'un homme énergique plus encore qu'intelligent et retors autant qu'énergique. Il a des élégances d'attitude, des caresses de voix qui tromperaient si parfois un geste, une intonation plus âpre, ne trahissaient un esprit absolu et un caractère passionné ». C'est la même logique d'identification par connaissance directe des individus qui explique la place qu'occupe dans les rapports le problème des « réputations » et des « relations sociales ». Les comptes rendus de l'inspecteur d'académie de Paris fourmillent d'anecdotes illustrant la connaissance personnelle qu'il a de nombreux candidats : Léo Claretie « est un petit cousin de M. Jules Claretie, votre confrère de l'Académie française » écrit-il au recteur. Tel candidat dont la soutenance a été terne, « avait à l'École normale, comme à Louis le Grand, la réputation d'un élève laborieux plutôt que distingué », etc.

L'INSOUTENABLE SOUTENANCE

L'impossibilité d'atteindre l'idéal proclamé d'un jugement scientifique « objectif » se manifeste dans les polémiques concernant l'attribution des mentions qui durant toute la période étudiée reviennent comme un leitmotiv. Pour faire la distinction entre les bons et les moins bons « savants », le jugement du jury a été hiérarchisé : depuis le niveau le plus bas (candidat reçu sans mention) jusqu'au niveau le plus haut (mention très honorable) en passant par un échelon intermédiaire (honorable). Mais jamais ces principes ne seront véritablement appliqués. Sans cesse, l'inspection récrimine contre l'indulgence coupable dont fait preuve la Faculté. En pratique, en effet, deux mentions : « honorable » et « très honorable » sont accordées. En juin 1897 par exemple, sur une vingtaine de soutenances qui se sont tenues à la Sorbonne depuis octobre, un seul candidat a été reçu sans mention. Quand il arrive que le jury fasse, selon les termes mêmes de l'inspecteur, « preuve d'héroïsme », en refusant la mention, le candidat prend cela comme une « injure presque suprême ». De même, ceux qui n'obtiennent qu'« honorable » s'estiment souvent dévalorisés. « Le candidat a avoué à l'un de ses juges qu'il se considérait comme humilié de ne pas avoir eu Très Honorable ». La clémence du jury est considérée de la part de l'inspection académique comme une forme de lâcheté des universitaires : « c'est vraiment pénible de voir un grand corps comme la faculté des Lettres se fourvoyer à ce point et obstinément ». La hiérarchie des valeur est ainsi faussée et le jury qui veut marquer son estime particulière pour un candidat est contraint d'inventer de nouvelles formes de distinctions. Lors de la soutenance de Baudrillart : « la faculté a trouvé un moyen de donner aux candidats dont elle est extrêmement satisfaite plus que la mention si peu précise de l'unanimité de ses suffrages, en lui accordant « Très Honorable "par

acclamation" » (ce qui signifie que la mention est accordée à l'unanimité et sans délibération). Distinction rare, selon l'inspecteur
d'académie, que seuls Pierre Janet, Lyon et Bergson ont obtenu
jusque-là. Finalement, l'inspection académique finit par conseiller
au ministère d'abandonner le système des mentions jugé « artificiel
et qui aboutit à des injustices véritables ».

La raison fondamentale de cet échec de l'université républicaine
à imposer des normes strictes de jugement scientifique réside, me
semble-t-il, dans le double système d'officialisation du titre de docteur qui a été mis en place à cette époque. Chaque candidat doit
franchir deux obstacles pour satisfaire aux exigences de l'épreuve.
Dans un premier temps, il lui faut obtenir de la faculté un visa officiel. Celui-ci lui permet de se présenter ensuite à la soutenance,
mais aussi d'imprimer sa thèse qui passe ainsi de l'œuvre « privée »
(le manuscrit) à l'ouvrage publié. En accordant l'imprimatur, la
faculté se prononce donc déjà sur le travail du candidat. Néanmoins,
le titre ne peut être attribué qu'après la soutenance publique. Nous
avons vu les raisons politiques qui rendaient nécessaire, aux yeux
du pouvoir républicain, l'intervention du public. Les comptes rendus montrent bien que plus il y a de spectateurs, plus les notables
sont nombreux et plus la soutenance prend de l'importance ; ces
éléments constituant même un signe de la valeur du candidat[16].
Alors même que la politique universitaire de la République s'est
construite autour de l'idée de l'objectivité de la science, c'est-à-dire
d'une rupture avec le monde profane, cette même République fait
du public le juge suprême de toute l'activité du monde savant. Le
visa préalable de la faculté fonctionne en fait comme une censure,
visant à éviter tout « dérapage » contraire aux intérêts de la République, le jour de la soutenance. On comprend, dans ces conditions,
la raison fondamentale de la clémence du jury, quand il est face au
public. Ce jour-là, en effet, l'institution se juge elle-même, bien
plus qu'elle ne juge le candidat. Lorsque l'un d'entre eux fait l'objet
de vives critiques, l'inspecteur d'académie ne rate jamais l'occasion
de s'en prendre à la faculté. A propos d'une soutenance qui a révélé
un sujet mal choisi, par exemple, il demande pourquoi la faculté a

---

16. A propos d'une soutenance jugée « brillante », un compte rendu affirme
qu'elle s'est déroulée « au milieu d'un public dont l'intérêt du sujet et le talent du
candidat ont justifié l'affluence », cf. *Revue d'Histoire Moderne et Contemporaine,* 3, 1901-1902, p. 703.

permis au candidat de faire ce choix et pourquoi elle a ensuite donné son accord pour la soutenance. Le visa de la faculté est en effet « aux yeux du public tout au moins, une sorte de garantie et d'approbation sinon de tous les détails, au moins du fond. Le doctorat, ce me semble, n'est pas un examen comme les autres : le seul fait qu'il y ait eu lecture préalable d'une thèse suppose qu'il y a eu des conseils donnés et suivis ». Au-delà de l'institution, ce sont ceux qui la dirigent qui sont, ce jour-là, sur la sellette. Évaluer les mérites d'un candidat, c'est toujours porter une appréciation sur son professeur ou son « maître »[17]. Selon les inspecteurs, l'une des raisons de la translation vers le haut des mentions, réside dans la composition du jury, dominé par les spécialistes : « ils font la loi. Or ils sont toujours ou très sévères, ce qui est extrêmement rare, ou très indulgents, très favorables, ce qui est l'ordinaire. Comment n'en serait-il pas ainsi ? Ils ont devant eux un homme qui cultive leur science avec une bonne volonté évidente et ils en sont flattés ». En effet, étant donné le petit nombre de thésards et la division du travail scientifique, les spécialistes connaissent en général les candidats qui ont été, peu ou prou, leurs étudiants, ce qui conforte la propension à l'indulgence. En cette période fondatrice, on juge aussi le jour de la soutenance, l'efficacité de la Sorbonne nouvelle. En 1901, dans l'un de ses rapports, le doyen Croiset, l'un des piliers de l'institution républicaine, laisse transparaître sa satisfaction sur l'œuvre accompli : « on peut dire, à propos de la thèse française de M. Paul Mantouchet sur le Conventionnel Philippeaux, plus peut-être que d'aucune autre thèse, que c'est vraiment un travail d'étudiant d'Université. L'auteur suivait nos conférences d'exercices pratiques, quand il choisit librement ce sujet pour s'exercer à l'application de la méthode historique ». Après son diplôme d'études approfondi, « sans surveillance et sans direction, il le développe complètement sur un plan nouveau en forme de thèse pour le Doctorat ; et en proposant le permis d'imprimer, je n'eus à demander à l'auteur aucune correction, de même que je n'avais eu à lui donner aucun conseil au cours de l'élaboration de sa thèse. Il avait donc appris chez nous, à la Sorbonne, la méthode historique et, sorti de chez nous, c'est en toute liberté d'initiative, en toute spontanéité de

---

17. En cette fin de siècle, où il n'y a pas encore de directeur de thèse officiel, c'est la dédicace au « maître » qui officialise à la fois l'allégeance et le soutien escompté.

travail, qu'il a appliqué cette méthode à la biographie du Conventionnel Philippeaux ».

Les rapports de soutenance analysés ici reflètent la conjoncture
dans laquelle ils ont été écrits. Une comparaison avec des matériaux
de même type datant de l'époque actuelle illustrerait à n'en pas dou-
ter le processus de différenciation et d'autonomisation du monde universitaire qui s'est poursuivi tout au long du XXe siècle. C'est surtout
le « savant » que l'on cherche à cerner aujourd'hui, lors de la soutenance de thèse et non plus le professeur. D'où la disparition des rapports de l'inspection académique. Sauf exception, la soutenance n'est
plus un enjeu politique de première importance. La République a
triomphé ; elle n'a plus besoin ni de cette tribune, ni de cet instrument d'inculcation de normes sociales que les fonctionnaires ont
intériorisées depuis longtemps. Les rapports des inspecteurs d'académie reflétaient encore « l'âge de la correspondance », une époque où
les documents officiels étaient encore proches des lettres à caractère « privé », manuscrites[18], au ton familier, remplies d'anecdotes
« personnelles ». Les rapports de soutenance d'aujourd'hui sont
conformes à un univers dominé par des relations sociales « objectivées », c'est-à-dire médiatisées par des instruments matériels (règle-
ments, dossiers, etc.). Ils sont tapés à la machine et écrits sur le ton
neutre et objectif qui sied à la science. Ces comptes rendus officiels
ne s'intéressent plus désormais aux données « subjectives » concernant les « jolis minois », « le teint de moricaud », les comportements
« modestes » et « sincères ». Si à la fin du XIXe siècle, les catégories
du jugement universitaire étaient encore hantées par le souci d'identifier les personnes, la division du travail au sein de l'État fait
qu'aujourd'hui cette préoccupation relève des procédures bureaucratiques fondées sur les nouvelles technologies d'identification. Peut-
on dire néanmoins que le jugement scientifique a atteint l'objectivité
et l'indépendance auxquelles la IIIe République aspirait ? Deux arguments au moins incitent à répondre par la négative :

– Il faut d'abord souligner que l'évacuation des jugements de
valeur concerne ici les rapports *écrits*. Et c'est peut être dans le
déplacement de la frontière entre ce qui peut se dire et ce qui peut

---

18. On est frappé à la lecture de ces comptes rendus de l'indifférence dont
font preuve les inspecteurs en ce qui concerne les aspects formels de leurs propres
rapports. Leur écriture est souvent à la limite du lisible, présente de nombreuses
tâches d'encre et ratures.

s'écrire que se tient l'essentiel du changement entre la fin du XIXe siècle et aujourd'hui. Les propos sur la « personnalité » du candidat (il est « sympathique » ou « prétentieux », etc.), sur la qualité du public venu assister à la soutenance, jouent toujours un rôle dans les jugements portés sur les candidats ; mais principalement dans ce qu'on appelle des conversations « privées » ; non enregistrées dans les rapports officiels, mais qui n'en contribuent pas moins à faire (ou défaire) les réputations.

– Par ailleurs, le rapport au public continue à faire problème en sciences sociales. La contradiction, apparemment insoluble, entre les aspirations à l'autonomie du jugement scientifique (fondé sur la recherche de critères objectifs d'évaluation des performances individuelles) et le souci de capter les faveurs du public profane fait partie de l'héritage que nous ont transmis les fondateurs de la IIIe République. La différence est qu'aujourd'hui ce n'est plus la soutenance de thèse qui révèle le mieux cette contradiction, mais le système des publications. Alors que dans les sciences « exactes », sous l'aiguillon du marché, c'est l'article dans la revue spécialisée qui constitue la norme, la publication d'ouvrages destinés, par définition, à un public plus large que les seuls spécialistes, reste un enjeu stratégique fondamental en sciences sociales.

CHAPITRE 8

Les Annales,
le « non conformisme »
et le mythe
de l'éternelle jeunesse

> « A l'origine de toute acquisition scientifique, il y a le non-conformisme. Les progrès de la Science sont fruits de la discorde. Comme c'est de l'hérésie que se nourrissent et s'étoffent les religions. *Oportet haereses esse.* »
>
> Lucien Febvre, « Leçon d'ouverture au Collège de France », 13 décembre 1933.

De tous les mouvements historiographiques qui se sont succédés depuis le début du siècle, le courant des *Annales* est assurément celui qui a suscité, au cours de ces dernières décennies en tout cas, le plus de réflexions, d'études et de polémiques. C'est pourquoi, aujourd'hui, l'historien désireux de mieux comprendre son milieu professionnel, surtout s'il se sent lui-même quelque part un peu « l'héritier » du mouvement, ne peut faire l'économie d'un « détour » par les *Annales*. Nous qui aimons justifier notre métier auprès du grand public en soulignant que la connaissance historique peut « aider les hommes à mieux vivre », selon l'heureuse expression de Marc Bloch, il nous faut donner l'exemple. L'histoire de l'histoire n'est pas seulement un domaine nouveau annexé au territoire de l'historien. C'est aussi un terrain de réflexions susceptible de nous aider, sinon à « mieux vivre », du moins à mener nos activités de manière plus lucide. L'analyse présentée ici est née d'une interrogation sur la façon dont l'histoire des *Annales* a été appréhendée, depuis une quinzaine d'années, par les historiens qui peuvent être considérés, en tant que membres de l'actuel comité de rédaction de la revue, comme les successeurs en « ligne directe » de ses fondateurs. Les articles publiés par les *Annales* pour son cinquantième anniversaire[1] illustraient, me semble-t-il, une nouvelle manière, pour un mouvement intellectuel, d'envisager son propre passé. En rompant délibérément avec les formes directes ou indirectes de célébration, ces études proposaient des instruments d'analyse critique destinés à nourrir une réflexion scientifique sur l'histoire de leur propre tradition de pensée. L'idée centrale, ébauchée dans ces textes, était qu'au-delà de ses mérites proprement intellectuels, le succès de la revue ne pouvait s'expliquer sans faire référence aux stratégies de pouvoir[2] et aux formes de justification développées par ses promoteurs[3]. Une telle approche supposait qu'on privilégie l'étude des pratiques des historiens engagés dans l'aventure des *Annales,* en mettant en œuvre un programme de recherches sociologiques, plutôt que de continuer à interpréter leur discours[4]. Si l'on

---

1. A. Burguière, « Histoire d'une histoire : la naissance des *Annales* », *Annales E.S.C.*, nov.-déc. 1979, *op. cit.,* pp. 1344-1359 et J. Revel, « Histoire et sciences sociales : les paradigmes des *Annales* », *ibid.*, pp. 1360-1375.

2. «En réalité, tout projet scientifique est inséparable d'un projet de pouvoir », A. Burguière, *op. cit.*, p. 1353. On sent dans ces études l'influence des thèses de Michel Foucault et plus encore des réflexions sur l'histoire développées quelques années auparavant par Michel de Certeau, *L'écriture de l'histoire, op. cit.*

3. «Comme tout courant de pensée qui doit justifier ses choix et ses infléchissements en les référant à une doctrine fondatrice, "l'école" des *Annales* a aujourd'hui sa propre tradition scripturaire », A. Burguière, *op. cit.,* p. 1347. L'auteur ajoute : « Or, il est clair que l'originalité du mouvement dont Marc Bloch et Lucien Febvre sont les initiateurs tient plus à leur manière d'affirmer leur programme qu'au programme lui-même », *ibid.,* p. 1350. Jacques Revel, évoquant les propos tenus par Fernand Braudel lors du quarantième anniversaire de la revue, souligne les contradictions d'une argumentation qui vise constamment à rappeler les mérites des pères fondateurs tout en célébrant, à chaque anniversaire, l'avènement de « nouvelles nouvelles *Annales* », *op. cit.*, p. 1361.

4. Jacques Revel précise que le but de son étude est de « réfléchir sur les conditions pratiques du travail de l'historien » et souligne que seule une enquête systématique permettra (l'emploi du futur signale ici la dimension programmatique de l'article) de mener à bien l'indispensable analyse sociologique du mouvement, *ibid.,* p. 1362.

examine les articles publiés dix ans plus tard, pour le soixantième anniversaire de la revue[5], force est de constater que ce programme n'est plus à l'ordre du jour. La sociologie historique des *Annales* a laissé la place à une « épistémologie » qui privilégie la réflexion sur les « régimes d'historicité » et les analyses critiques sur le rapport de la revue à son passé ont été remplacées par des engagements portant sur le futur. L'éditorial « tentons l'expérience » annonce l'avènement de « nouvelles nouvelles nouvelles *Annales* », renouant ainsi avec la tradition des discours d'anniversaire sur laquelle les lecteurs étaient pourtant conviés à s'interroger dix ans plus tôt. Bien que les historiens associés à la revue aient largement contribué à l'éclosion des nombreuses recherches qui ont vu le jour depuis quinze ans sur l'histoire des *Annales* [6], il semble qu'ils aient buté sur un obstacle qui avait déjà été clairement identifié dans les articles du cinquantenaire. Les « pères fondateurs » du mouvement ont demandé à leurs successeurs de concilier deux dimensions contradictoires de l'héritage. D'un côté, il fallait préserver « l'esprit des *Annales* », en défendant l'idée que la science ne progresse qu'à l'initiative de penseurs « marginaux » et « anticonformistes », cultivant la polémique pour « briser la chape de prudence universitaire qui (étouffe) le débat d'idées et (rend) pratiquement impossible, parce qu'inconvenante, une véritable discussion de la production scientifique »[7]. Mais d'un autre côté, les héritiers devaient aussi assumer la réussite de la revue. Après tout, les fondateurs et les premiers continuateurs du mouvement n'ont-ils pas lutté toute leur vie pour que leur conception de l'histoire ne soit plus marginale, pour qu'elle conquiert des positions institutionnelles et la reconnaissance publique ; objectifs que les *Annales*, en vieillissant, ont atteints au-delà de toute espérance ? Mais comment justifier la position centrale occupée désormais par la revue tout en faisant l'apologie de la « marginalité créatrice » ? Comment gérer les consensus et les compromis inhérents à toutes les positions de pouvoir en affirmant, dans le même temps, qu'il n'y a pas de discussion scientifique possible sans polémiques et mises en cause ? Comment expliquer la continuité par la rupture, la maturité par la jeunesse, la

---

5. Cf. les éditoriaux « Histoire et science sociales. Un tournant critique ? », *op. cit.* et « Histoire et sciences sociales ; tentons l'expérience », *op. cit.*

6. Cf. notamment les travaux d'Olivier Dumoulin et de Bertrand Müller auxquels la présente étude est très redevable, comme on le verra.

7. A. Burguière, *op. cit.*, p. 1350.

centralité par la marginalité, la tradition par l'innovation ? Bref, pour le dire autrement : comment concevoir l'autocritique et l'auto-analyse quand on occupe une position hégémonique ? Cette question ne concerne pas, évidemment, que les seules *Annales*. Il faut la prendre comme une interrogation qui vaut pour toutes les disciplines. Si elle se pose d'abord à propos des *Annales*, c'est parce que les fondateurs et les héritiers du mouvement nous ont eux-mêmes encouragés à ouvrir ce dossier ; ce qu'aucun autre courant important de la recherche en sciences sociales n'a osé faire jusqu'ici. La présente contribution analyse plus particulièrement le rôle que Lucien Febvre a joué dans l'élaboration de la « tradition scriptuaire » propre au mouvement historiographique qu'il a contribué à fonder.

LA RÈGLE DU JEU

L'une des principales raisons qui expliquent que les *Annales* aient aujourd'hui encore du mal à assumer complètement leur héritage, tient au fait que les fondateurs du mouvement, et plus particulièrement Lucien Febvre, ont présenté, rétrospectivement, leur entreprise sous la forme d'un récit « héroïque », destiné à persuader leurs lecteurs, leurs successeurs et leurs admirateurs, que la contribution qu'ils ont fournie au développement de la connaissance historique n'avait été obtenue qu'au prix d'un rejet des « règles du jeu » académique élaborées par leurs prédécesseurs. Dans l'avant-propos rédigé en 1952, pour présenter le recueil d'articles publié sous le titre significatif : *Combats pour l'histoire*, Lucien Febvre brosse un portrait de lui-même qui illustre de façon saisissante la façon dont il conçoit le progrès scientifique. Le véritable savant déploie toute son énergie non pas pour servir ses propres intérêts, mais pour défendre sa cause (l'histoire). « Je ne me suis jamais battu ni pour moi, ni contre tel ou tel, pris en tant que personne. *Combats pour l'histoire*, oui. C'est bien pour elle que, toute ma vie, j'ai lutté. » Le véritable savant doit combattre sans relâche pour imposer ses idées dans un monde hostile et incapable de le comprendre. Alors qu'il n'était encore qu'un étudiant (entre 1895 et 1902), face aux « prudences tremblotantes » d'une histoire dominée par le « culte laborieux, mais intellectuellement paresseux » du « fait » – ajoute Lucien Febvre – « j'ai réagi instinctivement et à peu près sans appui dans le camp des historiens [...]. Seul dans l'arène, je fis de mon mieux ». Malheureusement, « le sort du pionnier est décevant : ou bien sa génération lui donne presqu'aussitôt raison et absorbe dans un grand effort collectif son effort isolé de chercheur ; ou bien elle résiste et laisse à la génération d'après le soin de faire germer la semence prématurément lancée sur les sillons »[8]. Il ne s'agit ici ni de nier les mérites de Lucien Febvre, ni de sous-estimer les oppositions que les idées nouvelles sur l'histoire qu'il a développées ont rencontrées dans la profession. Mais pour comprendre comment ces idées ont pu s'y faire une place, il faut abandonner la perspective « idéaliste » sur la connaissance qu'illustrent ces propos, pour replacer son œuvre dans le cadre des pratiques qui régissaient la discipline au début du siècle. Ceci est d'autant plus nécessaire dans le cas de Lucien Febvre, qu'il appartient à la première génération des historiens complètement « professionnalisés », c'est-à-dire qui ont appris les règles du métier dès le premier stade de leur formation[9].

A partir de la fin du XIXe siècle, tout individu désireux d'exercer la profession d'historien, doit se soumettre à un processus de nomination qui comprend, dans le cas français, trois procédures de jugement : l'agrégation, le doctorat, le recrutement sur un poste. Ces trois moment forts dans les relations de pouvoir qui définissent la discipline ont tous les trois pour but d'évaluer, selon des modalités variables, des compétences qui concernent à la fois la recherche (savoir scientifique) et l'enseignement (mémoire).

– La réforme du concours d'agrégation, impulsée par Ernest Lavisse, a joué un rôle essentiel dans la consolidation des particularités du système universitaire français. En décidant que, désormais, tout candidat à l'agrégation devrait être titulaire d'un diplôme de recherche, Lavisse renforce les liens entre l'enseignement secondaire et l'enseignement supérieur, établis depuis le Premier Empire, et fait de cette épreuve une véritable passerelle entre les deux milieux. Bien qu'il s'agisse d'un concours destiné à recruter des professeurs du secondaire, la réussite à l'agrégation est, dans les faits, une condition quasiment incontournable pour celui (ou celle) qui espère être recruté un jour à l'université. La majorité des historiens

---

8. L. Febvre, *Combats pour l'histoire*, *op. cit.*, pp. V-VIII (toutes mes références sont tirées de cette édition). Évoquant Proudhon, il ajoute : « nous ne sommes point, Comtois, des conformistes » ; tout en précisant qu'une autre caractéristique des gens de cette région est « qu'ils ont su de bonne heure deux choses : savoir faire et savoir s'arrêter ».

9. Les historiens « méthodistes » ont « inventé » ces règles du jeu, mais, par définition, ils ne les ont pas eux-mêmes apprises.

ont débuté leur carrière dans l'enseignement secondaire. Inversement, étant donné que les agrégés du secondaire ont tous une expérience de la recherche historique, ils constituent des interlocuteurs privilégiés pour les historiens universitaires. Grâce à ce moyen de liaison, la minuscule communauté des historiens professionnels (une centaine de personne jusqu'en 1939) est en relation constante avec le groupe beaucoup plus étoffé des professeurs d'histoire de l'enseignement secondaire. On peut penser que c'est principalement par leur intermédiaire que les productions spécialisées des historiens professionnels ont pu toucher un public plus vaste que dans beaucoup d'autres pays. Au niveau de la recherche, cette liaison s'est concrétisée par les collaborations établies entre les historiens de métier et les nombreux enseignants regroupés dans les sociétés savantes. Étant donné qu'il s'agit d'un concours centralisé, comprenant des épreuves communes à tous les candidats, sur un programme couvrant la totalité du savoir historique (toutes les époques et, en principe, tous les pays), l'agrégation joue un rôle essentiel d'unification de la communauté professionnelle elle-même. Avant d'être dispersés et cloisonnés en fonction des époques, des domaines et des lieux de recherches, les historiens commencent par acquérir une vision commune du savoir historique tel qu'il est constitué officiellement, chaque année, à travers les questions mises au concours. C'est pourquoi, le programme d'agrégation et la bibliographie officielle qui l'accompagne constituent des enjeux décisifs pour la discipline. C'est le principal moyen dont dispose la communauté historienne pour valider le savoir historique considéré comme « acquis » et qui constitue, de ce fait, la « science normale » de l'histoire méritant d'être enseignée à tous les échelons de la machine éducative. Une innovation dans la recherche historique française ne peut être considérée comme vraiment admise que lorsqu'elle a été, sous une forme ou une autre, intégrée dans le programme d'agrégation[10]. Si ce concours joue un rôle essentiel dans le « rassemblement » de la communauté professionnelle des historiens, c'est aussi en raison des activités qu'engendre sa préparation. Dans toutes les universités de France, il s'agit d'un objectif majeur. Le dynamisme, voire la valeur, des enseignants-chercheurs d'un département d'histoire, sont mesurés, très souvent, par le taux de réussite à l'agrégation. Étant donné l'impor-

---

10. Sur l'enjeu que constituent les programmes et les manuels dans les sciences exactes, cf. N. Elias, « Scientific Establishments », *op. cit.*

tance de l'enjeu et la sélectivité du concours, il s'agit là d'un moment de lectures tout à fait privilégié, non seulement pour les étudiants, mais aussi pour les professeurs chargés de préparer les cours. L'agrégation permet ainsi une réception des « produits » de la science historique beaucoup plus « professionnelle » que celle, plus distanciée, qui domine dans le « grand public ». Cette activité de consommation de la recherche savante est le moyen essentiel grâce auquel la communauté historienne française est parvenue à conserver une relative unité, sans éprouver le besoin de se structurer en association professionnelle comme dans de nombreux autres pays. Mais, dans le même temps, le poids de cette charge pédagogique a toujours été tel qu'il a constamment entravé le développement de la recherche scientifique elle-même. D'une part, dès la fin du XIXe siècle, la préparation de l'agrégation mobilise une partie considérable de l'énergie des universitaires au détriment de leurs propres travaux. D'autre part, le marché, lucratif, des ouvrages pédagogiques détourne bien souvent les historiens de la recherche scientifique[11], au profit des produits de vulgarisation qui contribuent à pérenniser cette « histoire de professeurs » incarnée par Charles Seignobos.

– Si l'agrégation a surtout pour but d'évaluer « les activités de mémoire » du futur historien, la deuxième épreuve que celui-ci doit impérativement réussir, la thèse, sert à mesurer ses compétences scientifiques. C'est ce qui explique que l'évaluation soit confiée à un jury spécialisé dans le domaine d'études choisi par le candidat. Néanmoins, comme on l'a vu dans les chapitres précédents, cette épreuve vise aussi, au début du siècle en tout cas, à vérifier ses aptitudes « pédagogiques » et, au-delà, son respect des normes qui dominent la profession.

– Avec la troisième étape, le futur historien entre dans la phase de recrutement proprement dite. C'est sans doute à ce niveau que les jeux de pouvoir apparaissent le plus. D'une part la création d'un emploi universitaire suppose toujours l'intervention de l'administration centrale (l'attribution des postes est subordonnée à leur publication au *Bulletin officiel* par le ministère de l'Éducation nationale). D'autre part, les opérations de recrutement donnent lieu, bien souvent, à des conflits entre les professeurs désireux de placer leurs

---

11. Étant donné que l'enseignement de l'histoire a aussi pour but d'entretenir la mémoire collective nationale, la « demande pédagogique » incite les historiens à privilégier la recherche sur l'histoire de France.

poulains, d'étendre leur sphère d'influence, etc.[12]. La nomination sur un poste universitaire ne constitue que le premier stade de cette troisième étape. La hiérarchie des fonctions établie par la IIIe République a multiplié le nombre des échelons que l'historien doit gravir pour parvenir jusqu'au sommet de la carrière c'est-à-dire, à l'époque de Lucien Febvre et de Marc Bloch, jusqu'à la chaire en Sorbonne.

– Il faut enfin mentionner une quatrième étape dans le cursus des historiens français depuis la fin du siècle dernier, même si elle ne concerne qu'un petit nombre d'entre eux. Après avoir mobilisé toute son énergie pour améliorer sa position à l'intérieur de la profession, l'historien doit alors s'efforcer d'en sortir, pour viser une consécration plus large, celle que procure l'entrée dans les institutions les plus prestigieuses de la nation, notamment l'Académie Française. A ce niveau, comme le remarquait Gabriel Monod, ce n'est pas tant le chercheur, mais l'écrivain que la République veut honorer dans l'historien. Plus que sa compétence scientifique, c'est la contribution qu'il a apportée à la culture et à la mémoire nationales que les juges qui composent ces nobles assemblées (hommes politiques, hommes de lettres, journalistes) ont pour fonction d'évaluer.

En définissant les grandes lignes de la « règle du jeu » que tout historien doit respecter s'il veut jouer son rôle jusqu'au bout, la IIIe République a fixé les caractéristiques nationales de la profession, telle qu'elle se pratique en France depuis un siècle. L'imbrication, beaucoup plus importante qu'ailleurs, des activités de savoir et de mémoire, la très forte centralisation et l'étatisation des relations de pouvoir, expliquent qu'en dépit de la diversification et de l'étoffement de la discipline, la communauté[13] des historiens français ait

---

12. Il n'est pas utile d'entrer ici dans les détails de ces conflits qui opposent aussi, fréquemment, les instances locales de recrutement (au niveau de l'établissement) et les instances nationales.

13. Évoquant les publications collectives qu'il a dirigées depuis les années 1970, Pierre Nora écrit : « Il existe une communauté historienne, une « koïné » qui unit la corporation au-delà de ses différences. Dans aucune autre discipline, il n'aurait été possible de regrouper des historiens d'orientation différente, car le minimum de consensus n'existait pas », P. Nora, *Essais d'Égo-histoire, op. cit.,* p. 363. Tout en étant un peu plus critique sur ce consensus, Jean-Claude Passeron confirme cette analyse : chez les historiens, observe-t-il, « le contrôle croisé dans et par le groupe de pairs dispose d'assez d'indices de professionnalité admis par tous pour qu'un consensus superficiel puisse s'établir et atténuer diplomatiquement les conflits d'évaluation et de "reconnaissance entre écoles" », J.-C. Passeron, *Le raisonnement sociologique, op. cit.*, p. 67.

conservé une unité et une homogénéité que l'on ne rencontre ni dans les autres domaines du savoir universitaire, ni chez les historiens des pays voisins.

LA DÉNÉGATION DES COMPROMIS

Les études et les matériaux qu'ont accumulés les spécialistes de la recherche historiographique nous permettent aujourd'hui de montrer que, contrairement à l'image « héroïque » de lui-même que Lucien Febvre nous propose dans ses *Combats pour l'histoire,* les fondateurs des *Annales* n'ont été des novateurs que parce qu'ils se sont soumis aux règles du jeu fixées par ceux-là même qu'ils ont cherché à dépasser. Ces brillants élèves ont franchi avec facilité les premiers obstacles qui jalonnent le chemin de l'excellence (concours de l'École normale, agrégation d'histoire). Ils ont commencé leur carrière dans l'enseignement secondaire[14], avant d'accéder, après avoir soutenu leur thèse, aux premiers échelons de la carrière universitaire dans une ville de province. Quelques années plus tard, ils sont titulaires d'une chaire à Strasbourg, dans la plus prestigieuse université française après la Sorbonne[15]. Évoquant ces débuts réussis, Lucien Febvre précise dans l'avant-propos de ses *Combats :* « ni mes hardiesses ni mes vivacités ne surent dresser contre moi tant de braves cœurs qui m'aimaient bien et, à chaque occasion, me le prouvaient [...]. La haute Université de ce temps-là, une aristocratie du cœur à tout le moins. Et chez les grands, une bienveillance agissante, une fraternité »[16]. En réalité, si les « pères fondateurs » de l'histoire « méthodiste » sont aussi bien disposés à l'égard de leurs élèves (Febvre a fait sa thèse sous la direction de Gabriel Monod et Marc Bloch avec Charles Seignobos), c'est parce qu'ils ont toutes les raisons d'en être fiers. On les admire parce qu'ils maîtrisent parfaitement les règles de la « méthode

---

14. Ils garderont toujours des liens étroits avec les sociétés savantes, qui regroupent beaucoup d'enseignants du secondaire. Les premières enquêtes collectives des *Annales* s'appuieront largement sur eux.

15. Lucien Febvre obtient la chaire d'histoire moderne en 1919 et Marc Bloch, celle d'histoire médiévale en 1927. Étant donné que le premier est né en 1878 et le second en 1886, ils ont occupé les mêmes fonctions au même âge. Entrés à 33 ans dans l'enseignement supérieur, ils accèdent au sommet de la pyramide provinciale à 41 ans.

16. L. Febvre, *op. cit.*, p. VIII.

historique »[17]. Néanmoins, peut-être parce que celle-ci est devenue le « bien commun » de tous les historiens de leur génération et qu'elle ne peut plus, par conséquent, servir aux stratégies de distinction, les jeunes qui sont les plus désireux de briller, vont chercher en dehors de l'histoire les éléments leur permettant de cultiver leur différence. C'est l'une des raisons qui peut expliquer l'intérêt précoce que Febvre et Bloch portent aux disciplines voisines : la géographie, la sociologie, la linguistique et la collaboration qu'ils apportent à la *Revue de synthèse*, publication qui n'est guère prisée, à l'époque, par la corporation des historiens. Mais s'ils parviennent à élargir ainsi leurs centres d'intérêts sans s'aliéner la sympathie de leurs mentors, c'est assurément parce qu'ils possèdent une qualité sur laquelle ils resteront, l'un et l'autre, toujours muets : *l'art du compromis*, l'art de savoir jusqu'où il est possible d'aller, sans sortir des limites de la liberté surveillée que la communauté accorde à chacun de ses membres[18].

Si la première partie de leur carrière s'est déroulée sans difficulté majeure, la seconde va s'avérer beaucoup plus délicate. Comme l'a montré Olivier Dumoulin, au moment où Lucien Febvre et Marc Bloch arrivent à l'âge où la chaire en Sorbonne devient un enjeu légitime pour les historiens les plus brillants de leur génération, la conjoncture est particulièrement défavorable. A partir des années vingt, et surtout au début des années trente, les créations d'emplois dans les universités stagnent, la place de l'histoire recule au profit des disciplines littéraires ; la génération ayant profité des nombreuses créations de postes au début du siècle, tarde à laisser la place, profitant de l'âge tardif de la retraite[19]. Cette situation ne peut

---

17. On a vu dans le chapitre précédent que la thèse de Lucien Febvre était une parfaite mise en œuvre de la « méthode historique ». La conférence prononcée par Marc Bloch en 1914 sur : « Critique historique et critique du témoignage », publiée par les *Annales E.S.C.*, 5, 1950, pp. 1-18, montre qu'il partage encore à cette époque, pour l'essentiel, la conception de l'histoire développée par Langlois et Seignobos.

18. C'est la raison pour laquelle, ils continueront à collaborer régulièrement à la *Revue Historique*.

19. L'âge moyen des historiens passe de 44 à 51 ans entre 1920 et 1934. En 1920, il existe 12 chaires d'histoire à Paris (30,8% du total) ; en 1939 : 13 (22,4%) ; Cf. O. Dumoulin, « Changer l'histoire. Marché universitaire et innovation intellectuelle à l'époque de Marc Bloch », in H. Atsma et A. Burguière (dir.), *Marc Bloch aujourd'hui, op. cit.*, p. 94 et 92 ; cf. aussi la thèse d'O. Dumoulin, *Profession historien, op. cit.*

que favoriser les candidats les plus dociles, les plus proches du « centre de gravité » de la discipline. Les vagabondages « interdisciplinaires » que Marc Bloch et Lucien Febvre ont multiplié à l'université de Strasbourg, leurs critiques contre les manuels scolaires et le programme de l'agrégation, deviennent des handicaps insurmontables. Lucien Febvre l'apprend à ses dépends dès 1926 quand il se présente sur la chaire de Seignobos et qu'il est sévèrement battu par un candidat dont la notoriété et le nombre des publications sont infiniment moindres que les siennes (qui connaît aujourd'hui Raymond Guyot ?). Étant donné l'extrême centralisation du pouvoir académique qui caractérise alors l'université française, il suffit de déplaire aux quelques individus qui dominent l'institution pour voir s'évanouir tout espoir de promotion. Lucien Febvre et Marc Bloch n'ont pas d'autres solutions que de se tourner vers des lieux de savoir situés en marge de l'université et qui sont davantage orientés vers la recherche, l'interdisciplinarité et l'innovation scientifique : principalement le Collège de France et l'École Pratique des Hautes Études. La correspondance entre Lucien Febvre et Marc Bloch récemment éditée et commentée par Bertrand Müller[20], éclaire à la fois l'importance de l'enjeu (tout développement d'un projet intellectuel ambitieux nécessite alors d'occuper des fonctions à Paris) et l'impossibilité, pour ceux qui veulent jouer le jeu, d'échapper aux règles qui lui donnent sens. En contournant la forteresse Sorbonne pour entrer au Collège de France, ils échappent à une logique de pouvoir pour entrer dans une autre. Le fonctionnement de ce type d'institutions repose sur un idéal d'« auto-gouvernement » des savants. Le principe de la redéfinition périodique des chaires en fonction de l'évolution de la connaissance est destiné à éviter la sclérose des savoirs routinisés qui ne survivent qu'au prix d'une éternisation des institutions qui les portent. Le principe de l'élection des nouveaux membres par l'assemblée des pairs repose sur l'idée qu'au-delà de leur spécialité disciplinaire, les savants qui en font partie peuvent parler un langage commun parce qu'ils sont animés par le même esprit scientifique ; ce qui rend possible une logique de

---

20. *M. Bloch, L. Febvre et les Annales d'Histoire économique et sociale, Correspondance, tome premier. 1928-1933*, édition établie, présentée et annotée par Bertrand Müller, Fayard, 1994. Cf. aussi C. Charle et C. Delangle, « La campagne électorale de Lucien Febvre au Collège de France, 1929-1932 : lettres à Edmond Faral », *Histoire de l'Éducation*, 34, mai 1987, pp. 49-69.

recrutement fondée sur des critères qui ne relèvent que de la pure connaissance. Max Weber, on l'a vu, avait souligné le caractère utopique d'une telle perspective. Sa mise en œuvre est encore plus difficile dans des institutions qui regroupent des chercheurs aux compétences extrêmement diverses (depuis les sciences physiques jusqu'aux disciplines littéraires en passant par les sciences humaines). Ce que montre au plus haut point la correspondance de Lucien Febvre et de Marc Bloch à ce sujet, c'est l'importance décisive des éléments extérieurs au débat scientifique dans ces recrutements ; ce qui oblige le candidat à mener une « campagne électorale » dans le but de rassembler, coûte que coûte, une majorité de voix. La logique politique prenant le dessus, par la force des choses, sur la logique scientifique, on comprend que, comme pour les exemples cités par Weber (l'élection du pape et l'élection du président des États-Unis), ce soit, le plus souvent, les candidats de « seconde zone » qui l'emportent. Si l'innovation scientifique dérange les pouvoirs en place, c'est parce qu'elle remet en cause ce que la génération précédente, celles des juges justement, a patiemment essayé de construire. Il est évident, dans ces conditions, surtout dans les périodes où les postes sont très rares, que les candidats les moins « subversifs », ceux qui se situent au « centre », ont plus de chance, comme en politique, d'accumuler des voix sur leur nom. Certes, les circonstances et les qualités personnelles des juges peuvent contribuer à faire en sorte que cette règle comporte des exceptions. Mais celles-ci supposent que le candidat sache s'adapter au jeu qu'on lui impose ; ce qui l'oblige à écorner, en bien des endroits, l'image de la « science pure » qu'il tient néanmoins à défendre dans ses discours. L'idéal de solidarité professionnelle ne résiste pas, en général, à la férocité de la compétition qui oppose, le plus souvent, des « amis de trente ans » (voire de quarante ans), qui ont fréquenté les mêmes institutions, sont titulaires des mêmes titres. Comme le constate Lucien Febvre : « toutes les élections au Collège ou presque (posent) des questions de camaraderie », c'est pourquoi dans ces occasions l'amitié « se détruit d'elle-même »[21]. L'idéal de franchise (de « sincérité ») ne résiste pas, quant à lui, à la nécessité de se conformer au rituel de la « visite ». Pour accroître ses chances, le candidat doit

---

21. *Correspondance, op. cit.*, p. 384. Lucien Febvre rapporte ici les propos qu'il a tenus à Albert Grenier, concurrent de Marc Bloch. On sait que l'amitié entre Febvre et Bloch sera elle-même ébranlée par cette concurrence.

rencontrer chaque membre du corps électoral. Les lettres où Lucien Febvre évoque ce rituel montrent bien que ce n'est pas le contenu scientifique du programme qui prime, mais d'autres considérations. Le postulant doit se faire connaître « physiquement », donner, par sa conduite et sa conversation aimables, des assurances sur sa personnalité, car la communauté savante veut vérifier que celui qui sera peut-être demain un collègue, ne va pas, par un comportement ou des propos inconsidérés (ou incontrôlables), perturber la vie collective de l'institution. Les anciens brillants élèves, qui se font, généralement, assez vite à l'idée que leur réussite est à la mesure de leurs mérites, ne peuvent vivre que dans le malaise une logique de nomination dans laquelle les éléments « objectifs » d'appréciation de leur valeur intellectuelle sont ainsi marginalisés. Les confidences de Lucien Febvre à Marc Bloch sont à cet égard très révélatrices. Évoquant les membres de la noble assemblée dont il sollicite les suffrages, il écrit : « Il m'en reste la moitié à voir. Six par jour, c'est le maximum et ils sont 45 ! [...] Quelle corvée et quel trac ! ». C'est sans doute pour pouvoir supporter cette situation insupportable qu'il ne peut s'empêcher, à l'issue de ses visites, de juger lui-même ses juges, en brossant d'eux des portraits au vitriol qui illustrent la considération qu'il porte à l'institution qu'il cherche, pourtant, désespérément à intégrer[22].

L'idéal du savant courageux et « anticonformiste » ne résiste pas non plus à l'obligation de passer des compromis avec les juges pour glaner le plus de voix possible. L'une des raisons qui expliquent le succès de Lucien Febvre (à la troisième tentative) et l'échec de Marc Bloch au Collège de France[23] tient à la différence de stratégie qu'ils ont mise en œuvre pour défendre leur candidature. Le titre du projet scientifique présenté par le postulant devant l'assemblée des pairs est d'une importance décisive car, comme tout programme électoral, il constitue un puissant instrument de rassemblement des voix sur son nom. En intitulant son projet « histoire de la civilisation moderne » et non « histoire générale et méthode historique » (qui correspondait

---

22. *Correspondance, op. cit.* p. 307. Il faudrait aussi étudier plus en détail le rôle des « rumeurs » sur la « cote des candidats » dans ces relations de pouvoir. Évoquant un membre de l'Assemblée « qui ne comprend pas du tout comment un médiocre de juin est devenu un génie d'octobre », Febvre commente : « vous voyez qu'il n'a pas encore l'esprit Collège de France » (p. 320).

23. Lucien Febvre est élu en 1932. Marc Bloch échoue à deux reprises. Il accède à la Sorbonne en 1936.

au véritable contenu de l'enseignement qu'il projetait, comme il le soulignera lui-même lors de sa leçon inaugurale), Lucien Febvre accepte un compromis grâce auquel il peut se présenter comme le continuateur de Michelet, c'est-à-dire comme le défenseur de la tradition de l'histoire moderne française ; la référence à la « civilisation » permettant de capter les voix des électeurs appartenant aux disciplines littéraires et aux « humanités ». Marc Bloch, à l'inverse, refuse ce type de compromis. Il défend un projet d'«histoire comparée des sociétés européennes » qui fait éclater à la fois les cadres chronologiques et nationaux et persiste dans son choix, en dépit de ses amis qui lui conseillent de remplacer le mot « européenne » par « médiévale ». « Je n'ai pas le goût », écrit-il, « pour les changements d'étiquette, ni pour les étiquettes habiles ou qui croient l'être »[24]. Si cet entêtement est suicidaire, c'est parce que l'identité même d'une bonne partie des juges est le produit de l'institutionnalisation antérieure de ces découpages qu'ils ont contribué, parfois, à imposer ; ce qui explique qu'ils se définissent comme « médiévistes », « modernistes », etc. Défaire ces découpages, c'est non seulement heurter ceux qui s'identifient à eux (et qui ne peuvent que mettre en cause la « prétention » du candidat), mais c'est aussi s'interdire de mobiliser les réseaux (donc les « paquets de voix ») structurés par ces cadres institutionnels[25]. Ce qu'illustre aussi l'exemple des fondateurs des *Annales*, c'est que le côté absurde et douloureux des luttes de nomination n'empêche pas les historiens, même les moins « confor-

---

24. Sur ce point, cf. O. Dumoulin, « *Changer l'histoire* », *op. cit.*, in H. Atsma et A. Burguière (dir.), *op. cit.*, p. 96. Cette rigueur n'empêche pas Marc Bloch d'admettre lui aussi la nécessité de certains compromis. Évoquant les pages quelque peu critiques qu'il a rédigées, pour les *Annales*, sur les travaux de François Simiand (qui est alors membre du Collège de France), il écrit : « si je suis candidat, elles seront destinées de toute façon à dormir quelque temps », *Correspondance, op. cit.*, p. 359.

25. L'importance de ces entités collectives saute aux yeux quand on lit la correspondance entre les fondateurs des *Annales*. Par exemple, Lucien Febvre met en garde Marc Bloch contre une offensive des « littéraires », (p. 357) ; il écrit : « Albertini votera pour "l'Antiquité" et non contre vous » (p. 459). Si Febvre a réussi à se faire élire, c'est non seulement parce qu'il est parvenu à mobiliser ces cadres disciplinaires, mais aussi parce qu'il s'est appuyé sur les réseaux constitués à partir d'autres types d'affiliations : religieuses, politiques, etc. Pour capter les voix des scientifiques, il n'a pas ménagé ses efforts en direction des cercles qu'il appelle lui-même, dans une lettre, la « gôche » et les « droits de l'homme » (p. 320).

mistes », de persévérer, tout au long de leur carrière, dans leurs activités de pouvoir. Après le Collège de France, Lucien Febvre sera candidat à l'Académie des Sciences Morales et Politiques. Quant à Marc Bloch, à peine élu à la Sorbonne, il est prêt à se lancer dans un nouveau combat pour diriger l'École normale, en affrontant directement son ami Maurice Halbwachs, soutenu par Lucien Febvre[26].

LE MYTHE DE LA PENSÉE LIBRE

En définissant la science comme un pur travail de l'esprit, Lucien Febvre a contribué à entretenir le clivage entre discours public et discours privé qui domine, aujourd'hui encore, la réflexion sur les activités de savoir. En cultivant le mythe du « résistant de la pensée », il a donné lui-même du grain à moudre à tous ceux qui, exhumant la face cachée de ses propos, chercheront par la suite à discréditer les *Annales*, en soulignant les contradictions entre les écrits et les actes, la théorie et la pratique, de façon à ne plus voir dans cette admirable aventure intellectuelle que l'élément délibérément passé sous silence par les fondateurs : les relations de pouvoir. Pour répondre à cette entreprise de « démystification », Lucien Febvre n'avait guère d'autres solutions que la fuite en avant dans des discours d'auto-justification. Au prix d'un immense travail de « raccommodage », il lui faut alors effacer jusqu'à la trace de ses propres pas, tous les indices qui montrent que l'homme n'a pas été à la hauteur du héros, masquer les faiblesses, les lacunes, les contradictions, les « je ne sais pas » et les « je me suis trompé ». Les *Combats pour l'histoire* constituent un bon exemple de ce type d'entreprise. Peut-être pour faire bonne mesure par rapport à Marc Bloch – qui a gagné ses galons de héros de l'histoire vécue, sur le champ de bataille – Lucien Febvre s'efforce d'apparaître dans ce livre comme le héros de l'histoire apprise[27]. Une nouvelle fois, il faut souligner qu'il ne s'agit pas ici de contester la valeur des argu-

---

26. Cf. à ce sujet, C. Fink, *Marc Bloch, op. cit.*, p. 201.
27. L'avant-propos souligne discrètement l'antériorité de ses vues innovatrices par rapport à Marc Bloch : « un jeune historien vint m'épauler fraternellement, poursuivre et prolonger mon effort dans son domaine de médiéviste » (p. VIII). Ces remarques, faut-il le préciser, n'ont pas pour but d'alimenter les polémiques qui tendent à opposer aujourd'hui le « bon » Marc Bloch au « méchant » Lucien Febvre, polémiques qui ne constituent, selon moi, qu'un avatar de « l'héroïsation » mise en cause ici.

ments développés dans l'ouvrage[28]. Sont mises en question ici les techniques de réécriture que Febvre est obligé d'employer pour se conformer au personnage qu'il a cru nécessaire de forger. Tous les ouvrages qui se présentent sous la forme d'un recueil d'articles sont le produit d'un travail de réécriture, par le simple fait qu'ils rassemblent, en un même espace matériel, des études publiées dans des lieux et des temps différents[29]. Mais ce travail prend ici une importance tout à fait exceptionnelle. Lucien Febvre précise, dans un avertissement, qu'il s'est livré à « quelques modifications de forme », (allégements, rectifications de titres, ajouts bibliographiques) « pour mieux souligner l'esprit » de ses articles. En confrontant systématiquement les articles originaux et les articles reproduits[30] on évaluerait plus précisément l'ampleur de ces transformations. Une vue d'ensemble suffit néanmoins pour en comprendre le but. La plupart des études regroupées dans la deuxième partie du livre, intitulée significativement « les pour et les contre », se présentent comme des « manifestes » : « pour la synthèse contre l'histoire-tableau » (p. 70), « contre l'histoire diplomatique en soi » (p. 61), « contre le vain tournoi des idées » (p. 75) qui tranchent avec les titres originaux, beaucoup moins offensifs. Par exemple, l'article intitulé initialement : « entre l'histoire à thèse et l'histoire-manuel. Deux esquisses récentes d'histoire de France : M. Benda et M. Seignobos », publié dans la *Revue de Synthèse*, devient : « Ni histoire à thèse, ni histoire-manuel. Entre Benda et Seignobos » (p. 80). En supprimant les marques de déférence (Monsieur) et en remplaçant le mot « entre » par « ni-ni », Febvre peaufine l'image que les héritiers auront pour charge d'entretenir. L'autre technique de réécriture tient au brouillage de la chronologie des publications.

---

28. Pour une analyse plus approfondie de l'intérêt que présente, à mes yeux, la conception de l'histoire proposée par Lucien Febvre, cf. G. Noiriel, « Pour une approche... », *Annales, E.S.C., op. cit.*

29. Jean-Claude Chamboredon a montré, à propos des commentaires qu'a suscités l'œuvre de Durkheim, toute l'importance de ce point ; cf. J. C. Chamboredon, « Emile Durkheim ; le social objet de science », *Critique*, juin-juillet 1984, pp. 460-531.

30. Un telle enquête aurait nécessité aussi de confronter les articles sélectionnés dans ses *Combats* avec l'ensemble des travaux publiés par Febvre. Ce genre de recherche est aujourd'hui possible grâce aux instruments de travail élaborés récemment par les spécialistes de l'histoire de l'histoire ; cf. surtout B. Müller, *Bibliographie des travaux de Lucien Febvre*, Colin, 1990.

L'ordre de présentation des articles et le classement « thématique »
retenus dessinent une trajectoire intellectuelle qui commence avec
une « profession de foi au départ » (première partie) et s'achève avec
des « espoirs à l'arrivée » (sixième partie). Mais il s'agit d'une trajectoire qui se situe uniquement au niveau de la pensée et non pas de
la carrière réelle de Febvre. Toutes les études qu'il regroupe dans sa
« profession de foi au départ » sont postérieures à son élection au
Collège de France, en 1932. Elles correspondent à la dernière étape
des carrières les plus réussies, quand l'historien, parvenu au sommet
de l'institution, doit prendre – s'il veut continuer à appliquer la
« règle du jeu » – quelques distances avec elle. Les travaux anté-
rieurs, présentés dans les parties suivantes du livre, apparaissent ainsi
comme une sorte de mise en œuvre d'une conception de l'histoire
« toujours-déjà là ». Il suffit de rétablir l'ordre chronologique des
textes rassemblés dans ce livre pour découvrir une réalité fort différente. Les compromis avec le pouvoir que Febvre a dû accepter pour
occuper, lui aussi, des positions de pouvoir organisent toute la production de ses écrits. Prenons l'exemple des critiques qu'il a adressées à Charles Seignobos. Les premières attaques paraissent en 1933,
elles sont renouvelées en 1934, 1935, 1939 ; mais aucune n'est antérieure à son élection au Collège de France. Dans ces critiques, Febvre
met en œuvre une logique identique à celle qu'il a adoptée pour valoriser sa propre trajectoire ; mais il inverse simplement les signes.
« En toute simplicité et sans la moindre arrière-pensée personnelle »,
écrit-il, « par delà ce livre, ce n'est pas un historien, c'est à une certaine conception de l'histoire que je m'attaque ; une conception qui
pendant des années de par ses fonctions, son influence personnelle et
ses écrits, M. Seignobos a été à même de servir avec des moyens
puissants, une conception que je repousse de tout mon être et que,
volontiers, je tiendrais responsable en partie de cette sorte de discrédit, à la fois injuste et justifié, dans lequel l'histoire est trop souvent tenue par les "laïcs" ». Et la sentence tombe sans appel : « ce
livre est, d'un bout à l'autre, traditionnel » (p. 97)[31]. Au lieu de se
livrer à une analyse de la trajectoire de Seignobos, en prenant en
compte l'ensemble de son œuvre, Febvre isole un « essai », écrit par
un vieil homme de 78 ans. La « légende noire » de Seignobos, histo-

---

31. Le compte rendu porte sur le livre de C. Seignobos, *Histoire sincère de la
nation française, essai d'une évolution du peuple français,* Rieder, 1932.

rien « conservateur » et « positiviste », apparaît comme le contre-point de la « légende dorée » des *Annales*[32]. Mais elle se retourne aujourd'hui contre elles, au fur et à mesure que les progrès de l'his-toire de l'histoire démontrent leur absence de fondement. Si Febvre avait vraiment voulu convaincre qu'il ne cherchait pas, par ces attaques, à régler des comptes personnels (principalement son échec de 1926 sur la chaire de Seignobos à la Sorbonne), il aurait évité ces critiques caricaturales que Marc Bloch, comme le souligne Antoine Prost, n'a pas reprises à son compte[33]. D'autant plus que la sévérité de ses jugements tranche avec les compromis qu'il passe, au même moment, avec d'autres auteurs, pour sortir les *Annales* de leur margi-nalité strasbourgeoise. Ayant réussi, après beaucoup d'efforts, à atti-rer André Siegfried dans le comité de rédaction de la revue, Lucien Febvre ne pouvait que se montrer élogieux à l'égard des œuvres publiées par celui qu'il appelle « l'observateur plein de talent des États-Unis d'aujourd'hui » (p. 239). Des analyses sur la « psycholo-gie et la physiologie nationales » – que les historiens considèrent, à présent, comme des « élucubrations » qui n'étaient « pas exemptes de tout relent raciste »[34], sont louées par Febvre pour leur « parfaite justesse de ton, (leur) constante modération de jugement » (p. 241).

INNOVATIONS ET ACTIVITÉS PRATIQUES

En justifiant, d'une façon finalement très traditionnelle, ses « combats pour l'histoire », Lucien Febvre n'a pas donné à ses héri-tiers les moyens qui leur auraient permis d'appréhender les œuvres comme des activités sociales. On continue aujourd'hui, générale-ment, à mesurer la contribution qu'un chercheur a fourni à sa disci-

---

32. La « légende noire » concernant Seignobos ne s'imposera qu'après la guerre. On trouvera dans son dernier ouvrage, C. Seignobos, *Études de poli-tique et d'histoire, op. cit.*, (qui rassemble ses principaux articles), une liste de souscripteurs qui regroupe pratiquement toute la gauche intellectuelle du pays et notamment V. Basch, P. Sagnac, C. Bouglé, P. Fauconnet, L. Lévy-Bruhl, F. et I. Joliot-Curie, F. Simiand, M. Mauss, M. Bloch, mais pas Lucien Febvre.

33. A. Prost, *Seignobos revisité, op. cit.* Dans *l'Apologie* Marc Bloch rap-pelle sa dette vis-à-vis de son maître et fait sienne l'idée d'une histoire « sincère » défendue par Seignobos ; idée que Febvre cherche à ridiculiser dans son compte rendu. Pour une « réhabilitation » de Seignobos, cf. aussi la préface de M. Rébérioux à C. V. Langlois et C. Seignobos, *Introduction, op. cit.*

34. J. Le Goff, préface à M. Bloch, *L'Apologie, op. cit.*, p. 31.

pline, en isolant, parmi ses publications, celles qui apparaissent comme les plus marquantes. En définissant l'histoire comme la combinaison d'activités de pouvoir, de savoir et de mémoire, l'historien « pragmatiste » peut envisager les choses autrement. La réflexion ne porte plus, dans cette perspective, sur un petit nombre de textes (voire de citations) considérés comme « novateurs » ou « traditionnels », mais sur *l'ensemble* des écrits professionnels produits par cet auteur. L'analyse porte alors sur un corpus regroupant, à la fois, ce qu'on pourrait appeler les « écrits de pouvoir » (en général non publiés et correspondant aux fonctions de direction, de gestion ou d'expertise assumées par cet historien au cours de sa vie professionnelle), les « écrits de savoir » (« écrits scientifiques ») correspondant à des travaux de « première main » (thèse, rapports de recherche, articles pour les revues savantes, comptes rendus, ouvrages de fond) et les « écrits de mémoire », formés par tous les textes de vulgarisation, eux-mêmes répartis entre les écrits pédagogiques (manuels scolaires) et les écrits destinés au « grand public » (ouvrages de synthèse, articles de journaux, interviewes, etc.). Une telle méthode permet de mettre en relief la diversité des « profils » de carrière possible, car toute écriture est aussi la trace d'un ensemble d'activités. Elle offre la possibilité d'établir une typologie des trajectoires professionnelles appuyée sur des arguments tangibles, là où règne trop souvent la polémique et la volonté de nuire. Dans cette perspective, c'est la combinaison des écrits de « savoir », de « mémoire » et de « pouvoir », qui fait l'originalité du « profil » de chaque historien. Si, d'une manière générale, il apparaît que les textes de « savoir » sont surtout publiés dans la première partie de la carrière et les textes de « mémoire » et de « pouvoir » dans la seconde partie, selon les individus, la combinaison de ces activités varie de façon importante ; en fonction de la conception qu'ils se font de la science, de la contribution qu'ils estiment pouvoir y apporter, mais aussi des opportunités qui s'offrent à eux. En envisageant les choses sous cet angle, Lucien Febvre aurait pu critiquer Seignobos en s'appuyant sur des arguments irréfutables. Si Febvre a été un véritable « savant », c'est parce que l'essentiel des textes qu'il a écrits reflètent des activités de « savoir » : une grosse thèse, plusieurs ouvrages de fond, et surtout un nombre incroyable d'articles et de comptes rendus dans les revues professionnelles (et avant tout dans les *Annales*). A l'inverse, Charles Seignobos s'est surtout contenté de publier des écrits de « mémoire » (manuels scolaires et ouvrages pour le grand public), ne mettant pratiquement jamais lui-même en œuvre la fameuse « méthode historique » qu'il a imposée aux autres. La faiblesse des écrits de vulgarisation dans l'œuvre de Lucien Febvre et de Marc Bloch apparaît néanmoins comme le produit d'une conjoncture particulièrement défavorable à ce genre de publications, plus qu'un choix délibéré. Lucien Febvre acceptera avec enthousiasme la direction de *L'Encyclopédie Française* qui mobilisera une partie considérable de son énergie pendant plusieurs années. Et si, finalement, il n'a pas publié son « histoire de France », il en a longtemps caressé le projet. La génération suivante, favorisée par le nouveau développement de l'édition scolaire et commerciale, confirmera, s'il en était besoin, que tous les historiens appliquent la même règle du jeu. Braudel fut un « homme de science », surtout grâce à sa grande thèse sur la Méditerranée, mais il fut aussi un « homme de pouvoir », en tant que président de la VIᵉ section de l'EPHE et de la MSH, et un « homme de mémoire », œuvrant pour la transformation du programme d'agrégation, dirigeant la publication de manuels scolaires, ne négligeant ni les articles de presse, ni les ouvrages de synthèse.

L'autre inconvénient majeur que présente la conception « idéaliste » de la connaissance historique qu'a contribué à propager Lucien Febvre tient au fait qu'elle ne nous permet pas de comprendre comment se produisent, pratiquement, les innovations. Dans ses *Combats*, Febvre complète l'image du héros « anticonformiste » qu'il aurait aimé être (comme nous tous), par celle du génie « omniscient », capable par le prodige de son seul esprit, d'être tout à la fois philosophe, psychologue, linguiste, politologue, géographe, sociologue, etc. Certes, à la différence des historiens-épistémologues des années 1970, Lucien Febvre, et plus encore Marc Bloch, ont envisagé leurs relations avec les autres disciplines soit comme un processus d'emprunts réciproques, soit comme une collaboration entre spécialités différentes. Néanmoins, en refusant d'appréhender « l'interdisciplinarité » sous l'angle des relations de pouvoir universitaires, ils ont autorisé, surtout Lucien Febvre, la fuite ultérieure dans le discours « épistémologique ». Si l'on appelle « interdisciplinarité » le simple fait, pour un historien, de mobiliser dans son propre travail des nouveautés apparues dans d'autres domaines du savoir, il est évident que l'histoire a toujours été « interdisciplinaire ». La « méthode historique », fixée dans ses grandes lignes par Niebuhr au début du XIXᵉ siècle, combine les apports de l'herméneutique, de la grammaire comparée, de la philologie. Par la suite, les historiens se sont constamment efforcés d'intégrer les innovations extérieures en les transformant en instruments au service de leur discipline. C'est dans cette perspective, on l'a vu, que Seignobos envisageait la sociologie comme une science auxiliaire de l'histoire. Le problème auquel vont être confrontés les fondateurs des *Annales*, et plus encore leurs successeurs, est celui de la progressive institutionnalisation des autres disciplines tournées vers la connaissance empirique des sociétés humaines. L'exemple de la sociologie montre que ces nouveaux domaines du savoir universitaire n'ont pu acquérir leur identité propre qu'en s'opposant à l'histoire, comme l'histoire s'était elle-même autonomisée antérieurement en s'opposant à la philosophie. C'est contre les historiens que les sociologues vont forger leur propre langage disciplinaire, c'est-à-dire un style, un univers de références et des sujets de conversation qu'aucun individu se définissant comme « sociologue professionnel » ne peut (normalement) ignorer. C'est pourquoi l'opposition entre histoire et sociologie est avant tout une question de langage, mettant aux prises ceux qui parlent comme tout le monde et s'intéressent à des événements « singuliers » (approche monographique) et ceux qui parlent un langage théorique pour dégager des relations universelles. Ces différences expliquent que si les fondateurs des *Annales* ont voulu reprendre à leur compte le projet intellectuel que les durkheimiens avaient lancé avant 1914, leur perspective était radicalement différente. Comme l'a souligné Jacques Revel, d'emblée les *Annales* se présentent surtout comme « une activité peu embarrassée au fond de définitions théoriques »[35] ; ce qui permet à leurs fondateurs de prolonger la pratique, chère aux historiens, d'« auxiliarisation » des disciplines voisines ; alors que les durkheimiens concevaient *la* science sociale comme la mise en œuvre d'une théorie sociologique intégrant l'ensemble des savoirs constitués. Cette opposition radicale des points de vue sur la connaissance permet de comprendre pourquoi, lorsque les *Annales* tenteront d'associer François Simiand à leur projet d'enquête économique, celui-ci y opposera un refus catégorique, voyant dans les propositions de Febvre, l'exemple même d'approche « monographique » qu'il n'avait cessé

---

35. J. Revel, « Histoire et sciences sociales », *Annales, op. cit.*, p. 1361.

de combattre[36]. Inversement, les historiens n'accepteront jamais les analyses de Simiand, en dépit de leur caractère historique et de la place qu'il accorde à l'étude des archives. Ils trouveront toujours le style de Simiand « trop abstrait », ses préoccupations trop « philosophiques », ses analyses trop « désincarnées ». Pour comprendre comment le même Simiand a pu devenir, une trentaine d'années plus tard, l'une des principales références exhibées par les *Annales*, au point que sa féroce critique de Seignobos ait pu être rééditée dans la revue en 1960[37], il faut rendre compte de l'immense travail accompli par les historiens situés à la pointe de l'innovation pour « traduire » les découvertes sociologiques de Simiand dans le langage normal des historiens et leur donner, par là même, un nouveau sens et de nouvelles vertus heuristiques. Le plus souvent, les historiens interdisciplinaires n'explicitent qu'un seul aspect de leurs mérites, en évoquant les disciplines, les auteurs, les « théories » sur lesquels ils se sont appuyés pour forger leur savoir. Mais ils oublient presque toujours de nous expliquer comment ils s'y sont pris pour que leurs collègues historiens finissent par accepter ces étrangetés et cessent de les rejeter en s'abritant derrière l'argument imparable : « ce n'est pas de l'histoire ». Pour éclairer ce processus, « il importe de comprendre pourquoi un ensemble de questions prend peu à peu sens et valeur sur le marché des idées, comment aussi un collectif d'intellectuels s'approprie ces questionnaires et ces problèmes pour en faire la trame même de leur vie », car c'est « ainsi (que) se constitue une communauté de compréhension dans les circonstances et les occasions »[38]. Pour analyser dans cette perspective, le succès des *Annales*, il faut partir d'un fait essentiel : le courant désigné par l'étiquette « histoire économique et sociale » n'a pu triompher qu'à la faveur d'un puissant mouvement de renouvellement de génération. C'est la mise à la retraite simultanée, entre 1935 et 1937, d'une fraction importante des historiens de la Sorbonne ayant commencé

---

36. Cf. « Une correspondance entre Lucien Febvre et François Simiand à l'aube des *Annales* », *Vingtième siècle, revue d'histoire*, 24, 1989, pp. 109-110. Pour une analyse plus détaillée de cette question, cf. G. Noiriel, « Foucault...», *Journal of Modern History, op. cit.*

37. F. Simiand, « Méthode historique et science sociales », *Annales E.S.C.*, 1, 1960, *op. cit.*

38. D. Roche, « De l'histoire sociale à l'histoire des cultures : le métier que je fais », in *Les Républicains des Lettres. Gens de culture et Lumières au XVIIIᵉ siècle »*, Fayard, 1988, p. 9.

leur carrière à la fin du XIXe siècle, qui permet l'apparition de nouvelles forces, illustrées par l'accession de Marc Bloch sur la chaire d'histoire économique. A peine installé, celui-ci obtient la création d'un certificat d'histoire économique pour les étudiants de licence et la fondation de l'Institut d'Histoire Économique et Sociale[39]. L'histoire économique devient ainsi, brutalement, un enjeu de la recherche scientifique et de l'enseignement universitaire. Marc Bloch disparu, c'est Ernest Labrousse qui lui succède en 1945 sur une chaire qu'il occupera jusqu'en 1967. Le rôle exceptionnel joué par Labrousse dans le développement de cette nouvelle perspective historique s'explique par deux raisons majeures. En premier lieu, il dispose de moyens incomparablement supérieurs à ceux qui existaient dans l'entre-deux-guerres. Outre sa position institutionnelle centrale, il peut s'appuyer sur les ressources humaines et matérielles que procurent le CNRS (créé en 1936) et la VIe section (« économique et sociale ») de l'EPHE. L'histoire économique et sociale est encouragée aussi grâce à des revues, comme les *Annales*, comme *Le Mouvement Social* (fondé par Labrousse), grâce à des colloques et à des enquêtes internationales. Mais Labrousse bénéficie aussi d'une conjoncture unique, étant donné qu'il accède aux fonctions dirigeantes à une époque où les « maîtres » sont encore peu nombreux, alors même que le flot des postes, donc des disciples, ne cesse de grossir. Ce n'est nullement amoindrir les mérites de l'histoire économique et sociale que de souligner qu'elle a bénéficié de l'extraordinaire croissance institutionnelle qu'ont connue les universités dans les décennies d'après-guerre. Par sa seule activité de directeur de thèse, Labrousse a pu largement mettre en œuvre, grâce aux recherches empiriques de ses étudiants, la nouvelle perspective historique qu'il avait contribué à élaborer. Mais Labrousse occupe une position exceptionnelle à un autre titre. Il n'est pas, en effet, un pur produit de l'institution historienne. C'est comme économiste qu'il a, au départ, suivi et compris l'enseignement de Simiand, à l'EPHE et au Collège de France. Il n'a été reconnu comme l'un des leurs, par les historiens, que grâce aux efforts accomplis par les collaborateurs des *Annales* et notamment Georges Lefebvre[40]. Cette intégration a nécessité une véritable « traduction » de la pensée de

---

39. O. Dumoulin, « Changer l'histoire », *op. cit.*
40. Sur ce problème, cf. J. Y. Grenier et B. Lepetit, « L'expérience historique : à propos de C. E. Labrousse », *Annales E.S.C.*, 6, 1989, pp. 1337-1360.

Simiand pour la rendre compatible avec les « règles du jeu » de la discipline historique. Sans pouvoir insister trop longtemps ici sur cet exemple, relevons les éléments les plus importants de ce travail. En premier lieu, Labrousse abandonne le langage « ésotérique » de Simiand pour se conformer aux normes linguistiques du milieu historique. Ensuite, au lieu d'essayer de dégager des relations universelles, comme le voulaient les durkheimiens, il rétablit la perspective monographique, le *Zusammenhang*, cher aux historiens de toutes les époques. Progressivement, l'histoire économique et sociale prônée par Labrousse va se présenter comme une histoire « totale », construite autour d'une matrice : « économie-société-civilisation », le fameux sous-titre des *Annales*, suffisamment souple pour satisfaire aux exigences de tous les combats que doit mener l'historien désireux de lutter jusqu'au bout pour les idées auxquelles il croit. Cette matrice constitue un plan commode à la fois pour les travaux pointus (en particulier les thèses) et les ouvrages de vulgarisation. Elle permet à la nouvelle génération de s'opposer point par point au « paradigme » historique hégémonique jusque là. Ce n'est pas la politique qui est le facteur décisif, mais l'économie. L'histoire n'est pas faite par les « grands hommes », mais par les « masses » ; ce ne sont pas les méthodes « herméneutiques » qui sont vraiment scientifiques, mais les méthodes « quantitatives ». Une telle approche ne pouvait que séduire la nouvelle génération d'historiens désireuse de marquer sa différence et de prouver son intelligence. Grâce à ce nouveau « paradigme », tout en respectant les règles du métier (travail sur archives, thèse monographique, etc.), ces nouvelles recrues innovent tant par les techniques utilisées que par les explications apportées et les domaines étudiés. De plus, l'inspiration marxisante de cette histoire économique et sociale – Labrousse n'a jamais fait mystère de son engagement à gauche – lui permet d'être en phase avec l'humeur politique qui règne alors dans une partie du monde intellectuel français. Retraduits dans le langage de la profession, les arguments « progressistes » ainsi fournis aux jeunes chercheurs situés « au bas de l'échelle », sont autant d'armes que ceux-ci mobilisent contre l'histoire « positiviste » défendue par les héritiers de Seignobos qui tiennent encore le haut du pavé. En même temps qu'elle s'élabore, cette histoire construit aussi son propre marché, en menant la lutte non seulement au niveau de la recherche savante, mais à tous les échelons du discours historique : Labrousse et Braudel combattent pour modifier les programmes d'agrégation, ils publient des manuels et des ouvrages grand public. Il est indéniable que la précocité de l'ouverture interdisciplinaire de l'historiographie française (incarnée par les *Annales)* est une conséquence de la centralisation du pouvoir universitaire, car ceux qui souhaitaient développer de nouvelles perspectives ont été obligés de contourner la « forteresse », en s'appuyant sur les disciplines voisines et des institutions marginales. Mais ces regards inédits sur le passé ne sont devenus des courants légitimes et importants en histoire qu'au prix d'un immense effort d'« acclimatation » ou, mieux, de « traduction ». C'est grâce à ce travail que les critiques des philosophes et des sociologues ont été transformées en arguments adaptés aux besoins et aux nécessités de la recherche historique. Du coup, les oppositions qui traduisaient auparavant des clivages disciplinaires (singulier/collectif, qualitatif/quantitatif, pratique/théorie, réformisme/révolution), sont devenus des enjeux structurant les principaux débats internes à l'histoire.

Étudier la question de l'innovation en privilégiant l'analyse des pratiques de recherche, permet aussi de comprendre pourquoi les « paradigmes » historiques vieillissent et disparaissent. Les jeunes historiens, qui doivent, au cours de leur thèse, démontrer leurs capacités d'innovation, ne peuvent plus trouver dans un courant qui est devenu, parce qu'il a réussi, une composante de la « science normale » de l'histoire, les ressources qui leur permettraient de faire entendre leur différence. Comme le souligne Daniel Roche, évoquant sa propre expérience, « d'une manière générale, il s'agissait de faire autre chose tout en restant fidèle aux motivations d'origine ». C'est pourquoi, en suivant d'ailleurs les conseils que Labrousse lui-même lui avait prodigués, il quitte les sentiers bien balisés de l'histoire économique et sociale pour s'engager vers les chemins nouveaux de l'histoire sociale de la culture[41]. Ce processus est renforcé par ceux-là même qui ont contribué au succès de l'ancien « paradigme » en le mettant en œuvre dans leurs propres recherches. En effet, après la soutenance et l'obtention d'une chaire, libérés de leur dépendance par rapport à leur « maître », les historiens aspirent à élargir leurs horizons. Comme l'explique Maurice Agulhon, si le projet labroussien d'une connaissance intégrale de l'histoire de France par multiplication de travaux monographiques a échoué,

---

41. D. Roche, *Les républicains..., op. cit.,* p. 12.

c'est parce qu'après en avoir terminé avec leur thèse, les historiens les plus ambitieux ne pouvaient pas se contenter d'être considérés comme les meilleurs spécialistes mondiaux de l'histoire du Loir-et-Cher ou du Var[42]. Il fallait qu'ils acquièrent une « visibilité » nationale ou internationale en traitant des « grands sujets », en collaborant à des « histoires de France », en livrant au grand public des vues originales sur l'histoire, en proposant aux étudiants de « nouvelles perspectives », fort différentes, souvent même radicalement opposées, à l'histoire économique et sociale qu'ils avaient assidûment fréquentée dans leur jeunesse.

---

42. M. Agulhon, « Vu des coulisses », *op. cit.,* in P. Nora (dir.), *op. cit.*

CHAPITRE 9

« L'Univers historique »

Une collection d'histoire
à travers son paratexte
(1970-1993)

L'analyse des problèmes posés par l'édition des ouvrages historiques est un aspect essentiel d'une réflexion sur l'histoire entendue
comme activité pratique[1]. C'est grâce à l'institution éditoriale, en
effet, que la « pensée pure » est matérialisée, imprimée et diffusée ;
opérations sans lesquelles elle ne pourrait atteindre le public auquel
elle est destinée[2]. Force est de constater néanmoins que, sur ce
point, la recherche est encore balbutiante. Les rares ouvrages qui
ont tenté, ces dernières années, de cerner les rapports actuels entre
l'édition et l'histoire, s'inscrivent, le plus souvent, dans une perspective dénonciatrice. C'est surtout le courant des *Annales* qui a
fait les frais de cette humeur critique : « Les "Annalistes" – écrit
par exemple François Dosse – se sont emparés de toutes les places
fortes de la société médiatique. L'historien nouveau s'est fait com-
merçant en même temps que savant, démarcheur, publicitaire et

---

1. Ce chapitre est paru initialement dans la rubrique « Fenêtre » de la revue
Genèses, 19, janvier 1995, pp. 110-131.
2. «Les œuvres n'existent qu'à partir du moment où elles deviennent des réalités physiques », R. Chartier, *L'Ordre des livres*, Alinéa, 1992, p. 9.

gestionnaire pour contrôler à tous les niveaux des réseaux de diffusion des travaux historiques »[3]. Si ce type de propos a le mérite d'exprimer tout haut et publiquement ce que beaucoup d'universitaires ne font que murmurer dans les couloirs de leur faculté, l'expérience prouve que ce n'est pas avec des pamphlets que l'on peut espérer faire progresser la réflexion collective sur ces problèmes. D'une part, le langage de la dénonciation contraint ceux qui sont désignés (explicitement ou implicitement) comme « responsables », voire comme « coupables », à se réfugier dans un silence condescendant ou à répondre sur le même ton, en discréditant celui qui se pose en juge. Dès lors la volonté de savoir ne peut que s'effacer devant la volonté de nuire. D'autre part, l'argumentation dénonciatrice conduit à un usage non maîtrisé des métaphores militaires, en terme de « stratégie », de « guerre de position », de « forteresse » qui occulte complètement le système des contraintes qui pèsent aujourd'hui sur l'édition de l'histoire savante. Convaincu que seule l'analyse collective de ces contraintes peut permettre de faire évoluer les rapports entre recherche scientifique et édition, je les ai abordés ici en m'efforçant de ne jamais succomber à la « manie du jugement » que Marc Bloch déplorait déjà chez les historiens de son temps.

Dans cette perspective, rappeler quelques unes des caractéristiques essentielles du métier d'historien, tel qu'il a été institutionnalisé à la fin du XIXe siècle, me semble constituer un bon point de départ. Comme on l'a vu dans les chapitres précédents, la IIIe République a fixé deux objectifs essentiels (qui définissent aujourd'hui encore la discipline telle qu'elle se pratique en France) au nouveau corps des historiens professionnels qu'elle a mis en place dans les années 1880. En premier lieu, l'historien doit produire des connaissances à caractère scientifique ; ce qui suppose qu'il ait acquis, au préalable, une formation de chercheur certifiée par un diplôme (la thèse de doctorat) que seuls les spécialistes du domaine considéré sont habilités à délivrer, en s'appuyant sur les critères qui fondent la scientificité de leur pratique. A la fin du XIXe siècle, c'est la « méthode » – c'est-à-dire le traitement de l'archive (ampleur des matériaux de première main consultés et

---

3. F. Dosse, *L'Histoire en miette*, *op. cit.*, p. 7. Ces critiques sont complaisamment reprises dans le « Que sais-je ? » de G. Thuillier et J. Tulard, *Les Écoles historiques*, *op. cit.*

qualité de la critique des sources) – qui définit la science de l'histoire. A partir des années trente, les fondateurs des *Annales* y ajoutent un élément fondamental : la pertinence du *questionnaire* (toute recherche historique doit s'efforcer de résoudre un problème que la communauté savante considère comme important pour le progrès de la connaissance). Mais, en second lieu, l'historien doit aussi assumer des responsabilités civiques en contribuant à l'enrichissement de la mémoire collective du (ou des) groupe(s) au(x)quel(s) il appartient. A ce niveau, on lui demande surtout un effort de vulgarisation. Effort qui sera jugé en fonction de critères essentiellement « pédagogiques » : par exemple sa capacité d'intéresser le « grand public » (en évitant les sujets trop « pointus » ou trop éloignés des préoccupations du « sens commun ») et de se faire comprendre des non-spécialistes (en parlant un langage simple et clair, en évitant l'accumulation des notes de bas de page, etc.)[4]. Les exigences, largement contradictoires, qu'imposent la « thèse » et la « synthèse » reflètent la position « centriste » de l'histoire, écartelée entre le monde savant et le monde littéraire. C'est en examinant les problèmes que pose à la discipline la *réception* des travaux qu'elle destine à ces deux types de public que l'on peut prendre toute la mesure de ces contradictions. En effet, si toute activité scientifique nécessite que les résultats de la recherche fassent l'objet d'une publication, comme le montre l'exemple des sciences de la nature, la communication entre savants ne passe pas, principalement, par les livres, mais par la « littérature grise » et les articles dans les revues spécialisées[5]. L'historien qui choisit de publier un ouvrage accepte donc, par définition, de s'adresser à un public plus large que le groupe professionnel dont il fait partie. De ce fait, il est dans l'obligation de satisfaire aux normes « pédagogiques » évoquées plus haut. Mais, dans le même temps, la légitimité de l'historien, pour l'opinion publique, est liée à son image de spécialiste, titulaire de compétences qui garantissent la vérité des propos qu'il développe dans ses écrits. Dans son effort de vulgarisation, l'historien ne peut pas, par conséquent, franchir les

---

4. Cette tension entre les deux « missions » contradictoires assignées à l'historien a été évoquée récemment par R. Rémond, « Situation de l'histoire en France », *in* R. Rémond (dir.), *Être historien aujourd'hui, op. cit.*, p. 245.

5. Sur cette forme particulière de livre que constitue un recueil d'articles, cf. D. Roche, *Les républicains...,op. cit.*, p. 7-22.

limites qui le feraient basculer dans la littérature : la « petite histoire » ou le « roman historique » que cultivent, avec profit,
nombre d'historiens « amateurs ». L'écriture d'un livre d'histoire
(au sens universitaire du terme) se déploie dans un espace intermédiaire entre l'écriture scientifique et l'écriture littéraire. Elle ne
peut remplir les exigences ni de l'une ni de l'autre et pourtant elle
doit satisfaire aux deux.

Pour tenter de mieux comprendre comment, concrètement, les
historiens affrontent cette contradiction – dont les débats récurrents
sur « l'écriture de l'histoire » constituent l'un des symptômes les
plus visibles – je me suis intéressé à la façon dont ils présentent leur
travail dans leur livre. C'est ce qui m'a conduit à entreprendre une
enquête utilisant les outils forgés par Gérard Genette dans l'étude
approfondie qu'il a consacrée récemment aux « paratextes », c'est-
à-dire aux écrits qui transforment un texte en livre au moment de sa
publication (titre, prière d'insérer, préface, comptes rendus, interviewes, etc.)[6]. Pour résoudre, au moindre coût, le problème de la
constitution du corpus, j'ai choisi d'étudier les ouvrages parus dans
une seule collection : *L'Univers Historique*, éditée au Seuil[7]. Limité
à l'analyse du « discours » éditorial, cet article n'aborde qu'un
aspect de la fonction paratextuelle dans les livres d'histoire. Une
recherche exhaustive exigerait un travail beaucoup plus approfondi
fondé sur l'étude des archives de l'éditeur, de la documentation
imprimée se rapportant à la collection (dans la presse notamment),
complétée par des entretiens auprès de ses directeurs, de ses auteurs
et de son public.

---

6. G. Genette, *Seuils*, Seuil, 1987. Je me suis limité ici à l'examen des éléments paratextuels qui font partie du livre (que Genette appelle le « péritexte »),
sans m'occuper des « épitextes » (propos concernant le texte publiés indépendamment de lui ; comme les interviewes, la correspondance ou le « journal » tenus par
l'auteur, etc.).

7. Étant donné qu'une collection est, en soi, un élément qui entre dans la stratégie éditoriale de présentation des textes, elle constitue pour le chercheur un corpus idéal, puisqu'il est défini à partir de critères qui relèvent eux-mêmes de
l'objet d'étude. J'ai choisi *L'Univers Historique* non seulement en raison de son
importance pour la discipline depuis une vingtaine d'années, mais aussi parce que
son directeur, Michel Winock, m'y a généreusement accueilli. Il m'a semblé que
pour rompre complètement avec la logique de la dénonciation évoquée plus haut,
il fallait être soi-même impliqué dans l'analyse.

LA CONSTRUCTION D'UN NOUVEL ESPACE ÉDITORIAL

Un contexte très favorable

Le premier livre de la collection « *L'Univers Historique* » a été publié à la fin de l'année 1970. Vingt trois ans plus tard (fin 1993), elle avait à son actif environ quatre-vingt volumes[8] ; ce qui représente une moyenne de trois à quatre ouvrages par an. Le lancement du projet a eu lieu dans une conjoncture extrêmement favorable, au cours de laquelle la plupart des éditeurs français ont créé de nouvelles collections d'histoire et de sciences humaines, ou profondément remanié les anciennes. Sans entrer dans les détails, on peut estimer que les transformations de la société française dans les décennies d'après-guerre expliquent en bonne partie le nouveau dynamisme de l'édition savante, du fait qu'elles ont modifié les conditions de la réception sociale de la recherche historique. A partir des années 1950, l'élévation générale du niveau de vie a provoqué un développement important du marché de l'industrie culturelle, élargissant du même coup le public susceptible de lire des ouvrages historiques. Parallèlement, l'extension considérable de l'enseignement secondaire et supérieur et la place croissante de la « nouvelle classe moyenne » (composée d'enseignants, de cadres, de membres des professions libérales) au sein de la population active, a fortement étoffé le lectorat potentiel des ouvrages issus de la recherche universitaire. Le champ des études historiques a été, lui aussi, profondément affecté par ces mutations. Les décennies d'après-guerre ont donné lieu à des bouleversements institutionnels sans équivalent depuis la fin du XIXe siècle. En quelques années, les créations de postes dans l'enseignement supérieur se sont multipliées, de même que les institutions de recherche (au CNRS et à l'université). L'irruption, sur la scène universitaire, d'une nouvelle génération d'historiens – la plupart engagés dans la rédaction d'une thèse – et l'augmentation des moyens mis à leur disposition, ont eu pour effet d'élever considérablement la productivité du travail scientifique. Celle-ci a profité aussi des nouvelles directions de recherche qu'a

---

8. Mais beaucoup moins de titres car la majorité des grands ouvrages collectifs publiés dans la collection (comme *L'Histoire de la France rurale*, *L'Histoire de la France urbaine*, etc.) comprennent plusieurs volumes. On trouvera en annexe la liste complète de tous les titres parus dans « *L'Univers Historique* » entre 1970 et 1993.

impulsées, à partir des années 1930, le mouvement des *Annales ;* ses promoteurs disposant désormais – via la VIᵉ section de l'École Pratique des Hautes Études – d'un support institutionnel grâce auquel les innovations antérieures ont pu être mises en œuvre sur une large échelle : histoire économique et sociale, histoire des mentalités, histoire des mouvements sociaux, etc. Ces nouveaux objets d'étude ont été d'autant mieux reçus par le public cultivé qu'ils coïncidaient avec les grands problèmes de société que le Mouvement de Mai 68 a mis sur le devant de la scène publique. Ajoutons pour finir que le « gisement » découvert par les *Annales* est resté, du point de vue éditorial, largement inexploité jusque dans les années 1960. On peut expliquer cette situation en rappelant les remarques faites plus haut concernant les constantes oscillations de la discipline historique entre monde savant et monde littéraire. Si au début du siècle, l'élite de la communauté historienne (Lavisse et Seignobos notamment) entretenait d'étroites relations avec l'édition, après la Première Guerre mondiale, le prestige de l'université commence à décliner dans le grand public ; du coup l'édition savante est marginalisée. La crise des années 1930 ne fait qu'aggraver la situation. La série de synthèses historiques lancée par Aubier est un échec. La collection « Peuples et Civilisations » dirigée par Halphen et Sagnac chez Félix Alcan ne parvient ni à enrayer le déclin de la maison, ni à résoudre des « difficultés qui vont remettre en cause son autonomie »[9]. Cette crise de la demande se conjugue avec une crise de l'offre. Désireux de redonner à la discipline une autonomie que la génération précédente lui avait fait perdre par une trop forte compromission avec l'édition marchande, les fondateurs des *Annales* s'attaquent avec véhémence à la vulgarisation historique diffusée dans les manuels en prônant les vertus de l'histoire-science, pratiquée en « laboratoire ». Mais ce repli de la communauté historienne sur elle-même fait à son tour l'objet de critiques de plus en plus vives dès la fin des années 1950. Henri-Irénée Marrou, dans le bilan

---

9. Dans l'entre-deux-guerres, les tirages des ouvrages universitaires sont de l'ordre de 2000 à 3000 exemplaires. Seuls les historiens conservateurs comme Bainville et Gaxotte peuvent espérer des ventes oscillant entre 15 000 et 40 000 exemplaires pour les grande études historiques parues chez Fayard à partir de 1924 ; cf. I. de Conihout, « La conjoncture de l'édition » et V. Tesnière, « Traditions et forces neuves dans l'édition universitaire », in H. J. Martin, R. Chartier, J.-P. Vivet (dir.), *Histoire de l'édition. T. 4 Le livre concurrencé*, Promodis, 1986, p. 87 et pp. 285-287.

historiographique qu'il rédige à ce moment-là, constate que les
adeptes de « l'histoire scientifique » ont remporté une victoire complète sur les partisans du « genre littéraire ». Mais il ajoute : « l'histoire reste trop confinée entre les mains des spécialistes, elle ne sort pas
des ateliers de fabrication [...] Ce qui est mis en danger aujourd'hui,
c'est la présence de l'histoire au sein de la culture contemporaine, le
rôle qu'elle devrait jouer dans la vie »[10]. Ces remarques annoncent
un retour du balancier de l'histoire vers le pôle « littéraire » ; mouvement que les nouvelles collections des années 1960-1970 vont
précipiter.

La création d'une « image de marque »

S'il est indéniable que les mutations de la société française dans
les décennies qui ont suivi la Seconde Guerre mondiale ont dessiné
en pointillé les contours d'un public élargi susceptible de lire la
prose des historiens professionnels, les contraintes évoquées dans
l'introduction n'ont pas disparu pour autant. Pour être à la fois crédible sur le plan intellectuel et viable sur le plan économique, l'édition historique savante devait occuper un espace situé à mi-chemin
des publications spécialisées (comme les thèses) et des livres de vulgarisation à usage des classes populaires. Les nouvelles collection
comme « *L'Univers Historique* » (désormais UH) ont eu pour fonction première d'occuper cet espace en unifiant et en fidélisant le
public des lecteurs qu'elle était susceptible d'intéresser[11]. Le lancement d'une collection peut être considéré, en effet, comme un acte
de classification sociale par lequel l'institution éditoriale trace une
ligne de démarcation qui découpe dans le tissu immense des publications à caractère historique un petit ensemble doté, de ce fait,
d'une singularité. Dans la multitude des produits qui déverse tous
les jours dans les librairies et les supermarchés l'industrie du livre,

10. H. I. Marrou, « Comment comprendre le métier d'historien », in Ch. Samaran (dir.), *L'histoire et ses méthodes, op. cit.*, p. 1533 sq.
11. Il faut rappeler que cette collection ne constitue qu'un élément dans le
projet développé à ce moment-là par l'éditeur en ce qui concerne l'histoire. En
publiant des ouvrages savants, l'UH ne pouvait toucher qu'un public relativement
limité. Mais le prestige ainsi accumulé servait l'image de marque de la maison
d'édition toute entière. Par ailleurs, la collection de poche « Points Histoire » (où
ont été réédités une partie non négligeable des ouvrages de l'UH) et la revue
L'Histoire, largement diffusée, ont permis d'élargir le cercle initial des lecteurs
des ouvrages savants.

le public non spécialisé doit pouvoir identifier au premier regard les ouvrages qui font partie de cet ensemble ; d'où l'importance prise par les aspects symboliques qui facilitent cette identification. L'exemple de l'UH montre que le nom même donné à la collection fait l'objet d'une utilisation intensive de la part de l'éditeur. Dans chacun des volumes, il figure en toutes lettres sur la première page de la couverture ; en dessous du sigle UH, lui-même imprimé en très gros caractères et reproduit sur le dos de la couverture. On trouve d'autres références à ce nom dans les premières pages, généralement en page 6, et à la fin de chaque livre (où figure la liste des autres titres et auteurs qu'elle a déjà publiés). La couleur de la couverture est un autre élément essentiel d'identification. En ce qui concerne l'UH, l'éditeur a opté, dans un premier temps, pour un fond gris-vert sur lequel se détache – en première page de couverture – une vignette (il s'agit le plus souvent de la reproduction d'un tableau) variable d'un ouvrage à l'autre en fonction du contenu du livre. Grâce à la stabilisation de ces caractères formels, l'image de la collection s'est imposée progressivement dans le public ; ce qui a permis à l'éditeur, par la suite, de jouer sur ces caractères pour adapter cette image aux nécessités du moment. Au milieu des années 1980, la couleur de la couverture passe du vert au blanc, indiquant une volonté de « rajeunissement » de la collection sans pour autant remettre en cause son identité. De temps à autre, dans les ouvrages susceptibles de séduire un public dépassant le nombre des lecteurs habituels, les signes identitaires sont atténués : parfois c'est le format ou la typographie qui changent ; parfois, c'est le sigle UH qui est masqué (Le Roy Ladurie, 1980 et 1983 ; Delort, 1984). Tous les efforts déployés par l'institution éditoriale pour forger l'identité formelle de la collection, n'ont de sens que si celle-ci acquiert rapidement une légitimité dans le monde intellectuel. C'est une condition impérative pour que le public visé achète les ouvrages publiés sous son label. Si, à la longue, les auteurs peuvent espérer tirer bénéfice de cette image de marque, il faut souligner que dans la période de lancement, à l'inverse, seule la réputation des auteurs peut assurer la notoriété de la collection. Sans entrer pour l'instant dans l'étude détaillée du profil sociologique des collaborateurs de l'UH, on peut constater – en parcourant la liste des auteurs reproduite en annexe – que dès les premières années, son image de grande collection d'histoire a été forgée en mobilisant des historiens appartenant aux institutions les plus prestigieuses de la vie intellectuelle nationale : Sorbonne, Collège de France, Institut, etc.

Mais surtout, cette liste illustre un principe fondamental sur lequel repose toute la crédibilité de l'entreprise : l'UH est réservée aux historiens « professionnels » (appartenant à l'université le plus souvent). Elle exclut systématiquement les historiens « amateurs » (journalistes, écrivains, érudits locaux, etc.) qui constituent pourtant, chaque année, la majorité des auteurs publiant des ouvrages à caractère historique. Par ses auteurs, l'UH apparaît donc, aux yeux du public, comme une collection très étroitement liée au monde scientifique. Par son contenu, en revanche, elle semble beaucoup plus proche du pôle de la vulgarisation. Le catalogue de l'UH montre la place importante occupée par les ouvrages de synthèse (comme les nombreuses histoires de France thématiques parues depuis vingt ans) et les manuels universitaires (Dvornik, 1970 ; Petit, 1974). En revanche, les thèses sont assez rares et toutes ont dû être profondément remaniées (raccourcies, simplifiées, réécrites) avant d'être acceptées comme livres[12]. D'une manière générale, le choix des titres traduit une volonté d'atténuer (voire de masquer) la spécialisation, au profit des formulations vagues : « Le tribunal de l'impuissance » (Darmon, 1979), « Le sexe et l'Occident » (Flandrin, 1981), « Le corps et l'âme » (Arnold, 1984). Pour savoir précisément quel est le sujet traité dans le livre, le lecteur en est ainsi réduit à consulter le sous-titre (qui figure en plus petits caractères). La réussite de l'UH parait donc fondée sur un compromis entre les tendances divergentes qui traversent la discipline historique. Elle est parvenue à concilier les exigences scientifiques (cf. la liste des auteurs), sans lesquelles la collection n'aurait pu acquérir sa légitimité intellectuelle, avec les contraintes du marché de l'édition qui imposent de séduire un public dépassant le cercle des professionnels (cf. la liste des titres). Mais ce succès n'a pu être obtenu qu'au prix d'un énorme travail de justification que nous allons examiner maintenant.

UN NOUVEL ENJEU ÉDITORIAL : LA QUATRIÈME DE COUVERTURE

Comme l'observe Gérard Genette, à propos de la littérature, c'est seulement à partir des années 1960 – avec le nouveau roman – que l'usage de faire figurer le « prière d'insérer » sur la dernière page de la couverture s'est généralisé. Jusque dans les années 1950,

---

12. Plusieurs ouvrages tirés de ces thèses (par exemple Marrou, 1971 ; Agulhon, 1979 ; Perrot, 1984) sont en fait des rééditions.

en ce qui concerne les ouvrages d'histoire en tout cas, on l'utilisait pour rappeler les autres titres de la collection ou reproduire des extraits du catalogue général de l'éditeur. Les nouvelles collections lancées dans les années 1970 bouleversent les stratégies d'occupation de cet espace vital en le réservant exclusivement à la présentation de l'auteur et du texte. L'avantage, par rapport à la situation antérieure, est que le prière d'insérer fait désormais partie du livre, ce qui décuple son pouvoir de conviction, étant donné que le temps qui s'écoule entre le moment où le lecteur prend connaissance du message valorisant l'ouvrage et le moment où il est en mesure de l'acheter est réduit au minimum. Il est certain que l'importance croissante de la quatrième de couverture résulte de l'exacerbation de la concurrence entre éditeurs, qui les a conduits à recourir de plus en plus aux techniques publicitaires pour défendre leurs produits. Mais elle peut être expliquée aussi par la nécessité d'expliciter et de justifier un projet éditorial qui tente de séduire un public beaucoup plus étendu que celui des lecteurs érudits d'avant-guerre. C'est ce que montre l'analyse des présentations de l'auteur et du texte sur la quatrième de couverture.

Les présentations d'auteur

Une étude statistique permettrait sans doute de construire deux axes ; le premier en fonction de la place occupée par la présentation de l'auteur sur la page de couverture (nombre de lignes), le second en fonction de l'importance accordée aux éléments factuels (renseignements que l'on trouve par exemple dans un *curriculum vitae*) par rapport aux éléments « qualifiants » (mettant en valeur le génie de l'auteur). On pourrait ainsi opposer, d'une part, des présentations courtes (réduites quelquefois au seul nom propre) à des présentations longues et, d'autre part, des présentations « neutres » à des présentations « élogieuses »[13]. En combinant ces éléments, on aboutirait à isoler deux types de profil : le type A (présentations courtes et neutres) s'opposant au type B (présentations longues et élogieuses). D'une manière générale, ce sont les auteurs les plus consacrés par les autorités académiques qui bénéficient des notices les

---

13. Il s'agit ici, bien entendu, d'une opposition relative. Elle reflète surtout différentes manières de valoriser un auteur. Dans un cas, sont mises en valeur des qualités qui ont été reconnues dans des titres officiels, alors que dans l'autre, c'est l'éditeur lui-même qui décerne les mentions.

plus courtes et les plus neutres, alors que les auteurs les moins légitimes sur le plan des institutions nationales ont droit aux présentations les plus valorisantes. Le cas extrême est celui d'Emmanuel Le Roy Ladurie (1980), professeur au Collège de France qui est présenté uniquement par son nom (sans le prénom) accompagné, fait rarissime dans l'UH, d'une photo. La présentation de Jean-Baptiste Duroselle (1976) est également très brève ; son appartenance à la Sorbonne et à l'Institut valant mieux que de longs discours. Le type B est surtout illustré par les présentations d'auteurs étrangers qui appartiennent le plus souvent à des institutions prestigieuses, mais mal connues du public français. L'éditeur doit alors compenser ce « handicap » par des éloges appuyés. Francis Dvornik (1970) est ainsi présenté comme un « grand historien professeur à Harvard » ; Eric Hobsbawm (1977) est crédité d'une « acuité d'esprit qui force l'intérêt » et Marc Raef (1982) apparaît comme « l'un des meilleurs représentants de l'école slavistique américaine ». Parmi toutes les situations intermédiaires, la plus significative est celle qui concerne les présentations relativement longues et « neutres » (type C). Elle concerne principalement de jeunes auteurs n'ayant pas (encore) atteint les sommets de la consécration académique, mais qui disposent néanmoins d'une forte légitimité institutionnelle de par leur formation antérieure. La présentation de Jean-Noël Jeanneney (1976) est, à cet égard, la plus significative : « Il est normalien, agrégé d'histoire et docteur ès lettres. Boursier Singer-Polignac de voyage lointain en 1966-67. Il a publié aux Éditions du Seuil *Le Riz et le Rouge ; cinq mois en Extrême-Orient* (1969). Il a édité en 1972 le *Journal politique de Jules Jeanneney (1930-1942) ;* et il est l'auteur de films historiques pour la télévision (*Léon Blum ou la Fidélité,* 1973 ; *Eamon de Valera,* 1975). Il est actuellement maître assistant à l'université de Paris X-Nanterre et maître de conférences à l'Institut d'Études Politiques. »

Outre les fonctions et les diplômes (l'agrégation d'histoire apparaissant ici comme le titre de base), les éléments de valorisation les plus fréquents visent à mettre en relief les compétences professionnelles de l'auteur : enseignement dans des universités étrangères (Cameron, 1971 ; Duroselle, 1976) ; collaboration aux revues spécialisées (Veyne, 1971 ; Mandrou, 1980 ; Valensi, 1992). Lorsque c'est possible, l'éditeur met aussi volontiers en avant les succès de librairie. E. Le Roy Ladurie (1980) est présenté essentiellement comme « l'auteur de *Montaillou* et du *Carnaval de*

Romans » ; Alain Corbin (Parent-Duchâtelet, 1981) comme l'historien qui « s'est fait connaître du grand public par ses *Filles de noce* (Aubier) ». A propos de Nathalie Davis (1988), l'éditeur précise qu'elle est surtout connue en France depuis 1982, grâce au *Retour de Martin Guerre* « incarné à l'écran par Gérard Depardieu ». Ces présentations sont évidemment aussi instructives par ce qu'elles passent sous silence que par ce qu'elles mettent en relief. Quand la fonction universitaire exercée par l'auteur est considérée comme trop peu valorisante, il est présenté simplement comme « professeur » ou « enseignant »[14]. De même le passage par une école normale supérieure n'est mentionné que lorsqu'il s'agit de la rue d'Ulm. Le sacré possédant cette faculté de contaminer ce qu'il touche, comme nous l'a appris Durkheim, le fait même que certains auteurs aient été en contact avec des institutions prestigieuses est parfois utilisé comme élément de valorisation. Par exemple, l'éditeur souligne que Giovanna Procacci (1993), « chercheur auprès de la faculté des sciences politiques de Milan », a suivi les séminaires de Foucault au Collège de France. De même à propos de Philippe Ariès (1973), est mis en avant le fait qu'il a poursuivi « des études d'histoire à la Sorbonne ». Le cas Ariès mérite qu'on s'y arrête un moment car, mieux qu'aucun autre, il nous permet de comprendre comment fonctionnent les principes de légitimation dans le monde intellectuel. Ariès est le seul historien non professionnel qui ait été accueilli dans « *L'Univers Historique* ». Lorsque paraît son premier livre dans la collection (1973), il travaille comme spécialiste des techniques d'information dans l'agriculture tropicale. Sa présentation en quatrième de couverture correspond parfaitement au type B évoqué plus haut. Il a droit à une notice longue et élogieuse insistant sur le fait qu'il « s'est imposé par quelques ouvrages devenus des classiques de ce qu'on appelle l'histoire des mentalités ». Mais la notice passe complètement sous silence ses activités professionnelles. Au début des années 1970, Ariès est pourtant loin d'être un marginal. Proche de Raoul Girardet, il a dirigé une collection chez Plon qui a publié la thèse de Michel Foucault. De plus, l'éditeur a pris ses précautions avant de lui ouvrir les portes de l'UH. Les risques commerciaux étant moins importants pour les livres de

---

14. J'ai moi-même opté pour cette désignation plutôt que d'être présenté comme « répétiteur » (Noiriel, 1988).

poche, Ariès a d'abord eu les honneurs de la collection « Points-Histoire »[15], ce qui a contribué à la promotion de ses travaux dans le grand public. Il faut noter aussi que *L'Enfant et la vie familiale* n'est que la réédition d'un livre publié chez Plon en 1960 et dont la traduction anglaise (1962) a rencontré un « succès inattendu », selon les propres termes d'Ariès. Lui-même considère que les historiens du « sérail » ont commencé à s'intéresser à ses travaux à partir de cette date, à la suite d'un compte rendu de Jean-Louis Flandrin paru dans les *Annales*. En dépit de cette notoriété naissante, le fait même que toute la légitimité de la collection repose sur l'appartenance de ses auteurs au monde universitaire, constitue un sérieux handicap pour Ariès. Ceci d'autant plus qu'il n'est pas agrégé d'histoire ; ayant échoué deux fois au concours (en 1939 et en 1941). Le succès aidant, le stigmate va pourtant devenir un élément de valorisation. Dans une première étape, qu'illustre bien la quatrième de couverture du deuxième ouvrage d'Ariès publié dans l'UH (1977), son activité professionnelle est enfin mentionnée, mais c'est pour préciser aussitôt que cela ne l'a pas empêché de « faire œuvre d'historien et même de se classer au premier rang de sa spécialité. On lui doit quelques contributions majeures au renouveau de l'historiographie française ». L'absence de consécration institutionnelle est « compensée » par une présentation extrêmement élogieuse, au point que cette quatrième de couverture est l'une des plus dithyrambiques de toute la collection : « c'est une *somme*[16] – de patience, d'érudition et de travail. C'est un *monument* [...]. C'est une *révélation* [...]. Du même coup sont élucidés quelques uns des grands mystères qui gouvernent notre destin ». L'étape suivante est franchie avec le livre autobiographique écrit en collaboration avec Michel Winock. Comme le montre le titre de l'ouvrage lui-même : « Un historien du dimanche » (1980) – ce qui était considéré comme un handicap devient un facteur de légitimité. Le lecteur découvre alors que c'est parce qu'il ne faisait pas partie du « sérail » qu'Ariès est devenu un penseur à « contre-courant », un pionnier solitaire, longtemps incompris. Et cette gloire rejaillit, naturellement, sur l'éditeur qui a soutenu son œuvre à un moment où « la mode n'était pas encore à

15. P. Ariès, *Histoire des populations françaises*, Seuil, coll. « Points », 1971 (1re éd. 1948).

16. Souligné dans le texte.

l'histoire des mentalités »[17]. Philippe Ariès devient ainsi, au fil du temps, l'auteur emblématique de la collection. Avec quatre ouvrages (dont deux à titre posthume)[18], il est, à l'heure actuelle, l'historien ayant le plus publié dans l'UH.

La valorisation du sujet

Plus que les présentations d'auteur, ce sont les quelques lignes concernant le contenu du livre qui constituent, pour l'éditeur, l'enjeu stratégique numéro un. Avec la multiplication des produits fabriqués par l'industrie du livre, il faut que le lecteur potentiel puisse, en un clin d'œil, se faire une idée sur la marchandise qu'on lui propose d'acheter. De plus, étant donné que la collection vise un public plus large que le cercle étroit des connaisseurs, elle a besoin de s'appuyer sur des intermédiaires : les journalistes dont les comptes rendus écrits, radiophoniques ou télévisuels décideront en grande partie du destin de l'ouvrage. En général, ces intermédiaires ne sont pas des spécialistes. Même quand ils le sont, ils ne peuvent pas lire avec toute l'attention requise la multitude des écrits dont les éditeurs les abreuvent tous les jours. Dans ces conditions, le « prière d'insérer » qui figure en quatrième de couverture est d'une importance décisive. Grâce à lui, non seulement il n'est plus nécessaire de lire un ouvrage pour pouvoir en parler, mais on peut même éviter de l'ouvrir. Dans l'UH, les présentations du texte obéissent aux mêmes règles fondamentales que celles qui ont été mentionnées à propos des auteurs. Les notices de type A (courtes et neutres) s'opposent aux notices de type B (longues et valorisantes) en fonction de la position des auteurs dans la hiérarchie académique : plus celle-ci est élevée, plus on se rapproche du pôle A et inversement. On observe cependant que la légitimité du sujet traité dans le livre joue aussi un rôle dans la logique des présentations. Si le problème abordé est d'une importance évidente pour le grand public, il n'est pas nécessaire de le justifier en quatrième de couverture. La mise en œuvre de ces principes fait qu'un auteur consacré qui écrit sur un sujet d'actualité n'a pratiquement pas besoin de

---

17. M. Winock, « Introduction » à P. Ariès, *Un historien du dimanche*, Seuil, 1980, p. 9. Tous les éléments biographiques mentionnés ici sont tirés de cet ouvrage.

18. Auxquels il faut ajouter *l'Histoire de la vie privée*, entreprise collective en cinq volumes qu'il a dirigée avec Georges Duby.

« prière d'insérer ». C'est ce qu'illustre parfaitement l'ouvrage de Jean-Baptiste Duroselle (1976) sur les relations franco-américaines. La brièveté de la présentation de l'auteur n'a d'équivalent que le résumé lapidaire du contenu de l'ouvrage décrit comme « l'histoire vivante d'un couple de peuples qui, depuis deux siècles, ne cessent de s'irriter l'un contre l'autre sans jamais se résoudre à rompre ». A l'inverse, quand il s'agit d'un auteur peu connu qui aborde un sujet « pointu », l'éditeur doit s'efforcer de convaincre le public de l'importance du livre. Pour donner plus de poids à ses arguments, il intègre fréquemment dans le « prière d'insérer », une citation élogieuse émanant d'un spécialiste haut placé dans la hiérarchie académique. Par exemple, l'ouvrage de Suzanne Berger (1975), outre une préface d'E. Le Roy Ladurie, reproduit en quatrième de couverture les propos d'Henri Mendras qui le qualifie d'« importante contribution à la compréhension de la société française, à la théorie de la paysannerie et à la science politique » ; pronostiquant même que l'étude deviendra rapidement un « classique »[19]. Il est vrai néanmoins qu'au niveau du contenu, l'opposition entre présentation « factuelle » et présentation « valorisante » est beaucoup moins tranchée que pour les auteurs. La palette des arguments que l'on peut avancer pour mettre en relief l'intérêt d'un texte est en effet extrêmement variée. Elle offre de nombreuses ressources permettant de concilier les deux systèmes de normes (spécialisation scientifique vs goût du public) entre lesquels oscille la discipline historique. Dans l'UH, les présentations d'ouvrages trahissent une préoccupation centrale pour l'éditeur : convaincre le public que l'ouvrage est proche de ses préoccupations. Le principe de généralisation (mettre en valeur l'intérêt général que présente une étude particulière) est fréquemment utilisé dans cette perspective. Une

---

19. Contrairement aux presses universitaires américaines, les éditeurs français utilisent peu, pour la quatrième de couverture, les commentaires élogieux des collègues de l'auteur. Il est vrai que plus il occupe une position élevée dans la hiérarchie, plus les moyens symboliques de consécration se raréfient. Lorsqu'il n'est pas anonyme, l'éloge ne peut remplir sa fonction valorisante que s'il émane d'une autorité encore plus consacrée que ne l'est l'auteur. S'il est au sommet, il ne reste plus que l'auto-consécration. L'éditeur reproduit alors en quatrième de couverture une citation de l'auteur lui-même (Agulhon, 1979). Le fait que dans le troisième ouvrage d'Ariès (1986) publié dans l'UH, la quatrième de couverture reproduise un texte signé par lui-même, est sans doute l'une des meilleures preuves de sa consécration.

étude monographique sur la vie des religieuses au XIXe siècle est défendue parce qu'elle « a une portée générale qui projette beaucoup de lumière sur les fondements, non seulement de la société religieuse, mais de notre société au sens large du terme » (Arnold, 1984). De même, l'intérêt d'une étude historique sur les usines Renault tient au fait que « quand Renault s'enrhume, c'est la France qui éternue » (Fridenson, 1972). Pour persuader le public que les ouvrages de la collection UH correspondent à ses centres d'intérêt, l'éditeur s'emploie aussi, très fréquemment, à réduire la distance (dans l'espace et dans le temps) qui sépare le monde étudié de l'univers où évolue le lecteur potentiel, Étant donné que le public est essentiellement français, il faut le convaincre que l'histoire des pays étrangers n'est pas aussi éloignée de « notre histoire » qu'on pourrait le croire. Le monde slave est ainsi présenté comme « un univers si proche et si complexe » (Dvornik, 1970). De même, l'histoire de la Grande-Bretagne est décrite comme « nôtre en fin de compte » car le déclin du pays « nous fascine aujourd'hui autant que sa gloire d'hier » (Hobsbawm, 1977). Comme le public vit dans le présent, il faut aussi que le passé étudié dans les livres puissent être mis en relation avec le monde actuel. Les archives du XVIe siècle utilisées par Nathalie Davis (1988) deviennent des « lettres codées par les notaires comme les faits divers d'aujourd'hui sont codés par les journalistes à sensation [...]. C'est toute une galerie de personnages colorés et bouillants qui ressuscitent ici dans leur contexte dramatique de passion et de mort ». Le plus souvent, cette liaison entre le passé et le présent est justifiée par le critère de l'utilité sociale de l'histoire. Non seulement la recherche historique permet de mieux comprendre le monde dans lequel nous vivons, mais elle est susceptible de résoudre nos problèmes, y compris dans des domaines apparemment fort éloignés de son champ d'action. Même sur le plan sexuel, « l'histoire pourrait avoir une fonction thérapeutique » car elle permet de « réapprécier notre système de valeurs et par là de surmonter les difficultés présentes » (Flandrin, 1981).

Contradictoirement, dans l'UH, les présentations d'ouvrages mobilisent aussi des critères empruntés aux normes du monde savant : rupture avec le sens commun, innovation, ampleur de la documentation utilisée, etc. Beaucoup d'ouvrages sont ainsi décrits comme « démystificateurs » (de Crisenoy, 1978) ; « combattant les idées reçues » (Fridenson, 1972). D'autres mettent en avant les

apports méthodologiques. Ils offrent un « éclairage très neuf »
(Azéma et Rioux dir., 1986) ; un « traité de méthode » dégageant
« les facteurs multiples qui structurent en profondeur l'imaginaire
social » (Laborie, 1990) ; une « nouvelle histoire sociale » (Perrot
dir., 1980). Ils ont parfois pour ambition affichée de « susciter de
nouvelles vocations qui stimulent, qui bousculent et qui innovent »
(Rémond, dir., 1988). L'argument de l'innovation peut concerner
aussi, soit l'objet lui-même : « ce phénomène majeur (l'immigration), a été ignoré par les historiens » (Noiriel, 1988) ; bien qu'« au
cœur des passions partisanes, (l'État) a suscité très peu d'études »
(Rosanvallon, 1990) – soit la façon d'interpréter le passé : « C'est
en fait à une nouvelle lecture de l'histoire idéologique de la France
contemporaine que l'ouvrage de Raoul Girardet tend à nous
inviter » (Girardet, 1986). La valorisation par l'archive est elle
aussi très fréquente. L'ouvrage de François Fejtö (1976) sur le
« coup de Prague » est présenté comme une « vaste enquête fondée
sur de nombreux documents inédits ». Dans d'autres cas, l'éditeur
insiste sur « l'abondant corpus de sources originales » (Arnold,
1984) ou sur le fait que l'auteur travaille sur le sujet depuis quinze
ans (Laget, 1982). Les « prières d'insérer » les plus efficaces accu-
mulent le plus grand nombre d'éléments valorisants sur un minimum d'espace. C'est le cas, par exemple, du livre de Schrader
(1992) qui combine les arguments de l'intérêt du sujet, de l'ampleur
de la documentation consultée et du renouvellement méthodologique : « Ce livre n'est pas seulement une étude nouvelle et très
complète sur la méthode et la pensée originale d'Augustin Cochin,
au travers d'archives familiales extrêmement riches ; c'est aussi la
mise au jour d'une nouvelle perspective de l'histoire sociale et
intellectuelle de la IIIᵉ République d'avant la Grande Guerre ».
Quand il s'agit d'une synthèse ou d'une réédition, on ne peut pas
mettre en avant les qualités d'innovation. C'est alors l'argument de
la « tradition » qui est retenu. La publication dans la collection UH
d'un ouvrage d'Annie Kriegel (1985) ayant fait l'objet de quatre
éditions antérieures est légitimée par le fait qu'il est « devenu un
classique ». Selon l'éditeur, l'ouvrage propose une « grille d'interprétation et un appareil conceptuel aujourd'hui assimilés par tous
les spécialistes ». C'est pourquoi « cette étude devient par excellence le livre de référence pour toute étude sur le PCF de 1920 à
1970 et la base de tout travail sur la période postérieure ».

LA PRÉFACE OU LES SCRUPULES DE L'AUTEUR

La principale différence entre un prière d'insérer de quatrième de couverture et une préface, c'est que cette dernière est nominative. Elle engage l'auteur ou celui qui parle pour lui. Si elle a également pour but de valoriser le texte, le fait qu'elle soit signée complique singulièrement l'exercice. Beaucoup d'auteurs ont exprimé le malaise que leur inspirait ce genre d'entreprise. Certains estiment, en effet, qu'écrire une préface pour un autre est une forme de prétention et une irruption inadmissible dans la liberté de jugement des lecteurs. « Ces procédés de grand homme, cette manière de recommander un livre au public, ce genre Dumas, enfin, m'exaspère, me dégoûte » écrit Flaubert pour justifier son refus de participer à ce travail promotionnel[20]. Écrire une préface pour son propre texte suscite les mêmes réticences. Depuis Hegel, les philosophes n'ont cessé d'écrire des préfaces pour dire qu'il fallait s'en passer. Dans le texte qu'il a rédigé pour la réédition de l'histoire de la folie, Foucault constate : « Je devrais, pour ce livre déjà vieux, écrire une nouvelle préface. J'avoue que j'y répugne. Car j'aurais beau faire : je ne manquerais pas de vouloir le justifier, pour ce qu'il était et le réinscrire, autant que faire se peut, dans ce qui se passe aujourd'hui »[21]. De même Jacques Derrida voit dans ce qu'il appelle le « hors livre » une atteinte à l'identité même du travail philosophique : « l'exposition philosophique a pour essence de pouvoir et de devoir se passer de préface. C'est ce qui le distingue des discours empiriques (essais, conversations, polémiques), des sciences philosophiques particulières et des sciences déterminées, qu'elles soient mathématiques ou empiriques »[22]. A lire les ouvrages publiés dans l'UH, force est de constater que leurs auteurs ne manifestent pas les mêmes réserves vis-à-vis des préfaces[23]. Si la plupart des livres de la collection en

---

20. Cité par G. Genette, *op. cit.*, p. 251.

21. M. Foucault, *Histoire de la folie à l'âge classique*, Gallimard, 1972, p. 9.

22. J. Derrida, *La dissémination*, Seuil, 1972, p. 15.

23. A la différence des livres de fiction où la séparation entre préface et texte est évidente, elle est beaucoup plus difficile à tracer dans les ouvrages historiques. Ce que certains auteurs appellent « préface », « avertissement » ou « avant-propos » constitue chez d'autres une « introduction » faisant partie du texte lui-même. Pour simplifier, j'emploie ici le terme « préface » au sens large, en intégrant tous les éléments qui contribuent à la présentation du livre, y compris les remerciements et les dédicaces.

possèdent une, c'est parce qu'elles remplissent trois grandes fonctions qui sont irremplaçables pour les historiens. Elles cherchent à informer le lecteur, à valoriser le texte et à justifier celui qui l'a écrit. Ces trois objectifs définissent les principaux types de préface que l'on peut lire dans l'UH[24].

La préface est très fréquemment l'occasion pour un auteur d'exprimer publiquement sa dette vis-à-vis des personnes qui l'ont aidé à mener à bien son travail. Sont ainsi remerciés le (ou la) secrétaire ayant assuré la mise en forme de l'ouvrage (Veyne, 1971 ; Sternhell, 1978) ; le traducteur (Cameron, 1971) ; les bibliothécaires, les archivistes et les institutions qui ont favorisé l'éclosion de l'œuvre (Davis, 1986 ; Ariès, 1977). Fréquemment, un hommage est rendu aussi aux étudiants auprès desquels ont d'abord été exposées les thèses présentées dans le livre (Chartier, 1990 ; Valensi, 1992) ; les collègues ayant accepté de les discuter avant publication (Shorter, 1977) ; sans oublier le responsable de la collection (Perrot, 1984 ; Prochasson, 1993) ; celui qui a dirigé la recherche (Burrin, 1986), voire le jury de la thèse d'où est issu l'ouvrage (Prochasson, 1993). Ces remerciements sont souvent l'occasion, pour le lecteur, d'entrer fugitivement dans l'intimité de l'auteur. Dans les dédicaces, ce sont les proches, et surtout la famille, qui sont mis à l'honneur : les grands-parents (Shorter, 1977), les parents et beaux-parents (Ariès, 1973), l'épouse et les enfants (Martin, 1987). Les auteurs fournissent aussi fréquemment des informations biographiques qui éclairent les raisons de leur intérêt pour le sujet traité dans le livre (Winock, 1975 ; Valensi, 1992)[25]. La fonction informative domine aussi dans les préfaces rédigées pour des textes ayant fait l'objet d'une édition antérieure. Pour une traduction, l'éditeur peut demander à un préfacier français de présenter le livre et l'œuvre de l'auteur au public de l'hexagone (Besançon pour Raef, 1982). Lorsque l'ouvrage est composé d'un ensemble d'articles qui ont été

---

24. Étant donné qu'une information peut toujours être considérée comme un élément de valorisation, voire de justification, ces trois dimensions sont évidemment difficiles à démêler. C'est la fonction dominante qui a servi à la typologie esquissée ici.

25. Rares sont ceux, cependant, qui poussent l'évocation de leur intimité aussi loin et avec autant d'humour que Nathalie Davis (1988) : « Écoute un peu cela, avais-je l'habitude de dire à mon mari pendant qu'il préparait le petit déjeuner et que je lisais le *New York Times* ».

publiés sur une période assez longue et dans des lieux très divers, la préface a pour fonction essentielle de rappeler la cohérence de l'ensemble et la genèse des textes (Chartier, 1987).

Comme le souligne Gérard Genette, dans une préface, même les informations les plus « objectives » constituent une « forme oblique de valorisation ». Même si elle n'est pas mentionnée dans ce but, une longue liste de remerciements illustre l'ampleur du réseau scientifique dans lequel se situe celui qui l'a rédigée : « un auteur qui a tant d'amis et de compagnes ne peut être absolument mauvais »[26]. Dans la catégorie des « valorisations obliques », on peut aussi citer les préfaces qui justifient la nécessité de la réédition par la « rapidité inattendue » avec laquelle les éditions antérieures ont été épuisées (Rihs, 1973). Les lecteurs – surtout ceux qui sont mal intentionnés – interpréteront dans le même sens une postface rappelant que l'édition antérieure de l'ouvrage a reçu le « Grand Prix Gobert d'histoire décerné par l'Académie Française » (Bercé, 1988).

Mais le plus souvent, la préface a surtout pour but de mettre en valeur l'intérêt du texte. On a le sentiment que l'auteur cherche à récupérer dans cet espace préfaciel qu'il maîtrise davantage que la quatrième de couverture, les ambitions scientifiques qu'il a fallu quelque peu masquer dans le prière d'insérer. C'est ce qui expliquerait la fréquence des préfaces qui se présentent comme des « manifestes » : : « Pour une histoire de la sexualité » (Flandrin, 1981) ; « Pour une introduction à l'imaginaire politique » (Girardet, 1986) ; « Pour une histoire politique » (Rémond, dir., 1988), etc. Nombreuses sont aussi les préfaces qui mettent en avant l'importance théorique du travail présenté. Il faut reprendre « le gros dossier des rapports de la littérature avec l'histoire, de la fiction avec les faits » (Le Roy Ladurie, 1980) ; Il faut « penser l'État » (Rosanvallon, 1990). C'est également le lieu où s'expriment les controverses dont on ne pouvait guère faire état en quatrième de couverture. Dans ses « avant-propos, préalables et premiers repères », Pierre Laborie (1990) dénonce les simplifications du grand public et les généralisations hâtives de Robert Paxton. Le collectif d'historiens emmenés par René Rémond (1988), tout en précisant que l'élargissement de

---

26. G. Genette, *op. cit.*, p. 197. La liste des « autres ouvrages du même auteur », qui figure généralement en page 4 des ouvrages de la collection, fait aussi partie de ces éléments informatifs qui renforcent la légitimité scientifique de l'auteur.

l'histoire prôné par les fondateurs des *Annales* a été « un bienfait pour la science historique toute entière », critique les « diadoques et les épigones (qui) ont trouvé agréable de continuer à pourfendre, selon un rituel de plus en plus paresseux, une histoire politique qu'il leur était commode d'imaginer immobile sinon recroquevillée encore par rapport aux classiques de l'avant Première Guerre mondiale ». Ils affirment leur volonté collective d'« en finir avec ces faux-semblants »[27]. Les seules préfaces mettant explicitement en valeur les qualités du texte et de celui qui l'a écrit sont rédigées par des tiers. Une fois de plus on constate que l'effort de valorisation est inversement proportionnel à la notoriété de l'auteur. C'est pour les jeunes et pour les thèses que l'éditeur a le plus fréquemment recours à des préfaciers extérieurs. Mais comme ceux-ci engagent leur nom, leur présentation est, de façon générale, beaucoup moins dithyrambique que le prière d'insérer. Le « génie » de l'auteur n'est jamais directement mis en valeur. Sont parfois soulignées « l'originalité de l'œuvre » (Madeleine Rébérioux, dans Prochasson, 1993), les « immenses lectures et (la) pensée intense » qui l'ont rendue possible (Michelle Perrot dans Procacci, 1993). Mais le préfacier se contente parfois d'un simple commentaire du texte, où pointe parfois la critique (E. Le Roy Ladurie dans Berger, 1975 et P. Ariès dans Laget, 1982).

Quand les ouvrages de la collection constituent des rééditions, les éléments d'information contenus dans les préfaces sont très souvent des exercices de justification. L'auteur peut profiter de l'occasion qui lui est faite pour répondre aux critiques qu'a suscitées la première édition du livre (Rihs, 1973) ou pour reconnaître les faiblesses du travail initial : « nous ne l'écririons pas de la même façon aujourd'hui » avoue par exemple Maurice Agulhon (1979) à propos de sa thèse. La préface laisse parfois transparaître combien il a été difficile pour l'auteur d'admettre les « mutilations » exigées par l'éditeur pour que son travail scientifique prenne la forme d'un livre diffusé dans un public dépassant le cercle étroit des spécialistes. Ces « confessions » apparaissent surtout lorsque l'ouvrage en question est issu d'une thèse. « Les exigences d'une édition abrégée m'ont

---

27. Refusant d'apparaître comme « une école », les auteurs veulent témoigner de l'« existence concrète d'un groupe d'historiens », liés à René Rémond et aux lieux où il exerce ses activités : Université de Paris X, Institut d'Études Politiques, Fondation Nationale des Sciences Politiques.

contraint de réduire l'ensemble de plus de la moitié. J'ai donc dû me résigner, avec les regrets que l'on imagine à faire disparaître presque toute la première partie intitulée "conjoncture" » écrit, par exemple, Yves-Marie Bercé (1986). Quand l'ouvrage est la réédition d'un travail déjà ancien, l'auteur éprouve parfois le besoin de s'excuser (ou tout au moins de se justifier) pour avoir présenté au public une étude qui n'a que l'apparence du neuf. Henri-Irénée Marrou (1971) exprime ainsi ses réticences vis-à-vis du procédé consistant à réimprimer avec une présentation nouvelle un texte écrit vingt ans auparavant. Si la logique du « rajeunissement » se conçoit pour un manuel, explique-t-il, elle n'est pas justifiée pour un « vrai livre », toujours marqué par le contexte dans lequel il a été écrit[28]. Dans le même ordre d'idée, lors de la réédition de sa thèse dans la collection UH, Michelle Perrot (1988) avoue une « nonchalance un peu sceptique sur l'utilité d'un tel travail ».

LE PARATEXTE ET LA CRISE DE L'HISTOIRE

L'examen du péritexte des ouvrages de l'UH laisse penser que si son importance n'a cessé de croître depuis vingt-cinq ans, c'est parce qu'il joue un rôle décisif dans les efforts que doivent accomplir les éditeurs d'ouvrages historiques pour concilier les deux systèmes de normes (thèse vs synthèse) qui gouvernent la discipline. La collection publie des ouvrages savants qui intéressent le grand public. Tel est le message prioritaire que le paratexte a pour fonction de communiquer. Si les historiens ont vu s'élargir de façon appréciable le cercle de leurs lecteurs, ils le doivent en grande partie au fait que ce travail éditorial a été couronné de succès. Grâce à ces efforts, la recherche historique est, en France, moins repliée sur elle-même que dans d'autres pays, les États-Unis par exemple. Une étude plus diachronique de notre corpus aurait montré que ce savoir-faire n'a été acquis que très progressivement. Les premières années apparaissent comme une phase d'innovation où s'élaborent, par essais et erreurs, les nouvelles techniques éditoriales. On constate par exemple que l'une des règles essentielles que nous avons mise

---

28. Le comble de cette préface déplorant les stratégies de « rajeunissement » à l'œuvre dans les rééditions et leur effet de décontextualisation – ouvrant la possibilité aux anachronismes de lecture – c'est qu'elle a été écrite pour une édition publiée sept ans auparavant, et reprise telle quelle dans l'UH.

en relief ici – à savoir que plus l'auteur est consacré par les institutions académiques, moins il est nécessaire que l'éditeur vante ses mérites – ne s'est imposée qu'au fil du temps. Le péritexte des premiers ouvrages de la collection est souvent maladroit. Prenons par exemple le prière d'insérer qui figure sur la quatrième de couverture du livre de Marrou (1971). La notice de présentation parle du « réel talent » de l'auteur et de son « goût assez rare pour les grands problèmes historiques ». Comme si ces louanges ne suffisaient pas, le commentateur ajoute : « rien de stéréotypé. Beaucoup de grosses questions abordées et, sinon résolues, du moins discutées avec pénétration. Pas de pédantisme ». Une telle valorisation d'un professeur de la Sorbonne, membre de l'Institut, dont le livre était considéré, dès 1948, par Lucien Febvre comme une « œuvre monumentale, magistrale dans tous les sens du terme », apparaît non seulement comme superflue, mais même incongrue. Le lecteur ne peut s'empêcher de se demander d'où parle la voix anonyme qui distribue ainsi les louanges aux savants les plus prestigieux du pays ? Au fil des années, le style du commentaire a été de mieux en mieux ajusté à la position de l'auteur. Plus fondamentalement, la répartition des tâches entre le prière d'insérer, la préface et les éléments du paratexte ne faisant pas partie du livre (comptes rendus, interviews, etc.) a été « rationalisée ». Les présentations de quatrième de couverture sont devenues plus « neutres », se rapprochant du langage préfaciel. Du coup, le travail de persuasion destiné à convaincre le public du génie de l'auteur et de l'intérêt de son œuvre a eu tendance à se déplacer vers les lieux extérieurs au livre : dans les salles de rédaction et sur les plateaux de télévision notamment.

En dépit de son incontestable réussite, un projet éditorial comme l'UH reste très fragile. La raison profonde tient au fait que le passage de la thèse à la synthèse, du laboratoire à la maison d'édition est aussi un enjeu de lutte entre les historiens. Si chacun d'eux doit absolument satisfaire aux normes de la thèse (ou de son équivalent) pour être reconnu officiellement comme historien professionnel, accéder à la synthèse (ou son équivalent) est une nécessité pour qui aspire aux droits d'auteurs, à la notoriété et même à la consécration académique. Or tous les chercheurs, indépendamment de leurs qualités personnelles, ne sont pas à égalité dans cette course à la reconnaissance publique. Comme le montre une analyse même sommaire des caractéristiques sociales des auteurs publiés dans l'UH, leur position institutionnelle et l'intérêt du grand public pour le sujet abordé conditionnent, pour une large part, l'accès à la collection. Si l'on excepte les ouvrages de « longue durée », plus de la moitié des livres concernent l'époque contemporaine et l'histoire politique domine largement. Sur quatre-vingt auteurs, on ne trouve qu'une dizaine de femmes, une petite minorité de jeunes chercheurs, de provinciaux et d'étrangers. Bref, « l'univers historique » que reflète la collection est, sur le plan sociologique, l'envers de la communauté des historiens telle qu'elle est en réalité. Par crainte du déficit, les éditeurs sont dans l'obligation de refuser un nombre important de manuscrits émanant d'auteurs peu connus, travaillant sur des sujets jugés « trop monographiques » ou « trop pointus ». Écartés en raison de « handicaps » qui constituent souvent des « qualités » sur le plan scientifique, ces auteurs ne peuvent que s'insurger contre ceux qui cumulent, à leurs yeux, les « privilèges » (cf. les critiques qu'on entend fréquemment contre les historiens « qui passent leur temps à écrire des manuels », qui n'ont « pas mis les pieds aux archives depuis leur thèse », etc.). Ces mises en cause ne dépassent pas, en général, le stade de la confidence. Mais leur pouvoir de discrédit est potentiellement immense du fait qu'elles s'appuient sur les normes les plus légitimes de la discipline, celles qui définissent sa scientificité. Il suffit qu'elles franchissent la barrière de l'intimité, qu'elles soient exprimées par écrit et publiquement, pour que les réputations les mieux établies soient mises en danger. C'est en s'appuyant sur des arguments de ce type qu'à partir des années trente, les fondateurs des *Annales* – et plus particulièrement Lucien Febvre – ont réussi, on l'a vu, à discréditer des historiens comme Charles Seignobos, pourtant situés tout en haut de la pyramide académique. Après la Seconde Guerre mondiale, toute la génération acquise à l'histoire nouvelle ne verra plus en lui que le portrait caricatural que Febvre avait dressé dans les décennies antérieures, quand il dénonçait l'auteur de manuels scolaires sclérosés, le « positiviste » frileux, etc. La bonne conjoncture des dernières décennies a eu pour effet de désamorcer ce type de conflits[29]. D'une part, les collections historiques se sont multipliées, élargissant du même coup les débouchés potentiels. D'autre part, le dynamisme des grandes collections histo-

---

29. Au niveau des relations sociales, les directeurs des grandes collections ont également accumulé pendant toute cette période un immense savoir-faire mis à profit pour éviter les heurts et les rivalités entre des auteurs dont la susceptibilité n'est pas le moindre défaut.

riques a été un facteur indéniable d'intégration des diverses composantes de la communauté historienne ; ce qui a été facilité par le fait qu'il n'existe pas en France d'association professionnelle comme aux États-Unis. Un des éléments de la réussite des projets éditoriaux comme l'UH tient au fait qu'il reposait, dès le départ, sur un principe de solidarité entre les auteurs. C'est parce que les historiens les plus consacrés participent à la collection en dirigeant les grandes synthèses qui font les bonnes affaires[30] que l'éditeur peut prendre le risque financier de publier la thèse d'un jeune historien inconnu. Du même coup, il prépare l'avenir de la collection, étant donné que c'est parmi les jeunes d'aujourd'hui que se recruteront les célébrités académiques de demain[31].

En mettant de l'huile dans les rouages, la bonne conjoncture évoquée plus haut a permis de maintenir, pendant deux décennies, l'équilibre relatif entre les deux pôles de la thèse et de la synthèse. Grâce aux recrutements effectués dans les années 1950-1960, beaucoup de « grandes thèses » ont vu le jour. Grâce au dynamisme de l'édition, celles-ci ont pu facilement être converties en livres, fournissant du même coup la matière première indispensable à l'élaboration des nouvelles synthèses. Depuis un certain nombre d'années, ce n'est un secret pour personne, ce « cercle vertueux » a fait place à une situation beaucoup plus difficile. La crise du recrutement – perceptible dès le milieu des années 1970, mais dont les conséquences sur la recherche ont été plus tardives – a eu pour effet de réduire dans des proportions importantes le nombre des études « de première main ». La mauvaise passe que traverse l'édition depuis 1990-1991 (souvent attribuée à la « guerre du Golfe ») n'a fait qu'aggraver la situation en incitant les éditeurs à se replier sur les « valeurs sûres ». Dans l'UH, alors que les travaux de synthèses représentaient environ 20% du total des ouvrages publiés au cours des dix premières années, la proportion a dépassé la moitié (8 volumes sur 15) pour la période 1991-1993. Conséquence logique, en moyenne,

---

30. Ces grands projets collectifs sont en eux-mêmes des lieux d'intégration étant donné qu'ils associent en général des historiens appartenant à des générations et des milieux très divers.

31. Après la publication de leur livre dans la collection UH, six auteurs sont devenus directeurs d'études à l'EHESS ; deux professeurs au Collège de France, un a été élu à l'Académie Française et un autre nommé Ministre. Bilan provisoire naturellement...

l'âge et la position institutionnelle des auteurs a tendance à s'élever au détriment des jeunes[32]. Dans cette conjoncture difficile, le paratexte est utilisé de plus en plus intensément pour essayer de convaincre un public quelque peu désargenté et souvent blasé. Serrant les coudes, les historiens montent eux-mêmes au créneau, dans la presse, à la radio, à la télévision. La concurrence aidant, chaque publication nouvelle est présentée comme un tournant historiographique majeur, un monument de plus à la gloire de la « nouvelle histoire ». Tous les ouvrages sont mis sur le même plan, l'entreprise de vulgarisation n'étant plus distinguée de l'étude de fond. Mais la confusion des genres et l'auto-consécration ont des effets inverses aux objectifs poursuivis et c'est la recherche historique toute entière qui perd de son crédit. Dans un article intitulé « la fin des quinze glorieuses », Pierre Lepape écrivait récemment dans *Le Monde des livres* : « On aimerait que des balises existent pour guider les choix. Or la plupart des éditeurs pratiquent le mélange des genres. Un travail de recherche très spécialisé voisine, dans la même collection, avec une biographie aimable, un manuel pour étudiant de troisième cycle se présente sous le même label qu'un essai pour amateurs pressés »[33]. Le cercle vertueux s'étant transformé en cercle vicieux, la nécessité de resserrer les rangs aboutit à une intégration de plus en plus poussée des historiens situés au sommet de la pyramide ; ce qui conduit à un consensus mortel pour la vie intellectuelle. Nul ne peut espérer « mobiliser » le public cultivé sans véritables débats collectifs, sans affrontements de points de vue. Certes les éditeurs, qui connaissent bien ces règles de base, s'efforcent parfois de renouer avec cette logique. C'était l'un des buts que poursuivait la préface de René Rémond et de ses collaborateurs appelant à une nouvelle histoire politique. Mais pour que ce type d'entreprise ait un véritable impact, il est indispensable que les « adversaires » qui sont concernés par la critique soient clairement identifiés. Or dans ce

---

32. Un coup d'œil rapide sur une autre grande collection d'histoire, la « Bibliothèque des Histoires » chez Gallimard, prouve qu'il s'agit là d'une tendance générale. Sur les 65 historiens ayant collaboré à la dernière livraison des *Lieux de Mémoire* consacrée aux « France », on constate que 8 seulement occupaient des fonctions inférieures au rang de professeur d'université ou de directeur de recherche. Vingt cinq ans auparavant, dans les trois volumes de *Faire de l'Histoire*, la proportion était de 14 sur 33.

33. *Le Monde*, 18 mars 1993.

texte – pris ici comme exemple d'une tendance générale – si l'on comprend bien qu'implicitement il vise les historiens proches des *Annales,* les « diadoques » et les « épigones » ne sont jamais désignés nommément, pas plus que leurs travaux. Les divers courants de la recherche historique française apparaissent aujourd'hui d'autant plus difficiles à identifier que leurs chefs de file se retrouvent côte à côte pour diriger les mêmes projets collectifs (Le Goff et Rémond, 1992). L'exemple des *Annales* montre pourtant que pour être perçu comme novateur par la communauté historienne et par le public, un projet historiographique doit impérativement conserver, au moins dans un premier temps, son autonomie, non seulement sur le plan des idées, mais aussi, et surtout, sur le plan des pratiques[34]. On ne peut pas demander au paratexte plus qu'il ne peut donner.

---

34. On sait que Lucien Febvre a refusé toute collaboration entre les *Annales* et la *Revue d'Histoire Économique et Sociale* pour éviter justement la confusion des genres. Et Fernand Braudel a rappelé maintes fois que la fécondité des premières *Annales* était lié à leur relative marginalité par rapport à l'institution.

Les ouvrages de la collection « l'Univers Historique » (Seuil) 1970-1993

1970

Francis Dvornik, *Les Slaves. Histoire et civilisation de l'Antiquité aux débuts de l'époque contemporaine.*

1971

Paul Veyne, *Comment on écrit l'histoire. Essai d'épistémologie.*
Rondo Cameron, *La France et le développement économique de l'Europe 1800-1914.*
Henri-Irénée Marrou, *Histoire de l'éducation dans l'Antiquité.*
Jacques Julliard, *Fernand Pelloutier et les origines du syndicalisme d'action directe.*

1972

Patrick Fridenson, *Histoire des usines Renault.*
Robert O. Paxton, *La France de Vichy.*

1973

Charles Rihs, *La Commune de Paris.*
Philippe Ariès, *L'enfant et la vie familiale sous l'Ancien Régime.*

1974

Paul Petit, *Histoire générale de l'Empire romain.*

1975

Suzanne Berger, *Les paysans contre la politique.*
Michel Winock, *Histoire politique de la revue* Esprit *(1930-1950).*
Saul Friedländer, *Histoire et psychanalyse.*
Georges Duby et Armand Wallon (dir.), *Histoire de la France rurale* (4 vol).

1976

Jean-Noël Jeanneney, *François de Wendel en République. L'argent et le pouvoir (1914-1940).*
Jean-Baptiste Duroselle, *La France et les États-Unis.*
Paul Veyne, *Le Pain et le Cirque.*
François Fejtö, *Le Coup de Prague (1948).*

1977

Michael Postan et Christopher Hill, *Histoire économique et sociale de la Grande Bretagne. 1. Des origines au XVIIIe siècle.*
Eric Hobsbawm, *Histoire économique et sociale de la Grande Bretagne. 2. De la révolution industrielle à nos jours.*
Edward Shorter, *Naissance de la famille moderne (XVIIIe-XXe siècle).*
Philippe Ariès, *L'Homme devant la mort.*

1978

Chantal de Crisenoy, *Lénine face aux moujiks.*
Zeev Sternhell, *La Droite révolutionnaire (1885-1914). Les origines françaises du fascisme.*
Joseph Rovan, *Histoire de la social-démocratie allemande.*

1979

Maurice Agulhon, *La République au village. Les populations du Var de la Révolution à la IIe République.*
Pierre Darmon, *Le Tribunal de l'impuissance. Virilité et défaillances conjugales dans l'Ancienne France.*

1980

Michelle Perrot (dir.), *L'Impossible prison. Recherches sur le système pénitentiaire au XIXe siècle.*
Robert Mandrou, *Magistrats et sorciers en France au XVIIe siècle.*
Emmanuel Le Roy Ladurie, *L'argent, l'amour et la mort en pays d'oc, précédé du roman de l'abbé Fabre, Jean-l'ont pris (1756).*

1981

Georges Duby (dir.), *Histoire de la France urbaine* (5 volumes).
Jean-Louis Flandrin, *Le sexe et l'Occident.*
Alexandre Parent-Duchâtelet, *La prostitution à Paris au XIXe siècle ;* texte présenté par Alain Corbin.

1982

Marc Raef, *Comprendre l'Ancien régime russe.*
Mireille Laget, *Naissances. L'accouchement avant l'âge de la clinique.*

1983

Jean-Louis Flandrin, *Un temps pour embrasser. Aux origines de la morale sexuelle occidentale, VIe-XIe siècles.*
Emmanuel Le Roy Ladurie, *La sorcière de Jasmin.*

1984

Odile Arnold, *Le corps et l'âme. La vie des religieuses au XIXe siècle.*
Jean-Louis Flandrin, *Familles. Parenté, maison, sexualité dans l'ancienne société.*
Michelle Perrot, *Jeunesse de la grève.*
Robert Delort, *Les animaux ont une histoire.*

1985

Michel Vovelle, *Théodore Desorgues ou la désorganisation.*
Georges Roux, *La Mésopotamie.*
Georges Vigarello, *Le propre et le sale.*
Annie Kriegel avec la collaboration de Guillaume Bourgeois, *Les communistes français dans leur premier demi-siècle 1920-1970.*
Philippe Ariès et Georges Duby (dir.), *Histoire de la vie privée* (5 volumes).

1986

Philippe Ariès, *Le temps de l'histoire.*
Yves-Marie Bercé, *Histoire des croquants.*
Jean-Pierre Azéma et Jean-Pierre Rioux (dir.), *Le parti communiste français des années sombres 1938-1941.*
Raoul Girardet, *Mythes et mythologies politiques.*
Philippe Burrin, *La dérive fasciste.*

1987

Roger Chartier, *Lectures et lecteurs dans la France d'Ancien Régime.*
Jean-Clément Martin, *La Vendée et la France.*
André Zysberg, *Les galériens.*

1988

Gérard Noiriel, *Le creuset français. Histoire de l'immigration, XIXᵉ-XXᵉ siècles.*
Alain Schnapp et Pierre Vidal-Naquet, *Journal de la commune étudiante. Textes et documents. Novembre 1967-juin 1968.*
Nathalie Zemon Davis, *Pour sauver sa vie.*
René Rémond (dir.), *Pour une histoire politique.*

1989

Michael Graetz, *Les Juifs en France au XIXᵉ siècle. De la Révolution française à l'Alliance israélite universelle.*
Jacques Le Goff (dir.), *L'homme médiéval.*

1990

Pierre Rosanvallon, *L'État en France de 1789 à nos jours.*
Pierre Laborie, *L'opinion française sous Vichy.*
Eugenio Garcin (dir.), *L'homme de la Renaissance.*
Roger Chartier, *Les origines culturelles de la Révolution française.*

1991

Collectif, *L'histoire médiévale en France.*
Maurice Sartre, *L'orient romain.*

1992

Fred E. Schrader, *Augustin Cochin et la République française.*
Andrea Giardina (dir.), *L'homme romain.*
Lucette Valensi, *Fables de la mémoire. La glorieuse bataille des trois rois.*

Sergio Donadoni (dir.), *L'homme égyptien.*
Jacques Le Goff et René Rémond (dir.), *Histoire de la France religieuse* (4 volumes).

1993

Giovanna Procacci, *Gouverner la misère. La question sociale en France (1789-1848).*
Christophe Prochasson, *Les intellectuels, le socialisme et la guerre (1900-1938).*
Jean-Pierre Vernant (dir.), *L'Homme grec.*
François Bédarida et Jean-Pierre Azéma (dir.), *La France des années noires* (2 volumes).
Georges Vigarello, *Le sain et le malsain.*
Philippe Ariès, *Essais de mémoire.*

Conclusion

Cet ouvrage, conçu avant tout comme une contribution à la réflexion collective sur la situation de l'histoire aujourd'hui, n'appelle pas de véritable « conclusion ». Je voudrais, néanmoins, rappeler en quelques pages les grandes lignes de la perspective proposée ici, en soulignant du même coup quels sont, à mes yeux, les principaux enjeux du débat actuel.

L'examen des arguments échangés ces dernières années à propos de la « crise de l'histoire », a mis en évidence un clivage, d'autant plus important qu'il tend à s'institutionnaliser, séparant les historiens surtout préoccupés par les mutations récentes de leur « métier » et ceux qui s'interrogent essentiellement sur les bouleversements du « savoir historique ». Nous avons vu que ce clivage illustre le vieux conflit entre « théorie » et « pratique » ayant pendant longtemps opposé les philosophes aux historiens, mais qui est devenu aujourd'hui un enjeu interne à l'histoire. Celle-ci n'a pu se constituer en discipline universitaire autonome qu'au prix d'une double rupture. D'une part, elle s'est affranchie de la tutelle philosophique en élaborant ses propres normes de vérité, codifiées dans un ensemble de règles (la « méthode historique ») conçue comme une technique spécialisée de critiques des sources susceptible d'établir l'authenticité des faits observés et de les interpréter. D'autre part, les historiens se sont constitués en communauté professionnelle institutionnalisée pour

319

échapper à l'emprise directe des classes dominantes et du pouvoir. L'État garantissant la liberté de penser des historiens en assurant leur subsistance et en leur déléguant le soin d'établir et de mettre en œuvre les normes de scientificité propres à leur discipline. C'est dans ce contexte qu'à la fin du XIXe siècle, une première définition de la « science historique » s'est imposée. L'histoire est une « science », d'une part parce qu'elle est capable d'élaborer des faits vérifiables et d'autre part parce qu'elle repose sur une organisation pratique (division du travail et coopération entre savants) calquée sur le modèle établi par les sciences de la nature. Si l'on veut appeler « positiviste » cette définition historienne de l'histoire, alors il faut souligner qu'il s'agit d'un « positivisme indirect ». Les historiens « méthodistes » empruntent, non pas aux philosophes, mais aux praticiens des sciences de la nature eux-mêmes, et notamment à Claude Bernard, l'argumentation qu'ils opposent aux philosophes (y compris aux philosophes « positivistes »). Mais alors qu'aucun système philosophique n'a pu, sérieusement, contester le caractère « scientifique » des sciences de la nature, étant donné l'ampleur de leurs découvertes et la diversité des usages sociaux dont elles ont fait l'objet, l'histoire n'est jamais parvenue à imposer l'évidence de sa « scientificité » par le simple exposé de ses résultats. Plus que sa capacité à élaborer des faits vrais grâce à la méthode critique, c'est surtout l'utilité (ou l'intérêt) de ces faits qui est mise en cause. Dès la fin du XIXe siècle, la question assassine : « à quoi ça sert ? » commence à ruiner l'édifice sur lequel les historiens « méthodistes » avait établi leur empire. En affirmant que l'utilité de l'histoire réside dans la contribution qu'elle apporte à la construction de la « mémoire nationale », ceux-ci ont contribué, en contradiction avec l'idéal d'objectivité affiché, à cautionner, directement ou indirectement, les idéologies nationalistes qui allaient précipiter le monde dans la barbarie. Dès les années trente, mais surtout au lendemain de la Seconde Guerre mondiale, une nouvelle génération d'historiens rejette cette première définition de la science de l'histoire, totalement discréditée. Les grands principes de la philosophie « naturaliste » et du « marxisme » sont alors mobilisés pour élaborer un nouveau modèle de scientificité historique. Dans cette perspective, seule l'histoire économique et sociale quantitative est « scientifique » car elle seule est en mesure de fournir des explications générales et de dégager, sinon des lois, du moins des relations universelles. En soumettant le document à un questionnement théorique objectif, l'historien est en mesure d'homogénéiser ses matériaux, d'écarter les singularités, les contingences, les particularités liées au contexte, pour construire des séries de « longue durée » et des modèles statistiques. Au nom de ces principes, toute recherche historique qui privilégie la singularité, l'événementiel, le récit est renvoyée dans les ténèbres des âges pré-scientifiques de l'histoire. Entre les années 1950 et les années 1970, servi par l'explosion des effectifs universitaires, ce courant historiographique (regroupé autour des *Annales*) joue un rôle central dans le renouveau de la discipline, comme en témoigne l'ampleur impressionnante des travaux empiriques qui s'en inspire. Mais en prenant appui, contre le « positivisme indirect » des historiens « méthodistes », sur le « positivisme naturaliste » des philosophes, les porte-parole de l'histoire économique et sociale réintroduisent du même coup, dans la réflexion historienne, les querelles philosophiques sur la science que les « méthodistes » s'étaient efforcés de tenir à distance. Ce n'est donc pas un hasard si, à partir des années 1960, « l'impérialisme » des *Annales* commence à être sérieusement mis en cause par ceux qui en sont les victimes, au nom d'arguments « épistémologiques » empruntés aux philosophies du discours (« structuralisme ») et à la philosophie critique de l'histoire (« herméneutique »). Les prétentions à l'objectivité de l'école braudélienne sont taillées en pièce. Les « herméneutes » considèrent que la spécificité des sciences historiques est de comprendre le sens des actions humaines, ce qui interdit de rejeter le contexte spatio-temporel et la subjectivité des acteurs et rend chimérique la recherche de relations universelles. Ceci d'autant plus que l'historien est lui-même toujours tributaire d'un contexte et donc d'un « point de vue ». Il ne peut prétendre élaborer des connaissances « objectives », dépourvues de « présupposés ». Justifier la domination de l'histoire sociale en invoquant l'argument que « toute réalité est sociale », comme le soutiennent les partisans des *Annales*, c'est retomber dans les « naïvetés » de l'histoire « empiriste ». La réalité historique n'est pas donnée, elle est construite par l'historien ; de plus elle n'est accessible que par la médiation du discours. Toutes ces critiques aboutissent à la réhabilitation des formes de connaissance que l'histoire quantitative avait rejetées : l'histoire-récit reprend tous ses droits au détriment de l'histoire-science, la subjectivité s'impose contre l'objectivité, les interactions contre les structures, l'événement contre la longue durée, etc. Cette mise en cause de la scientificité de l'histoire s'accompagne, sur le plan institutionnel, d'un appel à la déprofessionnalisation. Les philosophes qui critiquent avec le plus de vigueur les prétentions scientifiques de l'histoire, comme Raymond Aron ou Michel Foucault, sont aussi ceux qui mettent le plus ouvertement en cause les « barrières disciplinaires », en se présentant eux-mêmes à la fois comme philosophe, historien, sociologue, journaliste, etc.

Les discussions actuelles sur la « crise » du savoir historique montrent que ce sont toujours les arguments élaborés au cours de cette période, et diffusés parmi les historiens dès le début des années 1970, qui nourrissent la réflexion. Paradoxalement, trente ans après ses premières mises en cause, c'est toujours l'histoire structurale d'inspiration braudelienne qui est au cœur des critiques – preuve de la fascination qu'elle continue d'exercer sur les historiens actuels – et ce sont les mêmes arguments théoriques (sur le récit, le sens, le contexte) qui sont encore mobilisés contre elle. Le caractère répétitif de ces discussions constitue, à mon sens, le symptôme le plus évident de l'impasse dans laquelle se sont engagés les historiens qui ont cru que les philosophies « fondationnalistes » étaient en mesure de résoudre leurs problèmes. En acceptant de se placer sur le terrain de la théorie de la connaissance, les historiens-épistémologues ont hérité d'une querelle sur les rapports entre la réalité et sa représentation que les philosophes eux-mêmes ne sont jamais parvenus à résoudre. Comment pourrait-on croire que la découverte de nouveaux « fondements » du savoir permettraient aux historiens d'élaborer une nouvelle définition de leur science ? A l'autre bout de la chaîne, ceux qui rejettent les « spéculations philosophiques » pour mieux se concentrer sur les aspects « pratiques » de la « crise de l'histoire », ne parviennent pas, eux non plus, à proposer des solutions crédibles au malaise qu'ils diagnostiquent. Pour défendre efficacement leur « métier » ou leur « communauté », ces historiens devraient commencer par nous donner une définition précise de ce qu'ils entendent par ces termes. Mais il faut bien constater qu'une telle réflexion n'a pas encore été développée, sans doute parce qu'elle exigerait de prendre appui sur des outils conceptuels que ne fournit pas la « pratique » historienne courante.

La perspective « pragmatiste » défendue dans ce livre peut nous permettre de sortir de l'impasse car elle fournit des éléments pour une nouvelle conception de la « scientificité » de l'histoire. L'intérêt exceptionnel de *L'Apologie pour l'histoire* de Marc Bloch tient au fait qu'on y trouve les matériaux de base pour entreprendre cette construction. Sans doute parce qu'il avait une bonne connaissance des débats épistémologiques occasionnés par la première « crise de l'histoire » au tournant du siècle (au cours de laquelle ont été mis en circulation la plupart des arguments que l'on retrouve aujourd'hui), Marc Bloch considère que rejeter le « positivisme » c'est, pour les historiens, refuser de chercher des « fondements » de la connaissance historique en dehors de leur discipline. Son point de départ est le même que celui des historiens-épistémologues « relativistes » d'aujourd'hui : il n'existe aucun critère théorique incontestable qui permettrait de démontrer que l'histoire est une science. Mais alors que cet argument est présenté, dans le débat actuel, comme une preuve de la « crise de l'histoire », Marc Bloch y voit, au contraire, la confirmation de ce que pensaient les « méthodistes », à savoir que les philosophies « fondationnalistes » ne peuvent aider les historiens à résoudre les problèmes de leur discipline. C'est pourquoi, au lieu de centrer sa réflexion sur « l'objet » de l'histoire, il privilégie l'analyse du « métier d'historien ». L'importance attachée à la « méthode historique », pour essayer de définir ce qui fait l'unité de ce métier, se justifie par le fait que Marc Bloch utilise le terme « méthode » pour désigner l'ensemble des compétences partagées par tous les historiens. A partir du moment où la vérité historique n'est garantie par aucun fondement extérieur à la pratique, la question du « langage commun » prend une importance décisive. Une connaissance historique ne peut être, désormais, considérée comme « vraie » que si elle est validée comme telle par les autres historiens compétents. L'histoire est une science dans la mesure où ceux qui la pratiquent partagent le même langage et sont ainsi en mesure d'évaluer les découvertes de leurs pairs. C'est ce qui explique, d'une part, que toute la profession historienne soit organisée autour des procédures de jugement (jurys de thèse, commissions de « spécialistes », etc.) destinées à évaluer les capacités scientifiques de ceux qui souhaitent exercer cette profession et que, d'autre part, l'écriture de l'histoire ne puisse faire l'économie d'un système de références permettant aux lecteurs de vérifier les affirmations de l'auteur. Toutes ces raisons conduisent logiquement Marc Bloch à affirmer que l'historien, en tant que « savant », doit « rendre des comptes »[1]. La perspective

---

1. En affirmant que le discours historique ne peut être appréhendé indépendamment de l'institution dans laquelle il s'enracine, Michel de Certeau a proposé, une trentaine d'années après Marc Bloch, une perspective comparable, mais dans des termes tellement abstraits, qu'ils ne pouvaient être compris des historiens ; cf. M. de Certeau, « L'opération historiographique », in *L'écriture de l'histoire*, *op. cit.*, pp. 63-120.

« pragmatiste » développée dans l'*Apologie* explique aussi l'importance accordée dans ce livre au problème de la *réception* des travaux historiques. Marc Bloch ébauche là, sans vraiment y insister, une distinction, à mon sens capitale, entre les différentes « communautés de compétence » auxquelles s'adresse, généralement, l'historien. Celui-ci produit des connaissances que seuls les spécialistes de son domaine sont en mesure de valider ou de rejeter. Mais le « grand public » exerce lui aussi ses capacités de jugement, en mobilisant des compétences qui ne sont pas celles des « professionnels », bien qu'elles s'appuient aussi sur elles, mais qui mettent en jeu la capacité que possèdent tous les hommes à « comprendre » les mondes passés étudiés par l'historien. Prolongeant les réflexions que Wilhelm von Humboldt avaient développées sur ce sujet, Marc Bloch estime que c'est l'appartenance à une commune « humanité » qui permet à l'historien, à la fois, de comprendre les hommes d'autrefois et de communiquer avec les hommes d'aujourd'hui, même quand ils ne sont pas « spécialistes » des problèmes qu'il a étudiés. Cette différenciation des cercles de compétences ordonne, me semble-t-il, toute la distinction qu'établit Marc Bloch entre histoire et mémoire.

La conception pluraliste de la connaissance défendue dans l'*Apologie*, au lieu de rabattre toutes les formes du savoir constitué sur l'une d'entre elle, érigée en norme universelle, s'efforce, au contraire, d'explorer toutes les potentialités que recèle chacun des regards portés sur le monde. Si ce pluralisme échappe au « relativisme », c'est parce que Marc Bloch envisage l'élaboration de la connaissance historique comme un processus social, nécessairement collectif. Les « communautés de compétence » ne jouent pas seulement un rôle dans la validation des connaissances. Elles sont aussi indispensables en amont, pour élaborer les « points de vue », c'est-à-dire les « problèmes » que les historiens veulent privilégier dans leurs recherches. On comprend, dès lors, que la capacité de « traduire » un langage dans un autre, soit considérée par Marc Bloch comme l'une des qualités les plus éminentes que l'on est en droit d'attendre d'un véritable historien. Celui-ci met en communication les hommes du passé avec ceux du présent, mais il établit aussi des passerelles entre la communauté savante et le monde social. Non seulement il lui faut « traduire » dans le langage ordinaire les résultats des recherches spécialisées qu'il a développées, mais, en sens inverse, il doit être à l'écoute des curiosités, des préoccupations ou des problèmes qui agitent le monde dans lequel il vit, pour pouvoir les transformer en questions pertinentes pour la communauté scientifique à laquelle il appartient.

Dans cette définition de la science historique, la question du *jugement* scientifique acquiert une importance centrale, puisqu'une connaissance ne peut être considérée comme « vraie » qu'à la condition d'avoir été validée comme telle par les chercheurs compétents. Pourtant, Marc Bloch n'a pas exploité toutes les potentialités de ce point de départ. En s'efforçant de définir le métier d'historien uniquement par la « méthode historique », il s'est engagé dans une voie sans issue[2]. Après la guerre, la diversification croissante des chantiers de la recherche historique, rendra de moins en moins crédible une approche de la discipline centrée sur l'unité de ses savoir-faire. Si Marc Bloch n'est pas allé jusqu'au bout de sa logique c'est, à mon sens, parce qu'il a exclu de sa réflexion sur le métier d'historien, la question du pouvoir. C'est en reprenant les analyses que Max Weber a consacrées à la « vocation de savant » que l'on peut comprendre le rôle que jouent les relations de pouvoir dans la structuration des disciplines universitaires. Les historiens forment une communauté professionnelle avant tout parce qu'ils portent le même nom. Ce nom leur a été attribué au terme de toute une série d'épreuves (processus de nomination), qui mettent en œuvre les normes de jugement qui gouvernent la discipline. Dans cette perspective, le problème n'est plus d'identifier les contours d'un « métier » en décrivant une méthode ou des savoir-faire, mais de comprendre comment s'articulent configurations de savoir et relations de pouvoir. Défendre le caractère « scientifique » de l'histoire (ou de tout autre domaine de connaissance), c'est s'efforcer de faire en sorte que le nom « officiel » donné au domaine de recherche considéré corresponde à un ensemble d'activités et de compétences bien identifiées, de façon à ce que les connaissances produites à l'intérieur de ce segment de savoir puissent être évaluées à partir de critères partagés par tous ceux qui s'y rattachent.

---

2. Cela ne veut pas dire que les questions de méthode ne soient pas des enjeux importants de la recherche historique. Comme l'a montré récemment Pierre Vidal Naquet, la capacité pour les historiens de lutter contre les falsifications de l'histoire, en combattant par exemple ceux qui s'efforcent de nier l'existence des chambres à gaz et la persécution des juifs, passe aussi par une défense des techniques d'élaboration des faits ; cf. P. Vidal-Naquet, *Les assassins de la mémoire. Un Eichmann de papier*, La Découverte, 1987.

La perspective « pragmatiste » ébauchée ici ne constitue ni un renoncement à l'interdisciplinarité, ni un rejet de la philosophie. Elle demande simplement qu'au lieu d'aller chercher dans les « épistémologies fondationnalistes » des arguments pour nourrir leurs luttes de concurrence, les historiens s'appuient sur les travaux philosophiques et sociologiques qui leur proposent des outils susceptibles de les aider à clarifier leurs pratiques. Les quatre études empiriques rassemblées dans la deuxième partie de ce livre montrent que l'histoire de l'histoire peut, elle aussi, fournir une contribution à ce travail d'explicitation. L'hypothèse centrale qui les sous-tend est que l'écriture de l'histoire a été profondément affectée par le nouveau système de contraintes issu de la professionnalisation de la discipline à la fin du XIXe siècle. Si, au lieu de sélectionner les travaux considérés, a priori, comme les plus « importants », on prend en considération l'ensemble des textes produits par un historien au cours de sa carrière, on peut alors appréhender son œuvre comme une combinaison de trois genres d'écrits qui reflètent les trois dimensions du « métier d'historien » : le savoir, la mémoire et le pouvoir ; chaque genre obéissant à des nécessités et à des règles d'élaboration qui lui sont propres. C'est le refus de clarifier cette diversité de leurs activités professionnelles et d'admettre les contraintes pesant sur chacune d'elles, qui expliquent les « contorsions d'écriture » (illustrées aussi bien par les écrits à caractère « autobiographique » que par les « quatrièmes de couverture ») auxquelles se livrent si souvent les historiens pour conforter l'image du « savant » qu'ils tiennent, malgré tout, à donner d'eux-mêmes. Le lien établi entre activités de jugement et élaboration de la connaissance historique explique l'importance attachée ici au problème de la démocratisation des pratiques de recherche (et donc à leur clarification puisque la démocratie suppose, idéalement, la transparence de ses règles de fonctionnement). C'est en œuvrant pour une « société historienne » plus juste et plus égalitaire que l'on peut contribuer le plus efficacement à l'enrichissement du savoir historique. Dans cette perspective, la « solidarité » n'est pas seulement une valeur, c'est aussi un facteur du progrès scientifique.

Au terme de ces réflexions, on comprendra mieux, j'espère, quels sont les grands enjeux du débat en cours sur la « crise de l'histoire ». Si l'on voulait vraiment savoir en quoi consiste le « malaise » actuel des historiens (si « malaise » il y a), ne faudrait-il pas commencer par leur demander ce qu'ils en pensent ? Force est de constater pourtant qu'aucun des « bilans » qui nous sont proposés aujourd'hui ne s'engage dans cette voie. Si la réflexion sur l'histoire reste l'apanage d'une toute petite fraction de la « communauté » des historiens, c'est parce qu'il s'agit là d'un enjeu majeur des luttes de concurrence qui opposent les historiens entre eux. Depuis vingt-cinq ans, le formidable « décloisonnement » de la discipline et la diversification infinie de ses chantiers de recherche ont posé en termes nouveaux le problème de la « visibilité » et donc de la « reconnaissance » du travail empirique spécialisé. Pour que leurs innovations scientifiques puissent être publiquement reconnues, les historiens sont de plus en plus souvent obligés de recourir à des stratégies de valorisation qui passent par l'invention de nouveaux « labels » (cf. la rhétorique des « tournants » et des « paradigmes ») et par la production de « bilans » qui sont en fait des palmarès. Cela ne signifie pas, évidemment, que tous les historiens qui réfléchissent aujourd'hui à la situation de leur discipline soient animés par de telles arrière-pensées stratégiques. Mais on serait plus convaincu du caractère « désintéressé » de ces études si elles abordaient *aussi* le problème de savoir comment en étant juge et partie, il est néanmoins possible de rester « objectif ». Présenter un « état des lieux » de la recherche historique, c'est toujours privilégier, ne serait-ce qu'en les citant, certains travaux et certains auteurs (en général ceux que l'on connaît le mieux) au détriment des autres. Les historiens qui sont éloignés des lieux où s'élaborent ces « palmarès » et dont les recherches sont, bien souvent, purement et simplement ignorées, ne peuvent qu'éprouver un sentiment d'injustice devant des pratiques qui les condamnent à l'inexistence. Si aucun « fondement épistémologique » ne peut justifier ces discriminations, alors seule la démocratisation des activités de jugement permettra que le débat sur la « crise de l'histoire » ne soit plus l'un des moteurs de cette « crise ».

Annexes

Index thématique

Index des noms propres

A

Académie des Sciences Morales et Politiques, 275

Académie Française, 214, 236, 255, 306, 311, 313

Agulhon, Maurice, 285, 295, 301, 307, 316

Albertini, Eugene, 274

Alltagsgeschichte, 125, 148

Althusser, Louis, 98, 107

American Historical Association, 14, 20

American Historical Review, 10, 127-129

Anderson, Perry, 107-108

Andler, Charles, 249-251

Annales E.S.C., 10, 28, 33-34, 36, 44-45, 83, 92-93, 97-98, 100, 102, 108, 110, 114, 124-125, 131, 134-136, 138, 149-154, 156-158, 160-162, 165, 169-170, 174-175, 202, 211, 237, 261-264, 269-270, 274-275, 278-279, 281, 283-285, 287, 292, 299-300, 306, 310

Appleby, Joyce, 37, 127

Ariès, Philippe, 298-299, 301, 305, 307, 315, 316, 317, 318

Arnold, Odile, 295, 302, 316

Aron, Raymond, 75, 79, 97, 100-103, 113-114, 116-117, 119, 149

Arts and Humanities Citations Index (AHCI), 25

Atsma, Hartmut, 27, 81, 180, 270, 274

Attridge, Derek, 144

Aulard, Alphonse, 224, 234, 240

Azéma, Jean-Pierre, 303, 317, 318

Azouvi, François, 125

B

Bainville, Jacques, 86, 292

Baker, Keith M., 132

Ball, Terence, 140

Barante, 54

Barnes and Noble, 205

Barthes, Roland, 99, 133

Basch, Victor, 250, 278

Baudrillart, Alfred, 242, 245, 251, 255

Becker, Howard S., 212

Bedarida, François, 9-10, 12, 40-41, 318

Begriffsgeschichte, 133

Benda, Julien, 276

Bennington, Geoff, 144

Bercé, Yves-Marie, 306, 308, 317

Berger, Suzanne, 301, 306, 315

Bergmann, Gustav, 140

Bergson, Henri, 160, 256

Berlanstein, Lenard R., 127

Bernard, Claude, 58, 61-62, 216

I-J-K

L

Table des matières

Imprimé en France par Darantiere - N° d'impression : 97-0534
N° d'édition : 1799-02 - Dépôt légal : mai 1997